O INTERESSE E A REGRA

ENSAIOS SOBRE O MULTILATERALISMO

GELSON FONSECA JR.

O INTERESSE E A REGRA

ENSAIOS SOBRE O MULTILATERALISMO

PAZ E TERRA

© 2008, Gelson Fonseca Jr.

Produção gráfica: Katia Halbe
Preparação de originais: Michelle Strzoda
Projeto gráfico e diagramação: Saint Comunicação
Capa: Miriam Lerner

Imagens de capa do acervo do Projeto Portinari.
Reprodução autorizada por João Candido Portinari.
Candido Portinari, Guerra (1952-1956)
Candido Portinari, Paz (1952-1956)

CIP-Brasil. Catalogação-na-fonte
Sindicato Nacional dos Editores de Livros, RJ.

F742i

Fonseca Júnior, Gelson
  O interesse e a regra : ensaios sobre o multilateralismo / Gelson Fonseca Jr. - São Paulo : Paz e Terra, 2008.

  Inclui bibliografia
  ISBN 978-85-7753-072-4

  1. Nações Unidas. 2. Relações internacionais. 3. Organizações internacionais. I. Título.

08-3318.   CDD: 327
                                                                CDU: 327

                                                                008067

EDITORA PAZ E TERRA S/A
Rua do Triunfo, 177
Santa Ifigênia, São Paulo, SP — CEP 01212-010
Tel.: (11) 3337-8399
E-mail: vendas@pazeterra.com.br
Home Page: www.pazeterra.com.br

2008
Impresso no Brasil / *Printed in Brazil*

Em memória de meus pais,
Cecília e Gelson, e
Para meus filhos,
João e Pedro.

Prefácio

Para que servem as instituições internacionais em uma ordem de soberanos? A pergunta admite várias respostas, de acordo com as escolhas teóricas e normativas de seus autores. Para alguns, as instituições seriam supérfluas na medida em que espelham a estrutura de poder na ordem internacional. A pergunta que naturalmente segue é: por que os soberanos criam estruturas redundantes a suas capacidades? No extremo oposto estão os que atribuem a importância aos serviços que prestam, por assim dizer, à governabilidade internacional, seja na preservação da estabilidade, seja na solução dos problemas de ação coletiva e redução dos custos de transação na interação entre Estados.

Neste livro, a resposta é distinta, uma vez que seu autor não está preocupado em desvendar os microfundamentos das instituições em um veio teórico que ampliou consideravelmente o alcance analítico do realismo convencional, tampouco em se aproximar das abordagens funcionalistas que explicam o fenômeno por seus efeitos. O foco do autor é outro. As instituições importam e têm efeitos causais, ainda que muitas vezes indiretos, intermitentes e fracos, porque elas ampliam a legitimidade das ações dos soberanos, em um viés positivo, ou aumentam os custos de ações unilaterais e coercitivas dos poderosos. A longo prazo, em um processo de retornos crescentes, podem gerar uma "vontade multilateral" que se transforma em seu principal legado institucional, contribuindo assim para mudar a cultura internacional transformando em norma, regra ou lei o que antes era um comportamento voluntário, auto-referido e *ad hoc* dos agentes internacionais. Dessa perspectiva, a curto e a médio prazos, as instituições geram um bem coletivo para a sociedade de Estados e um benefício individualizado para os países que têm suas ações legitimadas. A longo prazo, contribuem para a socialização dos agentes por meio do legado normativo que produzem para as gerações futuras.

Escrito em um momento em que se proclama a crise do multilateralismo, em grande parte por obra e graça das ações unilaterais do governo Bush, o livro de Gelson Fonseca Jr. reflete o compromisso normativo de seu autor com as virtudes do multilateralismo. Essa escolha axiológica tem por base a constatação de que, no contexto internacional anárquico, sem um soberano acima das soberanias particulares, e diante da pluralidade de valores e diversidades locais, formatos multilaterais, no sentido de envolver a coordenação de mais de dois atores, agregam um *quantum* de legitimidade ausente, quer nas decisões unilaterais, quer nas bilaterais, quando em situações de marcada assimetria entre as partes.

Contudo, a preferência normativa explícita não faz o autor descuidar da precisão analítica e conceitual, pelo contrário. *O interesse e a regra* parte do axioma de que as instituições multilaterais são criações dos Estados e, portanto, o ajuste entre os interesses individual e coletivo não está dado; será sempre problemático. É a legitimidade que liga o interesse à regra, mas a tensão entre ambos é inerente à ordem das soberanias, independentemente do grau de institucionalização dessa ordem. O autor é explícito na caracterização dessa antinomia: trata-se de uma relação de tensão, e não de oposição, como muitas vezes a dualidade é apresentada em análises convencionais, seja no veio realista, seja no liberal-idealista. Nas brechas dessa tensão, inserem-se as instituições multilaterais, ampliando o grau de legitimidade dos interesses e das regras internacionais.

É a combinação da experiência direta de Gelson Fonseca Jr. com a prática multilateral – como diplomata e representante do Brasil na Organização das Nações Unidas (ONU) –, bem como seu talento enquanto estudioso e analista dos fenômenos internacionais, que faz com que o autor não caia na armadilha recorrente em alguns analistas e praticantes que partem de uma representação simplificada e rígida do internacional, com base na dicotomia anarquia *versus* sociedade, para postular argumentos e teorias apropriados quer a um, quer a outro desses âmbitos. Abandonando as discussões metateóricas, predominantes no campo das relações internacionais atualmente, este livro parte de uma questão substantiva bem delineada: qual é a contribuição das instituições multilaterais para o ajuste entre o individual e o coletivo, a força e a comunidade, o interesse e a regra? Baseado nessa escolha metodológica, o autor não adere *a priori* a quaisquer dos paradigmas teóricos dominantes no campo disciplinar, mas seleciona algumas hipóteses e dimensões analíticas para guiar sua exploração das virtudes na prática e nas virtualidades do multilateralismo na atualidade.

O resultado é um livro rico em informação precisa, hipóteses e sugestões de investigação sobre uma variedade de aspectos que incluem o processo de oferta multilateral, a transformação não-linear da legitimidade em temas internacionais, a multiplicidade de ONUs, o funcionamento da lógica do multilateral e os vários modos em que este se manifesta, além de reflexão arguta sobre o papel do multilateralismo para a governabilidade internacional que remete à melhor tradição da filosofia política.

É impossível concluir a leitura deste livro sem se decidir pelo acerto da política externa brasileira em ter como uma de suas prioridades a defesa da manutenção do arcabouço jurídico-parlamentar das Nações Unidas. A rica análise de Gelson Fonseca Jr. sobre a ONU não apenas é pioneira na bibliografia brasileira sobre a organização, mas também nos conduz fatalmente ao exercício contrafactual de imaginar como seria o internacional em sua ausência. Em um mundo de soberanias exclusivas, mas extremamente desiguais entre si, a existência de uma entidade que se organiza a partir do princípio da igualdade soberana muda o *status quo* da anarquia estruturada pelo poder somente. A força do binômio argumento-número, que introduz o contraponto à força bruta, simplesmente não poderia se manifestar por não encontrar arcabouço institucional que o incorporasse. A capacidade de produção da legitimidade processual nas diversas questões internacionais tenderia a zero, e a tensão entre interesse e regra se dissolveria na unidade do poder de fato.

Maria Regina Soares de Lima
Professora titular do Instituto Universitário de Pesquisas do Rio de Janeiro/
Universidade Candido Mendes (IUPERJ/UCAM)
Rio de Janeiro, julho de 2008

Sumário

Nota introdutória 13

O interesse e a regra: breves ensaios sobre as Nações Unidas 21
    I. ONU: os serviços que presta 25
    II. Aspectos do processo de decisão e a noção de vontade política 47
    III. Notas sobre as origens do multilateralismo: as idéias e a política ... 72
    IV. A lógica do multilateralismo: a concepção de John Ruggie 96
    V. O interesse multilateralizável e as transformações da legitimidade .. 115

Governabilidade democrática: apontamentos para uma análise
sobre a (des)ordem internacional 211

A União Européia e a América Latina nas Nações Unidas:
possibilidades de ação conjunta 243

Anotações sobre a CPLP e o multilateralismo contemporâneo ... 263

Pensando o futuro do sistema internacional 277

Rousseau e as relações internacionais 297

Referências Bibliográficas 349

Nota introdutória

Os ensaios desta coletânea refletem essencialmente a minha experiência pessoal à frente da Missão do Brasil nas Nações Unidas em Nova York, entre 1999 e 2003. Os textos não têm, porém, nada de autobiográfico e muito menos tentam escrever a história das posições defendidas pelo Brasil em Nova York, ou em outros foros multilaterais.[1] Para autobiografia, certamente falta matéria. Para conhecer as posições, o fundamental é ler os documentos oficiais, os discursos, as entrevistas das autoridades. Ao interpretá-las de um ângulo acadêmico, o menos indicado seria observar quem as defendeu. O *bias* seria evidente. A coletânea tem outros objetivos.

Em qualquer posição, seja como diplomata, seja no Secretariado, a experiência de trabalhar na ONU oferece um modo privilegiado de ver o mundo. Praticamente todos os temas que têm ingredientes internacionais são ali analisados, propiciando debates e decisões políticas que ocorrem em foro singular, a começar pelo fato de que nele estão presentes todos os Estados que compõem a comunidade internacional. Assim, a "cultura das Nações Unidas" cria uma perspectiva única para compreender o sistema internacional e atuar para transformá-lo.

Isso sugere, de imediato, algumas questões: como se constrói essa perspectiva? Que efeitos terá sobre a realidade internacional? A ONU revela a existência de uma comunidade internacional? E especialmente rele-

---

[1] Para o exame da história do Brasil nas Nações Unidas, uma excelente introdução é o livro de Luiz Felipe Seixas Correa, *A Palavra do Brasil na ONU*, Brasília, FUNAG, 2007 (2ª edição).

vante para diplomatas: de que maneira conciliar o interesse nacional com as exigências da comunidade internacional? A necessidade de responder a essas questões, em suas complexas variações, exige um trabalho intelectual permanente. Para o bom sucesso de cada negociação, a prática diplomática deve continuar o trabalho necessário de entendimento, tanto das determinações gerais dos limites e possibilidades da Organização, quanto das implicações de cada decisão. O funcionário é forçado a buscar entender como funciona a lógica do multilateral se quiser usar os serviços que o foro oferece. É este o espírito dos textos, uma tentativa de resumo, de vários ângulos, da reflexão que fiz ao longo dos anos de Nações Unidas. A coletânea nasceu como uma "necessidade do serviço".

A literatura acadêmica sobre as Nações Unidas é considerável, especialmente a que vem das universidades norte-americanas. Para um diplomata, é natural que recorra ao estoque acumulado de conhecimento quando se dispõe a pensar temas multilaterais. No caso destes ensaios, é preciso advertir que, apesar do formato acadêmico, não são rigorosamente acadêmicos. Faltariam alguns elementos, como a pesquisa mais abrangente, que, espero, possam ser compensados com as colheitas da experiência. Outro ingrediente acadêmico que falta é a tentativa de provar diretamente hipóteses construídas a partir de teorias de relações internacionais. Os textos não são realistas, nem racionalistas. Há um ensaio sobre alguns escritos de John Ruggie, embora isso não signifique uma adesão completa a suas idéias, mesmo porque, se iluminam aspectos centrais da lógica do multilateralismo, não lidam explicitamente com temas importantes para a formulação de "policies", como o da legitimidade. Mas suas idéias são uma das bases para criar um fio entre os textos.

É possível suprir a falta de uma opção analítica explícita com os dados da experiência? No dia-a-dia do trabalho na ONU, é difícil evitar racionalizações contraditórias. Encontramos ali o mais duro realismo e o mais convencido idealismo, expressos às vezes pelo mesmo delegado, dependendo, para caricaturar, da sala onde se encontra ou do tema em debate. Essa ambigüidade (de discurso e de prática) teria uma conseqüência curiosa: a de que, numa primeira aproximação, a experiência (longe de ser o melhor fundamento para a objetividade) levaria a validar argumentos analíticos contraditórios. De fato, sem lentes teóricas, observamos momentos em que a Organização não faz mais do que exprimir a vontade das Potências. Em outros, faz o oposto, contém as Potências e decide como se estivéssemos em um mundo em que valores prevalecessem sobre as razões do poder. A ONU é simultaneamente realista e grotiana, sua rotina são as contradições entre o egoísmo nacional e o ideal de uma comunidade internacional, regida pela lei.

Como compreender o alcance das contradições e fazer com que sirvam a interesses, nacionais ou globais, é a primeira obrigação do diplomata. De uma certa maneira, a diplomacia está acostumada a viver com ambigüidades. Já o discurso acadêmico as repele e normalmente busca alternativas para entender o que seria a essência das Nações Unidas. Há (re)construções valiosas das lógicas que podem presidir os rumos do multilateralismo. Sem essa referência, seria impossível aprofundar o conhecimento do organismo.

Esta coletânea de ensaios tem, contudo, propósitos mais modestos. As lógicas teóricas ficam como referência, nem sempre explícita. Ou melhor, se há um marco teórico para os ensaios, seria uma espécie de construtivismo simplificado: a ONU é o que Estados querem que seja (como, aliás, se diz a toda hora, sobretudo para explicar os fracassos). Ora, essa perspectiva, extremamente frutífera, deixa, porém, aberta uma porta para a seguinte indagação: o que os Estados querem da ONU?

Cada um terá motivação própria, e, hoje, são 192 membros, extremamente diferentes entre si, com ambições e necessidades que não convergem necessariamente. Assim, a segunda idéia, esta de corte institucionalista e claramente inspirada em Ruggie, a nortear os ensaios, é a de que, porque existe a ONU e a possibilidade de cooperação, os Estados "passaram a querer" de uma determinada maneira. Mesmo quando rejeitam o multilateralismo, são obrigados a lidar com suas regras. Assim, abre-se a possibilidade de generalizações sobre o multilateralismo, mostrando que terá uma lógica própria. A existência da ONU muda, de alguma forma, a maneira como se organiza o sistema internacional. Pelas suas próprias diferenças – de tamanho, de poder, de interesses –, os Estados esperam resultados diferentes de sua participação na ONU. Os interesses "multilateralizáveis" de uma Potência estão perto de obter legitimidade para políticas especificas, muitas vezes, garantidoras do *status quo*, enquanto para os países pobres, a ONU seria um instrumento de transformação da ordem internacional e de contenção do poder.

A diversidade de demandas se combina com outro tema, o da multiplicidade de ONUs. A do Conselho de Segurança não é a mesma que decide na Assembléia Geral e muito diferente da que faz serviços humanitários através da UNICEF, ou da que presta assistência técnica através do Programa das Nações Unidas para o Desenvolvimento (PNUD). Cada qual terá seus modos próprios de decisão, cada qual terá efeitos particulares sobre a realidade, ainda que todas sirvam aos Estados-membros da Organização. E, mais, são comandadas pelos Estados a que servem.

Em Nova York, a ONU que concentra as atenções é a do Conselho de Segurança, mas nem sempre foi assim. Durante a Guerra Fria, o Conselho estava paralisado pela disputa estratégica. Hoje, o potencial de atuação do Conselho é imenso e isso atrai a atenção. Por uma razão óbvia, ali se discutem conflitos e guerras (civis e internacionais), matérias quase sempre de alta visibilidade na imprensa. Ali se mede a eficiência das Nações Unidas naquilo que é a sua função primordial, garantir a paz. Além disso, o Conselho, com sua sala própria, com seus poucos membros, é, como diz o experimentado multilateralista Marcos de Azambuja – o único "teatro" das Nações Unidas. Os que decidem (quinze Membros) são observados pelo restante dos Estados, situação muito diferente da Assembléia, onde todos decidem e se assistem simultaneamente.

Uma conseqüência natural é a concentração dos estudos acadêmicos nas atividades do Conselho, sobretudo depois que termina a Guerra Fria, já que, com a convergência dos Membros Permanentes, volta a atuar com mais eficácia. Nestes ensaios, porém, procura-se uma visão mais equilibrada da Organização, já que, concentrando o foco em legitimidade, a Assembléia Geral ganha naturalmente relevância. Ou, pelo menos, relevância teórica.

Os ensaios procuram, em sua maioria, entender o que seria a contribuição específica da ONU para a ordem internacional. Constituem, sem hesitação, uma defesa do multilateralismo. Não chegam, porém, a discutir críticas pontuais à inoperância da Organização ou a sua falta de efetividade.

Nem entram em análises detalhadas sobre como melhorar a ONU, por meio de reformas, como a do Conselho de Segurança. Espera-se que os ensaios criem uma moldura analítica que sirva para compreender os movimentos conjunturais e, afinal, os limites e as potencialidades da Organização. Procura-se mostrar que a ONU pode fazer diferença, pois não deixou de ser ponto de referência necessário para a legitimidade internacional em mundo mais complexo do que aquele que existia quando foi criada. É notável a capacidade de transformação da Organização, tendo sido capaz de sobreviver aos impasses da Guerra Fria.

Se a ONU se adaptou, é preciso adaptar os metros dos avaliadores quando julgam a Organização. Sabe-se, hoje, muito de seus limites, do que não pode fazer, até pelas condicionantes políticas de seu trabalho. Tem meios para lidar com conflitos, mas depende da vontade dos Estados para fornecê-los; a força da legitimidade que cria não se converte, de modo automático, em autoridade para os Estados; as diferenças quanto aos modos de aderir ao multilateralismo variam em função do poder, entre outros fatores. É praticamente impensável, porém, um mundo melhor, mais estável, mais justo, sem que a Organização seja um dos seus pilares. Hoje, passado o otimismo multilateralista do fim da Guerra Fria, não há consensos claros sobre como assentar esses pilares. Como reabrir o espaço político para um multilateralismo eficaz é um dos maiores desafios da comunidade internacional.

É esse o tema do conjunto de "breves ensaios" que inicia a coletânea, os que lidam com o jogo entre o interesse e a regra, como marca fundamental da lógica multilateral. Os ensaios são inéditos e foram escritos para tratar daquilo que os textos seguintes não tratam ou tratam superficialmente, que são as "coisas gerais" sobre as Nações Unidas. Redigi-os quatro anos depois de ter deixado as funções na ONU, o que, espero, teria permitido mais objetividade para equacionar alguns dos problemas centrais para entender a instituição: quais são suas origens, o que faz, como decide o que faz, qual é a lógica que preside as suas atividades, qual a importância da legitimidade para compreendê-la. As respostas a essas perguntas não serão completas ou definitivas. Os textos registram sugestões de caminhos analíticos, indicações para quem se inicia na reflexão sobre a ONU. Assim, não se pretendeu escrever uma história da ONU nem tampouco um repertório minucioso de suas ações nem se fez um levantamento completo de teorias sobre as Nações Unidas. Mas se o livro servir como uma introdução ao estudo de uma das mais fascinantes construções humanas, falha, controversa, mas que recolhe o melhor sonho de um mundo justo, terá cumprido o seu papel.

Os demais textos foram escritos há mais tempo, alguns ainda enquanto eu trabalhava em Nova York. No plano geral, está um ensaio, escrito com um colega e companheiro de muitas jornadas intelectuais, Benoni Belli. É talvez o mais "prescritivo" do conjunto, já que o tema, "governabilidade democrática", induz a conclusões que revelam o quanto estamos longe desse ideal e o que nos falta fazer para alcançá-lo.

Em seguida, há dois ensaios curtos sobre temas regionais, um sobre as relações entre a Europa e a América Latina na ONU, e outro sobre a Comunidade dos Países de Língua Portuguesa (CPLP). São limitados no escopo. O primeiro mede de que maneira é possível aprofundar a cooperação transregional no âmbito da ONU. O segundo discute, no caso específico da CPLP, uma das características de grupos regionais, que é o de ter duas faces multilaterais, uma *hacia adentro* e outra *hacia afuera*. Como se reforçam para dar identidade àquele organismo é o tema do ensaio.

Há dois outros textos, um voltado para o futuro quando se discute de que maneira uma eventual multipolarização afetaria as tendências do multilateralismo. E, finalmente, outro voltado para o passado sobre o pensamento de Rousseau. É um ensaio que serviu como introdução a uma coletânea de textos do filósofo genebrino sobre relações internacionais. Rousseau faz uma reflexão lúcida e esclarecedora sobre os limites da possibilidade de cooperação internacional. Suas idéias ainda valem para compreender certas dinâmicas da vida internacional e explicam por que ele é, também em relações internacionais, um clássico.

Apesar de escrito a título pessoal, os ensaios certamente refletem a convivência com colegas do Itamaraty, especialmente com a extraordinária equipe de colegas com quem trabalhei em Nova York. Ensinaram-me o que sei sobre as Nações Unidas. E, um deles, a embaixadora Maria Luiza Viotti chefia, hoje, com excelência, a Missão em Nova York.

O diálogo com Celso Lafer tem sido, ao longo dos anos, estimulante, e muito contribuiu para o desenvolvimento de alguns dos ensaios aqui reunidos.

Por fim, tenho que agradecer a Alexandra Barahona pela primeira leitura do ensaio inicial. As suas observações, sempre precisas, me ajudaram a situar os limites acadêmicos do projeto. Agradeço a Beatriz Góes, que fez uma cuidadosa e precisa revisão daquele texto. Gisela Padovan, colega nas Nações Unidas e conhecedora como poucos da vida multilateral, completou, com observações valiosas, a revisão da substância e da forma dos ensaios iniciais. Patricia Zimbres foi tradutora impecável das citações.

É uma honra voltar a ser publicado pela Paz e Terra, que terá sempre a inspiração de seu fundador, o grande e admirável brasileiro que foi Fernando Gasparian. Devo a ele o estímulo para publicar o meu primeiro livro e, sobretudo, a fortuna de ter convivido com a sua generosidade, a sua inteligência e o seu espírito público. E devo a Marcus Gasparian, que continua a melhor tradição de seu pai, e a Nina Schipper, a acolhida generosa que deram a estas reflexões sobre as Nações Unidas.

Neste livro, as idéias são expressas a título exclusivamente pessoal e não pretendem representar posições oficiais do Governo brasileiro.

1

O INTERESSE E A REGRA

BREVES ENSAIOS SOBRE AS NAÇÕES UNIDAS

São inúmeros os problemas que, ao afetar simultaneamente dois ou mais Estados, levam a que cooperem para superá-los. Uma das formas privilegiadas para articular essa cooperação é a multilateral. O crescimento dos problemas comuns determina que uma das características do sistema internacional contemporâneo seja a ubiqüidade das organizações multilaterais. De fato, elas proporcionam um espaço estável de diálogo que serve, inicialmente, para identificar os temas em que convergem os interesses de vários Estados e, em seguida, definir as possibilidades de ações conjuntas. Neste arco que vai do diálogo à ação, caracterizam-se as modalidades da atividade multilateral. Há organizações que se destinam a articular posições que servem de identidade internacional para os seus membros e outras, nitidamente voltadas para atividades específicas, que só se justificam na medida em que produzem resultados, como é o caso das que lidam com negociações comerciais ou com questões práticas, como a distribuição de freqüência de rádios.[1]

A Organização das Nações Unidas é, sem dúvida, a instituição multilateral mais completa e mais ambiciosa. Sua agenda é amplíssima e variada. Vai do terrorismo ao combate de epidemias, do comércio de bens ao

---

1 Há instituições que se dedicam a compor posições sobre temas internacionais que serviriam como orientação comum para os seus membros. Assim é o G-8, que reúne países desenvolvidos e a Rússia, mas também o Grupo do Rio, a Comunidade Ibero-Americana, a Comunidade de Países de Língua Portuguesa (CPLP), e outras que podem desenvolver projetos e ações específicas, embora não seja essa a sua vocação central.

multiculturalismo, das mudanças climáticas aos direitos humanos, ou seja, praticamente não tem limites. Como refletir sobre o vasto mundo que é a ONU? Quais são as possibilidades efetivas de cooperação que a Organização abre aos Estados? As respostas variam, segundo as lentes teóricas que se usem. Para os realistas, trata-se de um instrumento das potências que disfarçam formas de hegemonia sob o manto da cooperação.[2] Para os grotianos, seria expressão do potencial de sociabilidade na anarquia internacional. Para os liberais solidaristas, o embrião de formas de governabilidade internacional.[3]

Será difícil qualquer consenso sobre a "essência" da ONU. A amplitude e a variedade dos temas com que lida, a multiplicidade de suas agências e órgãos, e a irregularidade de seu desempenho tornam especialmente complexo o exercício de propor idéias gerais para compreender o processo onusiano. Uma idéia, contudo, é fundamental para compreender a Organização: as instituições multilaterais são criações dos Estados e devem, de modo próprio, atender a seus interesses. Mais explicitamente: como nascem de cooperação de diversos Estados, o *serviço* prestado é necessariamente coletivo e visa a beneficiar a todos os membros da instituição, o que impediria, em tese, que fosse apropriado por um Estado individual. Para isto, as instituições se articulam essencialmente em um conjunto de regras gerais a que todos se submetem e que propõem a maneira pela qual serão distribuídos os serviços que prestam, simbólicos ou concretos, para beneficiar igualmente, sem privilégios, a todos os seus Membros.[4] Sem esse obje-

---

2 Uma versão brasileira foi desenvolvida pelo embaixador Araújo Castro nos anos 70, a tese do "congelamento do poder", que interpretava acordos como o TNP e iniciativas na área do meio ambiente, como instrumentos das Superpotências para restringir a liberdade dos países em desenvolvimento. Ver Amado (ed.), *Araujo Castro*, Brasília, UnB, 1982.

3 Para um resumo das "teorias" sobre a ONU, ver Finnemore; Barnett, "Political Approaches". In: Weiss; Daws, *The Oxford Handbook on the United Nations*. Oxford: Oxford University Press, 2007, p. 41-57.

4 O conceito de regras será usado de maneira ampla e incluirá qualquer referência geral que sirva de orientação para a conduta dos Estados. Neste sentido, incorporaria, de um lado, as normas (com sanções, como as do capítulo VII, da Carta) e, de outro, as orientações débeis, que se exprimem, por exemplo, nas exortações a comportamentos das resoluções da Assembléia Geral. Ao longo dos ensaios, a noção ficará mais explícita. Para um entendimento diferente do que é norma e regra, ver Kratochwil, *Rules, Norms and Decisions: on the conditions of practical*

tivo explícito, dificilmente prosperaria o multilateralismo contemporâneo, que se sustenta ideologicamente na igualdade jurídica dos Estados.

Nas Nações Unidas, são os Estados individuais, com o propósito de defender seus interesses particulares, que aplicam as regras referentes ao que a instituição pode fazer (objetivos) e aos modos de fazê-lo (processos). Dessa forma, dão vida à instituição, marcam seus limites e possibilidades e, conseqüentemente, oferecem prestígio, autoridade e legitimidade às suas decisões.

O cerne do problema multilateral estaria, então, em responder por que, em certas ocasiões, os Estados, protegidos naturalmente pela noção de soberania, aceitariam serviços coletivos e, com isso, os constrangimentos de regras gerais. Uma primeira observação sugere que a existência de regras não dissolve os interesses particulares, mas os limita, oferecendo coordenadas para os modos de projetá-los.[5] Mas esses constrangimentos devem ser compensados por vantagens. Assim se explica por que, mesmo individualistas, os Estados tenham desenvolvido *interesses multilateralizáveis*, ou seja, que encontram caminhos de realização pela via da cooperação.

A prática do multilateralismo funda-se, portanto, na expansão histórica desse tipo de interesse. Quanto mais se manifesta a necessidade de cooperação, seja para conter desastres humanos, como as Grandes Guerras, seja para facilitar intercâmbio e comunicação, mais evidentes se tornariam aqueles interesses. Os processos de projeção de tais interesses são complexos e nada lineares. As formas multilaterais não avançaram linearmente ao longo dos anos, desde a criação da Liga das Nações.

A passagem do individual para o multilateral começa pela criação – ou, se existirem, pela aplicação – de regras gerais que mostram como *coletivizar* interesses particulares. Exatamente porque busca pontos de encontro, nem sempre evidentes, entre o individual e o coletivo, a dinâmica das instituições multilaterais nasce de processos negociadores e se caracteriza pela *negociação permanente*, que ao final, estabelece, nos casos concretos, o limite da cooperação. Ao revelar os graus possíveis de acomodação dos in-

---

and legal reasoning on international relations and domestics affairs. Cambridge: Cambridge University Press, 1991.

5 Abbot; Snydal, "Why States Act Through Formal International Organizations", *Journal of Conflict Resolution,* vol. 42, n. 1, p. 3-32, fev. 1998.

teresses individuais, a negociação é o passo necessário para chegar ao geral da cooperação. O interesse multilateralizável é, necessariamente, sujeito à adaptação e a concessões. Por definição, não pode ser imposto. Que tipo de interesse é multilaterizável? Quando? De que maneira? Não há limites para a multilateralização. A própria multiplicação de modos de conexão entre as sociedades os amplia naturalmente. Há quarenta anos, o meio ambiente não era parte do mundo multilateral; hoje, é um dos seus capítulos mais relevantes.

Outra indagação, mais complexa, diz respeito essencialmente ao mundo da política. As oportunidades para cooperar podem ser freqüentemente óbvias do ângulo da melhor racionalidade, mas nem sempre o são do ângulo do interesse político. Não é sempre que as Potências querem ceder e aceitar constrangimentos que, por mais débeis que pareçam, ainda assim são constrangimentos. Muitas vezes, é a diferença de perspectiva dos "ganhos" das negociações que leva ao atraso ou à distorção dos modos de cooperação. A geração do interesse multilateralizável também deixou de ser monopólio dos Estados, como vimos na pressão dos movimentos sociais para se negociar um tratado que banisse as minas terrestres ou nas constantes pressões das ONGs de direitos humanos.[6]

O que liga o interesse à regra é a *legitimidade*. O interesse particular, quando se projeta multilateralmente, deve estar amparado pela demonstração de que serve ao coletivo.[7] Na ONU, o cerne da legitimidade tem como primeira referência as normas da Carta que, sujeita a interpretações, tem se adaptado e transformado em função de conjunturas históricas.[8] Mesmo

---

[6] Ver Karns; Mingst, *International Organizations: The Politics and Processes of Global Governance*, Boulder: Lynne Rienner, 2004, p. 211. Para uma reflexão geral sobre a influência das ONGs, Keck; Sikkink, *Activists beyond Borders*. Ithaca: Cornell University Press, 1998.

[7] Para ilustrar com dois exemplos: os países que defendem a liberação do mercado agrícola não argumentam apenas com o benefício que traria para as suas exportações, mas também pelas vantagens globais para a economia mundial; os países que promovem determinada concepção de direitos humanos sustentam sua posição com base de que são valores que servem para melhorar universalmente a condição de vida dos indivíduos.

[8] O tema da historicidade da legitimidade internacional é desenvolvido amplamente em dois livros de Clark, *Legitimacy and International Society* e *Legitimacy and World Society*, ambos publicados pela Oxford University Press, respectivamente em 2005 e 2007.

porque as regras fundamentais, como a da soberania, a da não-ingerência e a da autodeterminação, ou ainda da defesa dos direitos humanos, podem admitir interpretações diferentes e contradições internas. O que seria possível propor em matéria de segurança coletiva nos anos 50 e 60, no quadro da Guerra Fria, era muito mais restrito do que é possível propor hoje; o mesmo valeria para direitos humanos ou desenvolvimento. Há temas que surgem, como meio ambiente, ganham padrões de legitimidade e obrigam a remodelação dos interesses dos Estados.

A complexidade e a imprevisibilidade da política internacional fazem com que a "criatura" que nasce para prestar serviços a todos os Estados nem sempre o faça, ou o faça de modo irregular, beneficiando a uns mais que a outros. É paradoxal que um dos elementos comuns ao multilateralismo contemporâneo seja a crítica dos Estados às instituições que eles mesmos criaram e gerenciam. E a flutuação dos diagnósticos que consideram simultaneamente o multilateralismo como necessário e insuficiente reflete a tensão entre a regra e o interesse, já que serviço coletivo nasce a partir da combinação de perspectivas parciais.

Os ensaios que se seguem guardam alguma independência entre si, embora estejam ligados por marcos analíticos comuns e pela preocupação de conhecer os modos de equilibrar o interesse e a regra na vida das Nações Unidas. Como se verá, alguns dos temas, como o da legitimidade e a da eficiência, serão necessariamente recorrentes.

Há muitas expressões do multilateralismo e nem sempre a ONU será o melhor exemplo. A Organização das Nações Unidas, entretanto, ainda é a instituição mais universal e de propósitos mais ambiciosos. Se realizasse plenamente seus objetivos, não há dúvida de que o mundo seria mais justo e mais estável.

I. ONU: OS SERVIÇOS QUE PRESTA

Para quem tenciona falar sobre a ONU, o primeiro problema é o escolher de que ONU se trata. Em vista dos amplos objetivos definidos pela Carta em seu artigo 1º – promoção da paz, das boas relações entre as nações, da cooperação para o desenvolvimento econômico, social, cultural e humanitário, dos direitos humanos –, e da intrincada estrutura de agências e órgãos que compõem as Nações Unidas, suas atividades adquiriram enorme abrangência.

Nos últimos anos, o processo acentuou-se em virtude da ampliação da agenda internacional, que a ONU é naturalmente levada a incorporar. A diversidade temática determina que, para a opinião pública, a visibilidade de suas deliberações varie muito. Em alguns casos, especialmente na área de segurança, as atividades podem ser objeto de controvérsia e mobilizar a mídia internacional. O acompanhamento do que o Conselho de Segurança fez ou deixou de fazer no Iraque é um bom exemplo. As conclusões do Painel sobre o Clima, lançadas em fins de 2007, também tiveram grande repercussão.

Em muitos outros temas, o trabalho da Organização fica conhecido por restrito universo de especialistas e tem repercussão limitada. É o caso das resoluções da Assembléia Geral, que se repetem no tempo e que parecem pouco afetar a ordem internacional; um bom exemplo seriam as aprovadas sobre desarmamento nuclear.

Diante desse complexo panorama, é necessário estabelecer de início uma base de entendimento do que fazem as Nações Unidas. Uma solução possível (ainda que simplista) seria indicar que a Organização presta a seus Membros – hoje praticamente todos os Estados que compõem a comunidade internacional – quatro tipos de serviços, que pressupõem, é claro, um serviço preliminar, o de abrir a possibilidade de que os Estados se encontrem para discutir o que consideram seus interesses comuns.[9]

A primeira e mais visível faixa de serviços corresponde aos objetivos centrais da Organização e são os que, em última instância, justificaram a sua criação. Diz respeito à responsabilidade de manter a paz e a segurança internacionais e buscar que as controvérsias entre Estados possam ser resolvidas pacificamente. Os meios de solução pacífica de controvérsias estão previstos no capítulo VI da Carta, que, além de determinar que as partes

---

9 Não é o caso de descrever, de maneira minuciosa, os órgãos e funções da ONU. Para uma excelente introdução em português, ver Herz; Hoffmann, *Organizações Internacionais*. Rio de Janeiro: Elsevier, 2004. Além do citado *Handbook*, ainda como obras gerais sobre a ONU, ver Weiss; Forsythe; Coate e Kate-Pease, *The United Nations and Changing World Politics*, Boulder Westview, 5. ed., 2007.

em um conflito devam recorrer a eles, indica que o Conselho de Segurança pode lançar mão de meios como negociações, mediação e arbitragem para solucionar um conflito, quando considere necessário.[10]

Entretanto, a Carta da ONU inova verdadeiramente quando introduz a possibilidade de usar a força, seja sob a forma de sanções (art. 41) seja sob a forma de instrumentos militares (art. 42) para "restaurar" a paz e a segurança. Comparada à modéstia de meios da Liga das Nações, a Carta dá vigor efetivo à idéia de segurança coletiva.

Os meios pacíficos correspondem a formas clássicas de solução de controvérsias. Na Liga das Nações, a hipótese de segurança coletiva aparece, mas de forma tal que é praticamente impossível levá-la à frente diante das exigências de unanimidade para agir; ou seja, qualquer Membro dispunha de um veto potencial em praticamente qualquer decisão a ser tomada. Na ONU, com a autoridade do Conselho para impor suas medidas, e, mais, pela própria natureza restrita de sua *membership*, a suposição era de que se constituía um condomínio de potências responsável por garantir a paz no sistema internacional.[11]

O que regula, em última instância, o "serviço" é o conceito de *segurança coletiva*, que significa essencialmente que a comunidade internacional deve atuar de maneira unida e convergente toda a vez que se desenha uma ameaça à paz internacional. Pela letra da Carta, a ONU tem uma função central na articulação da segurança internacional, já que, em tese, pode agir diante de qualquer ameaça à paz. Os Estados individuais só poderiam recorrer à guerra em casos de legítima defesa diante de um ataque armado, até que

---

10 Ver Mani, "The Peaceful Settlement of Disputes and Conflict Prevention". In: *Handbook*, op. cit., p. 300-321. A mais completa proposta sobre temas de solução de controvérsias e de segurança foi feita, em 1992, pelo Secretário-Geral Boutros Boutros-Ghali quando lançou a *Agenda para a Paz* (Nova York, UN, 1992). A última proposta é a Comissão para a Construção da Paz que está analisada em vários artigos em número monográfico do *Disarmament Forum*, Genebra, UNIDIR, 2007, n. 2.

11 Ver Howard, que define de uma maneira contundente o Conselho, "O Conselho de Segurança era, basicamente, um condomínio dos grandes Aliados vitoriosos que, juntos, manteriam os demais em ordem". In: "The Historical Development of UN's Role in International Security". In: Roberts; Kingsbury (eds.), *United Nations, Divided World*. 2 ed. Oxford: Clarendon Press, 1993, p. 61.

o Conselho de Segurança tomasse as medidas pertinentes (art. 51). Numa interpretação abrangente, o Conselho tem, segundo a Carta, o poder de determinar a legalidade de qualquer ação militar no sistema internacional. Não teria o monopólio da violência, como um Estado, mas um "quase-monopólio" para determinar quando o uso da força é legal.

A evolução histórica mostrou, desde os primeiros anos, a dificuldade de aplicar as regras de segurança coletiva. A paralisia decisória no Conselho em vista da Guerra Fria exigiu que os processos de adaptação começassem cedo. Uma das alternativas iniciais desenhou-se quando o Conselho cedeu suas funções para a Assembléia Geral, o que permitiu legitimar a ação da ONU na Guerra da Coréia, com base na resolução *Uniting for Peace*, de 1950. A resolução voltou a ser usada em outras (poucas) ocasiões.[12]

Vale a pena sublinhar alguns aspectos do serviço "solução de controvérsias". Há vários instrumentos para realizá-lo, desde gestões individuais do Secretário-Geral até ações de imposição da paz, com sanções, envio de tropas etc. Uma característica relevante do sistema é o fato de a ONU não dispor de forças armadas próprias, devendo recorrer aos Estados-membros, por empréstimo, quando necessita delas em operações de paz, para vigiar uma trégua, propiciar processos de reconciliação nacional, ou ainda repelir um ataque armado. As normas, que previam que a Organização teria um Estado-Maior militar (composto pelos cinco membros permanentes) e acesso automático a tropas, nunca entraram em vigor, em virtude da Guerra Fria.

Quanto a seus beneficiários, seria possível afirmar que este serviço pode ser originado por interesse perfeitamente individualizado, já que, em regra, é realizado a partir da demanda de um Estado (ou Estados) para

---

12 O Conselho de Segurança tem, com base no capítulo VII, da Carta, a prerrogativa de tomar decisões mandatórias para os Estados. Em raras circunstâncias, diante de impasses decisórios, a Assembléia Geral assumiu responsabilidades em matéria de segurança, como na intervenção na Coréia em 1950, na invasão anglo-francesa ao Egito em 1956 e no conflito do Congo em 1960. Nos três episódios, o Conselho estava bloqueado pela perspectiva de veto de alguma das Potências (URSS no caso da Coréia, França e Grã-Bretanha no caso de Suez e pelos EUA e pela URSS no caso do Congo). Houve dez outros episódios do recurso à *Uniting for Peace*, ver Weiss; Forsythe; Coate e Pease, *The United Nations and Changing World Politics*, 5. ed. Boulder: Westview, 2007, p. 10.

resolver conflitos em que estejam envolvidos.[13] Os ganhos também são primeiramente individuais e secundariamente sistêmicos, já que, em tese, todos os Estados usufruem da paz.[14] Há casos em que a ação nasce sistêmica, motivada por interesses gerais da comunidade internacional, expressos, por exemplo, em preocupações humanitárias, como teria sido o caso da Somália em 1992.

Avaliados por seus amplos objetivos – de certa maneira próximos ao utópico –, os serviços de manutenção e restauração da paz combinam, ao longo da história, êxitos importantes e fracassos dramáticos. De fato, como a decisão de agir depende, em última instância, de convergência política entre os Membros Permanentes do Conselho de Segurança, e o consenso sobre o alcance de ameaças específicas nem sempre foi alcançado, a trajetória da Organização é visivelmente irregular, longe de uma aplicação automática e universal dos preceitos da Carta.[15] São freqüentes as críticas às escolhas (ou não-escolhas) de como e quando o Conselho age.

Nos anos 90, por exemplo, criticava-se constantemente o fato de que a ONU dedicava mais recursos aos conflitos na Europa Central do que na

---

13 Esse foi o objetivo da primeira "operação de paz" após o conflito de Suez em 1956, quando forças da ONU foram enviadas para supervisionar o cessar-fogo e a retirada das tropas britânicas, francesas e israelenses de território egípcio. Após a retirada, a UNEF-I serviu para separar os exércitos de Israel e Egito na zona desmilitarizada.

14 A situação típica é a que ocorre depois de que as partes chegam a um acordo de paz, após um conflito, e pedem que a ONU, com tropas de "capacetes azuis", mantenha a paz. É o que ocorreu em Chipre em 1964 e até hoje as tropas estão lá. É evidente que o fato de não haver mais conflito significa um ganho para os habitantes da ilha, mas também para a região, porque dissolve um foco de tensão que poderia ir além da ilha e, finalmente, para o sistema como um todo, que deixa de gastar recursos com uma situação de conflito. O *site* das Nações Unidas mantém atualizada a lista de missões de paz, com informações sobre as resoluções que as originaram, a sua composição etc.

15 Andrew Hurrell define com clareza os limites do Conselho, quando diz: "A importância das Nações Unidas e, em particular, do Conselho de Segurança, não deve ser entendida em termos estritamente jurídicos e constitucionalistas, como um órgão dotado de autoridade para determinar a legalidade ou ilegalidade de uma ação específica. Ele, ao contrário, deve ser visto como um órgão profundamente falho e fortemente politizado, no qual é possível apresentar argumentos e defender políticas pela simples razão de que não existem outros organismos que sejam melhores". Ver Hurrell, *On Global Order, Power, Values and the Constitution of International Society*. Oxford: Oxford University Press, 2007, p. 91.

África, com o contraste dramático entre o envio de quase 40 mil soldados para conter, entre 1992 e 1995, o conflito na ex-Iugoslávia e a dificuldade de ir além dos oitocentos soldados durante o genocídio em Ruanda.[16]

O sistema de segurança coletiva esbarra, porém, em um limite institucional fundamental: graças ao direito de veto, os Membros Permanentes estão isentos de punição no caso de agirem como agressores. Apesar das falhas, o sistema atua freqüentemente de forma positiva, contribui para paz, e os dispositivos da Carta constituem ainda o parâmetro básico para definir as possibilidades de uma ordem estável no sistema internacional.[17]

A segunda faixa de serviços é mais abstrata, menos localizada. É basicamente articulada pela Assembléia Geral e diz respeito às questões de *legitimidade* (embora o Conselho exerça funções legitimadoras na área de sua competência específica). Como em qualquer sistema político, o internacional busca parâmetros para definir, no comportamento de seus membros, o certo e o errado, o justo e o injusto, o permitido e o proibido. E a ONU exerce um papel fundamental nesse processo, pois é um caminho privilegiado à disposição da sociedade internacional para definir o que é legítimo e articular instrumentos para que o legítimo prevaleça.[18]

Como indica Inis L. Claude, em ensaio clássico, a *collective legitimization* não era um função pré-definida na Carta, mas se impôs historicamente, pela própria necessidade de os Estados buscarem, em um foro universal, aprovação para suas reivindicações e políticas: "O desejo de uma legitimidade formalmente declarada e universalmente reconhecida aproxima-se da condição de característica constante da vida política. Esse desejo exige que o poder seja convertido em autoridade, que a competência seja sustentada

---

16 Para uma visão extremamente crítica do comportamento das Potências Ocidentais, mas especialmente dos EUA, ver Boutros-Ghali, *Unvanquished*. Nova York: Random House, 1999, p. 156, 192, e outras.

17 Para uma análise das dificuldades "conceituais" do conceito de segurança coletiva, ver Weiss et al., *The United Nations and Changing World Politics*, op. cit., p. 11-26.

18 A legitimidade se combina com um componente utópico, a idéia de que a Organização prepara um mundo melhor ou, como dizem Roberts e Kinsbury: "As Nações Unidas sempre foram um cenário de formulação de padrões e de construção de mitos – apelando a padrões mais elevados do que os que normalmente prevalecem nas relações internacionais e acenando com a promessa de um mundo melhor ordenado." *United Nations, Divided World,* op. cit., p. 21.

pela jurisdição e que a posse seja validada pela propriedade".[19] A função legitimadora deriva de um traço constitucional da Organização, a possibilidade de que praticamente todos os Estados que compõem a comunidade internacional estejam ali representados e em pé de igualdade. Hoje, a possibilidade se tornou um fato: 192 Estados são membros da Organização. Por estar baseado na regra de que as decisões que afetam os Estados são tomadas pelos próprios Estados, o foro se aproxima *formalmente* do parâmetro mais evidente da legitimidade contemporânea, a democracia.[20]

Ao permitir que os interesses dos Estados, convergentes ou divergentes, sejam debatidos de modo permanente e organizado, as Nações Unidas tornam-se, para a comunidade internacional, moldura adequada para a construção da legitimidade. O cerne da função legitimadora baseia-se na hipótese de que o argumento que vence em um foro universal adquire automaticamente condições de autoridade, legal ou moral, para o conjunto dos Estados.

Fica claro, portanto, que, na ONU, o primeiro fundamento da legitimidade é processual e nasce da sua condição de *foro* aberto ao debate de temas supostamente ligados ao bem comum. Essa condição é ratificada, a cada ano, pela presença de altas autoridades dos Estados-membros, tanto na Assembléia quanto nas conferências globais, em tese com o objetivo de discutir a agenda internacional.[21] De fato, enquanto o Conselho de Segu-

---

19 Ver Claude, "Collective Legitimization as a Political Function of the United Nations", *International Organization*, 20:3 (verão de 1966), p. 367-379, apud Kratochwil; Mansfield, *International Organization and Global Governance*. 2. ed. Nova York: Pearson-Longman, 2006.

20 O caráter democrático da "igualdade" tem sido contestado, já que Estados com populações muito diferentes têm o mesmo peso nas votações. Também se critica a falta de representatividade do Conselho de Segurança. Enquanto o primeiro ponto é levantado, não se encontra fórmula para superar e existe uma clara aceitação de que a Assembléia Geral é o máximo de democracia "possível" no sistema internacional contemporâneo. Já a reforma do Conselho é objeto de demandas específicas, entre as quais o aumento do número de Membros Permanentes. Neste caso, ainda não se alcançou o consenso necessário para ir adiante.

21 São raros os episódios de abandono de um organismo, como os Estados Unidos saíram da Unesco em 1984, ou a retirada de uma conferência, como os EUA na conferência contra discriminação racial (Durban, 2001). No primeiro caso, a alegação foi a aprovação de uma "ordem mundial sobre comunicação"; no segundo, a insistência na condenação de Israel.

rança tem poder, a Assembléia Geral tem representatividade, fator essencial na construção do que é legítimo.

Outro ponto importante é a amplitude dos temas tratados pela Assembléia, que lida com a mais variada agenda, do desarmamento aos direitos humanos, do meio ambiente à propagação do vírus do HIV-AIDS, etc. Assim, suas resoluções são decisivas se queremos entender quais as preferências dos Estados sobre o que é certo e errado, justo e injusto, desejável e indesejável, em uma miríade de questões internacionais.

Idealmente a Assembléia revelaria o interesse da comunidade internacional como tal e também quais os seus limites, que se exprimem ou em votações divididas ou em falsos consensos. E as decisões da Assembléia, ao incorporar legitimidade processual, tenderiam a engendrar conseqüentemente legitimidade substantiva.[22]

A realidade é, porém, mais complexa. Na verdade, a ligação processo-substância não é automática ou unívoca. Em primeiro lugar, pela natureza diferenciada das decisões que podem ser alcançadas. A legitimidade tem expressões *fracas*, quando a decisão se manifesta por meio de resoluções sem peso jurídico, meramente exortativas, ou *fortes*, quando se exprime em tratados e normas.[23] Também se concretiza em medidas, quando por exemplo o Conselho de Direitos Humanos condena a violação de direitos humanos em um país ou o ECOSOC sugere ações para minimizar a pobreza.

A construção de legitimidade pode ser lenta e pode se desdobrar em resoluções que se repetem por vários anos, o que, muitas vezes, leva a interpretações diferentes sobre o que é efetivamente legítimo em determinado tema (exemplo: terá perdido a força de legitimidade a série de resoluções aprovadas e incumpridas pela maioria dos paises desenvolvidos sobre a contribuição de 0,7% de assistência ao desenvolvimento?). Formalmente, o mesmo processo (decisão da Assembléia) engendra modalidades

---

22 A afirmação valeria para outros órgãos da ONU, como as agências especializadas, onde também se buscam consensos para medidas específicas, como na OMS, na OIT, na FAO etc.

23 O debate sobre legitimidade dos organismos internacionais é amplo e admite muitas posições. Para efeitos deste artigo, a hipótese é que os Estados são provedores de legitimidade internacional quando convergem em uma determinada direção normativa. Uma resolução, unanimemente aprovada pela Assembléia Geral, tem legitimidade e é um padrão para o comportamento, ainda que não seja "obedecida" pelos Estados.

diferentes de legitimidade. O consenso – típico da maioria das decisões da Assembléia – não significa que será uma orientação efetiva para o comportamento dos atores internacionais, ou seja, não se converte necessariamente em autoridade, no sentido de fazer com que os Estados se conduzam pelo que se aprova.[24]

Finalmente, à diferença das questões de segurança, em que a ONU teria um virtual monopólio, os anos recentes mostram o aumento da competição pelas fontes de legitimidade, nascidas nos movimentos sociais e nas ONGs ou em foros multilaterais, informais, como o G-8, ou formais, como a Comunidade das Democracias. Não que as ONGs estivessem ausentes antes; ao contrário, nas discussões de San Francisco, os movimentos sociais, na área de direitos humanos, foram ativos. Mas com o fim da Guerra Fria, aparecem com mais força e desenvoltura, e passam a constituir parte do cenário das deliberações internacionais, ou a promover ações específicas, como no caso do tratado para banir minas terrestres, ou para pressionar os Estados a agir em certas direções. A reunião de foros de ONGs em paralelo às conferências globais é exemplo da tendência.[25]

A competição de outros mecanismos multilaterais é quase simultânea à criação das Nações Unidas, quando se estabelecem a Organização do Tratado do Atlântico Norte (Otan) e o Pacto de Varsóvia, ambos para sinalizar a desconfiança dos blocos em relação à segurança coletiva fornecida pela ONU. Mais recentemente, a competição terá outras fontes, com a ampliação da contribuição dos organismos regionais, como a União Européia,

---

24 Os exemplos são muitos, tanto no plano político como na inflexibilidade de Israel diante das resoluções que mandam evacuar os territórios ocupados, ou no plano econômico, quando poucos Estados desenvolvidos adoram a demanda de que ofereçam 0,7% do seu produto para a ajuda internacional. De qualquer maneira, há exemplos notáveis no sentido oposto, como, por exemplo, na construção do argumento pela descolonização, em que a Assembléia Geral foi decisiva para desmontar a *rationale* das potências imperialistas.

25 Ver os artigos no capítulo 4, "Nongovernamental Diplomacy: Revitalizing Multilateral Diplomacy". In: Muldoon; Fagot; Reitano e Sullivan, *Multilateral Diplomacy and the United Nations Today*. Cambridge: Westiview Press, 2005. Vale ler também as propostas do Painel de Pessoas Eminentes sobre a Sociedade Civil e a ONU, dirigida pelo ex-presidente Fernando Henrique Cardoso. O título do relatório, publicado pela ONU em 2004, é: "We, the Peoples, Civil Society, the United Nations and Global Governance".

para operações de paz, ainda que seja cedo para avaliar se reforçam ou enfraquecem os instrumentos universais da ONU.

Há uma terceira faixa de serviços que se realiza por meio de *atividades operacionais* específicas e que objetivam, essencialmente, aliviar formas de sofrimento humano e atenuar desigualdades. Durante a negociação da Carta, tais atividades não estavam claramente definidas. Nasceram a partir de imposições da realidade, a princípio dos refugiados da Segunda Guerra e dos conflitos no Oriente Médio. Mais tarde, a partir da década de 1960, quando se expande a consciência das situações de pobreza e tragédia humanitária, de vários países do mundo em desenvolvimento, a Organização se mobiliza cada vez mais no sentido da assistência aos desvalidos.

Hoje, essa é uma das marcas mais conhecidas do trabalho das Nações Unidas. A Organização tem várias agências, como o ACNUR (Alto Comissariado das Nações Unidas para Refugiados) ou o PMA (Programa Mundial de Alimentos), que podem ajudar a sobrevivência em campos de refugiados de conflitos e guerras ou, como no caso da UNICEF (Fundo das Nações Unidas para a Infância), a desenvolver programas que lidam com a saúde e a educação de crianças ou articular o combate a epidemias.[26] Nestes casos, o destinatário é conhecido e visível, como no caso das populações vítimas de uma tragédia natural (por exemplo, o tsunami na Ásia em 2005) ou os refugiados de uma guerra civil.

O alívio do sofrimento, ainda que segmentado e incompleto, é individualizável e responde ao que se pode descrever como uma *necessidade moral*, claramente delineada pela comunidade internacional. Outra dimensão das atividades operacionais está ligada à tradição de organizar modos de cooperação entre os Estados que servem para melhor coordenar atividades de alcance internacional, como sejam as comunicações por correio, as telecomunicações, as rotas aéreas etc.

---

26 Quando surge uma situação de emergência, "uma multidão de diferentes agências entram em ação: a UNICEF, atendendo às necessidades das mulheres e crianças; a ACNUR, oferecendo proteção e assistência aos refugiados e outros povos expatriados; o PMA, fornecendo alimentos aos famintos; e o PNUD (Programa Nacional de Alimentos), trabalhando para assegurar que essas atividades emergenciais estejam vinculadas entre si e a esforços de reabilitação de longo prazo". Ver Crisp, "Humanitarian Action and Coordination". In: *Handbook*, op. cit., p. 479.

Há ainda um outro serviço que se traduz em *informações e avaliações*. A ONU produz regularmente relatórios amplos sobre vários assuntos, desde crises políticas até o estado do comércio internacional. A possibilidade de contar com acesso a fontes universais de conhecimento por meio dos Estados-membros e de organizar de maneira sistemática tais conhecimentos transforma algumas das publicações da ONU em peças essenciais para avaliar situações internacionais. Uma das contribuições notáveis foi, por exemplo, a unificação de regras sobre estatísticas de contabilidade nacional, essencial para compreender padrões de desenvolvimento econômico e social e comparar performances de Estados individuais. Podemos citar também o *Relatório de Desenvolvimento Humano*, publicado anualmente pelo PNUD, uma das referências para quem pretende avaliar a evolução social de países específicos e, sobretudo, para quem quer comparar modos e padrões de evolução social.[27] Ainda na mesma linha, a Organização, por intermédio de suas agências especializadas, organiza dados sobre temas como epidemias (OMS – Organização Mundial da Saúde), comunicações (UPU – União Postal Universal), direitos de propriedade (OMPI – Organização Mundial para Propriedade Intelectual), estoques de materiais nucleares (AIEA – Agência Internacional de Energia Atômica) etc.[28]

A soma desses serviços, se realizados plenamente, estaria na base da articulação de um modelo de "governança global". De fato, no mundo de hoje, sem que a ONU seja um dos seus pilares, é difícil, senão impossível, pensar na construção de uma ordem internacional estável e legítima, que supere os desafios fundamentais do sistema, como definiu com precisão Andrew Hurrell: "Discernir o interesse comum; administrar a desigualdade de poder; mediar as diferenças e valorizar o conflito".[29] A Organização é o espaço político por excelência para a criação de interesses comuns, exatamente pela presença universal de Estados que constituem ainda o ponto

---

27 O relatório foi divulgado pela primeira vez em 1990 e é produto da Secretaria, com apoio de intelectuais e técnicos, de alto nível.

28 Sobre a geração de informações e sua utilidade, ver Abbott; Snidal, "Why States Act through Formal International Organizations", *Journal of Conflict Resolution*, vol. 42, nº 1, p. 3-32, fev. 1998.

29 Ver Hurrell, *On Global Order*, op.cit., p. 287.

de referência necessário para a criação da ordem. Além de suas funções específicas na mediação de disputas e conflitos, o próprio fato da universalidade da *membership* leva a que as decisões da ONU tenham em conta as disparidades de poder.[30]

O fio que une a variedade dos serviços parece evidente. Uma sociedade, como é a dos Estados, precisa de mecanismos que sirvam tanto para resolver conflitos entre seus membros quanto para responder a demandas simbólicas ou, modernamente, para atenuar desigualdades e oferecer sentido de participação a seus membros.[31] Outro aspecto: os serviços não estão isolados e podem, em tese, reforçar-se mutuamente. É clara a percepção de que a origem de conflitos está freqüentemente ligada à pobreza e à intolerância. A superação de conflitos pressupõe uma presença ativa e ampla dos braços operacionais. O Conselho, para agir, deve estar apoiado em legitimidade e, nas situações pós-conflito, as atividades operacionais são fundamentais. Idealmente, o conjunto dos serviços interessa, pelos efeitos sistêmicos, a todos os Estados e, em certas circunstâncias, Estados individuais têm interesse por serviços específicos, por exemplo, quando se demanda mediação ou operação de paz no bojo de um conflito.

Ainda que sumária, a descrição acima permite concluir que a oferta de serviços está definida, é ampla e abrange parte significativa da agenda internacional. Sabemos também que, como são gerados em um contexto político, a passagem do serviço ideal para o realizado é complexa. Existem regras implícitas que distorcem o marco de igualdade que deve pautar as decisões que são de alcance muito variado. Assim, *o problema analítico não está no que a ONU está dedicada a fazer, mas em como e quando faz.*[32]

---

30 Sabemos também que a ONU, com a complexidade crescente das relações entre sociedades, pode ser indispensável para criação da ordem, mas não é mais suficiente. Sem que participem outros mecanismos de organização de vínculos entre sociedades, formais ou informais, é impossível pensar em "governança global".

31 Ver Bull, *Anarchical Society*, Londres: Macmillan, 1977, para a caracterização do sistema internacional como uma "sociedade".

32 São poucos os críticos radicais que pretendem que a ONU, como instrumento político, se esgotou e outras soluções, sejam a de grupos menores, como o G-7, ou mesmo unilaterais, como a que os EUA tentaram no Iraque, são necessárias. De outro lado, a própria globalização sugere que a ONU deva ser reforçada diante das necessidades de cooperação universal para solução

Em tese, não haveria limite para a prestação dos serviços por parte da ONU. Esses serviços poderiam ser *automáticos*, derivados da aplicação imediata dos princípios e objetivos da Carta. Exemplifiquemos: quando se manifestasse um conflito em qualquer parte do mundo, o Conselho de Segurança interviria imediatamente para pacificá-lo; onde o desenvolvimento econômico e social fosse marcado pela desigualdade, a Assembléia buscaria meios eficazes de atenuá-la; se houvesse violações aos direitos humanos, seriam impostas condenações aos violadores e procurar-se-ia corrigi-las por meio de mecanismos próprios. Estamos, porém, longe de que essas hipóteses se realizem plenamente, o que assemelharia a ONU a um Estado nacional, bem governado, só que de alcance global. Nada é *automático* na ONU. No plano multilateral, os serviços, mesmo os técnicos, são, em qualquer circunstância, mediados pelo jogo político e derivam, portanto, de impulsos dos Membros, que devem ser aceitos coletivamente. A política entra ao se definir o que a ONU vai fazer e quais os métodos para resolver determinado problema. Tomemos o exemplo do HIV-AIDS: qual é a propriedade, mais recursos para debelar focos de malária ou a epidemia de AIDS? Mais recursos para prevenção ou tratamento? Que países beneficiar?

Tema correlato é o dos limites do serviço. Ainda que a soberania seja o pilar da construção jurídica da ONU, a Carta admite que, em certas situações, a Organização estaria preparada para usar o poder de polícia e reverter pela força violações à Carta, agindo contra a vontade de um Estado específico (quando impôs, por exemplo, sanções à África do Sul para pressionar pelo fim do *apartheid*). É fato que isto ocorreu, embora episodicamente, e sempre por imposição das forças políticas, e não por aplicação automática da norma internacional.

Os recursos para cumprir missões são também determinados pela política. Assim se explica que, quando a demanda por missões de paz se expandiu na seqüência do fim da Guerra Fria, a preocupação tenha sido de se manter a relação objetivos e meios dentro de condições manejáveis.

---

de temas que, pela própria natureza, exigem soluções que envolvam a comunidade internacional em um sentido mais amplo. Outra linha de crítica chama atenção para o fato de que, num mundo em que as forças sociais são cada vez mais atuantes, a ONU tem o limite de ser uma organização de Estados, com abertura limitada para as ONGs e para os movimentos sociais.

Sobretudo depois do que ocorreu na Somália e em Ruanda, alguns países e membros do Secretariado manifestaram-se para limitar a ação da ONU, argumentando que missões só deveriam ser criadas se tivessem meios e instrumentos que as habilitassem realmente para o cumprimento dos objetivos propostos.[33]

A demanda individual ou de grupos por esses serviços tem como referência necessária e comum um marco institucional, com valor jurídico, a Carta da ONU, que não é uma criação intelectual, mas a resultante de compromissos políticos. Temos uma moldura normativa, vaga em muitos casos sobre o que é legal e ilegal para a conduta dos Estados. Mesmo conceitos centrais, como quebra da paz ou agressão, podem ser interpretados. Devemos lembrar que a tentativa de definir precisamente agressão foi frustrada.[34]

De outro lado, quem resolve o que se fazer, dentro desse marco, são os Estados-membros, ao decidir concretamente, com base em critérios políticos e diante de problemas específicos, os caminhos da Organização. São os Estados que dizem se um determinado conflito deve ou não ser objeto da atenção do Conselho de Segurança ou, na Assembléia, quais são as necessidades da comunidade internacional em matéria de desarmamento. Outro elemento importante deriva de que os processos de decisão são quase sempre democráticos (um Estado, um voto) e ocorrem regularmente, com base em cartas constitucionais, estatutos etc., o que pode ter efeitos ambíguos, já que a maioria numérica nem sempre significa capacidade de influência.[35]

---

33 O problema é referido constantemente no livro de Marrack Goulding, *Peacemonger*. Londres: John Murray, 2002. A diretriz de ação presidencial de Clinton (PPD 25), lançada em maio de 1994 e motivada pelo fracasso na Somália, é clara quando estabelece condições estritas para que os EUA aceitassem participar de uma missão de paz.

34 Ver Armstrong; Farrell; e Lambert, *International Law and International Relations*. Cambridge: Cambridge University Press, 2007, p. 189. A Assembléia Geral, depois de vários anos, aprovou, por consenso, em 1974, uma resolução (3314) sobre agressão, considerada restrita (por exemplo, fala em agressão de Estados, mas não de grupos de Estados, praticamente isentando a Otan e o Pacto de Varsóvia de seu âmbito; há muitas críticas à parte sobre as implicações para os movimentos de libertação nacional etc.).

35 Além da exceção do veto no Conselho, outras instituições, como o FMI e o Banco Mundial tomam decisões que fogem à regra da democracia, caso do voto ponderado pelo peso econômico.

A ONU e suas agências dependeriam, portanto, da vontade dos Estados para realizar as suas funções, ainda que o Secretário-Geral tenha condições de mobilizar a Organização e, como detém uma enorme máquina burocrática, de influenciar, de alguma maneira, o resultado do que se decide.[36] Essa influência, contudo, salvo em raríssimas situações, está condicionada a decisões anteriores dos Estados. Dag Hammarksjold modelou a intervenção da ONU na crise do Congo, mas, se não houvesse a decisão prévia do Conselho de Segurança, estaria bloqueado para agir. Exemplos de ações pontuais – algumas importantes – são abundantes nas autobiografias de Perez de Cuellar e Boutros-Ghali. Mas é sempre necessário entender os seus limites, determinados em última instância pelo interesse político dos Estados. É bem verdade que os Estados usam os serviços burocráticos da secretaria, que, conseqüentemente, terão algum efeito sobre o mandato que lhes é passado, em alguns casos, até mesmo para definir a dimensão e o alcance do mandato.

A partir da intenção de promover a solução de conflito, a ONU pode ter sucesso em algum caso específico, fracassar em outro, e se paralisar diante de um terceiro. Algo parecido ocorreria em outras atividades, como a promoção de direitos humanos ou do desenvolvimento social. Alguns Estados são mais bem-sucedidos do que outros quando buscam os serviços.[37]

---

36 Vale a observação de Luard sobre Dag Hammarskjold que adquiriu, graças a sua capacidade pessoal e "tato diplomático para atuar de forma efetiva nas funções de conciliação... Em 1955, ele teve a oportunidade de ter um desempenho proveitoso na solução do problema dos pilotos americanos feitos prisioneiros pela China. No ano seguinte, ele desempenhou um papel de grande importância na organização da primeira operação de paz das Nações Unidas. A partir daquele momento, ele passou a ser chamado com freqüência cada vez maior para assumir funções dessa natureza". Ver Luard, *A History of the United Nations* (vol. 2), *The Age of Decolonization, 1955-1965*. Londres: Palgrave, 1989, p. 5. Para uma análise teórica do "poder do Secretariado", ver Finnemore; Barnett, *Rules for the World*. Ithaca: Cornell Universtiy Press, 2004, e Toye, *The UN and Global Political Economy*. Bloomington: Indiana University Press, que examina de que maneira os economistas do Secretariado, especialmente da CEPAL, foram influentes na formulação das concepções sobre a economia internacional dos países do Sul. Sobre as possibilidades de agir do Secretário-Geral e uma rica coletânea de artigos sobre os que exerceram a função, ver Chesterman, *Secretary or General*. Cambridge: Cambridge University Press, 2007.

37 A irregularidade na prestação dos serviços, ao revelar a incoerência nas decisões, mina o prestígio e a legitimidade da Organização. Para ficar em um só exemplo no campo dos valores, vale lembrar a seletividade na escolha dos países que sofreriam com a condenação moral das re-

Existiria alguma lógica que sirva para unir as atividades desse universo tão variado e que explique os sucessos e fracassos da Organização ou, em outra chave analítica, a lógica dos serviços diferenciados?

Talvez uma primeira análise no desempenho da ONU ajude a situar melhor o problema. Como está mediada politicamente, a prestação de serviços é problemática, tem limitações. É bem verdade que, em algumas de suas atividades, há constante sintonia entre objetivos e realizações, entre o que faz e o como faz. Os Estados geram consensos claros, determinando que a Organização funcione plenamente. Os exemplos mais notáveis ocorrem nas áreas que regulam atividades técnicas, como telecomunicações, ou áreas em que os objetivos comuns são claros e atenuam as disputas políticas, como em temas de saúde ou de assistência humanitária.[38] Aqui, normalmente, os objetivos são compartilhados, embora possam faltar recursos ou capacidade de resposta por parte do Secretariado para levar adiante determinada orientação. Não haveria um problema de fins, mas de meios.

Em outras áreas, mais imediatamente políticas, a performance da Organização tende a ser mais irregular, o que se explicaria por divergências quanto aos objetivos buscados. Em questões de segurança, em virtude do veto, cabe ao Conselho decidir, se há, entre os membros permanentes, unanimidade de conceitos sobre como agir e sobre os meios para agir (unanimidade que nem sempre ocorre).[39] Em outro plano, o reconhecimento do direito à legítima defesa e a cláusula da jurisdição doméstica permitem amplas interpretações dos limites da segurança, individual e coletiva. Assim

---

soluções da Comissão de Direitos Humanos. Indagava-se por que Cuba era objeto de resolução e outros países, especialmente árabes, também autoritários, não o eram.

38 Essas áreas também proporcionam debates políticos e diferenças de atitudes e posições. Ver Zacher, "Multilateral Organizations and the Institution of Multilateralism: The Development of Regimes of Nonterrestrial Spaces". In: Ruggie, *Multilateralism Matters,* op. cit., p. 399-442. No caso de saúde, mesmo quando os objetivos são claros, como o combate a HIV-AIDS, as disputas políticas podem ocorrer. Neste caso, por exemplo, foi objeto de disputas a possibilidade de tratamento para infectados em países em desenvolvimento, sobre parâmetros de combate à doença que envolviam preconceitos religiosos etc.

39 A ONU não tem meios próprios para agir e, a cada operação de paz, buscará com Estados individuais os instrumentos militares ou de polícia para enfrentar situações específicas, o que torna incerta a aplicação dos mecanismos de segurança coletiva. Ver Weiss et al., *The United Nations and Changing World Politics,* op. cit., p. 3-23.

ações unilaterais, como a invasão do Iraque ou o bombardeio da Líbia pelos EUA, foram justificadas com base no artigo 51. Da mesma forma, conflitos com repercussões internacionais, como a invasão da Hungria em 1956, escaparam à ação do Conselho.[40]

A Carta não resolve a tensão entre a regra geral e o interesse individual, oferecendo, assim, espaço para que as variações da conjuntura política se reflitam no desempenho da Organização. A regra é moldura para a política, mas nem sempre suficiente para domesticá-la. Essa é uma das razões para que encontremos, na história da ONU, uma combinação de êxitos e fracassos, promessas de cooperação frutífera e tarefas inconclusas, avanços e impasses. Exemplos recentes evidenciam a complexa trajetória da Organização. Lembremos que a ONU foi bem-sucedida ao contribuir para a reconciliação em El Salvador e na América Central, depois dos anos de conflito na década de 1980, ao organizar a saída das tropas cubanas de Angola, ao encaminhar a independência da Namíbia, ao construir o Estado no Timor Leste, mas falhou dramaticamente quando ocorreu o genocídio em Ruanda ou não obteve estabilidade na Somália.

Em outra área, a do desarmamento, há avanços notáveis, como a quase-universalidade do Tratado de Não-Proliferação, que contrasta, em tempos recentes, com a paralisia da Comissão de Desarmamento e o aumento progressivo de gastos com armamentos. O TNP, concebido como uma base jurídica para conquistas sucessivas na área de desarmamento, simplesmente não avançou. *A irregularidade das realizações parece, portanto, ser um traço fundamental do multilateralismo contemporâneo na área de segurança.*

Conclusão similar alcançaria quem estudasse os caminhos da legitimação de certos conceitos, em que se verificam importantes conquistas. A mais clara talvez tenha sido o fortalecimento dos instrumentos de promoção e defesa dos direitos humanos. Apesar das dificuldades que enfrenta o recém-criado Conselho de Direitos Humanos, o fato é que, se comparamos os anos 50 aos dias atuais, os ganhos são evidentes: a universalidade dos direitos humanos está afirmada e existem instrumentos institucionais que permitiriam, em tese, a sua promoção consistente (embora, reconheçamos, o grau de politização do tema e as distorções daí derivadas sejam

---

40 Ver Groom, "The Question of Peace and Security". In: Taylor; Groom, *International Institutions at Work*. Nova York: St. Martin's Press, 1988, p. 80.

evidentes). Outro exemplo é a condenação ao terrorismo, que se exprimiu em várias convenções parciais e nas resoluções que se seguiram ao 11 de Setembro. Até hoje, porém, foi impossível aprovar uma convenção geral de combate ao terrorismo.[41]

Por outro lado, as resoluções da Assembléia Geral nem sempre têm a força de autoridade que deveriam ter, muitas vezes porque o consenso é obtido de forma tão diluída que perde o significado político ou terá realmente um significado contraditório. Vimos o exemplo do desarmamento e a mesma avaliação serviria para a história das decisões na área socio-econômica. Os Objetivos de Desenvolvimento do Milênio, aprovados no ano 2000, tencionam dar sentido mais concreto à cooperação internacional, definindo metas específicas, como diminuir, até 2015, a pobreza e a fome, aumentar os níveis de alfabetização etc. A Declaração, todavia, não revela mais que intenções e, entre as metas e a realização, a distância ainda é significativa.

Existe, finalmente, um problema institucional ligado à legitimidade. O primeiro passo para oferecê-la é assegurar a legitimidade de quem a oferece. Hoje, tanto o Conselho de Segurança quanto a Assembléia sofrem críticas em relação à sua autoridade. No caso do Conselho, concentram-se na falta de representatividade, já que a categoria dos membros permanentes, com direito de veto, exprime outro tempo histórico e congela, como modelo, o mundo ao fim da Segunda Guerra. Contudo, pela própria natureza de suas funções, o Conselho não se constrange para decidir e, a cada movimento, ganha (ou perde) força de legitimidade. É como se, diante da fragilidade potencial de sua legitimidade, o Conselho a transferisse para as decisões específicas.[42] *Vale mais a legitimidade que nasce do desempenho, da eficácia, e menos a que extrairia da sua condição institucional.*

---

41 Ver Boulden; Weiss (eds.), *Terrorism and the UN, before and after September 11*. Bloomington: Indiana University Press, 2004.

42 Andrew Hurrell resume de maneira contundente as críticas à legitimidade do Conselho: "Como alguém pode esperar que o Conselho de Segurança das Nações Unidas seja visto como legítimo, dado o domínio do 5P, a obscura diplomacia de bastidores que tantas vezes caracteriza o funcionamento do Conselho de Segurança, e o fato de que regiões importantes do mundo não estão ali representadas, ou o estão de forma insuficiente? Num mundo em que os valores democráticos assumiram tamanha aceitação, como seria possível que a importância da representativi-

A situação da Assembléia Geral é mais complexa. Os fundamentos de sua legitimidade continuam intactos, inquestionados. As formas de decidir e o que decide são, porém, objeto de constante crítica. Falta-lhe o recurso da eficácia. A irrelevância das resoluções, que se repetem ano a ano, os consensos frágeis que significam pouco como orientação para os Estados, a falta de capacidade de renovação, a impossibilidade de deliberar sobre os temas candentes (a começar pela reforma do Conselho) passam ser apontadas como características de um órgão que estaria se tornando secundário para a comunidade internacional.

As críticas podem ser exageradas, mas o fato é que o produto da Assembléia tem perdido a força, diante de um Conselho que se afirma, expande a sua agenda e passa a usar com mais freqüência as prerrogativas do capítulo VII. Inverte-se o equilíbrio (ou desequilíbrio) institucional dos anos 50 e 60, quando a Assembléia, que tratava de temas importantes e de alta visibilidade, como descolonização, era o órgão forte, diante de um Conselho semiparalisado pela Guerra Fria.

No caso das ações atenuadoras do sofrimento humano, embora se registrem realizações notáveis, especialmente na área da proteção a refugiados, a demanda é sempre maior que a oferta e, em muitos casos, os processos políticos barram as realizações da ajuda humanitária.

Os procedimentos multilaterais são o pano de fundo para os dois lados do processo. Mais precisamente, alcança-se o êxito ou o fracasso por meio dos mesmos mecanismos de decisão. *É como se a lógica multilateral contivesse, em si, o germe de seus contrários.* Na realidade, o multilateralismo das Nações Unidas tem movimentos variados e se abre, em cada serviço que presta, a desfechos diferenciados.

É possível dizer, em primeiro lugar, que a marca da *indispensabilidade* faz com o que o multilateralismo funcione plenamente. Ou seja, sem algum tipo de cooperação internacional constante, seria impossível articular mecanismos de comunicação telefônica entre países ou, para lembrar um exemplo do passado, sem a universalização do código Morse, pela União

---

dade não levasse a reivindicações legítimas de reformas no Conselho de Segurança?", retirado de "Legitimacy and the use of force: can the circle be squared?", *Review of International Studies*, nº 31, 2005, p. 26.

Telegráfica Internacional, as comunicações telegráficas simplesmente não se desenvolveriam.[43] Ora, essa *indispensabilidade* atenua-se e mesmo desaparece quando entram em jogo interesses de natureza estratégica, que não são "esquecidos" diante da hipótese da indivisibilidade da paz ou dos ideais de segurança coletiva. Entre os dois extremos, varia, a cada tema, o grau de cooperação e de sucesso do multilateralismo.

Há duas conclusões fundamentais a extrair do que foi exposto. A primeira: a oferta de serviços prestados pelas Nações Unidas é ampla e está consolidada. Em alguns casos, a ONU atua em cooperação com órgãos regionais, como a Organização dos Estados Americanos (OEA) na crise do Haiti em 1992 ou com a Comunidade dos Estados da África Ocidental (CEDEAO) na Libéria ou em Serra Leoa; em outros, sofre competição de foros específicos (mas que oferecem também serviços limitados, como a OCDE, o G-8, ou o NSG etc.).

Quando se trata de assistência humanitária, a ONU atua em coordenação com outros provedores, como as ONGs, com vistas a alcançar mais efetividade. No plano da segurança, preserva o monopólio virtual, que, no entanto, é contestado na prática por ações militares não consentidas, algumas com certo grau de legitimidade (a Otan no Kosovo, por exemplo) e outras, sem legitimidade (a intervenção anglo-americana no Iraque).

Embora a referência fundamental continue a ser a ONU, é natural pensar que, a médio prazo, os cenários para o provimento dos serviços necessários para uma ordem internacional estável se tornem mais diferenciados e complexos. É possível que os serviços de segurança venham a ser crescentemente compartilhados com organizações regionais, que as ONGs tenham maior influência no universo humanitário, ou ainda que as linhas de legitimação no campo da economia se enfraqueçam. Cada área terá a sua lógica e o seu desfecho específicos. Na capacidade de a ONU adaptar-se a essas realidades e fortalecer o seu papel de "gerente" dos diversos aspectos da ordem está o seu desafio central.

---

43 Ver Codding Jr., "The International Telecommunication Union". In: *International Institutions at Work*, op. cit., p. 150-166.

A segunda conclusão revela a dificuldade de previsões sobre o sistema multilateral, ao mostrar que, na ONU, os Estados demandam serviços e, ao mesmo tempo, regulam a sua oferta. E, nas duas pontas da equação, trabalham com lógicas contraditórias. A demanda nasce individual, mas o que a sustenta é a idéia de que serve à comunidade internacional como um todo; a oferta nasce coletiva, mas, ao ser concretizada, passa pelos interesses individuais (isso é evidente na contribuição de tropas para as operações de paz em que, freqüentemente, a oferta é determinada por interesses particulares ou nas condicionalidades que se impõe aos fundos voluntários oferecidos na área de assistência técnica).[44]

Outro elemento: a demanda é necessariamente mais elástica do que a oferta. Em tese, o limite da demanda é a legitimidade do argumento (e o Estado pode usar os mais variados artifícios para "tingir" de coletivo o seu interesse individual); o limite da oferta é a capacidade de organizar recursos para atender as demandas. O Secretariado pode influenciar os dois lados da equação, mas, institucionalmente, o seu papel é de implementar o que foi decidido no plano político. Assim, como os Estados não se regem sempre e preferencialmente pela lógica do multilateral, os movimentos que reforçam a autoridade da ONU dependem de fatores que estão fora da ONU.[45]

---

44 Um tema interessante é o do aumento da demanda por operações de paz, que dá um salto extraordinário no fim da década de 1980, fortemente movida pelo interesse dos Membros Permanentes. É difícil imaginar uma resposta tão rápida da Organização a demandas de países em desenvolvimento.

45 Marrack Goulding analisa o fenômeno, quando diz: "O valor que eles (os Estados-membros) conferem às Nações Unidas relaciona-se mais à promoção de seus interesses nacionais que à promoção dos interesses coletivos de todos os seus membros na criação de um mundo mais pacífico, justo e próspero. Isso contribuiu para a percepção generalizada entre os países do Terceiro Mundo de que o fim da Guerra Fria permitiu aos países do Ocidente assumir o controle das Nações Unidas e usá-la, bem como a outras organizações internacionais, para promover seus próprios interesses, em detrimento dos interesses dos países em desenvolvimento. Essa percepção é exagerada, embora não deixe de ter seu fundamento. Houve, por exemplo, mudanças significativas na alocação dos recursos e da energia política, do desenvolvimento econômico e social para questões de paz e segurança". Goulding, *Peacemonger,* op. cit., p. 343. O autor também analisa as preferências dos países desenvolvidos no Conselho de Segurança e o foco em resolver conflitos em que prevalece seu interesse estratégico.

É bem verdade que, ao analisar a história do sistema, observamos que não estamos no reino do arbítrio absoluto, em que qualquer demanda seria aceitável. Há os limites postos pelo espaço da legitimidade e da negociação. Porém, a demanda é determinada por diferenças quanto à própria maneira de compreender qual é o escopo da Organização.

Os países em desenvolvimento (PEDs) sempre viram a ONU como um instrumento de transformação e, portanto, tendem a concentrar-se nas demandas de legitimidade e a trabalhar com uma noção de eficiência que significa ampliar serviços. Os países desenvolvidos (PDs), em sua a maioria, procuram modelar a Organização como força de estabilidade, além identificar eficiência com emagrecimentos burocráticos. Deriva dessa circunstância a dificuldade de organizar a demanda numa direção unívoca (não que não tenha ocorrido, mas se torna mais difícil na própria medida da diferenciação do sistema internacional). De um lado, quem demanda transformação dirige-se essencialmente aos que resistem a mudanças, e o resultado é que a oferta produzida pela ONU é modesta na área. Já os que privilegiam a estabilidade (no que às vezes coincidem como os PEDs) a querem seletivamente, mais obediente a interesses estratégicos do que a uma perspectiva universal do que interessa à comunidade internacional. Outro problema é da natureza dos órgãos que prestam serviços e sua legitimidade que, como vimos, tanto no caso da Assembléia quanto no do Conselho, está abalada.

Os desencontros de oferta e demanda são o natural da Organização e vão continuar.[46] É possível atenuá-los? É possível fortalecer a ONU? Voltamos à pergunta inicial. Que ONU queremos? Que ONU podemos reforçar?

---

[46] Ao comentar as ambiguidades da ONU, lembram Roberts e Kingsbury: "Se a ONU proclama altos princípios, ela também reflete as falhas e as fragilidades, tanto de indivíduos quanto de Estados. Se ela é uma instituição voltada para a tomada de decisões, ela também serve para protelá-las. Se ela possui um aparato decisório mais claro que a maioria das organizações internacionais, ela também assiste à colocação de propostas em debate para que estas possam ser derrubadas. Ela é uma instituição capaz de punir Estados transgressores e, ao mesmo tempo, capaz de encontrar soluções que visam a salvar a face de outros. As ações e as declarações das Nações Unidas, portanto, não devem ser tomadas em seu valor de face". V. *United Nations, Divided World*, op. cit., p. 19.

Na conjuntura atual, é natural desejarmos, em primeiro lugar, uma ONU que contribua para a estabilidade e para a paz. Essa contribuição será sempre seletiva, mas até mesmo os EUA foram obrigados a reconhecer que a oferta de legitimidade para vencer ameaças à paz é inestimável e única. O esforço deveria ser, assim, no sentido de que o trabalho no campo da segurança ganhe coerência, que a razão da comunidade internacional prevaleça sobre as dispersas razões de Estado. Não há receitas prontas para isto, mas certamente as reformas institucionais, especialmente do Conselho, seriam um passo adiante, especialmente porque revelariam, mais uma vez, uma disposição da comunidade internacional de articular políticas comuns.

Outra área que carece de estímulo e renovação é a dos serviços operacionais, especialmente os humanitários e os comandados pelas agências especializadas. Como é pouco provável que tenhamos uma ONU negociadora de novas "ordens econômicas" em virtude da proeminência da OMC, torna-se fundamental que a Organização continue a trabalhar como receptora e organizadora da política de demandas dos menos privilegiados e, sobretudo, como divulgadora de "boas práticas" e coordenadora de esforços de ONGs, governos, entidades multilaterais, diante de problemas concretos. A globalização vai requerer mais ação na área da saúde, dos transportes, das comunicações, tarefas que recomendariam o reforço da OMS, da Organização Marítima Internacional (IMO), da Associação Internacional de Transporte Aéreo (Iata), da União Internacional de Telecomunicações (UIT) etc.

É possível reforçar a ONU sem alterar suas estruturas? Este é um desafio maior, porque, especialmente no caso do Conselho de Segurança, o que prevalece são símbolos de uma lógica de hierarquias internacionais ultrapassadas. Exatamente por isso, pela força simbólica que mantém, mudá-la requer um processo longo e complexo, ainda que seja necessário.

II. Aspectos do processo de decisão e a noção de vontade política

Uma das mais recorrentes afirmações sobre as Nações Unidas é a de que a Organização exprime simplesmente o que querem os Estados-membros. De fato, a ONU não é uma instituição independente que tenha meios próprios de buscar recursos, disponha de forças militares, ou decida a partir de motivações institucionais próprias. O que faz reflete sempre decisões em que os Estados-membros são os atores centrais.

Como entender o que os Estados querem da ONU? O primeiro método seria estudar vontades individuais e medir os pesos variados de influência de cada Estado na modelagem do organismo. Outro seria distinguir Estados em vista de sua posição no sistema e observar de que maneira isso se refletiria em suas diplomacias multilaterais. Estados pobres teriam atitudes diferentes das que proporiam os ricos, nucleares diferentes das que defendem os não nucleares etc. Outra solução ainda seria entender a Organização a partir da maneira como as condições estruturais da distribuição de poder no sistema internacional influenciam o seu desempenho.

Os Estados, porém, não são os únicos a influenciar formalmente o processo deliberativo. A ONU conta com uma burocracia estável, dirigida por um Secretário-Geral que tem funções próprias, administrativas e políticas, tal como define o artigo 99, da Carta, que também determina que o SG possa se dirigir ao Conselho de Segurança para chamar atenção de fatos que ameacem a paz.[47] Se o SG tiver a disposição de um Hammarksjold, pode ter peso nas decisões específicas. E, claro, supõe-se que o SG articule suas posições, a partir de algo diferente do que a *razão de algum Estado*. Além disso, o Secretário-Geral possui, pela própria natureza do cargo, prestígio para que suas idéias e opiniões sejam ouvidas.

Uma medida do peso político dos SGs é o fato de que, mais de uma vez, entraram em conflito com os EUA ou com a URSS. O exemplo mais marcante foi o de Boutros-Ghali, que foi vetado pelos EUA para uma reeleição em que praticamente tinha apoio consensual. Já a União Soviética impediu a reeleição de Trigve Lie. O Secretariado, como organização burocrática, poderá também produzir documentos que venham a influenciar decisões, como a CEPAL nos anos 60. As ONGs têm influência em várias

---

[47] A ONU tem cerca de 9 mil funcionários permanentes nos seus órgãos centrais e mais de 50 mil em suas agências e seus organismos especializados, isso sem contar o número de tropas das vinte operações de paz hoje em curso, que requerem em torno de 80 mil agentes, entre militares e polícias, ao custo de 5,9 bilhões de dólares.

áreas de atuação da ONU e são ouvidas em praticamente todos os foros, até no Conselho de Segurança. Neste ensaio, porém, o foco central são os Estados.

A ONU identifica-se com um conjunto de decisões tomadas pelos Estados-membros, assistidos pelo Secretariado que, em boa medida, terá a responsabilidade de implementá-las. Essas decisões constituiriam a *vontade multilateral*. Uma decisão adotada em algum órgão das Nações Unidas passa a valer por si e não se confunde mais com o processo deliberativo que a gerou. De uma certa maneira, está "acima" dos Estados e vale para todos, para os que a propuseram, a aprovaram e mesmo para os que a rejeitaram. É essa decisão, na forma de uma resolução ou de um tratado, que conforma a vontade multilateral, composta essencialmente da combinação de vontades individuais modeladas por meio de concessões mútuas negociadas.[48] É claro que os que podem obter maiores concessões aproximam a vontade multilateral da individual. Como se forma a *vontade política multilateral*, qual é seu alcance e que fatores estruturais a condicionam são os temas de que nos ocuparemos a seguir.

Um primeiro elemento a considerar são certas características do multilateralismo. Formalmente, a formação da vontade política segue o modelo parlamentar clássico, com debates em comissões ou grupos de trabalho, deliberações em plenário e votação aberta. A cada ano, desde 1947, a Assembléia aprova resoluções sobre uma variada agenda internacional, em número crescente. Em 1950, foram 150; em 2006, duzentas (estas, porém, muito mais extensas).

Além das administrativas (aprovação do orçamento) e formais (recebimento de relatórios de órgãos subordinados), as resoluções refletem os temas predominantes na conjuntura. Em 1950, era a Coréia; nos anos 70, os temas econômicos; nos primeiros anos do século XXI, a agenda é dispersa, com questões de direitos humanos, desenvolvimento, desarmamento e a tendência à dispersão deve continuar.

O Conselho de Segurança é também um órgão deliberativo de corte parlamentar, com algumas diferenças importantes em relação à Assembléia:

---

[48] Ver Weiss et al. *The United Nations and Changing World Politics*, op cit., p. lii.

número limitado de membros – dos quais cinco são permanentes com direito de veto – e instâncias decisórias importantes restritas aos Membros (as sessões informais).[49] Com o fim da Guerra Fria, o Conselho passa a ser mais atuante, o veto é raramente usado, multiplicam-se as operações de paz e também as resoluções sobre temas gerais (um pouco à moda da Assembléia).

Se tomarmos como modelo os legislativos nacionais, poderíamos considerar a ONU um *parlamento imperfeito ou peculiar*. Isto se revela claramente no caso do Conselho em vista da posição dos membros permanentes (EUA, Rússia, China, França e Grã-Bretanha), não só pelo fato de serem permanentes, mas porque detém o direito de veto.[50] No caso da Assembléia, a diferença marcante diz respeito ao resultado da deliberação que, no caso nacional, transforma-se em lei e obriga aos cidadãos.

Como a ONU é um parlamento de soberanos, a natureza das decisões não é uniforme. O resultado das deliberações, salvo nas decisões do Conselho de Segurança, amparadas pelo Capítulo VII, da Carta, não tem valor mandatório. No caso da Assembléia Geral, ainda que se alcancem decisões com base na igualdade jurídica dos Estados (cada Estado tem direito a um voto e todos têm o mesmo peso), as resoluções devem apenar o valor de recomendações, exortações para que a comunidade internacional aja de determinada maneira, como prescreve o artigo 10, da Carta.[51] As resoluções aprovadas pela Assembléia não obrigam, salvo em duas circunstâncias; quando se trata de decisões orçamentárias e administrativas ou quando a Assembléia se converte, diretamente ou por meio de conferências especializadas,

---

49 Para uma ampla análise do Conselho nos dias de hoje, ver Malone (ed.), *The UN Security Council*. Boulder: Rienner, 2004.

50 Uma outra característica da "imperfeição" nasceria, se comparamos a ONU a parlamentos nacionais, pelo fato de que, nestes, os representantes tendem a ter o mesmo tipo de apoio e assessoria, financiado com recursos públicos. Ou seja, há um esforço para que se igualem as condições "reais" de participação, o que não ocorre na ONU, em que se contrastam delegações com dezenas de diplomatas e especialistas a outras, com menos de cinco ou seis.

51 O artigo 10 diz claramente que a Assembléia tem competência, já que pode discutir qualquer matéria no âmbito da Carta, exceto as que estejam na agenda do Conselho, e pode "fazer recomendações" aos Estados-membros ou ao Conselho de Segurança.

em foro para negociar tratados e construir normas de valor legal.[52] Negociam-se tratados na Assembléia, ou em que conferências que ela convoca.

Outra característica do parlamento multilateral é a de que frequentemente seus Membros se valem de uma espécie de *reserva de soberania*, de tal forma que, quando contraria os seus interesses, alguns Estados negam-se a seguir o deliberado. O exemplo clássico é a resistência de Israel a abandonar os territórios ocupados, apesar de várias decisões do Conselho, a partir da 242, de 1967, e da Assembléia neste sentido. Outro seria a resistência norte-americana a levantar o embargo sobre Cuba. As soberanias continuam como o pivô dos processos internacionais e o multilateralismo visa essencialmente a ordená-las, indicar meios para que se entendam e cooperem. Não visa superá-las.

No caso da Assembléia, a falta de alcance normativo não diminui, em tese, a importância política de suas deliberações. As resoluções não têm força legal e muitas são consensos débeis, porém constituem um dos focos principais de produção de legitimidade no sistema internacional.[53] Durante a Guerra Fria, com a paralisia do Conselho, a Assembléia ganhou relevância, assumiu funções na esfera da segurança, teve papel decisivo no processo de descolonização e na incorporação dos novos Estados à comunidade internacional, de tal forma que eram suas deliberações as que produziam as notícias na imprensa.[54]

---

[52] A prática tem sido, porém, de que os tratados sejam negociados em foros próprios, gerados pela Assembléia, mas com alguma autonomia. Um exemplo clássico são as negociações de direito do mar. Ver Goldstein; Kahler; Keohane e Slaugther, "Legalization and World Politics", *International Organization*, vol. 54.

[53] Os processos parlamentares ocorrem em várias instâncias, além do Conselho e da Assembléia. Um exemplo é a série das chamadas conferências globais que, durante os anos 90, lidaram com temas como meio ambiente, direitos humanos, direitos da mulher, assentamentos urbanos, desenvolvimento social etc. Para uma análise ampla e precisa do processo, ver Alves, *Relações Internacionais de Temas Sociais: A Década das Conferências*. Brasília: IBRI, 2001.

[54] Ver Jacobson, "The United Nations and Colonialism", *International Organization*, e Kay, "The Politics of Decolonization: The New Nations and the United Nations Political Process", *International Organization*, vol. 21, nº 4, p. 786-811, outono de 1967.

O seu peso institucional declinou e não faltam críticas à maneira como conduz seus trabalhos.[55] De fato, com o fim da Guerra Fria, é o Conselho que se tornou o foco de poder institucional, seja por causa das matérias de que trata, sempre mais dramáticas (são conflitos), seja pela possibilidade de que suas decisões causem impacto imediato em situações específicas, o que ocorre sobretudo quando os cinco membros permanentes estão de acordo e trabalham em conjunto, como um concerto de potências. Neste caso, as decisões combinam, no mesmo ato, o peso político das Potências com a legitimidade que advém da decisão aprovadas pelo Conselho. Em contraste, na Assembléia, ainda que se possam tomar decisões de impacto, a tendência é a de que sigam ritos mais lentos, complexos e de autoridade limitada. A variedade da temática às vezes obscurece o que é relevante.

Ainda comparando com as situações nacionais, seria a ONU um *parlamento imperfeito ou peculiar* porque falta o contraste com os outros Poderes. O Secretário-Geral não dirige um Executivo já que deve "obedecer" aos Membros e sua capacidade de iniciativa é limitada. As possibilidades de opinião judicial sobre decisões, tanto do Conselho quanto da Assembléia, ocorrem, mas também de forma limitada quando a Corte Internacional de Justiça se pronuncia. Aliás, essa é uma das razões pelas quais alguns propõem que haja, paralelo à Assembléia, um parlamento de "representantes do povo", nos moldes do Parlamento Europeu, para atenuar a concentração de poder estatal nos processos deliberativos.

De qualquer maneira, as *imperfeições ou peculiaridades* não impedem que tanto no Conselho quanto na Assembléia deliberem, em alguns casos, com eficácia e alcancem resultados. É verdade, também, que as imperfeições freqüentemente prevalecem e são parte de uma explicação recorrente na história das Nações Unidas, sobretudo nos momentos em que falha em seus propósitos: *falta de vontade política*.[56]

---

55 Para um resumo das críticas, que vão desde a transformação da Assembléia em *talk shop* sem eficiência deliberativa a seu déficit democrático, ver Petersen, *The UN General Assembly*. Londres: Routledge, 2006, p. 122-137.

56 A ligação entre as imperfeições e a falta de vontade política se dá de várias formas. Por exemplo, a falta de autoridade legislativa na Assembléia contribui para que as deliberações se dissolvam em falsos consensos, a ausência de um "executivo" dispersa o poder de iniciativa etc.

O conceito é impreciso, mas delineia com propriedade uma questão essencial para compreender a Organização. De fato, na ONU, à semelhança da deliberação parlamentar, a vontade política multilateral nasce da articulação negociada das vontades individuais dos Estados. Exprimirá, então, graus de harmonia ou desarmonia e, apenas no primeiro caso, converter-se-á em decisões específicas. O suporte perfeito para a realização dos objetivos multilaterais ocorre quando se manifestam, de modo claro e preciso, numa mesma direção, as vontades dos Estados-membros, expressas pelo voto: as vontades individuais se dissolvem na vontade coletiva e ganham uniformidade. Na realidade, o objetivo das deliberações é revelar, a partir das diferenças, o que existe de interesses compartilhados em temas específicos. As diferenças, naturais em se tratando de Estados que têm peso político diverso, além de interesses e valores distintos, se diluiriam em vista de um objetivo de cooperação que serve a todos.[57]

Há momentos em que a seqüência é clara: após o atentado de 11 de Setembro, o interesse norte-americano em uma condenação enérgica do terrorismo coincidia com o interesse geral e imediatamente foram aprovadas resoluções no sentido desejado.[58] Os Objetivos do Milênio, aprovados em 2000, e que indicam metas na área econômica e social para orientar o trabalho da Organização, também foram amplamente respaldados, ainda que não criem obrigações, somente pautas de conduta.[59]

Em outros temas, contudo, como a defesa do meio ambiente, o desarmamento, a promoção dos direitos humanos, ou em questões específicas,

---

Insista-se que as imperfeições são características próprias do parlamento internacional, revelam seus limites e dificilmente poderiam ser ultrapassadas. As correções sempre seriam pontuais.

57 Um estudo do que significa "vontade política" deveria levar em consideração o processo de formulação que começa no interior do Estado. Haverá temas em que os governos têm mais autonomia do que outros, haverá governos que terão mais autonomia diante das forças sociais do que outros etc.

58 É bem verdade que a ONU não alcançou todos os objetivos possíveis, por exemplo, ao não conseguir aprovar uma convenção que definisse o terrorismo como crime. O assunto está aberto até hoje. Ver Peterson, "Using the General Assembly", *UN and Terrorism*, op. cit., p. 172-197.

59 Resolução A/55/2.

como a crise no Oriente Médio, não é fácil encontrar pontos de equilíbrio para a cooperação. A controvérsia e a dificuldade de consenso são o natural. Não se delibera, ou se delibera de uma forma *fraca*, por meio de resoluções que exprimem consensos artificiais e não têm força suficiente para orientar a comunidade internacional e influenciar o comportamento dos Estados. É, às vezes, difícil destrinchar, entre as mais de duzentas resoluções aprovadas, a cada ano, na Assembléia Geral, aquelas que, ao capturar forte conteúdo de legitimidade, indicam linhas de conduta que serão efetivamente seguidas pelos Estados-membros.

As dificuldades para construir consensos originam-se na desigualdade intrínseca ao sistema internacional contemporâneo, que se reflete em diferenças políticas naturais sobre o que cada Estado acredita deva ser o alcance e a medida de hipóteses de cooperação multilateral. As diferenças nasceriam, assim, fora da ONU, mas aí encontram sua expressão. *O foro multilateral força a exposição das diferenças e contradições entre Estados, só que de forma organizada, disciplinada, e presta assim um serviço importante à comunidade internacional.*

A revelação das diferenças pode ser um passo para superá-las e, idealmente, transformá-las em projetos comuns, mas por outro lado pode se converter em impasses e até agravá-las.[60] Todas essas situações se verificam na história da ONU. Em sua primeira fase, até meados dos anos 50, antes da onda de descolonização, quando eram pouco mais de cinqüenta os Estados-membros, as dificuldades para articular a vontade derivavam da Guerra Fria. O cerne das diferenças seria ideológico (Leste-Oeste) e, a partir dos anos 60, as distâncias passam a ser econômicas (Norte-Sul).

Hoje, a globalização e a emergência de novas potências, os conflitos étnicos e o terrorismo são, entre outros fatores, o pano de fundo para uma Organização que conta 192 Membros, o que gera dificuldades de outra ordem.[61] Há diferenças que são herdadas dos anos 50, como a que separa as

---

60 A resolução da Assembléia Geral que identificou sionismo com racismo pode ser um exemplo de decisão que certamente não contribui para facilitar soluções no Oriente Médio.

61 Ver Fonseca; Belli, "Gobernabilidad internacional: apuntes para un análisis sobre el (des)orden contemporáneo". In: *Relaciones Internacionales*, nº 145, p. 5-24, abr.-jun. 2004.

potências nucleares das não-nucleares. Também são herdadas as diferenças econômicas, agora com conteúdo mais complexo, especialmente se levamos em conta as variações internas entre países em desenvolvimento. Ao mesmo tempo, dissolveu-se a perspectiva de que a Assembléia pudesse se transformar em um foro negociador em questões econômicas. Em temas de meio ambiente, há países produtores e consumidores de petróleo, o que os leva a ter perspectivas contraditórias no tratamento da mudança climática; há países com capa florestal e outros, não, o que implica atitudes diferentes quando se trata de preservação da diversidade biológica. Modos de condicionar a soberania, no caso dos direitos humanos, é outro tema que divide os que defendem as intervenções humanitárias e os que as rejeitam. Na reforma da Carta, centrada na admissão de novos membros permanentes no Conselho de Segurança, falta consenso. Ainda assim, em todas as fases da história da ONU, é possível encontrar temas em que houve consenso e vontade de agir na mesma direção, com doses variadas de sucesso.[62]

As decisões da ONU refletem condições *externas* à Organização, mas também é verdade que as instituições multilaterais criam uma realidade própria que influenciará o que ocorre no mundo externo. Pelo mero fato de existirem, oferecem uma alternativa de comportamento para os Estados, diferente do realismo puro.

São dois os traços que caracterizam a *oferta multilateral*: de um lado, a própria institucionalidade, ou seja, foros permanentemente abertos a demandas dos Estados e com capacidade de absorver a dinâmica de transformações do sistema internacional e, de outro, o estoque de normas, decisões, resoluções construído ao longo da história da Organização. Neste sentido, a ONU corresponderia, para usar o jargão, a um "macro-regime" ou a um regime que pautaria os demais.

Para compreender o seu alcance real, é necessário entender que a oferta não é uniforme no tempo e na qualidade do que oferece. Vimos que o peso e o prestígio dos órgãos variaram historicamente. A Assembléia tem

---

62 Um fenômeno freqüente é o "falso consenso", ou seja, resoluções que são aprovadas por consenso, mas tão diluídas em suas intenções que praticamente só tem valor retórico ou valem como um manifesto de vagas boas intenções.

procedimentos lentos, complexos e perdeu eficácia deliberativa. Mas será indispensável como ponto de apoio para reivindicações globais, ligadas ao tema da justiça.

Quanto ao estoque de decisões, há que examinar, em cada caso, o seu alcance real. Na verdade, o sucesso parlamentar pode ser medido de duas maneiras. A primeira é interna, quando se superam impasses negociadores e se alcança algum resultado que se exprime em um ato formal, seja uma resolução, seja um tratado. É uma medida frágil porque, quase sempre, haverá algum resultado formal e são raros, especialmente na Assembléia, casos de bloqueio de processos deliberativos. As estatísticas são interessantes. Em anos recentes, a tendência é de que mais de 75% das decisões da Assembléia Geral sejam tomadas sem voto, por consenso.[63] Em um parlamento nacional, isso revelaria alta dose de convergência das forças políticas. Já na Assembléia, essa medida deve ser qualificada, já que, em boa parte dos casos, são resoluções processuais ou débeis no que pedem dos Estados.[64] No Conselho, a possibilidade de recurso ao veto mostraria claramente o insucesso da deliberação, mas, sobretudo no pós-Guerra Fria, haverá circunstâncias em que o veto não aparece formalmente, e o resultado é discretamente bloqueado nas consultas informais.[65]

Uma segunda medida de sucesso parlamentar partiria da avaliação do eventual impacto que o ato multilateral terá fora da ONU, ou, em outras palavras, de que maneira afetaria a "realidade". Para usar a concepção de Oran Young: "Uma instituição é eficaz na medida em que seu funcionamento faz com que os atores se comportem de forma diferente do que o fariam

---

[63] O livro de Petersen, *The General Assembly*, op. cit., p. 77, compila as estatísticas de votação desde a primeira Assembléia até hoje. Nos anos da Guerra Fria, o percentual de adoção de resoluções sem voto ficava em torno de 50%, embora, em alguns anos, tenha sido ainda mais baixo, como na sexta Assembléia Geral, em que somente 15% foi aprovado por consenso. Em contrapartida, na 58ª Assembléia Geral, 77% das decisões foram por consenso.

[64] Poderíamos chamar o "sucesso do negociador". É ele que tem a satisfação de obter um resultado e qualquer resultado prova que a negociação valeu a pena.

[65] O veto, abundantemente usado durante a Guerra Fria, passa a ser, nos anos 90, um instrumento de negociação, a serviço dos membros permanentes. É raramente utilizado.

caso a instituição não existisse".⁶⁶ Tomemos o exemplo do desarmamento. A cada ano, desde a Primeira Assembléia Geral, são aprovadas resoluções que pedem o desarmamento nuclear, em regra com votos contrários das Potências Nucleares (e sempre dos Estados Unidos). Ainda que os objetivos do desarmamento estejam longe de ser alcançados, é possível dizer que o sucesso dessas resoluções estaria na criação de uma medida de legitimidade que estabelece *algum* constrangimento para as Potências Nucleares.

Quanto vale o constrangimento? Pouco, se atentarmos para o comportamento dos EUA nos anos recentes – não assinaram o Comprehensive Test Ban Treaty (CTBT), tratado que suspendia os testes nucleares; deixaram de aplicar o Anti-Ballistic Missile Treaty (ABM), que, ao regular os sistemas antimíssil da URSS e dos EUA, teve importante papel na dissuasão nuclear. Dado o arsenal nuclear norte-americano, concluir-se-ia que o desarmamento nuclear avançou pouco. Além disso, alguns dos tratados fundamentais, como o START, que reduzia os arsenais americano e russo, foram negociados fora da ONU e outros ainda, como o da proibição de material físsil, estão há anos para serem discutidos na Comissão de Desarmamento em Genebra. Em qualquer caso, uma resolução aprovada praticamente por unanimidade, sem, contudo, o voto dos EUA, terá sucesso interno evidente e limitado sucesso externo, ou seja, o constrangimento sobre a Superpotência será menor.⁶⁷

---

66 Ver Young, "The effectiveness of international institutions: hard cases and critical variables". In: Rosenau; Czempiel, *Governance without government: order and change in world politics"*. Nova York: Cambridge University Press, 1992, p. 161.

67 Um exemplo interessante é a condenação do embargo norte-americano a Cuba, que se repete há anos, sem que os EUA se movam de sua posição. É a reserva de soberania que, claro, aumenta em função do poder do país que a aplica. Outro exemplo seria o do terrorismo, em que o consenso para condená-lo não se traduz em medidas mais efetivas de cooperação. Petersen, no livro citado, faz uma análise do impacto das resoluções aprovadas pela Assembléia Geral sobre o comportamento dos governos e observa que, em muitos casos, "A política do consenso ainda se desenrola de formas complexas, algumas vezes servindo para obscurecer a permanência de desacordos por meio de frases cuidadosamente redigidas e, outras vezes, indicando um acordo real [...] Os governos ainda não estão prontos para adotar formas vigorosas de coordenação multilateral no trato do terrorismo como forma de crime transnacional, da forma exigida pelas sugestões de alguns advogados", op. cit., p. 194.

Em contrapartida, para lembrarmos um exemplo de sucesso, interno e externo, há que lembrar os *constrangimentos fortes* que as resoluções sobre descolonização trouxeram para as Potências coloniais. Mesmo neste caso, é preciso fazer duas ponderações de alcance geral.

Em primeiro lugar, as avaliações sobre o impacto de uma decisão multilateral dependem de uma análise prévia de seus objetivos. A luta pela descolonização justificaria aceitação de violência para que aquele objetivo fosse alcançado ou a paz é uma prioridade absoluta? Em alguns casos, a transição para a independência foi pacífica, mas, em outros, gerou debates prolongados sobre a legitimidade ou não do recurso à violência para alcançar a liberação nacional.[68] O dilema reaparece, sob outras formas, em vários temas (que objetivo deve prevalecer, em situações de crise humanitária, a soberania ou a defesa dos indivíduos que sofrem violações de direitos humanos?).

A segunda ponderação teria que ver com a medida efetiva do impacto. Qual é o peso das resoluções da Assembléia? Ajudaram a que se apressasse o fim da luta anticolonial ou foram simplesmente um elemento secundário em processo que tem fundamentos mais amplos, na própria afirmação de grupos nacionalistas africanos que conseguiriam a independência, existisse ou não o organismo multilateral?[69]

No caso do Conselho de Segurança, é mais fácil medir a eficiência, já que, em regra, atua em conflitos específicos que, se superados, significariam claramente a indicação de sucesso. É evidente que, às vezes, no mesmo momento, as soluções – ou a falta delas – variam. Dependem de como os Estados decidam aproveitar os espaços políticos abertos pela instituição.

---

68 Como a luta pela descolonização coincide com a primazia do Terceiro Mundo, foi possível aceitar a legitimidade da representação de grupos, como a SWAPO, o PAICG, a OLP, que lutavam, com armas, pela independência da Namíbia, de Guiné Bissau e da Palestina, respectivamente.

69 Luard trata do primeiro problema quando analisa a história da ONU entre 1955 e 1965. Diz sobre o primeiro: "Alguns observadores (e alguns Estados-membros) talvez afirmem que a organização não possui objetivo mais alto que o fim do colonialismo ou a eliminação do apartheid na África do Sul e que, com o fim de alcançar esses objetivos, violações da paz têm que, às vezes, ser toleradas. Outros, entretanto, podem chegar a um juízo diferente com relação à prioridade relativa a ser conferida a esses dois objetivos: eles podem afirmar que alguns conflitos internos devem ser ignorados no interesse da preservação da soberania nacional". Ver Luard, *The History of the United Nations, Volume 2, The Age of Decolonization, 1955-1965*. Nova York: Palgrave, 1989, p. 12.

Em 1956, apesar de um Conselho paralisado pelo veto britânico e francês, a Assembléia foi decisiva para forçar a retirada das tropas anglo-francesas que tinham invadido o Egito. Ao mesmo tempo, nada pôde fazer para barrar a presença soviética na Hungria. Por outro lado, como há situações que se desdobram no tempo, o próprio momento de medir a eficiência vai levar a conclusões díspares. Um exemplo: o Conselho falhou em Angola ao não garantir os acordos de Bicesse em 1992, mas o fato de continuar presente e impor sanções contra a UNITA terá sido um dos fatores que, mais adiante, permitiu a superação do conflito interno.[70] A ONU não foi efetiva em evitar o massacre dos timorenses em 1999, mas sem a atuação do Conselho, dificilmente existiria, hoje, um Estado organizado no Timor Leste. Não é um exercício simples, portanto, o de medir eficiência. Como afirma o próprio Young, "é uma questão de grau, mais que uma proposição tudo-ou-nada" e mostra que, no caso das instituições internacionais, deve-se considerar, além das decisões, vários outros fatores, como a distribuição de poder, o sistema hegemônico de idéias, os interesses dos Estados envolvidos etc.[71]

Que conclusões extrair desse conjunto de observações? A primeira é óbvia. A vontade multilateral tem múltiplas expressões. De fato, o tratamento de um tema qualquer nas Nações Unidas pode levar a resultados muito variados. No Conselho, o desfecho de uma deliberação pode ser decisão obrigatória (sanções e, em última instância, intervenção militar), uma resolução formal, exortativa a que partes que terminem uma disputa (Etiópia e Eritréia), a mera omissão (como no caso do Vietnã) e, finalmente, o bloqueio da deliberação pelo veto.[72]

---

[70] Luard analisa de maneira similar o episódio do Congo, que admite mais de uma leitura: "Será que o fato de a guerra ter continuado após a ONU ter-se retirado do Congo significa que toda a operação foi um fracasso, ou o fato de a autoridade do governo central ter sido restaurada significa que a operação foi um sucesso?". Luard, op. cit., p. 13.

[71] Ver Young, op. cit., p. 163.

[72] Durante a Guerra Fria, foram inúmeros os vetos norte-americanos em temas do Oriente Médio e em outros que envolvessem condenação ou crítica a Israel. Os soviéticos, por sua vez, vetaram a tentativa de se tratar da invasão da Hungria em 1956.

No caso da Assembléia, teríamos desde uma articulação consensual que leve a geração de normas até, do outro lado do espectro, deliberações sem resultado, ou resultados meramente formais, os "falsos consensos". A análise da conjuntura revelará momentos de plena articulação (o apoio ao processo de descolonização nos anos 60, o repúdio à invasão do Kuaite pelo Iraque, a resolução sobre terrorismo depois do 11 de Setembro etc.), ou de completa desarticulação (a omissão em conflitos como o do Vietnã, a paralisia diante do massacre em Ruanda e Srebenica, a incapacidade de se negociar uma convenção sobre terrorismo, a invasão norte-americana do Iraque em 2003 enquanto o tema estava na agenda do Conselho de Segurança etc.). Em suma, a ocorrência de um tema em que a ONU tem competência não significa que vá atuar, e, quando atua, pode fazê-lo de modos muito variados.

Uma segunda conclusão é a de que o processo deliberativo na ONU é complexo e seus resultados nem sempre são fáceis de se prever. A complexidade é evidente se consideramos que o processo envolve vários (no Conselho) e muitos (na Assembléia) Estados soberanos e, como em qualquer processo que exige negociação e voto, raramente o que se pretende é o que se consegue, mesmo para as potências. A condição de igualdade jurídica cria constrangimentos específicos ao obrigar aos que têm vantagens de poder a negociar, mesmo os que dispõem de veto no Conselho. De qualquer maneira, a dissociação entre a vontade original dos Estados individualmente considerados e o resultado parlamentar é a regra. A satisfação das vontades individuais nunca é perfeita.[73]

Na verdade, situações de poder de "fora" não se transferem automaticamente para "dentro".[74] O fato de que os Estados Unidos tenham, hoje, hegemonia em variados domínios não significa que obtenham, em um foro

---

[73] Isso se torna um problema, por vezes, no diálogo com as ONGs que tendem a lidar com valores que seriam, em tese, inegociáveis. Há uma tendência, em vários países democráticos, inclusive o Brasil, a incorporar representantes de ONGs em delegações negociadoras em conferências internacionais, para mostrar que a fidelidade a posições "corretas" não significa que prevaleçam.

[74] Um exemplo óbvio é a dificuldade que os EUA tiveram para aprovar a decisão de invadir o Iraque em 2003, que levou, finalmente, a uma ação unilateral, sem o aval do Conselho de Segurança.

multilateral, o que pretendem. Falharam, por exemplo, ao tentar legitimar a invasão do Iraque em 2003 ou ao defender posições constantemente derrotadas em matéria de desarmamento ou direitos humanos.

Para prevalecer na ONU, é preciso dispor de *soft power* e de características adequadas à lógica multilateral, que se exprimiriam na identidade do argumento com o interesse da comunidade internacional. Ou seja, o *soft power*, nascido, por exemplo, da força de um modelo de organização política, e que consegue influenciar o comportamento de terceiros países, não é necessariamente o que serve para convencer os mesmos países da vantagem de uma resolução sobre terrorismo, desarmamento ou direitos humanos. Neste caso, a liderança exige formas de empatia que aproximem o líder do liderado e que convençam que os dois lados lutam por algo que serve à comunidade internacional como tal.

Um terceiro conjunto de observações diz respeito a como conseguir que determinado objetivo seja alcançado nas deliberações. Há dois parâmetros fundamentais a considerar: o que determina os limites e as possibilidades do que é alcançável, o *espaço de proposição*, e o que determina os jogos negociadores que permitem que se alcance, ou seja, o *espaço da negociação*.[75]

As propostas nascem, em primeiro lugar, da competência explícita das Nações Unidas. Se existe um conflito internacional, é natural que seja elevado à consideração do Conselho de Segurança. Se se constatam ameaças estruturais à paz, pela desigualdade entre os países, espera-se que o tema seja tratado pela comunidade internacional. Assim, os objetivos e princípios da Carta estabelecem, em grandes linhas, o espaço de proposição.

Sabemos, porém, que nem todo conflito é elevado ao Conselho, nem todas as propostas para atenuar a desigualdade são consideradas etc. Há que levar em conta, portanto, as interpretações que a conjuntura oferece para realizar os objetivos da Carta. Aqui, é fundamental compreender a evolução dos padrões de legitimidade. Vale um exemplo: durante a Guerra Fria, as operações da ONU eram estacionadas entre beligerantes para garantir

---

[75] O conceito está desenvolvido Fonseca, *A Legitimidade e outras questões internacionais*. São Paulo: Paz e Terra, 1999, p. 193.

processos de paz que estavam negociados, como no caso da na primeira operação, a UNTSO, que manteve a trégua entre Israel e Egito, depois da guerra de 1956.

Com o fim da Guerra Fria, as operações de paz ganharam outros contornos: ampliou-se o que se pode demandar de uma operação, em particular a possibilidade de envolvimento da ONU em questões internas, quando o sentido de ameaça à paz é impreciso, como no Haiti. O alcance das operações chega ao ponto em que cabe à ONU a construção de condições de governabilidade, como aconteceu no Kosovo e no Timor. O espaço de proposição acompanha a transformação das regras que dizem o que é legítimo.

Outro fator é a distribuição de poder parlamentar na ONU. Ainda que determinada proposta seja fiel aos objetivos da Carta e conte com legitimidade conjuntural, isto não significa que a ONU atuará, ou atuará da maneira ideal, já que, para tanto, são necessárias condições políticas específicas. Foi possível condenar a invasão da Hungria em 1956 na Assembléia Geral, mas o Conselho de Segurança não atuou diante do veto soviético. Ou seja, não houve qualquer ação esboçada para repelir a invasão. A demanda para intervir na crise humanitária de Darfur tarda a ocorrer, ora por resistência do Governo do Sudão, ora por resistência de membros permanentes do Conselho, especialmente a China.

O espaço da negociação é o que define, em casos concretos, o resultado da deliberação. Por que certos temas avançam e outros, não? A resposta natural, em um parlamento "perfeito", apontaria para as inclinações de partidos ou coalizões majoritárias. Como a legitimidade é inerente aos partidos representados, o jogo de números seria a variável fundamental para explicar o processo decisório (ao menos numa primeira aproximação). No Parlamentarismo, as maiorias seriam, em tese, automáticas, já que, sem maioria, o governo cai. O Presidencialismo, do tipo brasileiro, com muitos partidos, exige do Executivo a construção de coalizões, que às vezes variam em função do tema a ser votado, aproximando o modelo do que se tem denominado "parlamento imperfeito do multilateralismo".

Há, porém, uma diferença fundamental. No Presidencialismo, a coalizão se constitui na medida em que o Executivo é um poder que tem o que oferecer para formar a sua base de apoio, seja na forma de bens simbólicos (como uma determinada visão ideológica ou um projeto de país) seja com medidas concretas (verbas para determinado grupo, empregos etc.). Na ONU, o processo é mais complexo. Não há Executivo e o processo de formação de coalizões desloca-se para os movimentos do plenário. A legitimidade está vinculada a propostas de países ou grupos, mas com flutuações, já que grupos negociadores não são partidos e não tem rigidez ideológica ou programática.[76]

Além disso, como as decisões são sujeitas à "reserva de soberania", consenso ou maioria não significam necessariamente efetividade, que depende de como se chega à deliberação e o que significa politicamente. Para entender o processo, é possível partir de uma afirmação simples, a de que, no parlamento de Estados, à diferença do formado por indivíduos eleitos, o jogo de influências tem regras próprias.[77]

A primeira é universal e vale para qualquer debate parlamentar, nacional ou multilateral: a influência nasce teoricamente do *soft power*, do valor do argumento, da capacidade de mobilizar pelas idéias. O pressuposto do debate multilateral é que, grandes ou pequenos, os Estados são "iguais" no momento em que deliberam, não só pelo fato de cada um ter um voto, mas também por cada um ter o mesmo direito de vencer pelo argumento.

É claro que, entre a teoria e a prática, entre a igualdade jurídica e a realidade política, há um espaço que será preenchido por fatores que dizem respeito ao que se poderia chamar de *capacidade multilateral*. Não é o fato de ter uma missão em Nova York ou Genebra, ou um diplomata sentado a

---

[76] Quem mais se aproximaria da condição de partido é a União Européia, porém, se isto é verdade para temas econômicos, certamente não será quando se trata de questões de segurança, bastando lembrar as diferenças entre Grã-Bretanha e Espanha, de um lado, e França e Alemanha, de outro, na questão iraquiana. Há grupos que se unem em temas específicos, como os árabes no caso da Palestina e em certa visão dos direitos humanos. O G77 foi importante na construção da idéia de uma nova ordem econômica internacional, mas, hoje, como o Movimento Não-Alinhado perdeu vigor, não tem teses claras que o una. O Grupo Latino-americano (Grulac) atua, em Nova York, mais no endosso de candidaturas do que em proposições substantivas.

[77] É evidente que há parlamentares mais importantes do que outros, com maior liderança ou capacidade de articulação. Mas teoricamente, o processo parlamentar procura igualar as condições em que competem para influenciar, ao fornecer a todos o mesmo salário, o mesmo tipo de assessoria etc. É impossível qualquer prática equalizadora entre soberanos, salvo a que é fornecida pela igualdade jurídica.

uma mesa de negociação, que gera a capacidade. Gera, sim, a presunção da capacidade (enquanto, em tese, no parlamento nacional a capacidade confunde-se com a própria presença do eleito).

No foro multilateral, a capacidade tem outra medida. É preciso que o Estado disponha de instrumentos diplomáticos adequados ao jogo multilateral. São óbvios, a começar por pessoal diplomático que saiba formular propostas e negociar. É necessário contar com inteligência no uso da memória multilateral, já que o manejo dos antecedentes é fundamental em processos que se prolongam no tempo e que tendem a ser repetitivos. Outros elementos relevantes são: recursos de conhecimento especializado, cada vez mais necessários em vista do caráter técnico das deliberações; influência sobre o Secretariado, decisiva em praticamente todas as negociações específicas;[78] condições de gerar pressões de fora para dentro, com a criação de afinidades com ONGs ou movimentos sociais etc.[79] Em vista da amplitude e da variedade da agenda, e da hipótese de que as decisões multilaterais poderão ter algum tipo de impacto na realidade, a disposição de participar da vida institucional é universal, estimula a todos os Estados. Porém, as condições variam, e a primeira medida é a própria dimensão das missões em Genebra e Nova York. Há algumas com *staff* numeroso, composto por diplomatas e técnicos, e outras, muito reduzidas, com dois ou três funcionários.

Isso gera situações diferenciadas, a começar pelo fato de que existem poucos países capazes de participação própria em todos os temas. Seriam atores fundamentais os 5P (Estados Unidos, Rússia, China, França e Grã-Bretanha), os países desenvolvidos de peso (Japão, Austrália, Canadá e Ale-

---

78 No curso de processos negociadores, os documentos que refletem o que se decide são preparados muitas vezes com base em informações do Secretariado e antecipar o que vão informar pode ser um trunfo negociador importante.

79 Os recursos de conhecimento valem também para decisões políticas no Conselho de Segurança, cuja agenda é vasta e são poucos os Estados que têm redes diplomáticas com abrangência universal e portanto acesso a conhecimento em primeira mão do que está se passando em uma área distante de sua região. Mas isto também vale para os Grandes. O embaixador da Hungria, na ONU, durante a crise da Bósnia, se espantava com a ignorância dos colegas sobre a história e a geografia de uma área pouquíssimo conhecida no mundo ocidental. Ver LeBor, *Complicity with Evil: the UN in the Age of Modern Genocide*. New Haven: Yale University Press, p. 37, 2006.

manha), e os grandes países em desenvolvimento (Índia, Brasil, México, Paquistão, Nigéria, Indonésia, Argentina etc.). Porém, talvez com a exceção dos EUA, a tendência é reforçar a tentativa de influência pela agregação de interesses.[80] Praticamente, todos os países se ligam a grupos, reunidos ou pela geografia, como a União Européia, a União Africana, Grupo do Rio, ou pelo nível de desenvolvimento relativo (G77, Movimento Não-Alinhado), ou para a defesa de interesses específicos (como o grupo das pequenas ilhas nos temas de meio ambiente). Há grupos que desenvolvem perfil próprio, como é o caso dos Nórdicos que se identificam com causas humanitárias; em certos momentos, países ganham condições de preeminência, como o México e a Argélia nos anos 70, quando protagonizaram uma liderança terceiro-mundista e defenderam a Nova Ordem Econômica Internacional.

Existe ainda outra diferença entre a vida parlamentar nacional e a internacional. Naquela, um parlamentar pode ascender, ainda que venha de um Estado pequeno, ou seja, representante de um partido menor, seja por talento pessoal, seja porque captura a opinião pública, seja porque obtém cargo relevante. Há uma mobilidade natural dos parlamentares considerados individualmente. Na ONU, as possibilidades de ascender são muito mais rígidas. Os Estados não mudam de *status* com facilidade; normalmente são processos de longo prazo. Nas Nações Unidas, a única via de ascensão rápida é a eleição como membro não-permanente do Conselho de Segurança, que dá ao eleito acesso a deliberações restritas. O eleito passa a ser fonte privilegiada de informação, poderá ser "cortejado" pelos membros permanentes em votações difíceis e alcança visibilidade, já que o Conselho é o único cenário teatral da Organização; enfim, ganha importância política, ainda que temporária, por dois anos. É, contudo, um capital que não se transfere. Finda a participação no Conselho, esvai-se o capital.[81]

---

80 Os Estados Unidos fazem um grupo, o JUSCANZ, com Japão, Austrália, Canadá e Nova Zelândia, mas tal grupo raramente atua unido.

81 Países como o Brasil, o Canadá, a Argentina, a Alemanha, que ocuparam várias vezes lugares não-permanentes tendem a formar um capital próprio que pesa, sobretudo, nos momentos em que reivindicam voltar ao Conselho. Mas, o capital parlamentar não vem do fato de terem servido no Conselho, mas da própria história da ação diplomática na ONU.

Os modos de formular interesses são, portanto, complexos. Passam do individual ao coletivo, porque, diante do grande número de Estados, os grupos são a referência natural para negociações. Os mecanismos de agregação variam, mais formais na União Européia, e menos no G77. À diferença dos partidos em parlamentos nacionais, em que a tendência é de que se verifique alguma unidade ideológica a partir das quais se desdobram as posições nos temas específicos (com medidas variáveis de fidelidade), no caso da ONU, o processo é menos uniforme. Isso ocorre porque, em alguns casos, os interesses individuais não se refletem na posição agregada, como as atitudes diferenciadas da França e da Grã-Bretanha nos temas de desarmamento, que as afastam da maioria da União Européia. Já no caso de direitos humanos, em que, em determinadas instâncias, alguns países latino-americanos não compartilham, em temas de valores, as posições dos países em desenvolvimento (Movimento Não-Alinhado ou G77).

Há circunstâncias em que se exploram afinidades transversais, ou seja, a união de interesses se faz à margem do grupo, como foi o caso da Nova Agenda, que reunia países desenvolvidos (Irlanda, Suécia) e em desenvolvimento (Brasil, México, Egito) para articular posições comuns em matéria de desarmamento nuclear, ou a Iniciativa contra a Pobreza e a Fome, iniciada por Brasil, Chile, Alemanha e França. Circunstâncias especiais podem unir países em torno de um interesse comum (um exemplo foi, em 2000, a negociação sobre a escala de quotas quando os países em desenvolvimento com maior peso no orçamento, como Brasil e México, que sofreriam "mais" com a diminuição da quota norte-americana, criaram um grupo negociador).

Nas Nações Unidas, tanto em Nova York quanto em Genebra, os grupos "estabelecidos" têm história e tradições. Freqüentemente, contudo, o processo interno de estabelecer posições é pesado, e esses grupos perdem agilidade e tornam-se pouco funcionais. Nesse contexto, os grupos *ad hoc* ganham espaço e talvez o melhor exemplo recente não venha da ONU, mas da OMC; e seja o G20, constituído por países produtores de bens agrícolas para as negociações da Rodada Doha. No Conselho de Segurança, é constante a convocação de grupos de amigos do Secretário-Geral para apoiá-lo em questões específicas. A vantagem desses grupos é ter foco preciso, o que pode ser um trunfo valioso em processos negociadores. O déficit em números é compensado largamente com a vontade bem dirigida.[82]

O jogo dos grupos desaparece no Conselho de Segurança. Primeiro, porque são somente 15 Estados, entre eles os cinco são permanentes com direito a veto. No Conselho, cada qual atua em função de sua perspectiva nacional (ainda que os eleitos o sejam em função de pertencerem a um grupo regional, e há dois assentos para a América Latina, três para a Europa, três para a África e dois para a Ásia).[83] Os grupos não atuam no Conselho porque os 5P têm uma vantagem evidente em qualquer deliberação, já que, com a prerrogativa do veto, nada se faz contra a sua vontade.[84] O veto, bastante usado durante a Guerra Fria, se transforma, a partir dos anos 90, em um instrumento de negociação que afirma, afinal, o privilégio dos membros permanentes. A ameaça de que pode ser usado distorce qualquer negociação entre "iguais".

Por outro lado, os não-permanentes não chegam a constituir um grupo orgânico, já que uma mesma configuração só tem lugar durante um ano, em virtude das regras de renovação, que fazem alternar cinco não-permanentes por ano. Por juntar países de perspectivas e interesses variados, a tendência é não adotar posições comuns, salvo no tratamento de questões

---

[82] A prática dos "grupos de amigos" começa nos anos 90, com os problemas da América Central, e são países, normalmente escolhidos pelo Secretário-Geral em função do interesse que possam ter no tema, e por isso atuam para reforçar a legitimidade do processo de paz, ampliar a influência do Secretário-Geral junto às partes, ajudar na coordenação de ajuda a países que sofrem com conflito etc. São informais, o número de membros varia, mas, como indica Whitefield: "Para os Estados em questão, eles representam a participação privilegiada num processo específico e engajamento efetivo nas Nações Unidas". Ver Whitefield, "Groups of Friends". In: Malone (ed.). *The UN Security Council, from the Cold War to the 21st Century.* Boulder: Lynne Rienner, 2004, p. 311. Junto com Nigéria, África do Sul, Senegal, Canadá e EUA, o Brasil participou, de 1999 a 2002, do "grupo de amigos" de Angola, pela proximidade que tinha do governo do MPLA e pelas relações fluidas com países africanos.

[83] No sentido de ampliar a representatividade e revelar o caráter de aliança estratégica com a Argentina, um funcionário argentino se incorporou à missão brasileira durante o período em que estivemos no Conselho entre 2004 e 2005; depois, quando a Argentina assumiu, houve reciprocidade.

[84] Podem eventualmente se abster, ou não votar uma determinada resolução, sem vetá-la.

processuais, quando se unem para defender maior abertura nas deliberações do Conselho. Essa circunstância faz com que a análise da previsibilidade das votações no Conselho de Segurança esteja ligada ao interesse estratégico dos envolvidos, especialmente dos 5P. Já no caso da Assembléia, o padrão de votação está ancorado pelas tendências de grupos, o que o torna razoavelmente previsível pela natureza geral dos temas (ou seja, é previsível o que o G77 fará em matéria de desenvolvimento, ou o que a EU vai fazer em matéria de direitos humanos etc.).

No Conselho de Segurança, as resoluções são normalmente discutidas, *in camera*, pelos 5P e depois apresentadas ao plenário, em sessões informais (secretas e sem registros ou atas). Há, em geral, pouca margem de manobra para os "eleitos" para alterar o que foi decidido entre os membros permanentes. Quando há cisões entre os 5P, a margem de manobra aumenta. Um exemplo interessante, mas raro, foi a influência brasileira no estabelecimento dos três painéis sobre o Iraque em janeiro de 1999, presididos pelo Representante Permanente do Brasil junto à ONU, embaixador Celso Amorim.[85] Os painéis foram decisivos para redefinir os mecanismos de inspeção sobre armas de destruição em massa.

Em termos gerais, portanto, todas as composições são possíveis, desde o consenso entre os 5P e a ação contundente do Conselho, até dissensões paralisantes, como ocorreu em 2003 no caso do Iraque (e que levou à ação unilateral dos EUA) ou no caso de Ruanda e Srebenica, para nos atermos aos casos mais trágicos.[86] Outro ponto importante diz respeito ao fato de que, no Conselho, como são poucos os votos que decidem, a possibilidade de coerção e, de utilizar instrumentos de poder é mais freqüente.[87]

---

85 Ver Malone, *The International Struggle over Iraq: Politics in the UN Security Council, 1980-2005*. Oxford: Oxford University Press, 2006, p. 119.

86 O Conselho aprova resoluções gerais, como crianças em conflitos armados etc., e com isso, a tendência é pelo consenso. Para uma análise da atuação da ONU em Ruanda e Srebenica, ver LeBor, *Complicity with Evil: The United Nations in the Age of Modern Genocide*, op. cit.

87 Como são processos à margem do público, é difícil comprová-los. Mas um exemplo recente transpirou num memorando secreto de uma conversa entre Bush e Aznar ocorrida em 22 de fevereiro de 2003, às vésperas da invasão do Iraque, quando ainda havia a possibilidade de obter uma resolução que a autorizasse. Bush menciona claramente a hipótese de suspender um acordo bilateral de livre-comércio com o Chile para mudar a atitude daquele país. O Chile se manteve

Ao comparar do ângulo do processo deliberativo, a distinção fundamental – e óbvia – é a de que a Assembléia lida com o geral, e o Conselho, com o particular. Normalmente, há que especular sobre a maneira como uma resolução da Assembléia Geral afetará o comportamento dos Estados, já que suas deliberações se dirigem à comunidade internacional como um todo. Já o Conselho atua em circunstâncias específicas de conflito e os resultados (ou a falta deles) são imediatamente visíveis. Se assumirmos que os Estados atuam sempre com base em interesses, na Assembléia, os interesses se exprimem em valores; no Conselho, os interesses podem ser humanitários, mas geralmente se confundem com disposições estratégicas.[88]

Embora seja difícil, hoje, ter visões róseas, ingenuamente otimistas sobre as Nações Unidas, é fundamental recordar que sua essência não muda com o tempo, seus serviços estão sempre disponíveis. É um foro privilegiado para oferecer caminhos de cooperação entre os Estados. Tem a condição única da universalidade e a vantagem de possuir uma agenda dinâmica que se abre a cada desafio internacional. Foi capaz de se adaptar, mantém a força de legitimidade e as críticas que sofre são mais pontuais do que à essência da instituição. É importante lembrar que, em determinados momentos, foi efetiva, como provam os exemplos da descolonização, da criação de uma nova legitimidade pós-Guerra Fria, ou das inúmeras operações de paz bemsucedidas. Os fracassos e os projetos vazios também são conhecidos. A irregularidade é a marca da atuação do organismo. É difícil, porém, pensar em formas alternativas, que garantam êxitos constantes. O problema estaria em saber por que ocorreram esses êxitos e se é possível que tais condições voltem a ocorrer.

---

firme e o acordo foi assinado. A mostra do "descontentamento" foi assiná-lo sem a "pompa" necessária em Miami e pelo USTR. Ver a transcrição do memorando na edição de 26 de setembro de 2007, publicada no jornal *El País*.

[88] É possível ver a atuação dos EUA na Somália, em 1992, como determinada por motivação humanitária, muito diferente do que ocorre no Iraque, em que, para todos os 5P, o interesse estratégico e econômico joga um papel fundamental. As motivações que determinam as ações do Conselho são invariavelmente complexas e é difícil reduzi-las a um fator exclusivo. Um bom exemplo de análise de motivações para o caso do Haiti se encontra em Malone, *Decision-Making in the Security Council, The Case of Haiti*. Oxford: Clarendon Press, 1998.

E, aqui, voltamos à observação inicial, sobre a ONU como expressão da vontade dos Estados que a compõem e à anotação, um tanto óbvia, de que a efetividade institucional está ligada à convergência de vontades políticas individuais. A tendência à efetividade é sempre parcial, dependendo do tema e do momento. Normalmente, vem de fora para dentro, como no caso da descolonização ou nos acordos de não-proliferação. Mas a ONU serve para *organizar a convergência* e, em tese, dar-lhe sentido de permanência. A instituição tem sido útil nos modelos distintos da organização de poder internacional, como a lembrar que, mesmo quando há dissensos estruturantes, como na Guerra Fria, a cooperação, em alguma área, também foi uma necessidade permanente do sistema.

Como as possibilidades do multilateral variam em função da distribuição de poder,[89] nos faltaria uma pergunta: haveria alguma condição estrutural no sistema internacional que favorecesse a convergência de interesses de maneira mais consistente e permanente? Os dois momentos em que a convergência incorporava uma "promessa" de permanência foram a conferência de San Francisco e o término da Guerra Fria, no início da década de 1990. Foram, contudo, fugazes. O primeiro foi minado pela disputa ideológica; o segundo, por fatores variados, como a dificuldade de lidar com conflitos internos, com os "Estados falidos", com o terrorismo, com as necessidades de cooperação para o desenvolvimento, com a fragilidade do consenso sobre valores etc. Mais recentemente, motivo não menor foi a atitude do Governo George W. Bush, marcada por afastamento político de instâncias multilaterais, com conseqüências negativas para a autoridade da Organização. A conclusão é simples e estava delineada em Kaplan. Situações de disputa bipolar ou hegemonias (reais ou pretensas) de uma única Potência não favorecem a efetividade do multilateralismo. Em contrapartida, os momentos de afirmação multilateral coincidem com a convergência das vontades das Potências, especialmente se existe a percepção de que se constituem em vários pólos e dispõem de projetos similares para a ordem internacional. É a convergência dessa natureza que permite o sucesso da Conferência de São Francisco e, nos anos 90, a expansão das atividades

---

[89] Ver o ensaio clássico de Kaplan, "Variants of Six Models of the International System". In: Rosenau (ed.), *International Politics and Foreign Policy*. Nova York: Free Press, 1969, p. 291-303.

do Conselho e o fortalecimento da Assembléia como foco da legitimidade internacional. Neste caso, é interessante observar que o fato das vantagens estratégicas dos Estados Unidos, como "ganhadores" da Guerra Fria, não se traduz em "repúdio" ao sistema multilateral, ao menos nos primeiros anos dos 90. Percebia-se que o multilateralismo poderia agregar legitimidade ao hegemônico, percepção que se dissolve com o segundo Bush.

Interessa sublinhar que a convergência deixa frutos e passa a funcionar como o limite potencial da *oferta multilateral*. A Carta continua como o mais amplo marco jurídico para a cooperação entre Estados. Os anos 90 nos ensinaram sobre o imenso potencial da ONU para a solução de conflitos. Se o potencial fica aquém do esperado, seu marco não é dissolvido. Serve como parâmetro, como medida ideal da cooperação multilateral.

A perspectiva de que o sistema internacional ganhe novos pólos, com conseqüências restritivas para a hegemonia norte-americana, não significa automaticamente mais vigor para o multilateralismo. Depende da maneira como se organize a nova multipolaridade. Para simplificar o argumento em um tema complexo, e especialmente difícil, justamente porque o sistema internacional hoje não tem um padrão claro, é possível pensar em um cenário pessimista em que os pólos se articulariam em mecanismos de balança de poder e voltariam a formas individuais de segurança, com o aumento de arsenais militares e disputas estratégicas.

Seria um mundo de pólos *insatisfeitos*, que se combina naturalmente com o individualismo estratégico. Há sinais que indicam que o sistema poderia ir nessa direção, com o reforço das capacidades militares da Rússia e da China, a paralisia dos esforços em favor do desarmamento, a dificuldade de negociar tratados – como de mudanças climáticas ou a Rodada Doha, que poderiam significar perdas de competitividade (ou poder econômico) no curto prazo –, os problemas de acesso à energia etc. Se a multipolaridade evoluísse assim, o multilateralismo se enfraqueceria naturalmente. Continuaria a atuar irregularmente, com sucessos parciais, mas sem autoridade estrutural, permanente.

O cenário otimista partiria da hipótese de uma dinâmica multipolar benigna. Para isso, o fundamental seria reencontrar padrões de segurança que atenuassem as disputas individuais, quer globais, quer regionais. Esses padrões poderiam ser desenhados a partir da própria dinâmica de segurança, numa espécie de reencarnação dos mecanismos de *détente*, só que agora negociados entre vários países, os nucleares e os ricos (e não apenas as duas Superpotências como no tempo da Guerra Fria), numa espécie de combinação dos Membros Permanentes do Conselho de Segurança com o G-8.

Os padrões também poderiam ser impostos pela própria dinâmica da globalização, que, à maneira funcionalista, forçaria a acordos cada vez mais amplos e variados de cooperação, todos, claro, de escopo multilateral. Haveria um entendimento mais amplo sobre as formas de combater o terrorismo; a estabilidade global poderia contribuir para resolver crises regionais e, com isso, abrir espaço para mais tolerância no campo de valores e para mais cooperação nos temas de desenvolvimento.[90]

É difícil antecipar que cenário prevalecerá no longo prazo. A curto e médio prazos, possivelmente haverá sinais em ambas as direções. No caso das instituições multilaterais, ainda haverá anos de desempenho irregular, a refletir a dispersão das vontades individuais, antes que seja garantida a autoridade necessária para que a ONU seja efetiva e permanentemente "o" instrumento fundamental para a governabilidade mundial.

III. Notas sobre as origens do multilateralismo: as idéias e a política

A ONU é necessária? Que vantagens traz para a comunidade internacional? Não é pequena a soma das dificuldades que a Organização viveu em tempos recentes. As crises geradas pelo fracasso em operações de paz, como Ruanda e Srebenica, a tardia resposta à crise no Sudão, as conquistas limitadas na cooperação para o desenvolvimento, as críticas à sua imparcialidade quando lida com direitos humanos, as atitudes unilaterais dos EUA, os escândalos de corrupção ligados ao programa petróleo por alimentos são alguns exemplos.

---

90 Ver Fonseca, "Pensando o Futuro", *Revista da USP*, n. 74, 2007. O ensaio está reproduzido neste volume, à página 277.

Diante desse quadro, ainda que sejam poucos os que questionam a Organização como tal,[91] tornam-se freqüentes as dúvidas quanto a pontos específicos, como o peso da sua burocracia, a legitimidade do Conselho de Segurança, a falta de autoridade da Assembléia Geral, a dificuldade de lidar com situações novas, como o terrorismo. Os alvos diferem em função da origem.

Os poderosos reclamam da falta de agilidade da máquina burocrática ou do irrealismo de certas deliberações. Querem mais controle sobre a instituição. Os menos poderosos reclamam da concentração nos temas de segurança e do abandono e ineficácia diante dos desafios do desenvolvimento. Também querem mais controle sobre a Organização. As insatisfações se cruzam. Do lado dos que têm poder, porque não podem exercê-lo plenamente, já que essa "vantagem" se dilui na homogeneidade estabelecida pela igualdade jurídica (são as críticas à "tirania da maioria"). Do lado dos menos poderosos por razões opostas, porque o espaço da igualdade não é suficiente para afirmarem plenamente seus argumentos.

Esses pontos de vista sempre apareceram, com maior ou menor ressonância, ao longo da história da ONU. Estavam presentes na negociação da Carta, quando se debateu a composição do Conselho de Segurança e a competência da Assembléia.[92] É verdade em que, em certos momentos, as

---

91 Embora haja críticas gerais, como a de que a falta de agilidade e o baixo consenso sugerem que soluções unilaterais sejam necessárias em certas instâncias – e foi essa a *rationale* usada quando a Otan bombardeou o Kosovo. Outra linha de crítica lembra que há instâncias mais relevantes do que a ONU para certos temas de interesse global, como o G-7 para o encontro das economias mais poderosas. Em outros casos, como no da internet, alega-se a vantagem dos procedimentos informais para definir modos de cooperação em alguns temas modernos. Os "neocons" norte-americanos foram também críticos da ONU, um tanto porque viam na Organização constrangimentos à atuação mais livre dos Estados Unidos, repetindo, aliás, uma atitude que vem dos anos 70. Um bom exemplo está no livro de Fukuyama, *America en la Encrucijada: Democracia, Poder y Herencia Neoconservadora*. Barcelona: Ediciones B, 2007 (1ª edição americana, 2006). Um exemplo da versão virulenta da crítica dos "neocons" está em Bolton, *Surrender is not an Option*. Nova York: Treshold, 2007. A crítica de esquerda vem, sobretudo, dos antiglobalização e se concentra nos organismos multilaterais econômicos e na OMC, que reforçariam as hegemonias das multinacionais e dos "impérios".

92 Ver Schlesinger, *Act of Creation: The Founding of the United Nations*. Boulder: Westview, 2003, p. 91.

distâncias se encurtam, como em San Francisco, onde, apesar das dissonâncias, a ONU era claramente a expressão da esperança de um mundo de paz, estabilidade e desenvolvimento, imaginado pelos que somavam o poder e a legitimidade, derivados da vitória na Segunda Guerra.[93]

De fato, se voltarmos a seus momentos inaugurais, é interessante observar que a solução multilateral é fruto da vontade das Potências. Foram os Estados Unidos e seus aliados Ocidentais que patrocinaram as fórmulas modernas de organização multilateral, a Liga das Nações e a ONU (neste caso, ao lado da China e da URSS). Paradoxalmente, são as Potências – que, teoricamente, estariam em condições de buscar caminhos, unilaterais ou por meio do comando de alianças, para realizar seus interesses – que promovem a regra básica do multilateralismo, que determina que cada participante, grande ou pequeno, deve aceitar constrangimentos gerais, universalmente válidos.

Tais constrangimentos não seriam estabelecidos se não trouxessem ganhos de alguma natureza e não estivessem limitados por algum tipo de salvaguarda. A resposta mais simples para identificá-los e que reflete o que está na origem do multilateralismo contemporâneo, no caso da Liga e da ONU, é a de que seria possível, com a cooperação, evitar guerras e conflitos em que, *teoricamente*, todos perderiam.[94]

Ainda que exista, o ganho sistêmico não é imediato. Sua realização depende de convergências políticas sobre as quais é impossível um controle prévio e, portanto, não há garantia de que venham a ocorrer. O multilateralismo é sempre uma aposta política, mais fácil de ganhar em algumas áreas (as técnicas, como veremos) do que em outras. É uma aposta amplamente

---

93 De uma certa maneira, o mesmo otimismo voltou quando terminou a Guerra Fria, mas durou pouco. O livro de Fukuyama sobre o "fim da história" é a melhor expressão do otimismo característico do período.

94 A prevalência da idéia de que todos perdem com guerras e, portanto, de que é fundamental contê-las pela "razão" vem das doutrinas medievais da guerra justa, que de uma certa maneira são limitadas, já que admitem que são aceitáveis as guerras que defendem boas causas. O processo de deslegitimação da guerra se expande e atinge o seu ápice em 1928 com o Pacto Briand-Kellog que, num texto curto, proíbe o recurso à guerra como tal, embora não preveja nenhum instrumento para fazer valer a determinação. O pacto serviu, porém, como um dos fundamentos legais para o estabelecimento do Tribunal de Nuremberg.

aceitável na medida em que, quando os objetivos são cumpridos, todos ganham. Para tanto, o caminho são concessões de todos. A indagação preliminar diria respeito ao porquê de as Potências estarem dispostas a concessões. Tanto nas negociações de Versalhes, para criar a Liga, e, claramente, nas de San Francisco, os países médios e pequenos perceberam os ganhos que poderiam ter, ainda que as salvaguardas, como o veto no Conselho de Segurança, colocassem cinco Potências em uma posição privilegiada. No esforço de compreender o multilateralismo, a percepção desse jogo talvez permita ir além da explicação funcional de que organizações internacionais, como a ONU, servem à necessidade de estabilidade da comunidade internacional.

De forma sintética, seria possível partir de duas formulações simples. O multilateralismo moderno responde à longa história de criação utópica, reflexo da vontade humana de viver em melhores condições, o que significa também viver em paz. A história das idéias teria parte da responsabilidade na criação das instituições multilaterais. O segundo ingrediente é o conjunto de interesses históricos específicos, que se formam ao final das duas Guerras Mundiais e, em modelo mais limitado, ao das guerras napoleônicas, com o Concerto europeu.

Começando pela criação utópica – obra de intelectuais que será assumida por movimentos sociais a partir do século XIX –, vale lembrar algumas visões clássicas sem pretender, contudo, elaborar um repertório completo de teorias sobre multilateralismo. De forma muito seletiva, privilegiam-se alguns argumentos que, combinados, dariam conta do tema da construção conceitual do multilateralismo.

É longa a história da defesa da idéia de que os Estados devem cooperar sistematicamente para obter a paz.[95] Não por coincidência as primeiras propostas de cooperação para a paz aparecem no fim do século XVII e princípios do XVIII, com Émeric Crucé, William Penn, John Bellers e Saint-Pierre, quando se consolida, com o Tratado de Westphalia, o sistema moderno de soberanias. Prosseguem com Rousseau, Kant e os liberais,

---

[95] A definição do conceito de multilateralismo é feita por Ruggie, *Multilateralism Matters*, de modo muito preciso. Mas, a idéia de "cooperação, alguma institucionalidade, e fins específicos são a essência das concepções clássicas do multilateralismo.

como Bentham, Cobden, John Stuart Mill e chegam, na sua tradução política, já no século XX, a Woodrow Wilson.[96]

Apesar de variações, o argumento central dos utópicos tem contornos éticos. A guerra é uma das maiores expressões da irracionalidade humana ("Il ne faut point dire que la raison est au bout de l'epée. Cette rotomontade appartient aux sauvages"),[97] traz muitas formas de sofrimento e, se os Estados se reunissem em algum tipo de assembléia, argumentassem em conjunto, as vantagens óbvias da paz se revelariam. O alvo que os utópicos querem atacar é a noção que atribui "naturalidade" à guerra e, assim, colocarem em xeque os vários modelos explicativos dessa noção: i) o sistêmico: a guerra é a forma natural de defesa no universo anárquico que reina entre os Estados; ii) o estatal, que sublinha as vantagens que a guerra pode trazer para a riqueza ou o engrandecimento do Estado, e mesmo para a sua legitimação, quando os governos buscam inimigos externos para se fortalecer internamente (ou, por serem capitalistas e conseqüentemente imperialistas, na versão marxista); iii) os baseados em projeções da *psicologia individual*, que partem da vontade de poder, inerente à natureza humana e indicam que o Estado as assume, assim explicando o comportamento agressivo.[98]

Para cada um desses argumentos, os utópicos proporão contra-argumentos: i) a anarquia pode se converter em cooperação, já que traz em si mecanismos de socialização que revelam que, se os Estados cooperam, todos ganham; ii) a guerra pode trazer prejuízos aos Estados, levando à decadência e a perdas comerciais, em vista da interrupção de fluxos; iii) os

---

[96] Ver o livro de Hinsley, *Power and the Pursuit of Peace*. Cambridge: Cambridge University Press, 1963. Para uma história das idéias utópicas que, a rigor, começam antes de Crucé (que escreve o seu *Nouveau Cynée* em 1623). De fato, com Dante, Marsilius de Padua, Pierre Dubois, as propostas de união de Estados se confundiam com uma aliança contra a presença muçulmana. No caso de Dante, o modelo é uma monarquia universal e, ainda no marco conceitual da Idade Média, seria impossível imaginar uma aliança de Estados. A partir de Crucé, a paz passa valer em si mesma, e ele propõe que a Turquia faça parte da Liga que desenha em seu livro.

[97] Crucé, *Le Nouveau Cynée, ou discours d'État représentant les occasions et moyens d'établir une paix générale et liberté de commerce par tout le monde*. Rennes: Presses Universitaires de Rennes, 2004, p. 91. (1. ed.-1624.)

[98] Ver o clássico de Waltz, *Man, the State and War*. Nova York: Columbia University Press, 2001 (1. ed.-1959) para as diferentes explicações que a teoria oferece para as origens da guerra.

regimes agressivos perdem legitimidade e prejudicam o povo; iv) a tendência à paz (e a atos de generosidade) é tão natural no ser humano quanto a agressividade.[99]

Os caminhos para a *paz perpétua* variam e podem encontrar lógicas diversas, como na fórmula marxista, de universalização do socialismo, radicalmente diferente da liberal, em que o fundamental é a expansão do comércio, que moderaria os hábitos de conflito entre nações. A primeira supõe a transformação radical do Estado; a segunda, a mera domesticação da soberania.

No cerne do pensamento utópico, digamos, ortodoxo, estaria a noção fundamental de que, para prevalecerem os argumentos pró-paz, é preciso introduzir uma nova modalidade de relações entre os Estados, a parlamentar, na forma de um foro deliberativo permanente. A paz deve ser *fundada*, como fruto de trabalho consciente e calculado, que começa por convencer os soberanos das vantagens de uma nova conduta. Para os utópicos, o encontro parlamentar quebraria a naturalidade da guerra; o diálogo estaria na base da construção deliberada da paz.[100] Os Estados se *preservariam* e haveria estabilidade nessa garantia de *preservação*.

A tradição das utopias multilaterais busca organizar uma comunidade fundada na lei, como queria o presidente Woodrow Wilson, e se contrapõe

---

[99] Os argumentos se repetem, com variações, a partir de Émeric Crucé, *Le Nouveau Cynée*, inclusive, curiosamente, para alguém que escreve no princípio do século XVII, as vantagens econômicas poderiam derivar da liberdade de comércio. Outra idéia corrente é a indivisibilidade da paz, passo natural para quem considera a humanidade também indivisível: "Que prazer seria ver os homens irem livremente de um lugar a outro e se comunicarem entre si sem qualquer escrúpulo de país, de cerimônias ou de outras diversidades semelhantes, como se a terra fosse, como o é de fato, uma cidade comum a todos" (op. cit., p.76).

[100] Um dos problemas é a composição do foro já que os Estados são diferentes em termos de tamanho, população etc. Os planos clássicos se limitam à Europa, com variações (Saint-Pierre, por exemplo, admite a participação da Turquia) e alguns aceitam pesos diferenciados para os países, como o de William Penn, que, escrevendo em 1693, atribuía ao "Conselho", 12 representantes para o Império Germânico, dez para a França, dez para a Espanha, oito para a Itália, seis para a Inglaterra, três para Portugal, quatro para a Suécia, três para Veneza, quatro para as Sete Províncias, dois para os Treze Cantões e um para Holstein e Courland. Ver Hinsley, op. cit. p. 35, Ver também Jacobson, *Networks of Independence*. Nova York: Alfred Knopf, 1979, p. 26.

à idéia de balança de poder.[101] Nas teorias clássicas, a instituição do Estado responde ao desejo humano de segurança. Neste sentido, é praticamente uma criação necessária para os grupos sociais que buscam viver em territórios com limites definidos. O indivíduo aceita a soberania porque esta lhe oferece a tranqüilidade de que sua propriedade não será violada, de que os crimes serão combatidos, de que os contratos serão cumpridos. Assim, para o cotidiano individual, o Estado nacional resolve o problema da segurança.

A ameaça externa, contudo, fica em aberto.[102] Como superá-la? Além das garantias oferecidas pelo poder individual do Estado (que podem ter conseqüências sistêmicas perversas) não há solução global imediata. A solução individual tenderia a engendrar um inevitável choque de Estados, que se movem pelo mesmo instinto de preservação e não têm autoridade superior a que recorrer, já que a soberania é inerente ao Estado e tem nele seu limite. Para os que aceitavam a naturalidade da guerra, a preservação do Estado estaria sustentada na capacidade militar de autodefesa e, no marco do sistema internacional, estaria assegurada pelo mecanismo do equilíbrio de poder. Partiam da noção de que, em universo de soberanos, não haveria outra garantia de segurança para o Estado senão a obtida com recursos próprios. O máximo de segurança seria obtido com o máximo de poder, o que implicaria busca de controle hegemônico sobre Estados que constituíssem ameaças. A tentação da hegemonia seria inerente ao sistema.

Nesse contexto, a guerra é natural tanto para os que buscam hegemonia quanto para os que querem derrotá-la. O jogo de alianças é a regra, tanto em um sentido quanto em outro. Quando o jogo estabelece um contínuo de paridades estratégicas, o sistema é estável, como foi ao longo do século XIX, depois das guerras napoleônicas, ao menos no sentido de que as guerras, especialmente entre as Potências, eram limitadas e curtas. Em contrapartida, quando se desenham tentativas de hegemonia, a guerra se

---

101 Um dos pilares para garantir a "comunidade" seria a força da opinião pública, como dizia Wilson: "O que buscamos é o reino do direito, baseado no consentimento dos governados e sustentado pela opinião organizada da humanidade" (apud Waltz, op. cit., p. 118).

102 Ver o artigo de Martin Wight, "Why there is no International Theory". In: Butterfield e Wight (eds.) *Diplomatic Investigations*. Londres: George Allen & Unwin, 1966, p. 17-34.

torna inevitável. Os exemplos clássicos ocorrem na Europa moderna, com as coalizões que impedem que Carlos V, Felipe II, Luis XIV e Napoleão assumam o controle do continente. O mesmo valeria para as alianças que derrotaram a Alemanha na Primeira e na Segunda Guerra Mundiais.

O sistema de balança de poder traz um elemento de incerteza intrínseco, já que a vocação de hegemonia nasce de forma imprevisível e supõe avaliação subjetiva das possibilidades de expansão (além das dificuldades de medir poder, mesmo um Estado forte, quando ataca um fraco, não pode antecipar que alianças o segundo obterá nem se estas serão suficientes para compensar a vantagem inicial). Assim, não há certezas prévias de vitória em qualquer guerra, e o exemplo da derrota americana no Vietnã é significativa.

Como estabilizar o sistema e engajar os soberanos de tal modo que o equilíbrio e a garantia de autonomia tenham outros fundamentos é a pergunta que se fazem os multilateralistas.[103] É importante acentuar que a "oferta utópica" tem, quase sempre, uma dimensão conservadora. Busca-se transformar a relação entre os Estados, mas não propriamente os Estados, oferecer-lhes, como diz Saint-Pierre, "segurança suficiente", a partir da qual outros benefícios decorreriam.[104]

Em sua formulação inicial, a utopia multilateral proporá, portanto, que o diálogo é condição necessária para bloquear, no comportamento dos Estados, a irracionalidade da vocação de poder, relacionada ora ao instinto de agressividade, ora à necessidade de segurança. Abrem-se, então, no pensamento europeu, dois caminhos de reflexão que se combinam.

O primeiro diz respeito às formas pelas quais se exprime institucionalmente o multilateralismo, ou seja, que instrumentos estimulariam a

---

[103] Para os realistas, as organizações multilaterais seriam mero reflexo das situações de poder e valem na medida em que sirvam ao poder. Uma expressão é o "multilateralismo à la carte", que Richard Haas, diretor da equipe de planejamento político do Departamento de Estado, durante os primeiros anos do Governo G. W. Bush, consagrou.

[104] Abade de Saint-Pierre, *Projeto para tornar perpétua a paz na Europa*. Brasília: UnB-IPRI-Imprensa Oficial do Estado de São Paulo, 2003, p. 91. Ou no comentário de Hinsley sobre Crucé: "Da mesma forma que a paz, e não o império, era o principal objetivo de Crucé, ele via os meios de alcançar a paz como sendo não a eliminação, mas o fortalecimento do Estado individual" (Hinsley, op. cit. p. 22).

autocoibição dos Estados para fazer a guerra. Trata-se de modelos de assembléia de Estados, de fórmulas para transformar conflitos políticos em jurídicos e estabelecer instâncias judiciais que os resolvam com autoridade, além de proposições para desarmamento etc.[105] Um dos problemas centrais da interpretação das idéias de Kant, aliás, nasce de que, à diferença de outros utópicos, o filósofo alemão não é claro quanto ao formato da instituição que garantiria a paz perpétua, se uma mera associação de Estados ou uma instituição de tipo federativo, que incidiria diretamente sobre a soberania.[106]

O segundo caminho diz respeito à sustentação sociológica desses processos. Compreende-se que a racionalidade não vence por si só. A formulação clássica da resposta a essa indagação é a kantiana, que, com variantes, prevalece até hoje. As condições para alcançar a paz permanente e as instituições que a garantem ocorreriam ou quando os Estados se tornassem democráticos na suposição de que o "povo", quem mais sofre com as conseqüências da guerra, impediria os governos de entrar em conflitos;[107] ou, quando as vinculações econômicas entre os Estados, tecidas no marco da liberdade de comércio, mostrassem tais vantagens para os Estados que a hipótese de guerra fosse afastada pelos prejuízos que pudesse criar; finalmente, a crescente capacidade de destruição das armas e conseqüente violência nas guerras ensinariam progressivamente que as guerras são inúteis. As três suposições abarcariam, praticamente, os fundamentos sociológicos do Estado moderno: o povo, a burguesia e

---

105 Um dos objetivos é estabilizar as demandas, criar mecanismos que ou evitem demandas imprevisíveis ou que, quando surjam, sejam resolvidas por meios pacíficos. O problema está posto claramente em Saint-Pierre, "Os soberanos podem empenhar suas palavras, comprometer-se em promessas mútuas, assinar tratados entre si; mas não haverá segurança suficiente de que um ou outro venha a mudar de idéia, ou de que seus sucessores desejem fazer valer alguma pretensão antiga ou nova para eximir-se de executar o que foi prometido", op. cit., p. 24.

106 Ver Easley, *The Great War over Perpetual Peace*. Nova York: Palgrave, Macmillan, 2004.

107 Se a democratização é um processo que será alcançado naturalmente, como na visão de Kant, ou poderá ser imposto, como queria Mazzini, Paine e Wilson, é um dos problemas decorrentes dessa visão e que, de certa maneira, até hoje está aberto. Ver Waltz, op. cit., p. 108.

o governo centralizado. A garantia final da paz não estaria nas instituições, mas nas forças sociais que a sustentam.[108]

Nas formulações clássicas, as soluções institucionais supõem formas de *cessão soberana de soberania*, na medida em que as decisões do parlamento de nações teriam alguma força mandatória, ainda que sejam raros os que propõem a criação de um Estado Mundial.[109] A natureza do contrato hobbesiano serve ao Estado nacional, mas não se aplica ao universo internacional, basicamente porque, em sua trincheira essencial, a segurança dos cidadãos está garantida nos limites do território.

Para lidar com ameaças externas, a natureza das instituições é necessariamente diferente e suporá algum equilíbrio entre a manutenção das soberanias e a cessão de competências naquilo que é essencial para garantir a paz. E, na realidade, esse é o tema central da construção das organizações multilaterais contemporâneas, tema que ressurge constantemente. Exemplos conspícuos dessa tensão entre soberania e multilateralismo aparecem quando os Estados resistem a aceitar limites mandatórios para emissão de gases poluentes, como determina o Protocolo de Kyoto, ou com a negação dos EUA em aderir ao Tribunal Penal Internacional. No primeiro caso, a resistência deriva de *rationale* diplomática (não aceito limites enquanto outros não aceitarem determinadas obrigações); no segundo, a atitude deriva de uma posição de princípio e diz respeito a uma forma de entender a soberania que leva a negarem quaisquer limitações em determinados campos. Em contrapartida, há áreas, como no comércio internacional, em que a possibilidade de aceitar comandos multilaterais é maior, como demonstra o estabelecimento do sistema de solução de controvérsias da OMC.

O pressuposto do idealismo é de que existe bem comum global, articulável racionalmente ao revelar as vantagens inerentes à paz. Vale, portanto, a hipótese de que todos os conflitos têm um ponto de equilíbrio e de

---

108 Ver Doyle, "Kant, Liberal Legacies and Foreign Affairs", *Philosophy and Public Affairs*, 12/3/4, verão e outono 1983, p. 205-235, 323-353. O artigo de Doyle inicia o debate moderno sobre o legado kantiano e sobre a idéia de que as democracias, entre elas, tendem a ser pacíficas.

109 Uma ilusão racionalista era a de que, uma vez criada a instituição multilateral, a mera ameaça do uso da força para os que tentassem abandoná-la seria instrumento dissuasório suficiente. Ver Hinsley, *Power and Pursuit of Peace*, op. cit., p. 38.

que as Partes, caso se encontrem para deliberar racionalmente, tendem a evitá-los. Os recalcitrantes seriam punidos de alguma forma; a questão é encontrar a fórmula institucional que abra espaço para a manifestação da racionalidade.

Em suma, existe, ao fim do século XIX, uma "oferta utópica", com variados matizes, desenhada intelectualmente, mas que começava a se enraizar na sociedade, por meio de várias "sociedades defensoras da paz", versão novecentista das ONGs contemporâneas.[110]

Por que a oferta é boa e será adotada, em linhas gerais, pela Liga das Nações? Quatro razões podem ser apontadas para o "sucesso" da oferta: i) o valor do que oferece, a paz, é alto e facilmente perceptível, além de que não haveria, em teoria, classes ou grupos a serem derrotados, como no marxismo, para que os objetivos fossem implantados; ii) é uma utopia contida, na medida em os sujeitos do processo, os Estados, são preservados, ou, mais precisamente, os modelos utópicos são articulados de modo a garantir condições ideais de preservação dos Estados, oferecendo a seus líderes melhores condições de governabilidade; iii) ainda que não culminasse na formação de um governo mundial, a oferta utópica tinha a vantagem de buscar seu modelo no processo interno, nas formas de governar pelo debate que vão se afirmando na Europa ao longo da idade moderna; se o parlamento funciona bem para a nação, porque não o faria para o mundo, feitas as adaptações necessárias?; iv) a afirmação das utopias multilaterais, que afinal, com a ONU, passam a dominar o argumento diplomático, coincide com o declínio da legitimidade do recurso à guerra e à exaltação das virtudes militares, como fundamentais para o processo de formação nacional, de que Hegel é um dos melhores exemplos.[111]

Na passagem da teoria à prática, no marco kantiano, a hipótese democrática é a primeira que se manifesta. De fato, ao longo do século XIX, com a expansão das soluções democráticas na Europa e nos Estados Unidos, o idealismo começa a se sustentar em movimentos sociais, como no

---

110 Ver Paul Laity, *The British Peace Movement 1870-1914*. Oxford: Clarendon Press, 2001.

111 Ver Meinecke, *Machiavellism, The Doctrine of the Raison d'Etat and its Place in Modern History*. Boulder: Westview Encore Reprint, 1984, p. 343, (1. ed. alemã-1924).

anti-escravagista que acaba por influenciar decisões no Congresso de Viena. São inúmeras as organizações que se formam em defesa da paz e que, de uma maneira ou outra, retomam os argumentos clássicos em favor do multilateralismo. O processo é "assumido" por governos e, em sua primeira manifestação, desemboca nas conferências da Haia de 1899 e 1907 e na Liga das Nações, que consagra os objetivos da utopia, mas não adota necessariamente os meios para realizá-los. Nesta primeira etapa, os instrumentos da vontade multilateral são modestos institucionalmente e controlados estritamente pela vontade dos Estados.[112] A autoridade multilateral não se desprende das vontades particulares. Criam-se formas (como o tribunal de arbitragem) sem conteúdo (a competência é limitada e é acionado ou não pelo interesse individual).

Algo parecido ocorre nas Américas, pioneiras no debate sobre arbitragem no âmbito da União Pan-americana, criada em 1889.[113] De qualquer modo, o movimento de idéias começa a encontrar o leito político para transformar em realidade a "aspiração utópica". Os agentes (Estados), para realizar a utopia, tinham que se autolimitar, o que não estava escrito com naturalidade na matriz genética da soberania.

Nas conferências da Haia, os objetivos são limitados, mas sempre voltados para aumentar as possibilidades de entendimento entre os Estados. Além de convenções para humanizar as leis da guerra, e da manifestação da intenção de restringir os orçamentos militares, cria-se a Corte Permanente de Arbitragem e se assina uma Convenção para a Solução Pacífica de Disputas Internacionais.[114]

---

112 A história do multilateralismo tem outros antecedentes, como por exemplo a idéia de Concerto europeu que fixa a idéia de que um grupo de Estados deva se reunir regularmente para "resolver" questões internacionais, derivadas de um tratado de paz. Ver Claude, *Swords into Plowshares*. Nova York: Random House, 1971 (4. ed.).

113 A Conferência Pan-americana inova porque lida com temas de arbitragem, porém seus resultados são modestos já que não alcança a constituir um mecanismo permanente. Ver Hinsley, op. cit., p. 267 e, para uma visão da posição brasileira sobre o tema, ver Fonseca, "O Barão de Rio Branco e o Panamericanismo". In: Cardim; Almino, *Rio Branco, a América do Sul e a Modernização do Brasil*. Brasília: FUNAG, 2002, p. 393-405.

114 Outro avanço importante em Haia foi a incorporação de países não-europeus. Em 1899, houve 26 participantes, sendo que cinco de fora da Europa; em 1907, 44, dos quais 26,

Em análise recente, Ian Clark afirmará que a contribuição da Haia se situaria menos nos documentos firmados e mais no plano ideológico. De fato, na primeira, o discurso diplomático aceita que as reuniões deveriam incorporar as exigências da comunidade internacional: a "consciência pública" se torna uma referência necessária.[115]

A Liga das Nações consagra e organiza claramente a oferta utópica, ao se constituir como uma assembléia dos povos, "um parlamento da humanidade", como no poema de Tennyson, um dos preferidos de Wilson.[116] As partes contratantes comprometem-se a "promover a cooperação entre as nações e alcançar a paz e a segurança internacionais por meio da aceitação da obrigação de não recorrer à guerra, da prescrição de relações abertas, justas e honradas entre as nações, do firme estabelecimento da compreensão de que o direito internacional é a verdadeira regra de conduta entre os governos, e da manutenção da justiça e do respeito escrupuloso por todas as obrigações assumidas em tratados nas interações entre povos organizados".[117] A comunidade internacional, reunida em organização adequada, teria condições de construir a paz e fundar, na lei, a ordem internacional. A política prestava tributo ao sonho utópico, mas, como sabemos, era um tributo limitado e precário.

Não é o caso de fazer uma análise mais profunda da história da Liga. Vale ressaltar, contudo, que os objetivos e os mecanismos estabelecidos, o Conselho e a Assembléia e, mais tarde, a Corte Internacional de Justiça, correspondem, em essência, aos que os defensores da "utopia multilateral" propunham desde o século XVII. É bem verdade que a reserva de sobera-

---

inclusive o Brasil, não-europeus. Porém, os ganhos multilaterais são escassos, como assinala Hinsley, ao mostrar que uma séria limitação para a Corte estava no fato de que "Nenhum Estado se comprometeu a recorrer à Corte ... que as disputas envolvendo a honra ou os interesses vitais de um Estado estavam expressamente isentas da jurisdição da Corte". Hinsley, *Power and the Pursuit of Peace*, op. cit., p. 269.

115 Ver Clark, *Legitimacy and World Society*, op. cit., p. 61. Para a atuação brasileira na segunda conferência, ver Cardim, *A Raiz das Coisas: Ruy Barbosa, O Brasil e o Mundo*. Rio de Janeiro: Civilização Brasileira, 2007.

116 Ver Kennedy, *The Parliament of Men*. Londres: Allen Lane, 2006.

117 É com esse enunciado de objetivos que se inicia o Pacto da Liga, assinado em Versalhes, no ano de 1919.

nia, no caso da Liga, é altíssima e, como apontam seus críticos, seria difícil que cumprisse plenamente os seus objetivos. Isso sem falar nos problemas políticos, a começar pela defecção norte-americana, que a deixam com base frágil para agir em situações críticas. Como o grau de "cessão" de soberania é mínimo, ou quase inexistente, mesmo se houvesse convergência da maioria dos Membros numa mesma direção, seria difícil, no quadro institucional da Liga, realizar a sua missão.[118] O sentido de hierarquia dos Estados, que se atenua em teoria, na prática continua de várias formas.[119]

A proposta utópica defende que é possível construir formas de compatibilidade entre o interesse individual e o interesse coletivo, expressas em normas duradouras e eficazes, desde que se adote uma determinada *perspectiva racional*. Se o objetivo fundamental do Estado é preservar-se, o que melhor garantiria a *preservação permanente* é a aceitação de uma instituição que gere regras comuns para superar conflitos.

O melhor exercício da soberania é ajustá-la a outras soberanias (cedendo o absoluto decisório) de modo a eliminar os percalços de defendê-la com a "obrigação" de acumular poder para prevenir ameaças (com o que se trabalharia com duas incertezas: de onde e quando vem a ameaça, e qual a quantidade de poder para detê-la). Não é implausível, portanto, a supo-

---

118 Para uma história da liga, ver Northedge, *The League of Nations, its life and times, 1920-1946*. Leicester, Leicester University Press, 1988. A *rationale* está presa ao passado, quer evitar a repetição do que levou à Primeira Guerra Mundial. Como explicam Weiss, et al., "A Liga das Nações, embora não proscrevendo tecnicamente a guerra, havia estabelecido um conjunto de procedimentos instituindo períodos de esfriamento para os Estados que contemplassem o uso da força. Essa abordagem da paz era condicionada pelo julgamento de que o advento da Primeira Guerra Mundial havia sido causado por emocionalismo e por percepções equivocadas. Tempo era necessário para que a racionalidade prevalecesse. Essa abordagem da paz foi claramente inadequada para conter as agressões premeditadas de Hitler que, de certas formas, foram não apenas racionais mas também astutas", *The United Nations and Changing World Politics*, p. 4.

119 "A Liga das Nações não representou o total abandono do sistema internacional anterior. Em termos simbólicos, seu Pacto não era um acordo separado, fazendo parte dos tratados de paz de Paris que, por sua vez, originavam-se de uma conferência dominada pelos cinco principais vencedores... Mesmo após a assinatura dos tratados de paz, muitos problemas importantes continuaram a ser resolvidos através do Conselho Supremo dos Poderes Aliados e Associados ou de seu representante, a Conferência dos Embaixadores de Paris, e de sua ramificação, o Comitê de Reparação", Dubabin, The League of Nations Place in the International System, *History*, 78/254, out. 1993, p. 425, apud Hurrell, *On Global Order*, p. 36.

sição de uma racionalidade compartilhada, que juntasse, em uma instituição, os interesses individuais e os meios comuns, preservando os primeiros como empreitada de todos.

A Liga revela o potencial e o limite da proposta utópica. É, afinal, um parlamento que se parece mais com uma casa de debates do que com um instrumento para a paz — ainda que tenha conseguido, sobretudo nos primeiros anos, algumas realizações específicas (a solução do problema das ilhas Aaland entre Suécia e Finlândia, a fixação dos limites entre a Polônia e a Alemanha na Alta Silésia, reconstrução da Áustria etc.). A aceitação da racionalidade comum, entretanto, não foi um processo fácil. As fragilidades da vontade multilateral ficaram claras quando os interesses individuais prevaleceram no caso da invasão da Manchúria pela China, da Abissínia pela Itália. Quando se iniciam as agressões da Alemanha hitlerista, a autoridade da Liga estava em estado de falência. A ONU tentará superar os limites da Liga.

Em outro plano, o da história política, é importante assinalar que as instituições não nascem simplesmente de uma transformação de boas idéias em realidade. Há interesses concretos e objetivos que se explicariam pelo aspecto realista que quase nunca se pode excluir dos processos internacionais.[120] Se analisarmos as intenções de Wilson, o maior inspirador político da Liga, há sem dúvida componentes idealistas, refletidos nos 14 pontos.[121] A Liga, porém, permitiria definir, a partir de uma perspectiva própria, a presença norte-americana nas relações internacionais, objetivo necessário para um país que começava a projetar a sua força além do continente americano.

Ainda assim, mesmo o mínimo sacrifício de cessão de soberania, embutido nos artigos da Liga, acaba por ser rejeitado pelo Senado americano, com base em uma visão simplista e partidária do que estava em jogo.[122] Para

---

120 No caso da Liga, o que os países procuram é essencialmente um sistema de garantias contra eventuais agressões alemães e, daí, a variedade de ênfases e enfoques que aparecem já no próprio debate de Versalhes.

121 Wilson é um personagem histórico complexo e, ao lado da disposição "idealista" na Liga, sua política externa tem traços expansionistas, como na invasão do México etc., que continuam as tendências de afirmação hegemônica no continente americano, iniciadas por Teddy Roosevelt. Ver por exemplo, Paris, 1919.

122 Simplista porque, nos termos do Tratado de Versalhes, eram inúmeras as garantias para evitar que qualquer ato da Liga tornasse a soberania vulnerável.

os países europeus, a Liga visaria a consolidar a presença americana na Europa e, assim, evitar o ciclo de lutas hegemônicas que marcavam as relações entre os Grandes: França, Alemanha e Inglaterra.

Algo similar se verifica na criação das Nações Unidas. Era inevitável que os EUA, ao desempenhar um papel decisivo na vitória dos Aliados, passassem a exercer influência global. O caminho não era, contudo, o das *entangling alliances* na tradição européia e que, de uma certa maneira, limitariam a liberdade de manobra da nova potência global. Por outro lado, Roosevelt favorecia uma política de *containment by integration* em relação à União Soviética, o que requeria que Moscou tivesse um lugar privilegiado em um clube a que os dois, EUA e URSS, pertencessem.

É essa combinação que levaria à solução multilateral e à definição de um modelo de segurança coletiva, como prescreve a Carta da ONU.[123] Ficam claros os objetivos políticos das Potências maiores, especialmente dos EUA, em promover, tanto em Versalhes quanto em San Francisco, a institucionalização do multilateralismo. Para a União Soviética, a ONU ratifica uma nova situação de poder, de influência mundial, sem que aliene sua vocação de expansão do socialismo. Para os europeus, especialmente França e Grã-Bretanha, a ONU poderia ser vista como uma instância que lhes reconhecia a situação de império e permitiria preservar a fonte de poder que lhes era fundamental, as colônias.

Em contrapartida, as Potências renunciam a resolver seus problemas, unilateralmente ou por meio de alianças específicas, e aceitam os constrangimentos da norma multilateral. Como afirmam Weiss, Forsythe, Pease, Coate, "[...] o sistema das Nações Unidas nasceu do pragmatismo e do realismo, não do idealismo utópico. Uma grande guerra contra o fascismo e o irracionalismo acabava de ser travada e ganha: o preço de uma terceira grande guerra no decorrer do século XX era simplesmente alto demais – a era nuclear havia começado".[124] A partir desse momento, a história do multilateralismo é, em parte, a maneira como evolui a aceitação dos constrangimentos pelas Potências que os criaram.

---

123 Ruggie, *Multilateralism Matters*, op. cit., p. 26.

124 Weiss et al., *United Nations and Changing World Politics*, op. cit., p. XL.

É evidente que Versalhes e San Francisco são dois cenários políticos completamente diferentes. O que os une é justamente a disposição norte-americana – primeiro com Wilson, depois com Franklin D. Roosevelt – de criar uma instituição multilateral. As diferenças são claras: a LdN é estabelecida como parte de um tratado de paz enquanto a ONU nasce isolada, sem a contaminação das obrigações impostas aos perdedores.[125]

A ONU é pensada, em parte, para superar as fragilidades da Liga. Daí diferenças institucionais entre elas. A mais significativa está nas atribuições dos "conselhos", os órgãos máximos das duas instituições: o Conselho da Liga, como caracterizou, Northedge, é mais um corpo deliberativo, sem competência específica para impor a paz, como é capaz o Conselho de Segurança.[126] Em ambos os casos, *está aberta a possibilidade de uma alternativa ao jogo de balança de poder.* É bem verdade que, na nova realidade, as Potências continuam protegidas, seja pela regra da unanimidade na Liga (que, aliás, é uma salvaguarda universal, vale para todos os membros) seja pelo direito de veto na ONU. Assim, pelo menos em tese, as Potências estariam em uma situação ideal; quando a Organização acolhesse os seus pleitos, agregar-lhes-ia um traço de legitimidade, reforçando-os politicamente; quando houvesse pleitos inconvenientes de outras partes, seria fácil rechaçá-los. Em teoria, é o jogo ideal para as Potências, só ganham, nunca perdem. Mas não foi o que aconteceu. O multilateralismo, ao se fundar na igualdade dos Estados como ponto central da legitimidade, abre espaço para que se contestem as vantagens que as Potências instituíram para proteger-se.

De uma certa maneira, as deliberações de San Francisco aproximam-se desse mundo ideal para os EUA. Por quê? Além de conter a URSS e garantir o apoio das Potências ocidentais, o objetivo americano do pós-guerra é participar da organização do mundo sem o custo das *entangling alliances*. Para alcançar tal objetivo, o modelo institucional da LdN, devidamente corrigido, seria um caminho seguro, não só pela salvaguarda do veto, mas

---

125 A Conferência de San Francisco termina dois meses antes da declaração de paz com o Japão.

126 "O Conselho da Liga foi concebido como um órgão essencialmente deliberativo, ouvindo os argumentos das partes interessadas sobre as disputas internacionais e, em seguida, produzindo um relatório sobre os méritos do caso, deixando o resto a cargo dos Estados-membros". Northedge, *The League of Nations*. Leicester: Leicester University Press, 1988, p. 48.

também porque se agregam valores como direitos humanos, cooperação econômica e controle de alguns territórios coloniais (por meio do sistema de tutela) que aproximam os ideais consagrados pela Carta dos valores ocidentais. Além disso, no momento em que a ONU é criada, havia uma razoável garantia de que, com o apoio do grupo latino-americano, os EUA teriam maioria automática na Assembléia Geral.

É sintomático que, em San Francisco, um dos pontos de controvérsia tenha sido exatamente a tentativa soviética de que todas as suas repúblicas tivessem assento na Assembléia Geral. O compromisso final foi admitir a Ucrânia e a Bielorússia, o que estava longe de ameaçar a sólida maioria comandada pelos norte-americanos. É também verdade que o veto, além de ferir o preceito da igualdade entre Estados, distorce politicamente a possibilidade de reciprocidade na medida em que garante a poucos países a certeza de que, em temas relevantes, não teriam custos, por estarem isentos de qualquer sanção, mesmo quando representassem uma ameaça à paz.[127] Esse desequilíbrio decorre de uma exigência do realismo político, já que o veto foi uma condição que os vencedores da Segunda Guerra impuseram para que a instituição existisse. Como dizia o senador Connally, da delegação americana, se eliminassem o veto, matariam as Nações Unidas.[128]

Para os Estados médios e pequenos, a perspectiva de uma organização com traços democráticos, em que prevalecesse plenamente a igualdade nas decisões era um dos objetivos fundamentais. Por isso, trabalham para aumentar o número de membros do Conselho a serem escolhidos pela Assembléia e lutaram contra a instituição dos membros permanentes, contra o direito de veto, contra o controle dos membros permanentes nas operações de paz, contra o pouco peso do ECOSOC etc. Na maioria dos

---

127 Na Liga, o veto das Potências não existia, mas prevalecia a regra da unanimidade, o que praticamente significa que o veto era universal. Na ONU, como observa Inis Claude sobre a diferença derivada do veto: "De fato, a Carta cometeu transgressões sem precedentes na reserva da soberania: por exemplo, todos os membros das Nações Unidas, com a exceção dos membros permanentes do Conselho de Segurança, abriram mão do direito fundamental de não se verem forçados, sem seu consentimento, a aceitar a obrigação de autorizar o Conselho de Segurança a agir em seu nome e tornar obrigatório o cumprimento de suas decisões", *Swords into Plowshares*, op. cit., p. 70.

128 Claude idem, ibidem, op. cit., p. 72.

casos, as pretensões não prosperaram. Os membros fundadores da ONU foram obrigados a aceitar (especialmente os latino-americanos, por pressão dos EUA), que as realidades de poder determinavam posição privilegiada para os vencedores da guerra (EUA, Reino Unido, França, Rússia, além da China), o que seria de uma certa maneira compensado pela participação "igualitária" na Assembléia, que teria amplíssima competência, salvo para lidar com os temas que estivessem na agenda do Conselho. Além disso, não havia, entre os cinco grandes, nenhum advogado de suas teses. Ao contrário, eles convergem na defesa do privilégio.[129] A idéia do secretário de Estado norte-americano Stettinius, inspirada em Roosevelt, para pacificar a América Latina, de incorporar o Brasil como sexto membro do Conselho, não prosperou por resistências dentro da própria delegação dos EUA.[130]

Como o processo multilateral é político, cada decisão deve ser conquistada em negociações, sustentando-se em poucas certezas. O movimento é a regra e a cooperação – objetivo nem sempre alcançado – supõe que "cada uma das partes mude seu comportamento dependendo das mudanças no comportamento da outra parte".[131] Ou seja, o fundamental do multilateralismo, a cooperação, envolve mudanças de comportamento, que não são pautadas por normas jurídicas ou mesmo por lógica exclusiva de poder.

O foro obriga a que se considerem, a cada negociação, as razões do outro. Buscar pontos de acomodação e, portanto, admitir mudanças nas posições ideais, desenhadas ao início de cada negociação, é circunstância natural do processo de construção multilateral. O comportamento do po-

---

[129] A França, que ensaiou defender os pequenos e médios, os abandona quando é chamada para constituir o núcleo de poder. A China, voltada para seus problemas internos, não tinha margem de manobra para fazê-lo. A URSS, que aparece como campeã dos estados pequenos, também abandona a causa. Nas palavras do famoso delegado filipino Carlos Romulo, "embora os soviéticos pregassem a retórica da libertação da opressão, eles se comportavam em relação a todos nós, representantes dos países menores, como se mal existíssemos. Eles agiam como se fossem proprietários do mundo, pavoneando-se como conquistadores em seus ternos mal-cortados com calças boca-de-sino". Apud Shlesinger, *Act of Creation, The Founding of the United Nations*. Boulder: Westview Press, 2003, p. 173.

[130] Idem, ibidem, p. 49.

[131] Ver Keohane, "International Institutions: Two Approaches". In: Kratochwil; Mansfield (eds.), *International Organization and Global Governance, A Reader*. Nova York: Pearson Longman, 2004, p. 56 (2. ed.).

der no foro é, por definição, limitado. Exemplo interessante foi a articulação das salvaguardas para as Potências em San Francisco. Em sua origem, o direito de veto pode ser explicado pelas vantagens de poder; o modo como se desenvolveu a negociação, contudo, obedece aos processos próprios do multilateralismo. Ainda que as vantagens advindas do veto fossem óbvias para as Potências, a negociação para chegar ao que está consagrado no artigo 27 (3), da Carta, foi complexa e envolveu diferenças entre as Potências (a URSS tinha uma visão mais abrangente do veto do que os EUA), e entre as potências e os países médios e pequenos, que queriam descartá-lo.

É evidente também que, se o veto é uma válvula de escape a custos multilaterais, haverá outros mecanismos de acesso inclusive a países médios e pequenos, e que tem a ver com a reserva de soberania, mesmo quando as determinações são mandatórias. A norma é "qualificada" pela política em sua aplicação. Isso ocorre, por exemplo, quando Estados são "protegidos" por uma Potência, como é o caso de Israel ao recusar a determinação de abandonar os territórios ocupados. Ou também porque a disposição do Conselho de Segurança não é suficientemente contundente, como aconteceu no caso das exortações para que a Etiópia e a Eritréia interrompessem, em 2000, hostilidades recorrentes; ou ainda porque as realidades se modificam, como aconteceu com a caducidade das sanções à Líbia, decorrentes do atentado de Lockerbie, a partir do momento em que a Organização da Unidade Africana, em sua 34ª reunião (1998), decidiu interpretá-las restritivamente. É evidente porém que, além das salvaguardas institucionais, a possibilidade dos que têm poder de escapar das conseqüências dos constrangimentos multilaterais é sempre maior, como ocorre com os EUA no Iraque. Cabe sublinhar que ações para fugir ao constrangimento multilateral têm um preço, que é quase sempre o abalo na legitimidade de Estado que renega a norma ou as orientações consensuais.

Vale assinalar que a imprevisibilidade do multilateral é diferente da que gera a balança de poder. No primeiro caso, a imprevisibilidade existe porque, ao se iniciar o debate de um tema qualquer, não se conhecem as condições de arregimentação da maioria que fará com que um determinado ponto de vista prevaleça. Os objetivos da Carta, seja no campo da segurança, seja no da cooperação, são uma *promessa do multilateralismo, não uma certeza conquistada*. Em tese, a imprevisibilidade está dentro dos trilhos de regras processuais que definem o como ganhar o debate. O *previsível é o processo, não o resultado*, como em qualquer movimento político institucionalizado. Não se sabe qual será o contorno da decisão e – segundo aspecto da imprevisibilidade – se, uma vez tomada, será ou não efetiva, em vista da "reserva de soberania".

No caso da balança de poder, a imprevisibilidade nasceria da própria dinâmica do jogo das potências. Ao se modificarem as posições de poder no tabuleiro internacional, as intenções das potências variam. Não seria provável imaginar que, depois de uma revolução que consagrou direitos de cidadãos, o governante francês se coroasse imperador e partisse para uma guerra de conquista na Europa. Ou que, logo em seguida, a preocupação no Congresso de Viena fosse reincorporar a França derrotada ao Concerto Europeu para restabelecer o equilíbrio entre os cinco grandes de então, a Inglaterra, a França, a Prússia, a Rússia e a Áustria. Em suma, com todas as limitações, o desconforto da imprevisibilidade, sobretudo num mundo de guerras trágicas, é um dos impulsos históricos para a consagração da oferta multilateral.

Ainda se lidamos com suas raízes históricas, é importante anotar que existe outra fonte, no caso pragmática, para estimular o multilateralismo: as necessidades práticas da convivência internacional. Não mais as vantagens de uma razão moral prevalecem, e sim as de uma razão instrumental. Se é possível dizer que, no caso das fórmulas para perpetuar a paz, as idéias precedem as instituições, o oposto ocorre no caso da segunda vertente clássica do multilateralismo, a funcionalista. Neste caso, as exigências da cooperação precedem as instituições e as modelam.

A hipótese é a de que mecanismos de cooperação entre Estados seriam articulados a partir de necessidades práticas, econômicas e sociais. Ruggie relembra o caso das primeiras medidas para organizar o tráfico telegráfico. No século XIX, um telegrama que saísse de Paris para Baden chegava a um posto conjunto na fronteira onde era transcrito à mão pelo funcionário francês, que o entregava ao colega alemão para traduzir e enviar ao destino. Os custos e a demora do sistema, num momento em que se ensaiava a intensificação das comunicações dentro da Europa, fizeram com que fossem concluídos acordos multilaterais para estabelecer, em 1865, a União Telegráfica Internacional. Seu objetivo era fixar regras que permitissem a fluidez do tráfico, as prioridades de transmissão, os idiomas que poderiam ser usados, as tarifas. Para tanto, foram criados um secretariado para administrar, no dia-a-dia, as regras estabelecidas e uma conferência de plenipotenciários para fazer as revisões quando necessárias.[132]

É o modelo que prevalece até hoje nas várias instituições que lidam com as *conexões concretas* entre Estados e que, de alguma maneira, refletiriam a idéia liberal de que, quanto mais livre-comércio entre Estados, maiores seriam as possibilidades de alcançar paz permanente. É a escola funcionalista que melhor explora essa vertente, procurando mostrar, talvez sem sucesso, que o aprofundamento e a expansão dos laços concretos seria, no fim do caminho, a melhor garantia para a paz.[133]

É o caso de lembrar que as propostas idealistas estão longe de conquistar a hegemonia ao longo da historia moderna européia. Lembremos que, se o Abade de Saint-Pierre inaugura o desenho utópico, Rousseau, ao comentar o seu projeto de paz perpétua, é o primeiro a apontar os obstáculos à sua realização.[134] A sua crítica deriva essencialmente da perspectiva de que os Estados não se dobrariam a constrangimentos e a previsibilidade que se

---

[132] Ruggie, p. 17. O Congresso de Viena, em 1815, estabelece uma comissão para lidar com problemas de navegação em rios que passassem por mais de um país, como o Reno, o Meuse, o Neckar, e o Scheldt. Ver Zamoyski, *Rites of Peace, the Fall of Napoleon and the Congress of Vienna*. Londres: Harper Press, 2007, p. 427.

[133] É evidente que, com a globalização e as formas novas de comunicação, o tema ganhou enorme complexidade. Um caso interessante é o da internet, gerida por um consórcio semi-oficial, situado nos EUA, havendo resistência clara a que passe ao comando dos governos. Com a globalização, há mais forças sociais ou econômicas a pedir regulação, em vários planos, não só no campo das atividades funcionais, mas também no de valores. Porém, os processos de regulação se multiplicam, não se limitam mais ao multilateral clássico e passam a existir formas de cooperação que passam ao largo dos governos. O novo tecido globalizado leva a novos tipos de conflito (sobre temas ambientais) ou a exacerbar a possibilidade de outros (como no caso do terrorismo). Assim, a crítica clássica ao funcionalismo continua válida, a de que a cooperação em temas concretos teria efeitos limitados sobre a aproximação política. Ver Luard, *Basic Texts in International Relations*. Londres: Macmillan, 1992 – especialmente o capítulo 31.

[134] Ver Fonseca, *Rousseau e as relações internacionais*. Brasília: FUNAG, 2005. O artigo está reproduzido neste volume, à página 297.

buscava era, a rigor, inalcançável. Prevaleceriam, para regular as relações internacionais, os movimentos de poder: as "ascensões e quedas" influenciariam o jogo multilateral.

De certa maneira, a crítica de Rousseau é pertinente até hoje. Existe no sistema internacional uma combinação de duas lógicas, a da cooperação e a da disputa, a do multilateralismo e a do poder. A estabilidade e a previsibilidade do sistema internacional têm a ver com a química que se estabelece entre os dois movimentos. A oferta multilateral nem sempre prevalece, mas, mesmo quando não é aceita, estabelece um padrão para julgar os que infringiram suas regras.

É possível afirmar que o essencial da lógica multilateral está estabelecido formalmente com a criação da Liga das Nações. Com todas as imperfeições e os limites óbvios à sua atuação, o nascimento da Liga sugere que os Estados estariam dispostos a aceitar que a balança de poder não era o único caminho para organizar o sistema internacional, e que a guerra não era a única solução para resolver conflitos.

Na mesma linha, em 1928, os Estados europeus renunciam à guerra como instrumento de política nacional com o Pacto Briand Kellog. Se até então, no espectro que vai do conflito à cooperação, o primeiro era a realidade e o segundo, uma aspiração, daí para frente, haveria, em tese, um equilíbrio entre os dois, bem como instituições abertas a oferecer soluções concretas para os que quisessem o caminho da cooperação.

Não se supõe que a Liga ou a ONU tenham eliminado jogos de poder e a correspondente dinâmica de balança que, afinal, são inerentes à condição de multiplicidade de soberanos. A Liga busca universalizar a balança, por meio de um artifício: a transferência da realidade de poder para a jurídica dos mecanismos de contenção da expansão e concedendo a todos os Membros o direito de veto. Ora, isto, na prática, tornaria inviável o seu funcionamento. A ONU tenta incorporar institucionalmente a balança de maneira diferente, com um arranjo reminiscente do Concerto Europeu, do século XIX. As cinco Potências vencedoras da II Guerra têm um status especial, a de Membros Permanentes do Conselho de Segurança. O arranjo supunha um "equilíbrio real" de poder que se manifestava no direito de veto. As armas, de um lado, e o veto, de outro, gerariam um equilíbrio interno (entre as Potências) que se projetaria no exercício de suas responsabilidades singulares pela manutenção da segurança internacional.

Durante a Guerra Fria, o veto reflete o que acontece no terreno dos jogos de poder. De fato, a convergência ou divergência entre os 5P obedece às relações de poder entre eles e a seus interesses estratégicos. A expressão multilateral do jogo de poder não é, porém, descartada, mesmo no auge da Guerra Fria. A ONU poderia ser instrumentalizada e foi útil aos dois lados, em diversos momentos. Ainda assim, a alternativa multilateral de decisões fundadas em outra racionalidade, que não a de poder, está estabelecida e é difícil imaginar que venha a ser revertida.[135] É parte obrigatória da constelação da legitimidade internacional.

As criações multilaterais modernas são fruto de deliberação política e geram instituições. São os próprios Estados que, em determinado momento, movidos por interesses políticos específicos, estabelecem modelos de convivência que significariam abandonar as soluções unilaterais. Mesmo com todas as salvaguardas, o modelo passa a ter uma existência autônoma e se transforma em referência de legitimidade.

Não que vá prevalecer sempre. Mas gera constrangimentos, com repercussões políticas, mesmo para aqueles que, por contarem com o direito de veto (e, portanto, amparados juridicamente), não obedecem às regras do modelo (normas ou orientações de legitimidade), como é evidente com o alto custo pago pelos EUA pela invasão do Iraque.[136] O tributo disfarçado ao multilateralismo não retira de ações unilaterais o selo original de ilegitimidade. Daí, finalmente, a razão última da necessidade do multilateralismo. Se há um componente psicológico da vontade utópica, há outro, mais tangível, que é o de propor um modelo de ordem que, com imperfeições e limites, toma a lei como base.

---

135 De certa maneira, a ONU resolve, com atraso, o problema de uma balança que não funcionou contra Hitler e, no limite, o sistema de segurança coletiva seria uma espécie de balança obrigatória para as novas expressões de expansionismo, do tipo hitlerista.

136 Como diz Inis Claude, "A característica fenomenal de 1945 não foi tanto as grandes potências terem extraído concessões à sua força, mas sim a de elas terem aceito obrigações de tratado de grande alcance quanto ao uso responsável dessa força [...] em essência, o esquema da Carta representava a aceitação pelas grandes potências de um quadro de limitações constitucionais dentro do qual seu poder de fato deveria ser exercido". Claude, *Swords into Plowshares*, op. cit., p. 73.

IV. A LÓGICA DO MULTILATERALISMO: A CONCEPÇÃO DE JOHN RUGGIE

A reflexão acadêmica sobre o multilateralismo é ampla. A despeito das crises e dificuldades, a ONU continua a atrair a atenção de cientistas políticos, juristas e historiadores. A literatura sobre manutenção da paz é hoje o foco das inúmeras publicações sobre as Nações Unidas. Porém, os melhores fundamentos para a compreensão da lógica da Organização foram lançados há algum tempo, em textos clássicos, como *Swords into Plowshares*, de Inis Claude, cuja primeira edição é de 1956, e *Networks of Interdependence*, escrito por Harold Jacobson em 1979. Evan Luard publicou dois volumes de sua *History of United Nations*, que infelizmente termina a narrativa nos anos 60. É notável o esforço, iniciado por Thomas Weiss, Louis Emmerij e Richard Jolly, de mapear a evolução das idéias que guiaram as decisões das Nações Unidas e o primeiro volume da coleção é intitulado sintomaticamente *Ahead of the Curve*. Vale mencionar ainda o livro do conhecido historiador Paul Kennedy, *The Parliament of Men*, que procura traçar um quadro abrangente da evolução da ONU. Duas revistas, *International Organization*, desde os anos 50, e *Global Governance*, esta mais recente, produzem artigos regulares sobre o multilateralismo. No Brasil, já existe uma literatura importante de textos sobre a nossa política multilateral, especialmente difundida pela Fundação Alexandre de Gusmão. Textos como o de Antonio Patriota sobre o Conselho de Segurança no pós-Guerra Fria, o de Georges Lamazière sobre a ONU e a Guerra no Golfo, o de Paulo Tarisse sobre o Brasil nas operações de paz são bons exemplos de reflexão sobre as Nações e serviram a compor alguns dos argumentos desenvolvidos neste livro.

Não será, porém, o objetivo deste texto rever a rica trajetória das formas pela qual a academia pensou a ONU. Vamos nos fixar em somente um autor, o professor John Ruggie, hoje em Harvard, que articulou o que talvez seja uma das mais interessantes tentativas de mostrar a lógica do multilateralismo contemporâneo.[137]

---

[137] Ruggie, "Multilateralism: The Anatomy of an Institution". In: Ruggie (ed.) *Multilateralism Matters*. Nova York: Columbia University Press, 1993.

Ruggie parte da premissa de que os princípios do multilateralismo não se confundem com as instituições multilaterais. Quando define multilateralismo como a *coordenação entre três ou mais Estados na base de princípios generalizados de conduta*, chama atenção para a possibilidade de que o multilateralismo seja um modo de organizar soluções para a convivência estatal, que nasce muito antes do Congresso de Viena ou da criação da Liga das Nações.[138] Exemplos claros seriam o da "distribuição de propriedade" no sistema internacional, expresso no reconhecimento universal da soberania, com as suas conseqüências, inclusive o respeito à imunidade diplomática e as regras que, desde Grotius, definem a liberdade em alto mar e os limites do mar territorial. Sem que houvesse uma referência institucional, os Estados passam a aceitar, praticamente desde o século XVII, modos de se relacionarem com base em princípios que valem para todos.

As tentativas bilaterais de definir a distribuição territorial global, como o Tratado de Tordesilhas, fracassaram. As Potências européias, contudo, lograram criar padrões para reconhecer a conquista de territórios resultante da expansão colonial, ainda que o processo possa ter sido freqüentemente conflitivo. A mesma aceitação de padrões gerais de conduta ocorreu no campo econômico, como no caso do funcionamento do padrão-ouro ou da liberdade de comércio ao longo do século XIX. Pode haver multilateralismo sem instituições ou instituições que reúnem Estados sem que as regras gerais prevaleçam.[139] Mas como nosso foco é a ONU, vamos examinar um caso de multilateralismo em que a expressão institucional é decisiva.

Para Ruggie, o multilateralismo apóia-se em três características fundamentais. A primeira está ligada a seus objetivos que devem ser *indivisíveis* para os que participam do processo. A indivisibilidade, que constitui a base socialmente construída para a tarefa comum, pode ser física (a rede das linhas aéreas) ou simbólica (a idéia de que a paz é de interesse universal e,

---

138 Ruggie, idem, p. 14.

139 Modernamente, é difícil pensar em casos em que a instituição, que congrega Estados, escape ao imperativo das regras gerais. Pode haver situações de privilégio, como no caso do FMI ou do Banco Mundial, em que o sistema de votos é ponderado, mas isso não lhes retiraria o padrão multilateral. É curioso que os exemplos que Ruggie oferece, neste caso, são do COMINFORM e do COMINTERN, que eram organizações de partidos, não de Estados.

quando perturbada, exige ação de todos Estados que participam da instituição multilateral). De maneira similar, é a qualificação de universal que faz com que os direitos humanos sejam tema da ONU, e não fiquem ao arbítrio de vontades nacionais. Caporaso resume o conceito, indicando que "indivisibilidade pode ser pensada como sendo o âmbito, tanto geográfico quanto funcional, sobre o qual os custos e os benefícios são disseminados, face a uma ação iniciada nas unidades componentes ou entre elas".[140] Assim, no marco de um sistema de segurança coletiva, se um conflito é considerado ameaça à paz internacional, todos os Estados estariam afetados (em vista do compromisso jurídico) e teriam, em tese, de arcar com os custos de debelá-lo, já que a estabilidade do sistema é um bem coletivo.[141] Se há violação dos direitos humanos em um Estado, a comunidade internacional deve agir para impedir que continuem.

Em outra esfera, se um Estado reduz tarifas em favor de outro, tal medida afetaria a terceiros, não fosse a cláusula de nação mais favorecida, estabelecida no GATT, que difunde a todos os membros as vantagens daquela redução, garantindo, com isso, ganhos universais e fluidez no comércio.[142] Os temas ambientais ganharam, nos anos 70, a qualidade de indivisibilidade, justamente porque se percebeu que os efeitos de ações nacionais iam além das fronteiras e afetavam as condições de vida de toda comunidade internacional.

---

[140] Ver Caporaso, "International Relations Theory and Multilateralism: the Search for Foundations". In: Ruggie, *Multilateralism Matters*, op. cit., p. 54.

[141] Universal significa que vale para todos os que participam de um determinado organismo multilateral, que pode ter limites regionais (OEA, OUA etc.) ou sub-regionais (Mercosul, Tratado de Cooperação Amazônica). Teoricamente, os organismos regionais podem ir além dos dispositivos da Carta da ONU, como é o caso da OEA e da UE em matéria de direitos humanos, mas não devem ficar aquém do que preconiza a Carta. Normalmente, os organismos regionais complementam as Nações Unidas e podem colaborar mesmo em operações de paz. Mas há situações de contradição, como foi a suspensão das sanções a Líbia pela OUA em contradição com o Conselho de Segurança, ou o endosso por um organismo caribenho (Organization of Eastern Caribbean States) da invasão de Granada pelos EUA em 2003. Ver Henrikson, "The Growth of Regional Organizations and the Role of the United Nations". In: Fawcett; Hurrell (eds.) *Regionalism in World Politics*. Oxford: Oxford University Press, 1995, p. 122-168.

[142] As exceções, quando abertas, derivariam de condições especiais, como a situação de subdesenvolvimento, e seriam por definição, temporárias.

A segunda característica do multilateralismo, para Ruggie, seria a regra de que *princípios gerais de conduta* devem prevalecer para todos os membros da instituição, ou seja, haveria "normas exortando a modos gerais, se não universais, de relações com outros Estados, não diferenciando caso a caso essas relações com base em preferências individuais, exigências situacionais ou graus particularistas *a priori*".[143]

Em geral, todos os Estados, independentemente de sua posição individual de poder, aceitam as normas da organização a que pertencem. O princípio fica claro quando lembramos alguns dos serviços que a ONU presta. Por exemplo, quando se aprovam resoluções ou declarações sobre direitos humanos, como ocorreu na Conferência de Viena em 1993, a suposição é de que todos os Membros adotem o que está prescrito como um parâmetro de legitimidade. O que é legítimo, é legítimo para todos; o que é norma, é norma para todos e, supostamente, orienta a conduta dos Estados em suas relações internacionais. O mesmo seria verdade nos casos dos artigos sobre segurança coletiva. Qualquer Estado que os violasse estaria sujeito às sanções do Capítulo VII, da Carta da ONU, e todos os Membros deveriam aplicá-las.

Vimos que a ONU é um parlamento imperfeito, e que a validade das linhas de legitimidade (e mesmo das normas) nem sempre alcança a universalidade pretendida. Porém, a tensão entre a norma e a desobediência gera um efeito negativo para quem a descumpre ou, até mesmo, para quem não adere ao que seria a tendência universal da legitimidade.[144] Idealmente, a ONU ganha prestígio quando as normas e os padrões são universalmente obedecidos ou, quando não o são, se permanecem como referência para a avaliação dos que desobedecem.[145]

---

143 Caporaso, "International Relations", op. cit., p. 54.

144 Para uma análise dos custos da negação do multilateralilsmo, ver Patrick, "Multilateralism and its Discontents: the Causes and Consequences of U.S. Ambivalence". In: Patrick; Forman (eds.) *Multilateralism & U.S. Foreign Policy*. Boulder: Lynne Rienner, 2004, p. 1-47.

145 Há outros serviços, também relevantes, como por exemplo o da coleta e difusão de informações que muitas vezes reforçam certas linhas de legitimidade, quando por exemplo a Agência Internacional de Energia Atômica denuncia um determinado país por não cumprir suas obrigações.

Para completar a compreensão da dinâmica multilateral, Ruggie sugere um terceiro princípio, o da *reciprocidade difusa*. Significa essencialmente que os Membros de um organismo multilateral "esperam se beneficiar no longo prazo e com relação a muitas questões, e não todas as vezes em todas as questões".[146] Os organismos multilaterais têm vocação de permanência, já que são estabelecidos para resolver problemas estruturais de convivência, ligados à paz, a valores e a modos de assegurar, em áreas específicas, ganhos concretos e constantes para todos os seus membros.[147] Daí, a participação nos mesmos fundar-se necessariamente em ganhos que se projetam no tempo e se confundem com o aperfeiçoamento dos modos de convivência entre Estados, a começar pela prevalência de regras comuns, ou seja, comportamentos previsíveis para os membros.

Na análise precisa e completa que Celso Lafer faz da reciprocidade no direito internacional, em seu livro sobre o convênio do café, há observações que completam a visão de Ruggie. Mais do que cimentar o multilateralismo, a reciprocidade está na origem das normas internacionais. Como observa Virally, a reciprocidade "aparece como um princípio explicativo de por que os Estados negociam, fazem concessões, limitam as suas pretensões e controlam a sua conduta, isto é, em síntese, de que maneira as decisões dos sujeitos do Direito Internacional Público repousam num cálculo de interesses".[148]

---

146 O conceito de reciprocidade difusa foi exposto inicialmente em um artigo de Robert Keohane, "Reciprocity in International Relations", *International Organization,* vol. 40, nº 1, p 1-27, inverno, 1986. Keohane distingue "specific reciprocity", em que atores determinados trocam itens de valor equivalente em seqüência estritamente delimitada, da "diffuse reciprocity" na qual "a definição de equivalência é menos precisa; o parceiro pode ser visto como um grupo, mais que como atores específicos, e a seqüência de acontecimentos é delimitada de maneira menos estrita. As obrigações são importantes. A reciprocidade difusa implica a observância de padrões de comportamento geralmente aceitos". A cláusula de nação mais favorecida seria um exemplo, quando é incondicional.

147 Para lembrar um clássico, como Crucé: "Buscamos uma paz que não seja feita de remendos, que não dure três dias, mas que seja voluntária, equitativa e permanente: uma paz que dê a cada um o que lhe pertence... e a todos, indiferentemente de quem sejam, a liberdade de viajar e comerciar", apud Hinsley, *Power and the Pursuit of Peace*, op. cit., p. 23.

148 Lafer, *O convênio do café de 1976*. São Paulo: Perspectiva, 1979, p. 36.

Outra observação é sobre a reciprocidade no tempo e, neste caso, a reflexão parte das normas da Carta da ONU sobre solução de controvérsias. Tais normas constituem um "standard" com um conteúdo mínimo, que é a proibição do recurso à violência armada. Como Lafer explica, "afora esta obrigação de comportamento, o elenco de meios, da negociação à solução judiciária, fica nas mãos das partes, pois os conflitos entre os Estados não são conflitos abstratos, mas interesses concretos, fruto de posições marcadas por fortes desigualdades".

Ora, cada conflito é diferente e diferenciado, e, daí, "a dificuldade de antecipar um vínculo de resultado antes de saber o jogo de forças que eventualmente permitirá —mas não necessariamente — encontrar, através da atividade diligente das partes e da comunidade internacional, um meio e, através dele, uma solução para a controvérsia concreta".[149] É justamente a reciprocidade difusa que permite lidar com a incerteza que afeta, afinal, qualquer contrato entre soberanos.

Vale analisar algumas das conseqüências dos princípios de Ruggie. Os dois primeiros constituem os constrangimentos óbvios às decisões de soberania. Em que sentido? Os Estados que participam de uma instituição multilateral (IM) aceitam que qualquer atividade em determinada área do campo internacional estará ligada à dos outros Membros. E isso se completa com o fato de que aquelas atividades específicas estarão reguladas por normas, acordos, resoluções que derivam da história de decisões da IM a que pertencem. O Estado A, ao se tornar membro da ONU, aceitará um determinado procedimento para definir o que é ameaça à paz. Aceitará também a obrigação de contribuir para superar as "ameaças concretas", abstendo-se de favorecer agressores, contribuindo com recursos para tropas etc.

Uma segunda observação é a de que os dois primeiros princípios têm a vocação da permanência e, em alguns casos, constituem parte da normatividade jurídica internacional. Ainda assim, em tese, podem e, em certas circunstâncias, devem ser renovados e adaptados a necessidades históricas. O tema dos direitos humanos, por exemplo, está na Carta, nas convenções, mas de forma geral. A tendência, entre o final dos anos 40 e os dias atuais, foi reforçar os mecanismos que exigem o seu cumprimento. A indivisibili-

---

[149] Idem, ibidem, p. 42.

dade e a universalidade são o cerne a partir do qual se constrói o argumento sobre a legitimidade nas organizações multilaterais.

É o terceiro princípio que regula os processos de projeção das regras (normas e resoluções) e a sua validade, a qual deriva da maneira como a legitimidade geral é transferida para ser *aplicada* em temas específicos. De que maneira isto ocorre? O exemplo mais simples é o da aplicação de regra que tenha legitimidade "forte".[150] O Estado A é invadido e pede ao Conselho de Segurança que intervenha. Uma reação favorável ao pedido sugere que os Estados (membros do Conselho) esperam que, se algum deles for invadido, a resposta seja igual.[151] A expectativa de que a atitude dos Estados será a mesma em casos similares transfere a legitimidade geral para a situação específica e faz com que, pela reciprocidade difusa, a norma opere e seja efetiva.

Sabemos, porém, que o processo não é automático. Não há certezas predeterminadas (como em uma sociedade nacional, em que o Estado funcione com eficiência e permite prever que as possibilidades de punição para quem descumpre a lei). Nem todas as invasões encontram o mesmo tipo de reação; a reciprocidade difusa está, portanto, sujeita a critérios políticos, medidos a cada instância. A reciprocidade é, portanto, uma *potencialidade da instituição*.

Vamos considerar outro exemplo, o de um grupo de Estados que considere razoável, ainda que não se esteja diante de típica ameaça à paz, que o Conselho intervenha em uma situação de caos interno, como ocorreu recentemente no Haiti. Não se trata simplesmente de aplicação da norma, mas de interpretá-la tendo como fontes de legitimidade o referencial dos direitos humanos e uma noção mais ampla do que seria "ameaça à paz". Como a norma geral admitiu historicamente interpretações variadas, a medida da reciprocidade pode também ser variada. Países que tenham receio de intervenções ou frágeis situações de direitos humanos podem negar o argumento de legitimidade, levantando outro, o da não-intervenção em

---

150 Seria "forte" a legitimidade que estaria fundada em norma jurídica, clara, precisa, e que não é questionada em seus princípios.

151 Mesmo em caso de legitimidade "forte", o jogo político pode impedir a "aplicação", como foi o caso da invasão da Hungria em 1956 pela URSS, ou do Panamá pelos EUA em 1989.

assuntos internos. Verifica-se, portanto, uma diferença importante, na atitude dos Estados, entre aceitar a indivisibilidade da paz e comprometer recursos e pessoal em uma operação de paz. Em casos concretos, entra inevitavelmente nos cálculos políticos a perspectiva de vantagens específicas.

Em suma, a reciprocidade difusa é uma medida política e indica, em cada caso, o alcance do apoio que terão as normas específicas, em conjunturas concretas. Quanto mais os Estados compreenderem que a aceitação da norma hoje significa a aceitação da norma no futuro, maior a força da "reciprocidade difusa" e, conseqüentemente, maior a eficácia das ações da Organização.

A reciprocidade vai além do jogo de expectativas em temas específicos. O Estado A pode não estar de acordo com a ação do Conselho de Segurança em um caso específico ou não viver qualquer problema que suponha a ajuda dos membros em situações de segurança. Isso não significa que se afaste da Organização. As possibilidades de ganhos, especialmente na ONU, que lida com agenda amplíssima, podem se cruzar. Se o Estado A não precisa dos serviços de segurança, pode precisar da cooperação para o desenvolvimento e, com isso, a reciprocidade difusa está garantida.

O argumento fica mais claro se o examinamos do ângulo da negociação, em que a reciprocidade difusa é um dos fatores que regula concessões. O Estado A pode ceder numa negociação por várias razões, algumas ocultas, como pressões bilaterais, outras explícitas, como as derivadas da qualidade do argumento do adversário, outras ainda relativas a trocas específicas (concedo na negociação X, para ganhar na Y). Essas concessões estariam inseridas no processo negociador, fariam parte de sua lógica interna e seriam traduzidas no jogo de ganhos e perdas das partes negociadoras.

A outra mecânica de concessões se se diluiria no tempo e, a rigor, corresponderia não ao movimento das peças de um jogo de xadrez, mas ao esforço comum de preservar o tabuleiro. E, para preservá-lo, a primeira providência é continuar o jogo no marco de suas regras e seus limites.

Os três princípios, alinhados por Ruggie, sugerem alguns comentários. O primeiro é de que não vivem em vazio sociológico; haverá circunstâncias que favorecem a que tenham plena vigência. Uma hipótese é de que o vigor dos processos multilaterais tenderia a crescer na medida em que a noção de indivisibilidade dos interesses da comunidade internacional ficasse mais clara em virtude dos processos de globalização. A hipótese é confirmada no discurso, mas não na prática. Nos anos pós-Guerra Fria, se há exemplos de avanços significativos nas práticas multilaterais, é verdade também que vêm acompanhados de momentos de fragilização do prestígio das instituições.

Um segundo comentário acentua que a falta de simultaneidade entre as forças sociológicas e a regulação política seria o essencial para explicar a fragilidade contemporânea do processo multilateral. A regulação depende da convergência de interesses específicos, bem como de expectativas de ganhos para todos, em relação a serviços específicos, o que é difícil nos dias de hoje quando as diferenças entre os pesos e os interesses dos Estados se acentuaram. As forças uniformizadoras não geraram necessariamente sentido de comunidade no sistema internacional. Em certos casos, abriram espaço para a manifestação de diferenças. Como lidar com a desigualdade, para evitar que as instituições a atenuem – e não a reforcem – é um dos desafios centrais impostos pela globalização.

É o que Andrew Hurrell chama o "paradoxo do universalismo" que ele caracteriza da seguinte forma: "[...] a promoção exitosa de valores 'universais' ou 'globais', mesmo que estes sejam até certo grau genuinamente compartilhados, muitas vezes dependerá da disposição a promovê-los por parte de Estados particularmente poderosos. Além do mais, o sucesso de sua promoção pode facilmente contribuir para o reforço da já marcante desigualdade de poder e *status*".[152] Introduzir a dimensão da diferença – de poder, de desenvolvimento, e de valores – é passo fundamental para completar a teoria do multilateralismo que, pela sua própria natureza, tem como referência o indivisível e o universal. As diferenças reais entre os Estados são incorporadas ao processo multilateral, balizado normalmente pela regra da igualdade jurídica.

Além do problema da desigualdade entre Estados, cabe recordar que a regulação política ocorre em um marco normativo que abre amplíssimas margens de interpretação. É para esse lado da equação que devemos olhar, se quisermos compreender as vicissitudes da ONU e especular por que não realiza plenamente seus objetivos maiores. A convergência no marco ori-

---

152 Hurrell, "Globalization and Inequality", *Millenium*, vol. 24, nº 3, p. 465, 1995.

ginal da Carta vale como suporte de legitimidade e estabelece um espaço de deliberação (argumentar, decidir), ainda que a garantia de efetividade da instituição seja gerada pelo processo da reciprocidade difusa, medido finalmente pelas vantagens que preservar o tabuleiro traria a cada processo negociador.

Vale exemplificar, inicialmente, com um processo em que a reciprocidade se torna um contínuo de obstáculos e impede que a Organização funcione. No caso da ONU, o veto é o fator que deixa em aberto a possibilidade de quebra institucional da relação entre a norma e a perspectiva de que prevaleça a reciprocidade difusa, que supõe benefícios equivalentes, ainda que distribuídos no tempo.[153] Para os membros permanentes (5P), não haveria nunca a necessidade de concessões em matéria de segurança. Poderiam infringir regras sem incorrer em custos.

O rompimento da relação entre os objetivos da norma e sua aplicação fica patente durante a Guerra Fria quando se multiplicam os vetos e a ONU não podia atuar nos conflitos e guerras que interessavam as Superpotências, já que qualquer ganho de legitimidade de um lado seria visto como perda pelo outro. Nesse quadro, a reciprocidade difusa se eliminava por completo. Ou melhor, invertia-se, convertendo-se em seu oposto e passando a funcionar como um mecanismo de evitar ganhos do outro lado.

Como a Guerra Fria se dá no espaço global as Superpotências paralisam o sistema para evitar perdas. Ou, mais precisamente, paralisam o sistema, na medida em que seus interesses diretos estão em jogo, pois mesmo durante a Guerra Fria a ONU teria um papel na solução de crises específicas (Congo em 1960, Suez em 1956, Oriente Médio em 73, ou quando as Superpotências convergem e usam a ONU como espaço de negociação de tratados que ratificam a *détente*, como o Tratado de Não-Proliferação).

Com o fim da Guerra Fria, a hipótese é a de que o multilateralismo se reforçaria naturalmente, em primeiro lugar, no campo da segurança, já que haviam desaparecido as razões de bloqueio da reciprocidade. Foi promissor o exemplo da operação contra o Iraque depois que invadiu o Kuaite. Havia

---

153 De outro lado, sem o veto, possivelmente, a ONU não existiria, já que as Potências só aceitaram os "constrangimentos multilaterais" com a segurança de que, em temas essenciais, teria uma válvula de escape.

expectativas positivas no plano econômico, com a suposição de que a ONU seria o foro natural para estabelecer as regras que a globalização requereria. Aliás, o livro editado por Ruggie *Multilateralism Matters*, começa justamente com uma reflexão sobre a importância do multilateralismo para compreender a forma pacífica como se dá o fim da Guerra Fria.[154]

As condições para que a dinâmica da reciprocidade difusa se estabelecesse em novas bases estariam dadas, na medida em que, entre os 5P, as vantagens de um não significariam necessariamente desvantagens para outro. Assim, a convergência se manifesta no fim do conflito Irã-Iraque, na retirada russa do Afeganistão, na pacificação da América Central, na solução do problema da Namíbia etc. Se a presença da ONU não se transforma em desvantagem para uma das Potências, óbvia e automaticamente se abre a possibilidade de que a Organização, especialmente o Conselho, seja usada para legitimar interesses dos dois lados (URSS e EUA).

Retira-se o componente estratégico de conflitos que, em certos casos, eram objeto de intervenções ostensivas e clandestinas, disputas verbais etc. Passa a ser do interesse dos EUA favorecer a URSS quando esta se retira do Afeganistão (cujos rebeldes tinham apoio norte-americano), como também é do interesse da URSS não criar dificuldades para a solução dos problemas centro-americanos. A URSS tampouco tem razões para perturbar a busca de soluções para América Central.[155] As bases para um processo contínuo e de longo prazo no sentido da convergência estavam lançadas.

---

154 Assim começa o seu texto: "Em 1989, as mudanças pacíficas, que um importante teórico realista, menos de uma década antes, havia considerado um acontecimento de baixíssima probabilidade na política internacional, abriu espaço para a transformação geopolítica mais fundamental do pós-guerra e, talvez, de todo o século XX: o colapso do império soviético no Leste Europeu e o fim da guerra-fria que se seguiu. Muitos fatores foram responsáveis por essa transformação. Mas resta pouca dúvida quanto a que as normas e instituições multilaterais contribuíram para estabilizar suas conseqüências internacionais. De fato, essas normas e instituições parecem desempenhar um papel significativo na administração de uma vasta gama de mudanças de escala regional e global no sistema mundial dos dias de hoje". Ruggie, *Multilateralism Matters*, op. cit., p. 3. O autor a que se refere é Gilpin, *War and Change in World Politics*. Nova York: Cambridge University Press, 1981.

155 Antonio Patriota aponta, com base em observação de Chris Coleman, funcionário da ONU, que "o apoio russo à intervenção comandada pelos EUA no Haiti foi dado na clara expectativa de que as potências ocidentais respeitariam ações equivalentes da Rússia na Geórgia ou no

Por que esse espírito não perdura? Ou melhor, perdura seletivamente? Não existe uma razão única. Mais precisamente, os momentos de clara convergência, como o início dos anos 90, ou de clara divergência entre os 5P, são mais fáceis de compreender. Hoje, a partir do que poderíamos chamar de período do pós-pós-Guerra Fria, em que os movimentos são ambíguos e variados, qualquer generalização é arriscada. A noção de reciprocidade difusa ajuda a entendê-los?

É possível tentar o exercício, lembrando a questão iraquiana, na qual se reintroduzem problemas estratégicos entre os 5P e o jogo das vantagens compartidas fica prejudicado. Não é caso de estudá-la com mais profundidade, mas sim de assinalar uns poucos aspectos que interessam ao argumento que desenvolvemos.[156]

O mecanismo da reciprocidade difusa é bloqueado quando um ator (ou grupo) considera que perde no curto prazo o que não recuperará no longo. O dossiê iraquiano sempre foi controvertido e objeto de várias disputas entre os membros do Conselho, como na condenação russa aos bombardeios norte-americanos e britânicos de 1999, que teriam sido unilaterais. Apesar das fichas valiosas do jogo real, da agenda de vantagens estratégicas e econômicas, as controvérsias estavam contidas e não saíam dos trilhos multilaterais.

O que muda, com a chegada de George W. Bush ao poder, é a própria natureza do jogo. Os EUA, ao elevarem unilateralmente o valor das fichas, alteram o sentido da reciprocidade. Até certo ponto, o problema era con-

---

Tadjiquistão. Neste sentido, a atitude de Moscou na articulação de respostas do Conselho aos novos desafios que lhe são trazidos tenderá a se orientar menos por posições de princípio do que por um interesse em seu papel legitimador da consolidação de esferas de influência". Antonio Patriota, *O Conselho de Segurança após a Guerra do Golfo: A articulação de um novo paradigma de segurança coletiva*, Brasília: FUNAG, 1998, p. 183. Curiosamente, é a China que vetou, em 1997, uma missão de paz para a Guatemala, não por razões ligadas à missão, mas porque aquele país centro-americano mantinha relações com Taiwan.

156 Para um estudo abrangente e preciso da ação da ONU nos primeiros momentos da Guerra do Golfo, ver [...] Lamazière, George. *Ordem, hegemonia e transgressão: A Resolução 687 (1991) do Conselho de Segurança das Nações Unidas, a UNSCOM e o regime internacional de não-proliferação de armas de destruição em massa*. Brasília: FUNAG, 1998. (Coleção Curso de Altos Estudos do Instituto Rio Branco).

trolar Saddam Hussein e evitar que se transformasse, mais uma vez, em "ameaça à paz". Sanções, controle da economia, inspeções etc. eram os instrumentos multilaterais, desenhados pelo Conselho, para que o controle fosse eficaz, é em torno disso que se dão as controvérsias, especialmente entre EUA e Grã-Bretanha de um lado, e Rússia, China e, por vezes, França, de outro.

Quando os Estados Unidos mudam o sentido da aposta, e buscam claramente destituir Saddam, como plataforma para uma nova geografia política no Oriente Médio, muda paralelamente o jogo multilateral. A visão americana é peculiar, única, compartilhada por poucos, e exige, correspondentemente, ações únicas e respaldo diferente do Conselho de Segurança. A nitidez com que o projeto norte-americano é unilateral elimina a possibilidade de que o mecanismo da reciprocidade difusa opere. Ceder aos EUA na invasão do Iraque seria, para os 5P, com a exceção da Grã-Bretanha, entregar o comando do Conselho aos EUA. Seria impossível imaginar, no futuro, uma retribuição americana, sob a forma de apoio irrestrito a alguma ação russa na Chechênia, para propor uma hipótese.

Vale examinar melhor o que ocorreu. Há dois planos de poder. O real, que pode ser exercido unilateralmente, dada a vantagem estratégica de quem o manipula e, assim, se sustentou a invasão norte-americana do Iraque em 2003 (que, no primeiro momento, parecia um sucesso militar). No plano do poder multilateral, contudo, os EUA são derrotados, tanto pela ausência de argumentos suficientes para convencer a maioria do Conselho e assegurar legitimidade para a ação armada quanto pelos riscos decorrentes do que seria ou pareceria uma imposição ao Conselho, com evidente distorção no mecanismo da reciprocidade. O apoio negado aos EUA equivale a uma advertência sobre os limites da reciprocidade. Seria paralisante se houvesse uma seqüência de demandas similares, o que não ocorreu. A realidade dos fatos e o fracasso da "administração" dos EUA no Iraque levam a que voltem às Nações Unidas, já com perspectiva mais conciliatória.[157]

---

157 A Resolução 1.511, aprovada pelo Conselho de Segurança em outubro de 2003, determina a volta da ONU ao Iraque, para organizar a nova situação institucional (eleições) e, curiosamente, determina que os EUA, como líder da força multinacional, informe o Conselho, a cada seis meses, sobre a evolução dos acontecimentos no Iraque.

Mesmo desprestigiado, o tabuleiro vale para os que o desprestigiam e para os que sofrem com tal atitude.

Dentro do mesmo marco conceitual, vale tocar em outro problema, o da passividade da Organização. Os Estados-membros usam os serviços da ONU por muitas razões. Buscam vantagens específicas (trégua em um conflito ou a ajuda para o desenvolvimento) ou generalizáveis (os países em desenvolvimento e a Nova Ordem Econômica Internacional), legitimação para posições nacionais (como os EUA no Iraque), ou adições de prestígio (quando se elegem para determinados cargos), ou atendimento de pressões sociais (o efeito CNN) etc. As motivações gerais (a paz, a ajuda humanitária, a defesa dos direitos humanos etc.) ganham efetividade quando os participantes em uma atividade percebem vantagens claras de curto ou de longo prazo. Assim se combinam a reciprocidade difusa com a específica.

Há situações em que a reciprocidade específica desaparece ou se dilui muito, o que gera riscos institucionais. De que forma? Pela letra da Carta, quando um tema está na agenda do Conselho, com o objetivo claro de que se façam esforços para alcançar a paz, configura-se quase uma "obrigação" de agir para cumprir os objetivos da Carta. Um dos sintomas da crise recente da ONU veio simplesmente do fato de que não agiu, ou agiu tardiamente, ou, ainda, agiu de maneira inconseqüente, em situações dramáticas de grande visibilidade para a opinião pública, como nos casos de Ruanda e Srebenica. Estes não são os únicos exemplos. A inação – ou a falsa ação, limitada à retórica – é um dos flancos que mais se abre à crítica dos que analisam a história da ONU. Ocorre no universo da segurança, mas também em outras áreas, especialmente na Assembléia Geral, quando a inação se disfarça em resoluções vazias.

Para entender por que e como isso acontece, lembremos que o multilateralismo se exprime em uma série de compromissos de abstenção (não-agressão, não-intervenção etc.) e de ação (proteger os direitos humanos, cooperação econômica etc.). Esses compromissos são, em sua maioria, frágeis, não sancionáveis (ou só sancionáveis moralmente). Isso leva a que a decisão de agir, especialmente na área de segurança, dependa de muitas circunstâncias para que possa ser efetiva.

Para a maior parte dos Estados, as ações no campo da segurança não envolvem reciprocidade (a maioria não tem problemas imediatos de segurança)[158] e, por isso, as vantagens do engajamento em operações de paz devem partir de uma percepção do que se poderia chamar *vantagens derivadas*. Assim, a reciprocidade difusa seria qualificada pela específica, medida por ganhos localizados, institucionais, militares ou estratégicos. Na ausência de interesse estratégico (como o da contenção da invasão do Kuaite em que era relevante a motivação do abastecimento de petróleo), as vantagens individuais dos contribuintes de tropas passam a *derivar* de outros fatores.

Por que contribuir? Em tese, pelo compromisso com o multilateralismo, com o objetivo de manter a paz. Ainda que seja nobre e convincente, o compromisso deve oferecer algo mais. As vantagens de participar de operações de paz se transferem para campos secundários, como o melhor treinamento de soldados, o prestígio do país, a participação em decisões específicas do Conselho de Segurança etc. Por outro lado, os custos políticos aumentam em função do risco, porque é sempre muito difícil justificar a perda de um soldado ou o deslocamento de tropas (que exige adiantamento de recursos financeiros) quando não existe interesse estratégico envolvido, quando não está em questão a defesa de um interesse vital.

Torna-se, por vezes, problemático justificar perante a opinião pública interna uma missão militar que não seja para combater um inimigo, afinal a vocação primeira das Forças Armadas. Em exame superficial, os ganhos sistêmicos são abstratos e as vantagens derivadas, menores, para justificar o apoio a missões de paz.[159] Não obstante, sem que a ONU cumpra bem o seu papel fundamental, não é apenas a Organização que se desprestigia, uma vez que as perdas iriam muito além das operações de paz. A moldura fundamental da estabilidade da ordem internacional se enfraqueceria. O argumento é reconhecidamente abstrato, difícil de prevalecer em um de-

---

158 No contexto da Guerra Fria, porque a segurança estaria garantida pelos blocos e, hoje, na ausência de disputas globais, os temas de segurança são localizados, como se ao contrário do pensamento clássico, a paz fosse divisível.

159 Foi um argumento freqüentemente repetido no Chile e no Brasil quando se enviaram tropas para o Haiti em 2003, apesar das alegações governamentais de que se tratava de ação politicamente importante, porque eram os latino-americanos a "tomar conta" de uma crise regional, além, claro, das necessidades intrínsecas de ajudar o Haiti a sair da profunda crise humanitária que vivia. No caso do Brasil, é sempre mais fácil o envio de tropas quando se trata de países de língua portuguesa, como foi o caso de Angola e Timor Leste.

bate político, mas teoricamente o melhor para quem acredita no multilateralismo como via para uma ordem internacional mais estável.[160]

No sistema internacional contemporâneo, a dispersão dos interesses estratégicos tem conseqüências ambíguas para a ação multilateral. De um lado, está superado o processo paralisante da reciprocidade perversa. A ONU está mais livre para agir, pois, para as Potências, as motivações para intervir em suas esferas de influência e para bloquear ações multilaterais tenderiam a se atenuar. De outro, faltam as motivações para apoiar as operações de paz, salvo quando existem interesses estratégicos específicos. Há uma inversão da reciprocidade, o que gera outra dinâmica perversa na medida em que os Estados se desinteressam em realizar compromisso multilateral, por não saber exatamente o que vão ganhar mais adiante (embora avaliem as perdas de curto prazo).

O fracasso na Somália, em 1992, está na raiz da atitude relutante dos norte-americanos e de outros países em aprovar uma operação mais efetiva em Ruanda. Por outro lado, a ineficácia da ação internacional quando se trata de conflitos em que se misturam o interno e o externo explica em parte o que aconteceu em Ruanda e Srebenica. É difícil rever a história e dizer que o genocídio dos tútsis e hútus moderados, ou dos bósnios teria sido evitado se mais tropas tivessem sido enviadas para as operações de paz naquelas regiões. A própria indagação e a maneira como se desenvolveram os dois processos mostra que a recusa em agir é um dado da política internacional, mesmo quando o "racional" seria o contrário. Não há ações desinteressadas e, tantas vezes, evitar custos imediatos é a motivação que termina por enfraquecer o multilateralismo.[161]

---

160 No debate político, há sempre dois argumentos que repetem os críticos das operações de paz, o da irrelevância estratégica para o país e o dos usos alternativos dos recursos orçamentários. São fatores que levam a que as operações ganhem, de forma crescente, contornos regionais, como na África, uma vez que o sentido de ameaça à paz "regional" é claro para a Nigéria quando a crise é na Libéria ou na Costa do Marfim.

161 Vale ler o livro de Samantha Power, "*A Problem from Hell*", America in the Age of Genocide. Londres: Harper Perennial, 2007 (1. ed.-2003), que contém um brilhante e minucioso relato acerca da prevalência paralisante dos interesses estratégicos americanos sobre as "exigências" do multilateralismo nos casos da Bósnia e de Ruanda.

É evidentemente mais difícil aplicar a idéia de reciprocidade difusa a questões mais abstratas. Para tanto, valeria a pena um rápido excurso sobre o que significa um *ganho* em instituições internacionais como a ONU, em que é ampla a variedade de temas e modos de decisão.

A noção de ganho é mais clara quando se trata de questões concretas, por exemplo em comércio (reduções simultâneas de tarifas engendrariam vantagens mútuas), em operação de paz que serve a interesses de país ou grupo de países ameaçados por um conflito, ou na aprovação de recursos para determinado fundo, que servirá ao combate de uma doença no país A ou B. Os ganhos podem ser imediatos e, nesses casos, a reciprocidade é precisa. Como há movimentos irregulares na reciprocidade, é a projeção no tempo, a perspectiva de vantagens futuras, que assegura a adesão aos mecanismos multilaterais. Se não existissem, os processos de negociação seriam únicos. A cada momento de barganha, seria estabelecido um jogo de poder específico, com conseqüências para a estabilidade do sistema internacional. Por isso, a *primeira aposta* – especialmente para os países que não têm "excedentes de poder" –[162] é na preservação do *tabuleiro*, porque sem ele não existem jogadas específicas ou ganhos pontuais. Se isso é verdade, a resposta à questão sobre as vantagens simbólicas fica clara. Há, para grandes e pequenos, uma adição de legitimidade quando o interesse que defendem ganha aprovação multilateral, além de outros ganhos, a cada tema.

A Carta da ONU é suficientemente vaga para oferecer a todos, às vezes no mesmo capítulo, razões diferentes para sustentar seus argumentos. Tomemos a defesa dos direitos humanos, como prescrita nos artigos 1(3) e 55(c). Ainda que tenham sido desdobrados em convenções, a referência ao artigo da Carta serve aos EUA como base para condenar Cuba. Serve também, de outra perspectiva, aos PEDs para promover o direito ao desenvolvimento.

Um dos núcleos do trabalho da ONU, a articulação de legitimidade, é, em sua essência, processo parlamentar. A legitimidade se reforça, conseqüentemente, quando os seus "pilares políticos" atuam consistentemente no longo prazo. Um dos pilares são maiorias e talvez isso explique o "suces-

---

[162] A expressão é do ministro Saraiva Guerreiro, que assim caracterizava a posição brasileira nos assuntos internacionais.

so" do Terceiro Mundo ao longo dos anos 70, quando conquistaram, pelos números, hegemonia parlamentar na Assembléia ("a tirania da maioria", como reclamavam os desenvolvidos). A legitimidade se traduziu em plataforma política (como na descolonização), em idéias transformadoras do sistema internacional (como a Nova Ordem Econômica Internacional ou o desarmamento "geral e completo"). Os ganhos em legitimidade ficaram, algumas vezes, no plano simbólico, quase restritos ao mundo multilateral, com pouco impacto sobre a realidade externa. A legitimidade em si não ordena o mundo.

Que conclusões tirar da análise de Ruggie? A primeira é formal: existe, bem-definida, com traços claros, uma lógica do multilateral. A indivisibilidade, a universalidade e a reciprocidade difusa a diferenciam da lógica unilateral, que teria características opostas, e da bilateral, na qual a reciprocidade tende a ser precisa e o campo é limitado. A multilateral implica que o argumento diplomático terá que recorrer normalmente a esses princípios quando se articula em um foro multilateral. Assim, quanto mais nitidamente a proposta do Estado A se confundir com o universal, mais possibilidades de legitimidade terá de vencer naquele foro. Para praticamente toda a agenda internacional, existe a oferta de um caminho multilateral e sabemos o que é preciso para invocá-la.

É possível ir mais adiante e organizar o exame de temas mais substantivos. A indivisibilidade é construída socialmente e estabelece a *possibilidade do multilateral*. E mais: a retórica da indivisibilidade tem, naturalmente, um ingrediente utópico. Suas marcas distintivas (a paz é indivisível, o meio ambiente é um problema de todos os países, os direitos humanos são universais etc.) constituem, em si, a afirmação de um *projeto* e compõe o multilateralismo, mas não o sustentam.

O que pode reforçar esse argumento e dar mais densidade às instituições? Já vimos que o multilateralismo contemporâneo tem fundamentos simbólicos e reais. Supunha-se que, com a globalização, a perspectiva de que houvesse mais coordenação entre os países para lidar com problemas práticos e o conhecimento simultâneo do que ocorre no mundo reforçaria o sentido de indivisibilidade e, conseqüentemente, o universo multilateral. Imaginava-se que, livre da Guerra Fria, o sistema internacional iniciaria um círculo virtuoso: mais conexões entre Estados e sociedades, mais consenso sobre valores, mais multilateralismo. Essa circunstância, por sua vez, permitiria que os consensos ficassem explícitos e se tornassem normas, que passariam a regular as relações entre Estados promovendo, entre eles, mais paz, mais justiça etc. A indivisibilidade, vivida na multiplicação concreta das conexões entre sociedades, levaria à necessidade de normas, e os mecanismos de reciprocidade difusa se instalariam com mais vigor.

Não se estabelece, no começo do século XXI, um ciclo perverso, em que a falta de consenso levasse a impasses paralisantes na vida multilateral. A bem-sucedida operação de paz no Haiti e, de certa maneira, no Líbano (em 2007) contrasta com as dificuldades no Afeganistão e no Iraque, além da trágica omissão no Sudão. A promoção dos direitos humanos ganha *status* mais alto com a criação do Conselho de Direitos Humanos, ligado diretamente à Assembléia, o qual, no entanto, tem sido acusado de repetir os mesmo vícios da comissão anterior. Avança-se com a Comissão de Construção da Paz, que amplia formalmente as responsabilidades que a Organização já assumira em diversas oportunidades. O Tribunal Penal Internacional funciona plenamente. Os sinais ambíguos sugerem as perguntas: a irregularidade do desempenho da ONU significa que o multilateralismo, pela sua própria natureza, ficará sempre aquém de suas promessas? Seria a irregularidade a marca inevitável de seu desempenho?

Para a resposta, o primeiro fator a sublinhar é o de que a irregularidade se manifesta em um trilho regular. A irregularidade fica clara porque estamos diante de um pano de fundo consistente. O sinal mais evidente é o tributo retórico (que praticamente todos os Estados exprimem) à indivisibilidade de interesses. A noção de que a dinâmica do sistema internacional afeta todos é inquestionável, como também a de que as instituições multilaterais são o caminho natural para lidar com a indivisibilidade Assinale-se o ganho histórico para o multilateralismo, expresso no fato de que seu símbolo maior, a ONU, já comemorou o seu 60º aniversário. A oferta multilateral ainda é sólida e nenhum Estado quer tirá-la do mercado.

A aceitação da indivisibilidade não significa, entretanto, a aceitação das normas que a regulam — a rigor, mesmo na imprecisão de algumas das normas da Carta, essa atitude aparece. É nessa passagem do indivisível para o universal que a subjetividade dos Estados nacionais, regulados por interesses particulares, atua plenamente.

Não é preciso ser adepto do realismo para admitir que a oferta multilateral nunca será tomada pelos Estados por completo, dadas as múltiplas diferenças entre eles. De um lado, porque os objetivos podem divergir quanto aos contornos da oferta. Se uns querem mais constrangimentos em matéria de direitos humanos, outros querem menos; uns querem mais regras sobre desarmamento, outros priorizam que as preocupações sobre segurança se concentrem em não-proliferação. De outro, porque a oferta "realmente existente" é muito irregular. A esse respeito, vale lembrar o que dizia Sergio Vieira de Mello: "Atualmente, existem mais instrumentos internacionais para controlar a produção e o comércio de CDs piratas do que para armas de pequeno porte" – a frase explica muito sobre quem constrói a oferta.[163]

A diferença entre ideais e prática é a "normalidade" das instituições, até porque as demandas dos Membros se cruzam e nunca serão plenamente satisfeitas. As instituições terão graus de eficiência que não dependem – ou não dependem essencialmente – de seu organograma ou de como decidem, mas que vêm de fora, da maneira como o sistema internacional distribui poderes e valores. O objetivo de uma ordem mais estável seria o de fazer com que as regras multilaterais influenciassem crescentemente o mundo de fora.

V. O INTERESSE MULTILATERALIZÁVEL E AS TRANSFORMAÇÕES DA LEGITIMIDADE

Serão tratados aqui dois temas. Em primeiro lugar, examinam-se os objetivos que um Estado busca realizar em foros multilaterais. A partir de um curto sumário das hipóteses teóricas, tenta-se responder à indagação sobre caminhos possíveis para compatibilizar o interesse individual e a vontade coletiva ou, em outras palavras, as intenções de cada nação e as necessidades da comunidade internacional. O conceito de legitimidade

---

[163] A frase está em Power, *Chasing the Flame, Sergio Vieira de Mello and the Fight to Save the World*. Nova York: Allen Lane, 2007, p. 234.

será utilizado como o elo entre os dois lados da equação. Em um segundo momento, serão examinadas, com exemplos da área de segurança, do desenvolvimento e da descolonização, expressões da legitimidade que, afinal, balizam o que os Estados podem propor nos foros das Nações Unidas.

A. Interesse nacional e vontade multilateral: o interesse multilateralizável

É possível afirmar que a teoria das relações internacionais é construída a partir do *realismo* e do diálogo que a escola abre com seus críticos e com os que tentam superá-la. De fato, de Hobbes até hoje, a escola realista permanece como a referência filosófica básica, no sentido que seus argumentos, apesar de variantes individuais, têm consistência histórica, lógica clara, e oferecem, para muitos, explicações suficientes para entender a dinâmica da convivência entre Estados. É pela via dos realistas contemporâneos, como E. H. Carr e Hans Morgenthau, que a temática das relações internacionais é introduzida no universo acadêmico anglo-saxão que, de certa maneira, ainda é o hegemônico na área.[164]

Mesmo para os que buscam outros caminhos teóricos, como a escola inglesa de Martin Wight e Hedley Bull, as correções ao realismo são o ponto de partida para reflexões alternativas. O vigor do realismo poderia ser explicado pelo fato de que completa conceitualmente a construção teórica sobre o Estado moderno, já que a noção de auto-ajuda, ou, melhor, cada um por si (*self help*), tem afinidades com a de soberania. A primeira é o ingrediente político que preenche a moldura jurídica estabelecida pela soberania. Ambas são essenciais para definir o que é o Estado, e se reforçam. A soberania, sem a capacidade de autodefesa, seria um conceito vazio e negaria ao Estado condições de preservar-se no sistema internacional.

Como entender, nesse marco, o multilateralismo, cuja essência é constranger o Estado? Como explicar que Estados aceitem, ainda que voluntariamente, restrições a uma soberania que, pela própria natureza, não deve, no marco realista, ter limites diferentes daqueles ditados pelo interesse nacional?

---

[164] A hegemonia está longe de ser absoluta, bastando lembrar Raymond Aron e Norberto Bobbio para o mundo latino.

Do ângulo teórico, a própria existência de instituições internacionais e de sua multiplicação nos últimos anos sugeriria que a aceitação crescente de limites ao exercício da soberania faz do multilateralismo uma das portas para criticar *com fatos* o realismo e corrigi-lo.[165] Ao admitir modos permanentes de cooperação, o sistema internacional mostraria ser mais do que o jogo de poder. A questão não é tão simples e, na verdade, não seria necessário abandonar as premissas realistas para entender porque é possível cooperar em um sistema de soberanos, essencialmente anárquico, sem uma autoridade superior.

De fato, uma primeira interpretação do multilateralismo diria que as bases de cooperação que o sustentam são um mero epifenômeno e que não valem em si. O jogo político as destruiria no momento em que mudassem a distribuição de poder e os rumos do interesse. Os arranjos multilaterais, independentemente da forma que tenham, tratados ou instituições limitar-se-iam a consagrar situações de poder, congelando-as momentaneamente.

Para argumentar em favor dessa tese, o caso clássico é o da Liga das Nações. O ressurgimento da Alemanha como potência militar desfaz o equilíbrio que tinha permitido os resultados da Conferência de Versalhes. A Alemanha entra na Liga em 1926, mas a política hitlerista é um dos fatores que determinará, mais adiante, a sua dissolução. Nesse marco teórico, a ONU seria mais um instrumento das Grandes Potências, como demonstrava Araújo Castro em seus textos sobre o "congelamento de poder" nos anos 70. Caso contrário, a Organização se enfraquece; continua burocrática, mas sem autoridade. A tese se completa com a noção de que as Potências escolhem os momentos em que convém aceitar as regras e normas multilaterais. Seria um multilateralismo *à la carte*.[166]

---

165 A escola realista tem inúmeras variantes e, aqui, nos referimos à sua versão mais simples, a que descreve a vida internacional como um sistema de Estados que compete por poder. Para uma análise completa das variantes da escola, ver Guzzini, *Realism in International Relations and International Political Economy: the Continuing Story of a Death Foretold*. Londres: Routledge, 1998.

166 Para um exemplo recente, ver, no contexto da questão iraquiana, os vários pronunciamentos do presidente Bush que afirmam, de várias maneiras, que os EUA não pediriam autorização à ONU para defender a sua soberania, repudiando explicitamente a competência do Conselho de Segurança naquele tema. Para uma análise dos pronunciamentos, ver Glennon, "Droit,

Uma segunda interpretação, ainda no marco realista, admitirá que a cooperação multilateral possa nascer como uma extensão modificada dos interesses particulares. O Estado A coopera com o B para reduzir os custos de certo tipo de transação. Por exemplo, ainda que movidos por interesses egoístas; para permitir a fluidez de comunicações, os Estados aceitam criar uma instituição que regule a distribuição da freqüência de rádios ou o transporte aéreo, com menos custos para todos. Ou assinam acordos de desarmamento ou não-proliferação para garantir alguma estabilidade em disputas estratégicas.

Sobretudo em foros técnicos, a tendência é de que a cooperação persista no tempo, porque responde a necessidades mais permanentes. Esse argumento, levado às últimas conseqüências, possibilitaria a superação do realismo, na medida em que o interesse persistente em cooperar transformaria a natureza da política. A noção de multilateralismo como epifenômeno do poder seria invertida e a multiplicação de modos de cooperar despojaria o poder nacional de seu sentido egoísta.[167]

Uma terceira vertente, com diversas variantes, indicaria que o realismo errava ao não compreender que o sistema internacional é mais do que simplesmente uma soma de soberanos que lutam pela sobrevivência ou para maximizar interesses. Segundo essa perspectiva, o sistema teria uma existência que vai além dos Estados, dispondo de regras próprias que formam um tecido de convivência, seja na forma da "sociedade anárquica" de

---

Légitimité et Intervention militaire". In: Andréani; Hassner, *Justifier la Guerre*. Paris: Presses de la Fondation Nationale de Sciences Politiques, 2005, p. 247.

167 Barnett e Finnemore descrevem assim essa variante, que chamam de institucionalistas neoliberais: "[...] como realistas, eles tomam a anarquia como ponto de partida: no entanto, a problemática não é a sobrevivência, mas sim a trapaça endêmica. As organizações internacionais como a ONU são criadas pelos estados para tratar dos custos das transações e das informações incompletas, bem como de outras 'falhas do mercado'. Por meio da manipulação da informação, da criação de transparência e da exposição da não-observância e da imposição de sanções, as organizações tais como as Nações Unidas podem contribuir para a aplicação dos acordos internacionais que os Estados formularam em benefício próprio. É importante perceber que as organizações internacionais, desse ponto de vista, são endógenas, e não epifenomenais [...] porque, sem algum tipo de papel independente, as organizações internacionais não poderiam ajudar os Estados a alcançar seus objetivos [...]".Barnett; Finnemore, "Political Approaches". In: Weiss; Daws, *The Oxford Handbook on the United Nations*. Oxford: Oxford University Press, 2007, p. 45.

Hedley Bull, seja na linha da teoria dos *regimes*, seja nos modelos construtivistas, de Wendt ("a anarquia é que os Estados querem que seja").[168]

O multilateralismo é uma expressão de algo essencial ao sistema: a necessidade de regras para que a interação internacional se faça de modo que sirva a todos. A ONU seria produtora e promotora das regras que regulam as interações internacionais, incorporaria princípios e valores, e apoiar-se-ia em legitimidade, transparência e imparcialidade.[169] As manifestações de poder e os conflitos são parte do processo internacional, e não desqualificam a naturalidade da regra. Simplesmente revelam as exceções "irracionais" e a necessidade de que haja instituições para evitar que ocorram e mecanismos para superá-los.

Com base no debate teórico, é possível formular algumas hipóteses sobre o interesse em cooperar multilateralmente. Em primeiro lugar, dir-se-ia que um Estado aceita os constrangimentos da regra multilateral, porque egoísmos nacionais podem coincidir: dois ou mais Estados decidem autolimitar-se e cooperar para fortalecer interesses particulares, baixando custos de transação, obtendo legitimidade para ação determinada, poupando recursos de segurança etc. Não é necessário que as vantagens sejam imediatas: como mostra Ruggie, as vantagens podem se diluir no tempo, no âmbito da "reciprocidade difusa".[170]

Uma segunda hipótese indica que os Estados também podem cooperar porque, ao aceitar que sua convivência tem componentes de sociabilidade, precisam estabelecer um universo de regras para exprimi-lo e dar-lhe conteúdo. O multilateralismo reflete a sociedade que existe na anarquia e que se fortaleceria na medida em que se multiplicariam regi-

---

168 Ver Wendt, Anarchy is What States Make of It. In: Kratochwil; Mansfield (eds.), *International Organization and Global Governance*. Nova York: Pearson Longman, 2006 (2. ed.), p. 20-35. Para regimes e variantes realistas e liberais, ver Hansenclever; Mayer; Rittberger, *Theories of International Regimes*. Cambridge: Cambridge University Press, 1996.

169 Ver Weiss, et al. *Handbook*, op. cit., p. 48. A visão, hoje clássica, da idéia da comunidade internacional como uma "sociedade" está em Bull, Anarchy and Society. In: Butterfield; Wight, *Diplomatic Investigations*. Londres: Allen&Unwin, 1966, p. 35-51.

170 Ver Ruggie, *Multilateralism Matters*, op. cit., p. 11.

mes, normas, instituições, que regulariam, com abrangência crescente, as atividades do soberano.

No primeiro caso, a *rationale* para cooperar funda-se no interesse individual: *faço o melhor para mim e as conseqüências da minha escolha me interessam secundariamente, salvo quando anunciarem prejuízos que devo evitar*. No segundo, funda-se no interesse global: *faço o que é melhor para todos, o que, por definição, será o melhor para mim também*.

Ainda que as motivações sejam diferentes, e até antagônicas conceitualmente, quando se projetam na realidade podem convergir e interesses diversos podem levar a instituições similares.[171] Mais precisamente, é evidente que as contradições podem se exprimir quando o interesse individual, para se realizar, confrontasse o global. Isso ocorreu quando as Potências escolheram caminhos unilaterais. Isso ocorreu quando o Japão negou a competência da Liga depois de invadir a China em 1931,[172] ou quando os EUA atacaram o Iraque, à revelia do Conselho de Segurança, em 2003. A conclusão é simples: enquanto o sistema internacional for um sistema de Estados, a contradição regra/interesse ou coletivo/individual será superada em uns momentos e em outros, não.

A suposição é que a via de ajuste mais clara para essas contradições é a existência de instituições multilaterais "plenamente" eficazes, ou seja, que cumpram de forma integral os objetivos para os quais foram criadas. Diga-se, *en passant*, que uma dificuldade central da teoria de relações internacionais deriva do fato de que os Estados comportam-se simultaneamente de

---

171 Estados com motivações muito díspares escreveram, em San Francisco, a Carta da ONU que, do momento que passa a existir, supera as motivações, egoístas ou não dos que a criaram. Gera regras e marcos de cooperação. De certa maneira, a mera aceitação da forma multilateral leva a alteração do sentido original, egoísta, das motivações. Não impede, porém, que volte a se manifestar em circunstâncias específicas, quebrando o prestígio e a autoridade das normas. É como se fosse um movimento circular, que nasce realista-grotiano, gera um marco grotiano, pode ser abalado por movimentos realistas, recomposto e reforçado por novos movimentos grotianos, jamais ocorrendo a prevalência absoluta de um ou outro.

172 Como diz Northedge, "O fracasso da Liga em impedir a anexação da Manchúria pelo Japão, em 1931-33, e em devolver à China o que era seu de direito foi, por todos os parâmetros, um golpe grave e quase fatal, não apenas para a Liga e para o Pacto, mas também para toda a idéia de aplicação compulsória da paz por meio da ação coletiva". Northedge, *The League of Nations: its life and times, 1920-1946*. Leicester: Leicester University Press, 1988, p. 161.

modo realista e grotiano. Isso torna impossível deduzir hipóteses a partir de um comportamento ideal, simplesmente porque não existiria, como hipótese convincente, algo equivalente à figura do *homo oeconomicus* para fundar uma teoria de relações internacionais.

Quais as conseqüências dessa ambigüidade essencial? Ainda que movidos originalmente por interesses individuais, os Estados tecem a rede multilateral, que passa a ser referência para, em um segundo momento, modular a própria projeção do interesse individual. A partir do momento em que a *oferta multilateral* existe e tem o prestígio da legitimidade, cada vez que um Estado recusa a oferta, paga um preço moral e, muitas vezes, custos reais (sobretudo se o caminho multilateral provar-se mais efetivo do que o unilateral).

Usando as idéias de Ruggie, poderíamos afirmar que quando um Estado articula uma proposta multilateral, seja qual for a sua motivação particular, é necessário obter, para que prospere, uma legitimidade própria. E, assim, terá que demonstrar politicamente que aquela proposta específica é necessária para avançar o sentido dos interesses comuns da sociedade internacional (indivisibilidade), que pode justificar regras que valham para todos (universalidade) e gerar expectativas de ganhos compartilhados, no curto e no longo prazo (reciprocidade difusa). É exatamente a lógica fundada nessas noções que sustenta o estoque de regras, instituições, orientações informais de comportamento, e constitui a *oferta multilateral* aberta à demanda dos Estados.

Hoje, com seus vários componentes, é um dos elementos essenciais para a compreensão do sistema internacional, ou, pelo menos, agrega elementos ao sistema que torna difícil que seja entendido somente a partir das premissas hobbesianas. A oferta multilateral é *um dado da realidade*. O cálculo de interesses de cada Estado particular é "obrigado" a levar em conta o estoque de regras, que pode facilitar ou dificultar a obtenção de ganhos "privados". É evidente que as regras teriam tanto mais força de constrangimento quanto maior o número de Estados que a aceitassem e a prestigiassem. É esse um problema peculiar da ordem internacional e, em particular, do multilateralismo: como são os Estados que fazem a demanda, na busca de vantagens individuais, os mesmos que constroem a oferta, de sentido coletivo, o multilateralismo se fortaleceria idealmente quando coincidissem ganhos sistêmicos com ganhos individuais. O juiz e o réu se confundem na mesma pessoa e trocam de papéis em função do tema.[173]

Em outras palavras, a eficácia plena do multilateralismo se dá quando se combinem, para a maioria da comunidade internacional, a mesma noção de indivisibilidade, a mesma aceitação dos princípios gerais e o mesmo sentido de custos e benefícios. Como sabemos, isto nem sempre ocorre. Ou melhor, ocorre em certos campos mais do que outros, em certas conjunturas históricas mais do que em outras, em vista da diversidade crescente dos interesses, dos cálculos de custo e benefício, das diferenças de valores etc. O ajuste do individual e do coletivo não está dado; é, porém, mais do que uma possibilidade teórica, já que é um processo (irregular, é verdade) que ocorre na prática.

É justamente o ponto de convergência entre o interesse particular e a regra, entre a perda pelo constrangimento e o ganho pela cooperação, que define o *interesse multilateralizável*. Entender como e quando convergem revelaria, do ângulo do Estado individual, o cerne do multilateralismo.[174]

Quais são esses interesses? Na ordem internacional pós Liga das Nações, a categoria expande-se substancialmente. De fato, praticamente qualquer interesse pode se multilateralizar, mesmo os vitais e particulares, como a defesa da integridade territorial. Isso se verifica, por exemplo, quando um Estado apela ao Conselho da Liga, como ocorreu quando a Abissínia foi in-

---

173 Para esclarecer, vale um exemplo: é o Estado que "polui" o mesmo que terá que negociar as regras que atenuariam a poluição e as implementar. No processo, o mesmo Estado será réu de poluição, acusará outros de maior poluição, será o juiz coletivo do que é o ponto de equilíbrio dos interesses coletivos e tratará de implementá-los, quase sempre voluntariamente.

174 Vale um exemplo. Quando o Brasil resolve lançar uma iniciativa contra a pobreza poderia utilizar os recursos (simbólicos, diplomáticos, reais etc.) que dispunha de uma maneira "realista", lançando um programa de ajuda bilateral para obter mais influência ou prestígio com um parceiro determinado. Se escolhe usar os mesmos recursos no plano multilateral, ganharia, em tese, prestígio global, poderia influenciar comportamentos das instituições multilaterais, suas idéias poderiam se difundir muito mais etc., porém todos os passos teriam que debatidos em assembléias democráticas com os outros membros da ONU e teriam que ser modelados pelas regras da instituição. No primeiro caso, o ganho individual prevaleceria de modo absoluto; no segundo, não se teriam controle sobre os ganhos individuais embora se adicionasse a estes os ganhos para o sistema como um todo.

vadida pela Itália em 1936, ou ao Conselho de Segurança, quando o Kuaite foi invadido pelo Iraque em 1991. Existe, nesses casos, a oferta multilateral – frágil na Liga, forte na ONU – para a solução de um problema particular: adotá-la, compartilhando a defesa do interesse com outros Estados, depende de vários fatores.[175]

No outro extremo, haveria interesses que seriam essencialmente multilaterais, ou seja, só se realizam quando existe cooperação entre vários Estados. São claros os exemplos da cooperação em telecomunicações ou do controle das mudanças climáticas, ou mesmo no campo político, do desarmamento. Nestes casos, o problema não seria o do grau de indivisibilidade, mas de como se aplicam os princípios para que se evite o fenômeno do *free rider* e de que forma se distribuem os custos para que o interesse coletivo seja defendido (como, aliás, tem ocorrido em relação do Protocolo de Kyoto).[176]

É, nesse contexto, que se explica que um dos fatores de ganho de "mais legitimidade" nasce na própria dinâmica multilateral, quando vários Estados anunciam esforços comuns, ainda que sejam para objetivos específicos.[177] Uma proposta qualquer é reforçada ao se identificar com o interesse

---

[175] As Potências na Liga abandonaram a Abissínia, impuseram parcialmente as sanções, em parte pelo interesse em não perder as vantagens do comércio com a Itália. Em 1991, no caso do Iraque, os EUA assumem a oferta, como o fizeram para legitimar a luta contra o terrorismo quando atacaram os talibãs no Afeganistão. A variação da aceitação da oferta fica patente quando, em 2003, os EUA invadem o Iraque, de maneira unilateral. Para uma análise histórica da ambigüidade norte-americana em relação ao multilateralismo, ver Luck, *Mixed Messages, American Politics and International Organization, 1919-1999*. Washington, D.C: Brookings (A Century Foundation Book), 1999. Sobre a política externa norte-americana e o multilateralismo, vale consultar Forman e Patrick (eds.) *Multilateralism and U.S. Foreign Policy: Ambivalent Engagement*. Boulder: Lynne Rienner, 2002.

[176] O ganho que se obtém ao multilateralizar o interesse, sobretudo em casos como o das mudanças climáticas ou desarmamento, raramente é imediato. Em compensação, os custos da multilateralização aparecem imediatamente. É o que ocorre no caso das regras para limitação dos gases que causam a elevação da temperatura no mundo. Para uma análise de alguns temas multilaterais da política externa brasileira e do tema do *free rider*, ver Lima, *The Political Economy of Brazilian Foreign Policy*. Tese de doutamento. Vanderbilt University, 1986 (mimeogr.).

[177] No marco geral, ainda vale lembrar a criação de grupos para obter, no âmbito de uma instituição estabelecida e durante processos de negociação, objetivos específicos, como foi o caso do Grupo dos 77 na UNCTAD ou, em outra escala, o G20 na Rodada Doha. Em ambos os casos,

de muitos. É o anúncio preliminar de uma demonstração possível de que o tema afeta a todos e, portanto, pode ganhar a condição de indivisibilidade.

Se os interesses se multiplicam, as instituições multilaterais tendem a ampliar-se, de modo correspondente, assim como as modalidades de constrangimento. A distância entre a Corte Permanente de Arbitragem, criada pela Conferência da Haia, em 1899, e o Tribunal Penal Internacional é evidente. Na primeira, reflexo da visão soberanista do século XIX, o multilateral não traz praticamente nenhum constrangimento ao Estado. A Corte é simplesmente um painel de juízes que podem ser acionados de forma absolutamente livre pelos Estados. Já no TPI, o grau de constrangimento é máximo. Nos casos de crimes internacionais, o tribunal atua praticamente como uma corte nacional de justiça e pode mandar prender os responsáveis, processá-los, determinar penas etc.

Na área comercial, a OMC reforça substancialmente o GATT; as modalidades de solução de controvérsias alcançam padrões de tipo jurisdicional, obrigando as partes perdedoras a ressarcir por danos causados por infração das normas da Organização. Em matéria de direitos humanos, os mecanismos de sanção, ainda que somente morais, tornaram-se mais visíveis ao longo dos últimos anos. Admite-se, hoje, que Estados individuais sejam "examinados" pelo Conselho de Direitos Humanos, o que seria inconcebível nos anos imediatamente posteriores à Segunda Guerra quando a promoção e a defesa dos direitos humanos sustentava-se em uma Declaração sem força jurídica.[178]

Vale esclarecer que o fato de que haja, em campos determinados, mais constrangimentos para os Estados não embute necessariamente um juízo de valor sobre a ordem mundial (no sentido de que hoje vivamos num

---

o que se busca é representatividade para negociar e o fundamental é obter a legitimidade diante dos outros atores no processo de negociação.

178 Outro tema interessante é o das sanções, da fragilidade das que impôs a Liga das Nações à Itália às abrangentes que o Conselho de Segurança decretou contra o Iraque. Tanto para decidir a imposição quanto para medir a sua eficácia, as sanções são claramente reguladas pelo mundo da política. O caso do Iraque revela até onde é possível a atuação do Conselho, mas também revela que só circunstâncias muito especiais abrem a hipótese de sanções abrangentes, inclusive porque o seu custo social pode ser altíssimo.

mundo mais justo do que antes). Indica, sim, transformações efetivas no modo de convivência dos Estados e revela o potencial para que se alcancem novos padrões de interação no sistema internacional, mais estáveis e previsíveis. Outro dado: os ganhos normativos nunca são definitivos.

Uma evidência de que o potencial se realiza é o aumento do número de instituições multilaterais intergovernamentais, que passou de 37 em 1909 para 260 nos dias de hoje.[179] O aumento explica-se pela multiplicação de objetivos de cooperação ao longo dos últimos cem anos. Podem ser objetivos gerais, como na ONU, ou particulares, como no GATT ou na OMS; podem abrir-se universalmente ou estar circunscritos a uma região, como no caso da OEA ou União Africana etc.[180]

O exame do estabelecimento da LdN e da ONU mostra o movimento que combina interesses políticos e estratégicos com o impulso de organizações sociais e intelectuais, e que resulta no estabelecimento dos fundamentos da legitimidade para que aquelas instituições surgissem com alguma naturalidade.[181] Os EUA, promotores centrais da Liga e da ONU, usam o amplo espaço de proposição que as duas grandes guerras tinham aberto, para legitimar e organizar idéias e objetivos sobre um determinado modelo de ordem internacional. É interessante observar que o fim da Guerra Fria não determina impulso semelhante. Existe uma "esperança" de uma nova ordem, mas que não se expressa em novas instituições ou mesmo na renovação profunda das existentes. Há adaptações importantes da ONU, do GATT, transformado em OMC, e mesmo das instituições de Bretton Woods. Faltava, contudo, uma construção intelectual, com base política, que indicasse efetivamente novos rumos para as instituições. É sintomática, por exemplo, a paralisia na reforma do Conselho de Segurança.

No caso do multilateralismo regional, há exemplos interessantes na história recente da diplomacia latino-americana, com o Tratado de Tlate-

---

179 Hurrell, *On Global Order*, op. cit., p. 60.

180 Para uma tipologia das organizações multilaterais, ver Jacobson, *Networks of Interdependence: international organizations and the global political system*. Nova York: Knofp, 1979, p. 13.

181 Para a noção de espaço de legitimidade, ver Fonseca, *A Legitimidade e outras questões internacionais*. São Paulo: Paz e Terra, 1998.

Iolco, o Tratado da Bacia do Prata, o Tratado de Cooperação Amazônico e o Mercosul. Cada qual tem fontes próprias de legitimidade, mas todos se amparam amplamente na idéia, de longas raízes históricas, de que a integração e a paz seriam vocações naturais do continente, cujas bases políticas estão no século XIX.[182] A história intelectual da integração econômica tem seu ponto de partida na CEPAL, que lança bases conceituais que serão exploradas pelos países para lançar as instituições integracionistas.

Com a expansão das ONGs, o desenho social da legitimidade na ordem internacional deixa de ser exclusividade dos Estados, ainda que sem eles fique impossível compreendê-la plenamente. O movimento internacional das ONGs não começa agora. Vem do século XIX, com as associações abolicionistas e os grupos pacifistas. É importante, contudo, sublinhar que as "causas" defendidas pela sociedade civil tem como interlocutor necessário os Estados. O que se pretende, em regra, é modificar condutas governamentais: a abolição do tráfico de escravos, o respeito aos direitos humanos, o maior cuidado com o meio ambiente, o desarmamento nuclear etc. Os Estados, ao responder a causas nacionais e internacionais que contam com amplo apoio social, reforçam a sua legitimidade, ao mostrar capacidade de sintonia com demandas da sociedade civil.

Outro fundamento da difusão do multilateralismo está na adesão crescente a suas instituições. Neste caso, o Estado faz uma aposta nos ganhos que pode auferir ao aderir a uma instituição estabelecida, como a ONU ou a OEA.[183] Segundo a perspectiva realista, cada Estado faria, naquele momento, um cálculo do que pode ganhar (ou, pelo menos, não perder) no curto e no médio prazos. Na verdade, desde o princípio, a força de atração das Nações Unidas foi clara. As expectativas de que iria conformar a ordem

---

182 Para uma história das conferências latino-americanas ao longo do século XIX, ver Davis; Finan e Peck, *Latin American Diplomatic History*. Baton Rouge: Louisiana State University Press, 1977.

183 Nos primeiros anos, até meados da década de 1950, a admissão na ONU tinha um componente político, ligado à Guerra Fria. Espanha e Portugal, em princípio pela neutralidade na Segunda Guerra e depois barrados pela URSS, só foram admitidos em 1955. A última disputa foi em torno da China, admitida em 1972. Hoje, a admissão deixou de ter o caráter politizado e se universalizou, identificando-se com a própria condição de soberania. Taiwan é a exceção, pois está fora e não há possibilidade de ser admitida, em vista da resistência da China.

internacional levaram a que, sem exceção, os que puderam ser admitidos foram, e os que tiveram obstáculos lutaram para serem admitidos. Hoje, a condição de membro da ONU identifica-se como um atributo da soberania. A Suíça foi, em 2002, um dos últimos países a aderir, e a demora deveu-se a uma determinada concepção de neutralidade que se tornara obsoleta.[184]

Uma vez admitido, o Estado enfrenta duas situações típicas. Ou a ONU é o campo em que procura projetar o que lhe interessa e, com isto, ter ganhos de legitimidade ou ganhos práticos. Para tanto, propõe determinado tema ou determinada forma de tratar de um tema que esteja na agenda. É o lado *ativo* da presença. Outra possibilidade é lidar *defensivamente* com os interesses que algum outro Estado (ou grupo) quer projetar e que imagina possa prejudicá-lo.

Os jogos ativos e defensivos confundem-se na prática. Na agenda de desarmamento, por exemplo, os EUA insistem, hoje, em dar prioridade à não-proliferação e, para tanto, defendem mais ingerência do Conselho de Segurança no tema e pressão sobre o governo iraniano para terminar programas de enriquecimento de urânio. Ao mesmo tempo, votam contra praticamente todas as resoluções que pedem o desarmamento nuclear. Os países árabes, por seu turno, são ativos na defesa dos direitos palestinos e defensivos em algumas questões atinentes a direitos da mulher. A posição do Brasil é praticamente ativa em todos os temas da agenda, embora haja exemplos de atitudes defensivas, como, em 1973, na controvérsia sobre Itaipu, quando a Argentina multilateralizou o tema da consulta prévia para obter, na ONU, endosso a suas posições.

Para articular atitudes ativas ou defensivas, a primeira consideração é a de que, como em todo parlamento, o multilateralismo se realiza essencialmente como um processo *argumentativo entre iguais*. Em situação normal, é a Carta que define onde e de que modo o argumento se desenvolve. O *locus* do encontro de interesses é determinado pela natureza do tema; se segurança, o Conselho; se questões econômicas ou sociais, o ECOSOC; se desarmamento, a Comissão do Desarmamento em Genebra; e para a su-

---

184 Em alguns organismos, sem a vocação universal da ONU, o cálculo fica explícito. Um exemplo é a entrada como membro da OCDE, que tem constrangimentos, como a adoção de determinadas disciplinas econômicas, que, até agora, representaram para o Brasil um custo maior do que as vantagens. O México teve que abandonar o G77 ao entrar na OCDE.

pervisão de todas as atividades, salvo as que estão na agenda do Conselho, a Assembléia Geral. Cada órgão terá os seus métodos de trabalho e seus procedimentos, formais ou informais, que determinam os modos pelos quais os argumentos prevalecem (no Conselho, há possibilidade de veto, na Assembléia, as decisões sobre o orçamento, obrigatórias, são tomadas por consenso etc.).[185] As imposições de poder ocorrem fora do marco institucional "visível" e, muitas vezes, *contra* o marco, como ocorreu na invasão norte-americana do Iraque em 2003.

A Liga não soube transformar-se diante das necessidades conjunturais. Sua história é revelação crescente de suas fragilidades. O modelo institucional da ONU, ao contrário, evoluiu de modo marcante, ampliando os poderes definidos na Carta. Houve reformas, como o aumento do número de membros não-permanentes do Conselho (de 11 para 15 em 1965), dos membros do ECOSOC, a criação do Conselho de Direitos Humanos em 2006 e outros). Também marcante foi a flexibilidade no estabelecimento de instrumentos de ação, não previstos na Carta, como as operações de paz, as comissões do Conselho de Segurança, os tribunais *ad hoc* para julgar criminosos internacionais na Sérvia e em Ruanda, ao ponto de um analista afirmar que "As reinterpretações de suas competências pelos órgãos políticos da ONU transformaram o significado da própria Carta".[186]

Um dos exemplos sugeridos por Alvarez é a competência da Assembléia para convocar negociações de tratados ou a faculdade do Conselho de "contratar" o uso da força por meio das chamadas *coalition of the willing*, de criar tribunais *ad hoc*, comissões para supervisionar atividades dos Estados, como no caso do terrorismo etc. Nada disso está previsto explicitamente na Carta, mas nada está em contradição com os seus princípios, o que só reforça a noção de que se trata de adaptações criativas às circunstâncias políticas.

Uma premissa para o funcionamento dos foros, e uma das marcas definidoras do multilateralismo contemporâneo – inscrita, aliás, no artigo

---

[185] A Assembléia tem, em regra, competência ampla e pode lidar com qualquer assunto de interesse da Organização, inclusive os de segurança, em alguns casos, como no da Coréia em 1950, quando o Conselho ficou paralisado.

[186] Alvarez, "Legal Perspectives", in *Handbook*, op. cit., p. 61.

2(1), da Carta da ONU – é o fato de que, para deliberar, os Estados são *iguais*, independentemente de tamanho ou poder. Aceita essa condição, prevaleceria, em tese, o que melhor argumenta e consegue maior número de adesões às suas teses.[187] Dito de outro modo: a ONU gera legitimidade porque os Estados que dela participam se reconhecem como legítimos e, assim, se realiza a premissa para o diálogo político, na perspectiva habermasiana.[188] A universalidade do foro reforça o reconhecimento mútuo.[189] É evidente que o jogo de poder, sob a forma de ameaças e pressões, não desaparece nos processos deliberativos.[190] Ao contrário, é um componente essencial, mas, em regra, não se mostra ostensivamente no debate público. Ao se sustentar na noção de igualdade jurídica, os Estados, sobretudo os que não dispõem de sobras de poder, procuram levá-la às

---

187 Já vimos que o poder de veto distorce institucionalmente a regra e que, em organismos financeiros, como o FMI e o Banco Mundial, há um sistema ponderado de votação, definido pelo valor das contribuições. Outro ponto, muito acentuado em debates recentes, é de que o jogo inter-estatal não esgota as fontes de legitimidade. Movimentos sociais transnacionais também são fonte de legitimidade e podem propor alternativas ao que os Estados deliberam. Ver Lipschutz, "On the Transformational Potential of Global Civil Society". In: Berenkoetter; Williams. *Power in World Politics*. Londres: Routledge, 2007, p. 225-243. Para uma análise geral do tema da legitimidade, ver Coicaud; Heiskanen, *The Legitimacy of International Organizations*. Tóquio: United Nations University Press, 2002.

188 Ver Mattern, "Why 'soft power' isn't so soft: Representational force and attraction in world politics", *Power in World Politics*, op. cit., p. 98-120.

189 A tentativa de construir modelos gerais alternativos, a partir de identidade de regime, como a Comunidade das Democracias, não teve muito êxito, o que revela as vantagens da universalidade (ver o livro sobre clássicos e o artigo sobre Kant e a comunidade das democracias). Não obstante, em certos momentos, há questões políticas ligadas ao direito de participar nas deliberações, como ocorreu com a suspensão da República Sul Africana durante o *apartheid* e, mais recentemente, por outras razões, o tema do Kosovo. Neste caso, diante das dúvidas e contestações que cercaram a independência, a admissão como membro da ONU seria um passo decisivo para que esse processo se complete e ganhe legitimidade.

190 No debate sobre a nova escala de quotas, em 2000, os negociadores americanos, diante da norma do Senado de que deveriam diminuir a sua contribuição para o orçamento da Organização, chegaram a ameaçar indiretamente alguns países com "retaliações" em outros organismos financeiros. Aliás, a pressão pela ameaça de cortar financiamento, diminuir a ajuda etc. é constante. Ver Righter. *Utopia Lost: The United Nations and the World Order*. Nova York: Twentieth Century Fund Press, 1995, p. 231.

últimas conseqüências, fazendo com que a igualdade jurídica se transforme em igualdade negociadora.

Um segundo elemento a compor os argumentos multilaterais é a referência aos princípios e objetivos que regem o órgão onde se delibera. Na ONU, a defesa da integridade territorial dos Estados, a não intervenção, a solução pacífica de controvérsias, a promoção dos direitos humanos, a cooperação para o desenvolvimento constituem o fundamento necessário para os argumentos específicos. As resoluções da Assembléia e do Conselho seriam essencialmente aplicação dos princípios e objetivos da Carta que constituem o *ingrediente estático* do argumento, a moldura geral e necessária a partir do qual é elaborado.

Já sabemos que as normas gerais da Carta são amplas e sujeitas a interpretações contraditórias, que evoluem no tempo.[191] Para ficar em um exemplo, há muitas formas de realizar o objetivo da solução pacífica de controvérsias. Muitas vezes são contraditórias com o compromisso de direitos humanos, como ocorreu, no Camboja ou em Serra Leoa, onde operações de paz precisaram lidar com a necessidade de conciliação nacional, ao mesmo tempo que com o passado de violação de direitos humanos de algum ator necessário às negociações para constituir um novo governo. Sérgio Vieira de Mello, que participou em missões de paz em zona de conflito especialmente difíceis, como o Camboja e o Kosovo, expressa bem a contradição quando brincava que sua autobiografia se intitularia, "My Friends the War Criminals".[192]

A variável fundamental para articular argumentos *específicos* é a legitimidade e o espaço que abre para o que é *projetável*, passo prévio a processos propriamente negociadores. Na história da ONU, se as normas constitucionais não se alteram no fundamental, a evolução dos padrões de legiti-

---

191 Vale, para Carta, o que disse Pierre Bruhl sobre o direito internacional: "[...] o direito internacional é, ao mesmo tempo, campo de manobra e instrumento, desde sua criação até sua aplicação, passando por sua interpretação e sua função de legitimação e deslegitimação. Ele é uma construção política que só pode cumprir sua função se refletir os interesses das partes envolvidas". In: *Justifier la Guerre*, p. 259.

192 A história está citada em Powers, "The Envoy", *NewYorker,* 7 de janeiro de 2008.

midade se transforma de maneira significativa.[193] A legalidade aberta permite que os modos de aplicá-la sejam constantemente reinterpretados, em função das circunstâncias políticas. É a legitimidade que dá consistência ao argumento político e se torna uma das traves para entender a dinâmica do foro multilateral.

B. *Transformações da legitimidade: segurança, desenvolvimento e descolonização*

Vamos analisar alguns exemplos de como se transforma a legitimidade. Mas antes indagar de que legitimidade se trata. Há muitas definições sobre seus fundamentos, sobre seu âmbito e seus efeitos. Em nosso caso, restringiremos o conceito, a partir da hipótese de que os Estados-membros da ONU, atuando na Organização, criam referências sobre o que é legítimo, sobre o justo e o injusto no sistema internacional, e tais referências passam a ser balizas para o seu comportamento. Lidamos, portanto, com a legitimidade de caráter intergovernamental.[194]

Para explicar o conceito, dir-se-ia que não se trata, como nas situações nacionais, especialmente nas democracias, de identificar a legitimidade como um conjunto de percepções que induzem subjetivamente a cidadania a aceitar a norma. A lei se completa com a legitimidade para que seja cumprida. A legitimidade é gerada na cidadania e vai repercutir sobre a maneira como esta adere à lei. A cidadania está na ponta inicial e na final do processo. Outro elemento importante: a origem da legitimidade (povo) é externa ao poder que cria a norma (executivo ou legislativo) e ao poder (judiciário) que aplica a norma.[195]

---

193 Coicaud; Heiskanen (eds.) *The Legitimacy of International Organizations*. Tóquio, United Nations University Press, 2001.

194 Para uma crítica da redução da legitimidade à dimensão intergovernamental, ver Buchanan; Keohane. "The Legitimacy of Global Governance Institutions", *Ethics & International Affairs*, v. 20, n. 4, dez. 2006, p. 405-437.

195 Não vamos tratar de legitimidade carismática ou tradicional, que são categorias weberianas que não se aplicam ao mundo internacional. Podem existir lideranças carismáticas, que mobilizem movimentos políticos de alcance internacional. Mas, para o mundo multilateral, o

Há diferenças e semelhanças com o que se passa no plano multilateral. A principal diferença está na origem da legitimidade. No campo internacional, antes de chegar a cidadania, a legitimidade "passa" pelos Estados soberanos. De uma certa maneira, são os próprios Estados que geram a legitimidade que os constrange. A semelhança viria de que, nos dias de hoje, a cidadania, por meio de movimentos sociais transnacionais, pode afetar o processo normativo, não só em sua fase criativa (é impossível entender o tratado que proíbe as minas terrestres sem levar em conta o empenho de ONGs), como também na fase de aplicação (quando entidades de direitos humanos invocam obrigações internacionais para induzir comportamentos de governos). É verdade, porém, que os movimentos sociais, por mais ativos que sejam, não desempenham o mesmo papel político da cidadania por não dispor do acesso aos instrumentos de "controle" da ação estatal, a começar da participação em processos eleitorais.

Quanto às conseqüências, há também semelhanças entre a legitimidade interna e a internacional. Os efeitos para que a norma seja cumprida existem (e os próprios Estados podem usar instrumentos para constranger seus pares), embora, se fosse o único, pelas características especiais da norma internacional a que falta sanção, o tema da legitimidade talvez não fosse central na vida internacional.

Nesta, a legitimidade cumprirá outras funções, próximas, mas diferentes do reforço da normatividade, e que dizem respeito a modos de orientar o comportamento dos Estados. E são vários. O de maior alcance é, com suas limitações intrínsecas, a norma, mas, no sistema internacional, existem outros instrumentos, ainda mais frágeis (como as resoluções da Assembléia Geral), em que o objetivo é indicar aos Estados qual o comportamento idealmente compatível com o interesse da comunidade internacional, como tal. A legitimidade, no caso da norma, sustentará as interpretações políticas que a tornam aplicável e respeitada. Algo parecido se passa nas orientações para o comportamento que geram constrangimentos aos que delas se desviam, ainda que menos contundentes e de menor custo que no caso

---

carisma teria um defeito insanável, que é a sua natureza parcial. É difícil universalizar o carisma e transformá-lo em sustentação de norma para um universo tão diferenciado e desigual.

de violação da norma. A legitimidade é sempre construção política tanto num caso como no outro. Em ambos, não é garantia de que a norma ou a orientação será cumprida, mas, na medida de sua aceitação, gera diferentes formas de constrangimento ao que tenta escapar de sua malha.

Há várias questões derivadas dessa visão, um tanto sumária, da legitimidade. Para um Estado, que queira projetar multilateralmente seus interesses, é fundamental medir o que ganha e comparar com os constrangimentos que a via multilateral cria. Qualquer projeção supõe, porém, compreender qual é o sentido da legitimidade no campo específico de projeção. Se estamos em processos de construção política, a análise das modalidades do argumento é o passo prévio para antecipar a sua eficiência no foro escolhido para projetá-lo.

Teríamos, assim, dois momentos. No primeiro, o Estado ou grupo de Estados busca, para defender seus interesses, em algum debate específico, o argumento que real ou aparentemente fique mais próximo das marcas vitais do multilateralismo, ou seja, do sentido de indivisibilidade e universalidade. *Convencer o(s) outro(s) da universalidade do interesse particular é o núcleo do jogo multilateral*. E essa sintonia com o legítimo pode se converter em uma forma de poder, como reconhece Fareed Zakaria: "Legitimidade é poder[...] A legitimidade permite estabelecer uma agenda, definir uma crise e mobilizar apoio para as políticas entre ambos os países e as organizações de base".[196]

Para obter as vantagens que oferece a legitimidade, há que começar com o argumento "correto", o que capture o "intellectual and high moral ground". As modalidades gerais e ortodoxas de argumentar constituem o ponto de partida do processo da passagem do particular para o universal. No caso da segurança, a universalização se daria por contaminação (se o Conselho deixar de agir no conflito "X", as conseqüências negativas vão se ampliar e "contaminar" uma região, um espaço maior etc.); no caso de valores, pelo fato de que são intrinsecamente universais, como a defesa dos direitos humanos, e que, se praticados, garantiriam estabilidade para o sistema internacional; no caso do meio ambiente, é o fato de que afeta

---

196 Zakaria, *The Post-American World*. Nova York: W.W. Norton, 2008, p. 247.

"fisicamente" a toda terra que lhe dá caráter universal. O argumento econômico tem duas faces, a dos países em desenvolvimento (se não se toma a decisão A, não haverá crescimento, com conseqüências sociais negativas e finalmente prejuízos que se espalhariam pelo mundo) e a dos desenvolvidos (se não se adota regra X, normalmente moldada no mundo desenvolvido, os pobres não crescerão e, ao se prejudicarem, causam problemas para a ordem internacional).

Até aqui, examinou-se a legitimidade como argumento, como parte do instrumental da ação política.[197] E a legitimidade como constrangimento?

De fato, se vence o argumento, a posição se universaliza e se transforma em padrão de legitimidade para todos, com conseqüências variadas, já que pode reforçar uma norma legal existente, criar novas normas ou simplesmente servir como uma referência sobre o que é a conduta "correta". Com o risco de diluir o conceito, é preciso aceitar que, na dinâmica da ONU, a legitimidade teria gradações. Como é um processo dinâmico e fundado em discurso, poderá ser *forte* quando se aproximam o argumento consensual, a norma e o uso específico da autoridade, como ocorreu no caso da descolonização ou mesmo no caso da não-proliferação.[198] Porém, poderá ser *tênue* ou *incompleto*, quando, apesar da "vitória" de um argumento pelo voto majoritário, a disputa continuaria, diante da resistência de atores sig-

---

197 Sobre o assunto, vale citar Hurrell: "[...] o poder que os fracos detêm, muitas vezes, está intimamente relacionado à exploração dos argumentos sobre a legitimidade que se embutiram na prática jurídica e política internacional. Há certamente uma boa medida de instrumentalidade nos apelos à legitimidade, principalmente quando os estados fracos tentam reforçar constrangimentos jurídicos e morais contra o uso da força pelos fortes. A legitimidade pode ser vista como uma jogada estratégica num jogo político e deve ser entendida como parte tanto do conturbado mundo da política quanto do mundo idealizado dos debates jurídicos e morais". Hurrell, "Legitimacy and the use of force", op. cit., p. 16.

198 A resistência da Rodésia ou de Portugal não abalou a força de legitimidade do movimento anticolonialista, só fez com que tardasse a valer plenamente em toda a África. O TNP, mesmo criticado como um tratado injusto, acabou por conseguir alcançar quase a universalidade. Não há dúvida de que a legitimidade o reforçou, porém a não adesão de uns poucos países, como Índia, Paquistão, Israel e algumas potências nucleares, é um desafio evidente à sua legitimidade, que ainda não se perdeu, mas se atenuou diante do fato de que não se universalizou, as cláusulas de desarmamento não foram plenamente obedecidas pelas potências nucleares assim consagradas no tratado etc.

nificativos de aceitá-lo ou da variedade de interpretações sobre modos de implementação. Um dos exemplos de legitimidade tênue se encontra nas resoluções sobre temas econômicos na ONU que foram perdendo força a partir dos anos 80 e se neutralizaram, deixaram de buscar pontos de equilíbrio entre ricos e pobres e transformaram-se em metas gerais para o desenvolvimento social, sem peso normativo. Na resolução que define os Objetivos de Desenvolvimento do Milênio (A/RES 55/2), se indica que deve cair, até 2015, pela metade o número de pessoas que vivem com menos de um dólar por dia, o número de pessoas que sofrem de fome etc. São metas amplamente aceitas, mas é praticamente nulo o constrangimento que cria para os Estados ou organismos multilaterais. Neste caso, a legitimidade se exprime em *aspirações*.[199] Na verdade, há poucos momentos em que a legitimidade forte se realiza completamente, mas lutar para realizá-la e, em nosso caso, transformar o interesse individual ou de grupos em universal é um dos processos fundamentais para a vida multilateral.

Para entender as dificuldades de alcançar a legitimidade forte, é preciso fixar a idéia de que os interesses multilateralizáveis, quando vencem, se convertem em referência universal. O particular se dissolve no universal e é outra a sua lógica. Como explica com precisão Andrew Hurrell, "A legitimidade [...] se refere a um tipo particular de observância de normas ou de obediência, distinta, por um lado, do puro interesse próprio ou do comportamento instrumental e, de outro, do domínio direto imposto ou da coerção sobre o outro [...]. A legitimidade implica a disposição a observar regras ou aceitar uma ordem política, mesmo que isso vá contra interesses específicos em momentos específicos."[200] Na ordem internacional, à diferença da doméstica, os consensos que sustentam a legitimidade variam de tema para tema e de foro para foro; de outro lado, como quem obedece são soberanos e não cidadãos. Tanto do lado das origens como

---

199 Uma interessante análise das "aspirações" como parte do repertório de instrumentos internacionais, em contraste com princípios e normas, foi feita por Santiago Dantas quando discutiu o valor da democracia como parte das orientações normativas para o sistema interamericano. Ver Fonseca, "O argumento diplomático de Santiago Dantas", Cadernos do CHDD (no prelo).

200 Hurrell, "Legitimacy and the use of force: can the circle be squared?", *Review of International Studies*, (2005), 31, p. 16.

dos destinatários, a lógica da legitimidade internacional tem peculiaridades. Uma primeira conseqüência, apontada por Hurrell, é a da dificuldade de desvincular interesse de legitimidade: a ordem legítima deve refletir "uma satisfação de interesses mútua e de comum acordo".[201] Exatamente por isso, na passagem da legitimidade consagrada multilateralmente e a sua "prática", intervêm o cálculo de interesses e a natureza desigual dos Estados (e daí, a variação dos níveis de legitimidade, mais forte ou mais tênue). Neste momento, o cálculo de interesses, ainda que guiado pela mais estrita *raison d'état*, será obrigado a levar em consideração um quadro de variáveis em que um fator determinante será justamente a legitimidade.

B.1. Segurança

É interessante o caso da *transformação de legitimidade* na área da segurança, não só porque se trata do cerne das atividades da ONU e, portanto, define essencialmente a maneira como é avaliada e julgada, mas também por suas amplas conseqüências para a ordem internacional.[202] É bem conhecida a moldura jurídica que regula a segurança na Carta. Para realizar os objetivos de promoção da paz, a primeira norma é a que prescreve a obrigação dos Estados de não recorrer à guerra, artigo 2(4), atribuindo-se ao Conselho de Segurança a responsabilidade primária pela manutenção da paz. Historicamente, a renúncia à guerra tem sido mais virtual que real. Alguns autores, sobretudo nos anos 70, chegam a dizer que o artigo "morreu". Michael Glennon lembra o diagnóstico do jurista Thomas Franck, que não poderia ser mais pessimista quando diz: "A prática desses Estados prejudicou de tal forma [a confiança mútua nos] preceitos do artigo 2 (4) [...] que apenas palavras restaram. Nos vinte e cinco anos que se passaram desde

---

201 Idem, ibidem.

202 O Artigo 1, par. 1, da Carta, define, como primeiros objetivos da ONU, o de manter a paz e a segurança e, para tal propósito, tomar as medidas coletivas efetivas para a prevenção e remoção das ameaças à paz etc. O alcance do sistema de segurança coletivo definiria a própria natureza da ordem internacional na medida em que bloqueasse, com regras e práticas consensuais, a expansão de conflitos. Para uma interessante visão do problema e do contraste entre tipos de ordem, ver Frederking, *The United States and the Security Council: Collective security since de the cold war*. Londres: Routledge, 2007, p. 14.

a conferência de São Francisco, cerca de cem conflitos violentos eclodiram entre Estados[...] O que matou o artigo 2 (4) foi a enorme disparidade entre as normas que ele visava a estabelecer e os objetivos práticos que as nações se colocam para fins de interesse nacional".[203] Para Franck, a invasão do Iraque em 2003 confirmaria a morte do artigo. Na verdade, a renúncia à guerra é uma *aspiração com forma de norma* e, como tal, continua a ter vigor e gerar constrangimentos para o Estado que usa a violência para solucionar conflitos. Ninguém pensa em revogar o artigo 2(4), o que é um sinal evidente de que continua como uma referência necessária da moralidade e da legalidade internacionais.

No segundo passo, que visaria dar consistência aos objetivos de paz e torná-los *realizáveis*, a Carta, nos capítulos VI e VII, estabelece instrumentos que permitem ações específicas para manter e restaurar a paz e a segurança internacionais. O capitulo VI lista os instrumentos tradicionais de solução de controvérsias entre os Estados (negociação, investigação, mediação, conciliação, arbitragem, solução judicial) e os organiza de duas maneiras. Na primeira, diz que os Estados em conflito devem a eles recorrer para solucioná-lo; na segunda, coloca a ONU e o Conselho de Segurança à disposição dos Estados para auxiliá-los quando falham os esforços diretos. O capítulo VII é o cerne da Carta ao estabelecer os fundamentos para a segurança coletiva. Ainda que noção tenha sido desenhada intelectualmente pelos pensadores utópicos e que apareça, em forma embrionária na Liga, os instrumentos que a Carta propõe correspondem a verdadeira e profunda inovação na ordem internacional (com as limitações que conhecemos), já que o Conselho pode agir sobre qualquer conflito que "ameace a paz" e dispõe de instrumentos duros (de sanções à ação armada) para obrigar os Estados "recalcitrantes". Aí estaria a base legal que permite à Organização intervir em conflitos entre Estados, *base que não sofre nenhuma modificação até hoje*.[204]

---

[203] Conferir Glennon, "Droit, Legitimité et Intervention Militaire". In: Andréani; Hassner. *Justifier la Guerre*. Paris: Presses de la Fondation National de Sciences Politiques, 2005, p. 231.

[204] É fato também que parte dos instrumentos, especialmente, a Comissão de Estado-Maior, previsto no artigo 47, e que seria composto dos chefes dos Estados-Maiores, dos membros permanentes, nunca chegou a operar, em vista da Guerra Fria. A base legal nasce e vive, portanto, sem o seu "braço operativo", que será substituído por soluções *ad hoc*. De outro lado, a Assembléia

Valem algumas observações gerais sobre o marco jurídico. Lidos estritamente, os capítulos sobre segurança tratam de hipóteses de agressão militar. De fato, as normas desenhadas em San Francisco visavam conter a repetição de processos similares ao do expansionismo nazista. Supunha-se que, diante da violação da lei internacional, da caracterização de um agressor, a comunidade internacional, sob a égide do Conselho de Segurança, se uniria para reverter a agressão e punir o responsável, através de sanções, caso os procedimentos pacíficos não funcionassem. A "segurança" de que se cogita é, portanto, a segurança da integridade territorial de um Estado agredido. E, em tese, não há limite no uso dos instrumentos para revertê-la, já que a força é parte do repertório de ações do Conselho. Porém, a definição do que é agressão passa por um processo eminentemente político, centrado no Conselho de Segurança, que não foi pensado como uma corte judicial, mas como um condomínio das potências (lembremos que o modelo histórico é o Concerto europeu, articulado no Congresso de Viena). A política entra pela presença preeminente dos membros permanentes e pelo debate que se abre com os não-permanentes, mas não só. Existe um outro fator, que está inscrito na própria arquitetura jurídica da segurança. Por mais clara que seja a proibição dos recursos à guerra, ao combinar-se o artigo 2(4) com o 51, que autoriza o emprego da força em legítima defesa, aquela disposição perde o caráter impositivo que deveria ter, abrindo um amplo espaço legal para justificar ações militares. As exceções ao artigo 2(4) quase sempre se justificam com base no artigo 51, e de pouco valeu a ressalva de que as ações de legítima defesa devessem ser comunicadas ao Conselho que poderia assumir a restauração da ordem. A base legal para a construção multilateral da segurança é, portanto, ambígua. Tem o vigor que vem da hipótese de sanção e a fragilidade que nasce das exceções que o artigo 51 permite e, mais que tudo, do fato de que o processo depende sempre de um acerto político entre as Potências.[205]

Geral, a partir da aprovação da resolução *Uniting for Peace*, que permite a intervenção na Coréia em 1950, assume, em algumas ocasiões, quando o Conselho está paralisado, funções na área de segurança, como ocorreu durante a invasão anglo-francesa ao Egito em 1956.

205 Existe uma outra exceção, prevista no artigo 53, que trata da possibilidade de que organizações regionais ajam sob autorização do Conselho para *enforcement actions* que, entretanto,

A ambigüidade é um dos fatores que explica as origens da atuação intrinsecamente irregular do Conselho, afinal sempre dependente de conjunturas políticas. Ao longo da Guerra Fria, como se verá, a sua atuação foi restrita. Porém, depois da queda do Muro de Berlim, o panorama muda profundamente e as ações do Conselho se abrem tanto no que se refere aos conflitos que considera, ao lidar com guerras civis ou falência institucional (como no Haiti em 1994), quanto dos instrumentos que utiliza, que vão além dos previstos nos capítulos VI e VII. Não é um desenvolvimento uniforme, e os analistas costumam distinguir três fases no pós Guerra Fria. Na primeira (1988-1993), caracteriza-se o novo movimento de expansão das operações de paz, como reflexo do entendimento entre os membros permanentes do Conselho. São lançadas vinte operações, superando o total das quatro décadas anteriores de vida da ONU. Na segunda (1993-1998), a intensidade diminui, em vista das desilusões com o que ocorrera em Ruanda, Somália e nos Bálcãs. São autorizadas dezesseis novas operações, porém sete já estavam em curso, e só uma, em Angola (UNAVEM II) tem números significativos (6.500 soldados). A partir de 1999 até hoje, voltam a se multiplicar as operações de paz, com as grandes missões em Serra Leoa, Timor Leste e Kosovo e estas duas inauguram um novo tipo de operação multidimensional, com amplíssimas obrigações (essencialmente, a construção de um Estado).[206]

Ao longo desses períodos, um dado fundamental é o de que as normas da Carta não se alteram; mas, ao serem, interpretadas e aplicadas, podem estender o sentido dos dispositivos originais. As interpretações podem nascer com a autoridade da palavra do Secretário-Geral, como Boutros-Ghali com a *Agenda para a Paz,* ou Kofi Annan, com a proposta para *A more secure world* ou com o documento *In larger freedom,*[207] mas fundamentais são as que se exprimem em resoluções, seja do Conselho seja da Assembléia e,

---

dispensariam tal autorização quando tomassem medidas contra os "Estados inimigos", que assim foram durante a Segunda Guerra Mundial. Esta parte do artigo até hoje não foi revogada.

206 Ver Weiss, et al. *The United Nations and Changing World Politics*, op. cit., p. XLI. Ver também Patriota. *O Conselho de Segurança após a Guerra do Golfo: A Articulação de um Novo Paradigma de Segurança Coletiva*. Brasília: FUNAG, 1998.

207 Esses documentos se encontram no *site* das Nações Unidas: <www.un.org>.

eventualmente, em opiniões da Corte Internacional de Justiça. É aí que ganham vida política. As normas gerais orientam um processo político, centrado no Conselho que, em última instância, determinará quando e como a comunidade internacional agirá, dizendo em que conflito intervir e que instrumentos utilizar para superá-lo. Assim, em vista de situações concretas, e com base naquelas normas, a Organização passa a criar variados mecanismos para solucionar conflitos, e um dos mais inovadores foram as operações de paz, que começam com forças para garantir trégua depois do conflito em Suez em 1956.[208] Sem perder a vocação inicial, as operações se ampliam e assumem, nos anos 90, funções variadas, até mesmo o compromisso de *state building*, como ocorreu em Timor. Os abusos de direitos humanos se tornam preocupação do Conselho em situações de conflito interno e levam à criação dos tribunais penais *ad hoc* para Sérvia e para Ruanda. De outro lado, a urgência que exige a solução de certos conflitos, combinada com a demora na articulação das respostas institucionais "clássicas", está na base da criação das *coalition of willing* em que o Conselho autoriza um país ou grupo a tomar a frente da implementação de uma resolução do Conselho (os EUA na expulsão do Iraque do Kuaite, a Austrália no caso do Timor etc.).[209]

Na seqüência da ampliação da agenda, começam a ser discutidos temas como a *intervenção humanitária* e a *segurança humana*, fundadas na concepção de que a comunidade internacional deve agir quando o Estado falha em suas responsabilidades de proteger a população que vive em seu território.[210] Assim, de uma perspectiva exclusivamente estatal e soberanista, em que

---

208 Ver Urqhart, *Ralph Bunche, An American Odyssey*. Nova York: Norton, p. 264.

209 Há diversas formas de "delegação de competência", seja para o Secretário-Geral, seja para Estados-membros, seja para organizações regionais. Para analisar os seus fundamentos jurídicos, ver Sarooshi. *The United Nations and the Development of International Security: the delegation by the UN Security Council of its Chapter VII Powers*. Oxford: Oxford University Press, 1999.

210 O conceito de intervenção humanitária é claro: "A intervenção humanitária [...] é definida como o uso da força *além das fronteiras nacionais* por parte de um Estado (ou grupo de Estados), com o fim de evitar ou pôr fim a violações generalizadas ou graves dos direitos fundamentais dos indivíduos que não seus próprios cidadãos, *sem a permissão do governo do Estado em cujo território ocorre a aplicação de força*". Farer, "Humanitarian Intervention before and after 9/11". In: Holgrefe; Keohane. *Humanitarian Intervention*. Cambridge: Cambridge University Press, 2003, p. 55.

Estados individuais buscam o "serviço" da ONU, se chega a proposta mais ampla, em que o Conselho de Segurança *imporia* seus serviços, ultrapassando os limites da soberania individual, diante de situações de tragédia humanitária (isto sem falar dos que defendem que, caso o Conselho esteja paralisado, casos de violação maciça de direitos humanos poderiam ser revertidos por organismos regionais ou mesmo estados individuais).[211] A construção dessa *rationale* não iria frontalmente contra as normas da Carta, ainda que esteja longe de ser incontestável. De fato, além das ambigüidades em torno do artigo 51, a Carta terá outras: se proíbe de forma clara que a Organização intervenha em temas da jurisdição doméstica (art. 2,7), também prescreve a promoção dos direitos humanos (art. 1,3), preceitos que poderiam se contradizer em algumas instâncias. É pouco provável que os redatores da Carta pensassem em situações como a do Haiti ou da Somália como "gatilho" para que se invocasse o capítulo VII; ou em instituir tribunais para julgar autoridades que tenham violado a lei internacional, como no caso das sérvias e das ruandesas. O debate para ampliar modos e mecanismos de atuar não se faz sem percalços, e as controvérsias sobre os limites do conceito de segurança ainda não estão de todo resolvidas.

Se não se altera a base legal, a explicação da mudança está necessariamente em algo mais volátil, como são os jogos de poder e a legitimidade.[212] O que constitui uma ameaça a paz mundial é, pelo feitio deliberativo do Conselho de Segurança, uma escolha política: em tese, qualquer conflito, desde que assim qualificado e que leve a máquina da ONU a ser acionada. É importante sublinhar que, embora a definição seja de natureza política e varie historicamente, *não é arbitrária*. Se muda no tempo, quais as forças orientam a transformação dos significados de segurança? Como se consolida o novo modelo? Outro aspecto é conhecer o modo de intervir em casos específicos, já que um conflito pode ser reconhecido como tal e a reação se

---

211 A mais completa argumentação nesse sentido se encontra em *The Responsability to Protect, Research, Bibliography, Background*. Ottawa: International Development Research Centre, 2001.

212 No caso das operações de paz, o instrumento privilegiado de atuação da ONU, não existe base legal direta nos textos dos capítulos VI e VII, mas a própria Corte Internacional de Justiça reconhece os "poderes implícitos" da Organização para cumprir seus objetivos e, assim, assenta a base jurídica para as operações. Ver Tarisse da Fontoura. *O Brasil e as Operações de Paz das Nações Unidas*. Brasília: FUNAG, 1999, p. 66.

limitar a declarações simbólicas ou, no outro extremo, mais raro, mobilizar forças para ação militar, como ocorreu no caso da invasão do Kuaite pelo Iraque, em 1990.

Sabemos que, quando se trata de agressão externa, de uma invasão militar, por exemplo, o modelo da segurança coletiva se aplicaria de forma clara. Sabemos também que, nesse sentido estrito, esse modelo é acionado umas poucas vezes já que o Conselho não reage ou reage debilmente em muitas ocasiões.[213] A reação (ou não) depende de convergência política sobre a identidade do agressor, que ocorre quando coincidem as vontades dos cinco membros permanentes (5P), para modelar a decisão do Conselho.[214] Se examinarmos os padrões históricos, é fácil perceber que foi a situação política, combinada com o modelo prevalecente de legitimidade, não a base legal, que tornou difícil a aplicação da norma durante a Guerra Fria. Na medida em que a vitória em um conflito particular poderia significar, para um dos lados, vantagem estratégica no plano da disputa ideológica global, o mecanismo da segurança coletiva poderia oferecer uma legitimidade inaceitável ao adversário. O veto de que eram titulares os líderes dos blocos, os EUA e a URSS, garantiam imunidade quanto ao aproveitamento pelo outro do potencial de legitimidade que a ONU articularia.

Por isso, durante a Guerra Fria, não foi acionado ou foi acionado marginalmente nos conflitos mais dramáticos, como o do Vietnã, ou durante os episódios da invasão soviética da Hungria em 56 ou da Tchecoslováquia em 1973, ou intervenção americana na Guatemala em 1954 ou no Panamá em 1989.[215] Não que estivesse absolutamente ausente naqueles episódios, mas as ações foram menores, sem relevância política, como a tentativa de

---

213 O Conselho de Segurança aprovou resoluções sobre a ruptura da paz em apenas quatro ocasiões: Coréia (1950), Malvinas (1982), Irã-Iraque (1987) e Guerra do Golfo (1990). Tarisse, op. cit., p. 55.

214 "Moynihan, para mostrar, ainda nos anos 70, que o Conselho só agia quando convergiam os 5P, cita O'Brien: "Nothing happens in the Security Council that would not happen on its own, which is to say that the great powers will get together if they so wish". D. Moynhian, *Dangerous Places*, op. cit., p. 31

215 Ver, por exemplo, as resoluções da Segunda Sessão Especial de Emergência, da Assembléia Geral, especialmente a Resolução 1.131, de 12 de dezembro de 1956, para medir o alcance das condenações à ação soviética na Hungria.

U Thant de "mediar" no Vietnã ou a condenação retórica da invasão da Hungria ou da invasão de Granada (e, nestes casos, sempre pela Assembléia Geral, não pelo Conselho).[216] Assim, naquele período, as instâncias em que a ONU age são raras. A presença na Coréia em 1952 se deveu a um acaso, a ausência da URSS do Conselho e a transferência da responsabilidade de deliberar para a Assembléia Geral.[217]

A Guerra Fria não significou, porém, bloqueio absoluto. Há momentos em que a vontade das Superpotências não diverge ou não diverge o suficiente para impedir que o Conselho delibere. Assim se explicam as operações de paz em Suez, iniciadas em 1956, e que, no conflito do Congo, em 1960, alcançam grande envergadura, quando as tropas da ONU chegaram a contar com cerca de 20 mil efetivos.[218] Nas treze operações que ocorrem no período, as motivações variaram. No caso do Congo, menos que a convergência das Superpotências, a vontade e a capacidade de mobilização do Secretário-Geral Dag Hammorksjold são decisivas, e diante das incertezas da situação, nem os EUA nem o URSS tinham, ao princípio, claras inclinações por um dois lados do conflito, embora, em seguida, quando o país se fragmenta, os soviéticos acusassem as potências ocidentais e a ONUC de parcialidade contra Lumumba, o que leva a que propusessem uma "troika" para substituir o Secretário-Geral, composta por um soviético, um americano e um neutro. Em outros casos, como em Suez depois da frustrada invasão franco-britânica, a ONU facilita uma saída digna para os beligerantes, justamente com a invenção das operações de paz por Hammarksojold

---

216 As resoluções sobre a Hungria pediam, por exemplo, que se nomeasse uma comissão para estudar o que estava acontecendo, mas nunca chegaram a viajar (Resolução 1.127, da Segunda Sessão Especial de Emergência, 21 de novembro de 1956). Em 1983, a Assembléia Geral aprovou resolução (38/7) que "deplora a invasão" e defende a não-intervenção, mas também sem nenhuma conseqüência mais imediata.

217 É um caso único porque, com base em uma resolução da Assembléia, a "Uniting for Peace", criou-se uma força de paz, que era essencialmente composta por forças norte-americanas e, como diz Tarisse da Fontoura, "[...] estabeleceu o precedente de intervenção coercitiva não imaginada pelos fundadores da Carta, baseada na mobilização de 'coalizões *ad hoc*' autorizadas pelo CSNU, como levou à adoção de procedimento que acabou por conferir maior importância à competência residual da AGNU no campo da manutenção da paz e da segurança internacionais", op. cit., p. 59.

218 Para a lista completa das operações de paz, ver Tarisse da Fontoura, p. 62.

e pelo canadense Lester Pearson, de novo, baseada na convergência das Superpotências. Nestes casos, como em Chipre, 1964, no Líbano em 1958, ou no Golã em 1973, as tropas das Nações Unidas funcionam essencialmente para manter "separados" os beligerantes, turcos e gregos, israelenses e egípcios e sírios, o que, especialmente no caso do Oriente Médio, servia ao interesse dos EUA e da URSS. A Palestina é onde se concentra o trabalho da ONU, exatamente pelo empate entre as Superpotências.[219]

É interessante o caso das Malvinas que deixa claro que, nas margens da Guerra Fria, outros fatores atuam. Na interpretação de Franck, dizem respeito à aposta multilateral e explicaria porque países próximos à Argentina ficaram do lado da Grã-Bretanha: "Isso ocorreu porque eles próprios acreditavam ter, na qualidade de membros da comunidade dos Estados, interesse na validade da Carta das Nações Unidas e, particularmente, em sua proibição do uso da força. Muitos Estados que em outros aspectos não tinham qualquer interesse nas remotas Ilhas Falkland, julgaram importante, para sua própria segurança de longo prazo, reforçar o artigo 2 (4) e a obrigatoriedade da observância da Carta como um todo".[220] Ou seja, a Carta se manteria, como paradigma da legitimidade, que seria recuperada em certos momentos, quando o conflito ideológico não impedisse que a *oferta multilateral* vigorasse.

De outro lado, o Conselho não interfere (ou o faz marginalmente) em conflitos localizados, cuja repercussão estava contida regionalmente, como no caso da invasão do Camboja pelo Vietnã, ou de Uganda pela Etiópia, ou do Paquistão Ocidental (Bangladesh) pela Índia. Nestes casos, vantagens estratégicas não estavam em jogo e a ação unilateral resolvia um problema (a permanência do Khmer Vermelho ou a violência da ditadura de Idi Amin ou a violência étnica em Bangladesh) para cuja solução a comunidade internacional não estava disposta a agir. Como ocorreu no caso de Goa com

---

219 As operações nem sempre são bem-sucedidas como a Unifil no Líbano, que não consegue conter o conflito entre Israel e os Palestinos que termina com a invasão do Líbano pelo exército israelense em 1982. Um depoimento sobre a Unifil, com base na participação de Sérgio Vieira de Mello, se encontra em Power, *Chasing the Flame: Sergio Vieira de Mello and the Fight to Save the World*. Londres: Allen Lane, p. 46.

220 Franck, *The Power of Legitimacy among Nations*. Oxford: Oxford University Press, 1990, p. 192.

a Índia, o Conselho exige a retirada das tropas indonésias do Timor depois da invasão em 75, mas nada acontece (e três anos depois, a Austrália reconhece a "conquista"). Ninguém pensou em repelir aquelas invasões, como se fez mais tarde no caso do Iraque. A conclusão a tirar é simples: se não existe uma Potência interessada, ações mais contundentes não ocorrem. Em 1962, a guerra entre a China e a Índia, potências regionais, também passa ao largo do Conselho.

A Guerra Fria também condiciona o modo de operar da ONU naquele período, especialmente algumas das características das *operações de paz* (OPs).[221] Para definir a sua presença, as regras são estritas: as partes envolvidas devem consentir na presença da ONU, as forças devem atuar com imparcialidade e só usar armamentos para a autodefesa. As operações não lidam com agressores e o equilíbrio entre as Superpotências se refletia também na necessidade de ostensiva neutralidade, especialmente em situações em que cada lado tinha o apoio de uma das Superpotências, como no Oriente Médio. A força do princípio da soberania prevalece mesmo em momentos em que sua aplicação pode significar o desencadear de uma guerra, como aconteceu quando, a pedido do Egito, se retiram as forças do Sinai e Israel invade o Egito em 1967.

Outra repercussão da Guerra Fria aparece nas limitações que as OPs encontram para organizar situações nacionais, como é hoje corrente, quando preparam eleições, montam programas de desenvolvimento etc. Ora, se há dois modelos em disputa sobre o próprio significado de democracia, o liberal contra o popular, e de modelo econômico, o de mercado contra o do planejamento central, o choque ideológico obriga à imparcialidade, diferente do que ocorre hoje, quando as operações de paz promovem a democracia liberal e o mercado.[222] A ONU pára nas portas da solução do conflito. Não entra para "melhorar" as condições que levaram ao conflito.

---

221 Uma excelente introdução ao tema é o livro de Tarisse da Fontoura, *O Brasil e as operações de manutenção de paz das Nações Unidas*. Brasíla: FUNAG, 1999.

222 Como diz Paris, "[...] mesmo que os soviéticos e os americanos não vissem grandes ameaças a seus interesses estratégicos, as diferenças ideológicas da Guerra Fria não permitiam que as Nações Unidas promovessem um tipo específico de modelo de governo interno dentro das fronteiras dos estados individuais", *At War's End*. Cambridge: Cambridge University Press, 2004, p. 14.

A freqüência do veto é a forma mais conspícua de expressão dos impasses que paralisavam o Conselho. Entre 1946 e 2002, os membros permanentes usaram o veto 294 vezes e, descontados vetos a propósito da admissão de novos membros (usuais nos primeiros anos de vida da Organização) e eleições de secretários-gerais; os EUA e a URSS se igualam na prática. Cada uma das Superpotências usou o veto 71 vezes. Porém, no período 1991-2002, o veto só foi usado sete vezes, a década de menor uso do privilégio na história da ONU.[223]

Numa leitura otimista, a lição fundamental do período da Guerra Fria é de que, mesmo com a vigência do conflito ideológico, a ONU presta serviços na área difícil da segurança e paz. As normas da Carta são suficientemente flexíveis, abrem-se a múltiplas interpretações e permitem, em muitas ocasiões, que a Organização cumpra sua finalidade fundamental e contribua para a paz e a segurança internacionais.[224] Aquelas interpretações sustentam um parâmetro de legitimidade, explícito nos artigos da Carta que "obrigam" a Organização a resolver conflitos, desde que ameacem a paz internacional.

Ainda que a "obrigação" seja exercida de modo parcimonioso e modulado pela disputa ideológica, o potencial para agir amplamente se revela, por exemplo, no episódio do Congo, em que se anuncia a possibilidade de dilatar o sentido da ameaça à paz, tocando em aspectos que poderiam ser limitados pela cláusula da jurisdição doméstica.[225] No Congo, talvez involuntariamente, é como se Dag Hammorksjold tivesse descoberto a ONU e explorasse o potencial multilateralismo nas brechas das imposições do sistema político global (ainda que, para muitos, o Congo fosse um modelo

---

223 Wallensteen; Johansson, "Security Council Decisions in Perspective". In: David Malone, *The UN Security Council. From the Cold War to the 21ˢᵗ Century*, Boulder: Lynne Rienner, 2004.

224 Muitos serviços são indiretos, caso da assistência a refugiados. A biografia de Sérgio Vieira de Mello por Power tem bastantes exemplos de ações significativas do Alto Comissariado para Refugiados.

225 A operação do Congo se tornou muito maior do que se antecipava, em parte pela própria natureza do conflito secessionista que levou a que muitos entendessem que a ONU tomou partido a favor do governo central e contra Katanga.

que não deveria ser seguido pelos altos custos e pelas fricções que causou entre as Potências). Outro exemplo que anuncia a transformação da presença da ONU é a resolução que se aprova, em 1978, sobre a transição na Namíbia, que prevê que a Organização prepare eleições para a independência do país. A resolução só será implementada dez anos depois, quando termina a presença cubana em Angola e se dissolvem os sinais da Guerra Fria do sul da África. Assim, não por acaso serão as operações de paz o instrumento privilegiado para atuação da ONU no pós Guerra Fria.

Ao lado do padrão de legitimidade, é preciso olhar o período sob o ângulo da política internacional. A mesma configuração do sistema político, marcado pela bipolaridade, leva, portanto, no plano multilateral, a soluções diferentes em relação aos conflitos que chegaram à agenda do CS: não consideração, inércia, atitudes simbólicas e, finalmente, intervenção consentida. Em primeiro lugar, porque, como vimos, apesar da abrangência da Guerra Fria, há conflitos que escapam à sua lógica e, assim, deixam que os mecanismos multilaterais funcionem plenamente; em segundo lugar, porque há momentos de convergência de interesses entre as Superpotências; e, situações únicas, como na Coréia. Assim, se quisermos fazer um balanço otimista, seria inegável que houve resultados positivos, como no caso da preservação da integridade territorial do Congo (ainda que a solução política tenha sido desastrosa, com a ascensão de Mobutu) e em Chipre ou mesmo na separação dos beligerantes depois da crise de Suez e da guerra de 1973 entre Israel e os árabes. O maior "pecado" foi a inércia, inevitável diante do condicionante das decisões multilaterais ao confronto ideológico que, porém, não escalou para conflito entre as Potências. Legitimidade para atuar o Conselho tem, mas está condicionada pela Guerra Fria, tanto na escolha dos conflitos que significam ameaça à paz quanto nos instrumentos de que pode dispor para revertê-los.

Resta uma pergunta: haveria alguma parte da ONU na explicação da ausência de guerras entre as Potências? Será limitada, já que há outros fatores que evidentemente pesam, a começar do equilíbrio do terror e a dissuasão. Nesse contexto, a Organização é palco do confronto, como durante a crise dos mísseis, e da distensão, quando da assinatura do TNP. Mas, se a ONU como instituição serve mais à guerra de propaganda, a ONU como símbolo de uma *ordem diferente* terá tido um papel.[226] Inicialmente, porque a Organização força o diálogo permanente entre os dois blocos ideológicos; em seguida, ainda que desprestigiado, o universo normativo multilateral existe e se constitui em fator a compor a ordem internacional. É um constrangimento menor para as Superpotências, mas nenhuma quer dissolvê-lo. A URSS, porque a partir dos anos 60, tem a vantagem de se identificar com a maioria, formada por países em desenvolvimento; os EUA, que justamente criticam aquela "tirania da maioria", e que chegam ao extremo de se retirar da OIT e, 1975 e da Unesco em 1984, admitem que a Organização possa funcionar como um cenário para defesa de idéias e ideais, especialmente quando estão ameaçados.[227]

Há outros elementos a considerar. Os dois lados não cogitaram ataques diretos (impor pela força a ideologia) em zonas de influência direta do outro, que, aliás, explica o feitio excepcional da revolução cubana e, também, a tentativa soviética, finalmente frustrada, de colocar armas atômicas na Ilha. Os cubanos garantiram o socialismo, mas, no marco do conflito global, os soviéticos foram obrigados a ceder para não romper uma regra básica do delicado equilíbrio de poder nuclear. Assim, a tendência é que os conflitos se deslocassem para áreas periféricas aos centros de poder (e não por acaso, a África passa a ser um dos cenários preferidos da disputa ideológica no momento seguinte à descolonização). De qualquer modo, ao atuar em periferia, a ONU termina por atenuar, como o fez no Oriente Médio, algumas das conseqüências do conflito global.

---

226 Examinando a tentativa, finalmente fracassada, de mediar a crise de Berlim em 1949, Goodwin faz o seguinte comentário, ilustrativo do que se passava entre os blocos, "[...] em questões de interesse vital, as soluções defendidas por terceiros supostamente desinteressados tendiam a cair em ouvidos moucos [...] a grande vantagem do Conselho era a de ser um ponto de contato, principalmente mas não apenas entre a União Soviética e o Ocidente" apud, Ryan, *The United Nations and International Politics*, op. cit., p. 60.

227 É interessante comparar, hoje, as idéias de dois embaixadores norte-americanos na ONU, Daniel Moynihan e John Bolton. Para o primeiro, por mais contundentes que sejam as críticas ao comportamento dos países do Terceiro Mundo, a ONU ainda é um cenário válido para a batalha de idéias e ideais, enquanto, para o segundo, a ONU ou serve aos interesses dos EUA, ou não serve como instituição.

Se o balanço não é totalmente negativo, a história da Guerra Fria permite observar que o maior risco para a autoridade do multilateralismo é perder a referência de legitimidade no quase monopólio que detém para a promoção da paz. Sabemos que a ONU não nasceu como embrião de um estado mundial e nada, na Carta, indica que pudesse chegar a ter o monopólio da violência legítima no plano internacional, como o Estado weberiano. Porém, a Carta, sim, concentra, no Conselho de Segurança, *o monopólio do juízo sobre o uso da violência* pelos Estados, mesmo quando agem em legítima defesa. É a quebra desse monopólio que pode afetar, criticamente, o multilateralismo. Assim, em termos estritos de legitimidade, a Guerra Fria gera padrões alternativos de solução de conflitos, à margem dos que propõem o multilateralismo. Para este, a paz é um valor absoluto. Ora, com a disputa ideológica, as Potências hegemônicas passam a criar padrões de legitimidade, amparados em seu poder de difusão de idéias e valores, inclusive para a solução de conflitos.

Para o multilateralismo, a conseqüência mais negativa da Guerra Fria não está somente na paralisação do Conselho pelo uso do veto, mas, sobretudo, na existência, no mercado de idéias políticas, de alternativas aos mecanismos multilaterais para o encaminhamento de conflitos. Para exemplificar, a doutrina Brejnev da "soberania limitada", que justifica a invasão da Tchecoslováquia, tem a "vantagem" sobre o respeito à autodeterminação, na medida em que, ao evitar que se vulnere o regime socialista naquele país, assegura a preservação do melhor fundamento para o progresso da humanidade e para a paz. O mesmo argumento, com sinal invertido, valeria para as intervenções norte-americanas na América Central, desenhadas justamente para proteger os países ameaçados pelo comunismo, identificado com o fim da liberdade e, portanto, como marca de involução e não de progresso. É o fim das legitimidades alternativas que fortalece o multilateralismo no imediato pós Guerra Fria e, como veremos, são as soluções unilaterais ou a dificuldade de agir que o enfraquecem.

Assim, se o núcleo dos processos de segurança é a maneira como se define a ameaça à paz, a Guerra Fria limita o sentido de ameaça e, portanto, bloqueia conflitos que poderiam, em tese, chegar à deliberação do Conselho de Segurança. Modela, também, como vimos, a própria maneira como intervir em processos de solução. Eram, portanto, multilateralizáveis os interesses que significassem a busca de soluções para crises periféricas (Chipre, por exemplo) ou exprimissem modos de convergência das Superpotências (Suez). A seletividade na atuação do CS, inerente a processos políticos, se daria essencialmente na própria origem da deliberação, e não como no pós-Guerra Fria, quando se combinam fatores vários, que vão desde a presença ou não de interesse estratégico específico até problemas de falta de meios. Veremos mais adiante como isso ocorre e por que, nos anos 90, da concentração da atenção do CSNU nos conflitos na ex-Iugoslávia em detrimento dos africanos. Em suma, ainda que limitadas, as ações empreendidas até a década de 80, anunciam potencialidades que serão exploradas com o fim da Guerra Fria.

De fato, aquele momento constituiu "isoladamente, a experiência mais formativa de toda a existência do Conselho de Segurança".[228] Com essa afirmação, Wallensteen e Johansson iniciam uma análise do que se transforma, na vida do Conselho, a partir da década de 1980. Os sinais externos das mudanças são compendiados pelos dois autores e vale resumi-los. Além da diminuição dos vetos, outro sinal é o número de resoluções aprovadas: para o período 1946-1989, a média anual era de 15 resoluções aprovadas pelo CSNU, que passa a 60 na década seguinte. Ou seja, de uma por mês a uma por semana. Das resoluções baseadas no capítulo VII, 93% foram adotadas depois de 1989. Dividindo a história do Conselho em períodos de quatro anos, observa-se que, até 1989, a regra é de que as resoluções do capítulo VII constituíam apenas um décimo das aprovadas, e a média passa a 25% depois de 1989 e chega a 35 e 47% em 2001 e 2002, respectivamente. O Conselho, além de lidar com conflitos específicos, começa a discutir temas mais gerais, e, neste sentido, resoluções sobre crianças e mulheres em conflitos, prevenção e solução de conflitos e as conseqüências para a segurança da expansão dos portadores de HIV-AIDS etc. Os autores concluem com a opinião de que o Conselho agora "é mais cooperativo, vem tomando decisões mais sérias e está envolvido de forma mais profunda com os itens de sua agenda".[229]

---

228 Ver Wallensteen; Johansson, op. cit., p. 17.

229 Idem, ibidem, p. 21. Há autores que vêem a expansão das atividades do Conselho de Segurança como de duvidosa legalidade e, portanto, ameaçadoras da legitimidade do órgão. Ver por exemplo Soares, *O Conselho de Segurança*. Brasília: FUNAG, 2005.

Os dados mostram que as atividades do CSNU ganham imediatamente nova dinâmica a partir do fim dos anos 80. Um exemplo significativo é o da América Central. Até poucos anos antes da ação da ONU (e da OEA), a região era objeto de formas unilaterais de intervenção dos EUA, algumas veladas, outras, nem tanto. Uma delas, a minagem das águas territoriais da Nicarágua, a pretexto de impedir a chegada de armas para os sandinistas, foi condenada formalmente pela Corte Internacional de Justiça.

Porém, sabemos também que o sucesso é relativo. As opiniões de Wallensteen e Johansson foram emitidas antes da invasão do Iraque por forças norte-americanas e britânicas, que abalou o prestígio e a autoridade do Conselho. Mas antes de chegar a esse tema, assinale-se que os dois autores reconhecem que continuam dificuldades clássicas no processo deliberativo do Conselho, como a de intervir em conflitos que envolvem países grandes, como a Índia, Sri Lanka, sem falar nos problemas da Rússia na Chechênia.

Em que direções seria possível o fortalecimento do Conselho? Com o fim do bloqueio ideológico, as hipóteses de transformação do modelo limitado das operações de paz poderiam ocorrer, teoricamente, em dois planos com a) a ampliação da agenda das ameaças à paz a serem consideradas pelo Conselho; b) mudanças nos modos e mecanismos de intervenção em conflitos específicos. A ampliação significaria que, com a queda das considerações ideológicas e das esferas de influência, o Conselho passaria a deliberar a partir da *natureza real* da ameaça à paz. Qualquer conflito, em qualquer região, estaria, em tese, aberto a ser tratado pelo Conselho. Idealmente, a lógica de atuação do Conselho se deslocaria da política como ideologia para a política como busca de bem comum. As travas ideológicas desapareceriam para ceder lugar as considerações jurídicas sobre competência institucional e sobre a eficiência dos meios para realizar determinado objetivo.

Os sinais da transformação dos instrumentos de ação aparecem no fim dos anos 80, na Namíbia, na América Central e no Camboja, quando a ONU entra em território antes proibido pela Guerra Fria e alarga paulatinamente a própria natureza das operações que passam a incluir a supervisão de eleições, apoio econômico, atenção a direitos humanos etc. O novo paradigma fica claro, pois, além de garantir a paz, tratava-se de construir as condições para que perdurasse e a noção de *peace building* passa a circular no vocabulário da ONU, especialmente depois do lançamento da *Agenda para a Paz*, em que Boutros Ghali procura diferenciar as operações de paz tradicionais (*peace keeping*) das novas que procurariam "identificar e apoiar estruturas que tenderão a fortalecer e solidificar a paz após o fim de um conflito civil".[230] Na abertura da agenda, insinuava-se uma visão, digamos, heterodoxa da soberania,[231] com o correspondente fortalecimento dos instrumentos de intervenção.

Aí está a origem de duas elaborações conceituais contemporâneas sobre segurança: na primeira, a *segurança humana*, amplia-se o sentido de ameaça ao ponto de significar qualquer obstáculo às possibilidades de desenvolvimento humano e, com isso, a noção se liga a problemas sociais, ambientais e econômicos; na segunda, a ameaça se localiza nas formas mais violentas de crime internacional (genocídio, violação maciça de direitos humanos etc.) que exigiriam uma atitude específica da comunidade internacional, e corresponde ao que se chamou, num primeiro momento, de *intervenção humanitária*. Os conceitos são vizinhos e exprimem as novas tonalidades do debate sobre segurança. Calibrar as demandas ampliadas com novos modos de agir era um exercício que ia depender das novas condições políticas.

---

230 Boutros-Ghali, *An Agenda for Peace*, p. 11. Roland Paris chama atenção para o trecho, na página 32, da mesma *Agenda* em que o Secretário-Geral indica quais seriam as funções de construção da paz: "o desarmamento das partes antes em guerra e a restauração da ordem, a custódia e possível destruição das armas, a repatriação dos refugiados, a oferta de consultoria e treinamento para o pessoal de segurança, o monitoramento das eleições, a promoção de esforços de proteção dos direitos humanos, a reforma e o fortalecimento das instituições governamentais e a promoção do processo de participação política formal e informal." Para uma análise das origens da *peace building*, ver Paris, *At War's End: Building peace after civil conflict*. Cambridge: Cambridge University Press, 2004, p. 18.

231 Vale a pena lembrar trechos da *Agenda for Peace:* "A pedra fundamental deste trabalho é e tem que continuar sendo o Estado. O respeito por sua soberania e integridade fundamentais são de importância crucial para qualquer progresso conjunto internacional. O tempo da soberania absoluta e exclusiva, entretanto, ficou para trás. Sua teoria nunca se refletiu na realidade. É tarefa dos dirigentes dos Estados atuais entender esse fato e encontrar um equilíbrio entre as necessidades da boa governança interna e as de um mundo cada vez mais interdependente [...] Nos tempos que temos pela frente, não se deve permitir que a soberania, a integridade territorial e a independência dos Estados dentro do sistema internacional estabelecido, por um lado, e o princípio de auto-determinação dos povos, por outro, ambos de grande valor e importância, trabalhem um contra o outro".

Uma suposição razoável era a de que o Conselho ganharia autoridade e prevaleceriam mais ações e mais contundência nas ações. A trajetória, porém, não é uniforme.

Para compreendê-la, observemos que, com o fim do confronto ideológico, muda a principal condicionante política da decisão no Conselho: se antes era a universalidade, agora será a *fragmentação do espaço estratégico*.[232] Um dos supostos para que o Conselho funcione é o entendimento entre os membros permanentes. A Guerra Fria bloqueia o processo porque, ao globalizar o espaço estratégico, tendia a transformar em parte do jogo bipolar entre as Superpotências praticamente qualquer conflito em qualquer parte do mundo. Quando é superada, os interesses estratégicos passam a variar geograficamente, cada qual com sua lógica e com elementos (ou não) de atrito entre os 5P. As conseqüências surgem nas preferências que se manifestam na escolha da agenda do Conselho. A nova atitude se anuncia com um conhecido discurso de Gorbatchev na Assembléia Geral de 1987 e um dos seus primeiros desdobramentos é a cooperação dos 5P para mediar a guerra entre o Iraque e o Irã.[233] O prolongamento do conflito, a ausência de um vencedor claro e os custos humanos levam a que as próprias Superpotências usem o CSNU como instrumento para mediação.

Haverá circunstâncias, como no caso do Iraque, em que o interesse estratégico, pelo petróleo e pela volatilidade da região, é global. Todos os 5P estariam interessados no desfecho da crise iraquiana embora com noções diferentes sobre o "melhor desfecho", daí, as disputas que surgem, desde os primeiros momentos. De certo modo, é o que ocorre também nas questões da Europa Central, decorrentes da dissolução da Iugoslávia.[234]

---

232 Para um exame das novas condições de decisão do Conselho, ver Paris, op. cit.

233 A guerra, ao se iniciar, tem componentes de Guerra Fria e isto explica o apoio norte-americano a Saddam Hussein, visto como contrapeso a uma possível hegemonia iraniana na região. Ver Cuellar, *Pilgrimage for Peace*. Nova York: St. Martin Press, p. 149 e as seguintes, para uma narrativa da aproximação entre os cinco membros permanentes.

234 É evidente, por exemplo, a diferença entre a Rússia e os EUA no tratamento do tema iraquiano ou na questão do Kosovo. Porém, dados os limites das diferenças, as deliberações no Conselho admitem acomodações e o veto não é usado. É claro que, em algumas circunstâncias, as deliberações do Conselho são abandonadas, com legitimidade discutível, no caso de Kosovo, e com nenhuma, no caso do Iraque.

Há temas que são movidos por interesses de uma das Potências. Assim, foi na supervisão da retirada das tropas russas do Afeganistão ou na superação da longa crise na América Central. Do mesmo modo, o impulso russo para montar, em acordo com o Conselho, as operações em áreas problemáticas de sua vizinhança, na Geórgia e no Tajiquistão.[235] Em outras ações do Conselho, os interesses estratégicos não são tão claros e é a opinião pública internacional que os impulsiona. Um dos exemplos notáveis foi a articulação do movimento pela autonomia do Timor que soube mobilizar, em praticamente todos os continentes, grupos em favor de sua causa e que tiveram um peso decisivo para "empurrar" os membros do Conselho contra um país grande, como a Indonésia.[236] Em suma, posto de lado o bloqueio ideológico, a primeira conseqüência é a de que se amplia, por definição, a possibilidade de "aceitar" conflitos na agenda do Conselho. O problema passa a ser que critérios adotar para aceitá-los e que instrumentos escolher para resolvê-los. Um dos problemas mais complexos será o do terrorismo, cujo tratamento não é novo, mas que, depois do 11 de Setembro, adquire novas dimensões.

Em tese, existem as condições para a emergência de uma *legitimidade verdadeiramente multilateral*, de tal forma que a atuação do Conselho – e dos demais órgãos da ONU – fosse regida por uma visão do interesse da comunidade internacional. Ora, o interesse da comunidade internacional não é criação lógica, mas uma construção política. E, como sempre, volta a questão de que conflitos vão ser acolhidos e como agir para superá-los. Reabrem-se as portas para os fatores políticos (portas, aliás, que nunca se fecham na ONU).

Em alguns dos exemplos que citamos acima, a perspectiva de ganhos e perdas das Superpotências é o primeiro elemento a considerar. É inegável que o sistema, especialmente o do CSNU, tem um componente hegemôni-

---

235 Ver Hurd, *After Anarchy, Legitimacy and Power in the United Nations Security Council*. Princeton: Princeton University Press, 2007, p. 126.

236 Lembro-me que, até duas semanas antes da decisão de apoiar a ação australiana, alguns dos membros permanentes duvidavam de que o Conselho pudesse agir contra um "país poderoso". Mudaram diante da pressão de opinião pública (o efeito CNN) depois dos massacres levados a cabo por forças indonésias no Timor.

co e a abertura ou fechamento do processo de *aceitação de conflitos* depende de como se organiza a convivência entre as Potências (especialmente, os 5P). Já vimos que o que era disputa hegemônica pode se converter em convergência hegemônica e de que maneira se casam os interesses estratégicos com ações específicas. Mas vimos também que, por razões diferentes, em algumas ações, a relação não é tão clara, como na Somália ou mesmo, apesar do fracasso, em Ruanda ou na área curda do Iraque. E, assim, temos o segundo componente da nova legitimidade, já que, ainda que continuem hegemônicos, os 5P são "obrigados" a (ou estão "interessados" em), pelo menos, aceitar as pressões para que determinados conflitos, em que o componente de interesse estratégico não se revela imediatamente, sejam tratados pelo Conselho de Segurança. Muitas vezes, a iniciativa é deles mesmo, por pressão da opinião pública interna. Mas, como indica, com razão, Martha Finnemore, há situações, como a presença americana na Somália em 1992, que as perspectivas realistas ou liberais não são capazes de explicar.

É, neste sentido, que a motivação humanitária para as ações da comunidade internacional se define como o novo ingrediente para compor a legitimidade do multilateralismo contemporâneo.[237] Está claro que, ainda que se multipliquem as pressões, a máquina multilateral, para caminhar, depende ainda em última instância da vontade política dos 5P. A motivação humanitária reforçaria, *em tese*, a legitimidade multilateral, já que, aí, teríamos claramente ações que se vinculariam a interesses da comunidade internacional como tal e não de países específicos.[238] Nos dias de hoje, o argumento é, contudo, mais potencial do que real. É importante deixar

---

237 Finnemore, *The Purpose of Intervention, changing beliefs in the use of force*. Ithaca: Cornell University Press, 2003, p. 52 e seguintes. "A partir do fim da Guerra Fria, os Estados vêm, cada vez mais, sendo pressionados a intervir militarmente e, de fato, intervieram militarmente para proteger cidadãos que não os seus próprios contra desastres humanitários. Os esforços recentes da OTAN no sentido de proteger de limpezas étnicas os albaneses de Kosovo na Iugoslávia, de aliviar a fome e estabelecer algum tipo de ordem política na Somália, de garantir as áreas protegidas para os curdos e as zonas não-permitidas para vôos (*no-fly zones*) sobre os xiitas do Iraque, bem como os imensos esforços visando a desarmar os partidos e reconstruir um Estado no Camboja são, todos eles, exemplos de ação militar cujo principal objetivo não é territorial, mas humanitário".

238 Para a defesa da tese, ver Wheeler. *Saving Strangers, Humanitarian Intervention in International Society*. Oxford: Oxford University Press, 2000.

claro que é difícil imaginar razões humanitárias para agir que sejam quimicamente puras. A ação norte-americana na Somália deve ser entendida em um contexto em que se multiplicavam pressões para agir na Bósnia, sistematicamente repelidas, naquele momento, pelo Governo Bush. A Somália serve para demonstrar, nas palavras de Brent Svowcroft, então assessor de Segurança Nacional, que "não que tivéssemos medo de intervir no exterior, a questão era apenas que as circunstâncias não eram favoráveis na Bósnia". A segunda razão "realista" está ligada à tentativa de mostrar ao mundo árabe que a distância da Bósnia não tinha nada a ver com o islamismo dos que lutavam contra a Sérvia. E, continua: "Em minha opinião, a Somália nos deu a capacidade de provar que eles estavam errados... Tratava-se de um estado do Hemisfério Sul; que era negro e não-cristão, que era tudo o que representava a epítome do Terceiro Mundo [...] As opiniões dos líderes do Terceiro Mundo têm importância porque, para ser um 'líder mundial', você tem que convencer as pessoas que é do interesses delas seguir a você. Se todos odeiam você, é difícil ser um líder mundial".[239] Assim, o componente humanitário se manifesta na Somália, mas vem acompanhado de outros, que dizem respeito ao manejo da política interna e da necessidade de afirmação de *soft power*, de ganhos de legitimidade em relação ao Terceiro Mundo. Talvez exatamente por isso, diante das primeiras dificuldades, os Estados Unidos se retiram da Somália.

O outro componente forte das motivações para agir, este de interesse direto dos membros permanentes, é o terrorismo. À diferença dos conflitos regionais, na esteira da fragmentação estratégica, em que os membros permanentes não se sentem ameaçados, o terrorismo deixa de ser um fenômeno localizado e passa a ser um tema central da agenda norte-americana, que, por definição, tem repercussão global. Mas não só dos EUA. Por diferentes motivos, os 5P têm o tema em sua agenda estratégica. O terrorismo passa a justificar ações do Conselho de Segurança e, sobretudo, fora do Conselho e, em alguns casos, à margem do próprio direito internacional, com conseqüências negativas para os fundamentos universais da legitimidade. Além das inovações institucionais que propiciou com a criação de um comitê do Conselho para supervisionar ações comuns e as legislações

---

[239] As citações estão em Power, *A Problem from Hell*, op. cit., p. 292.

nacionais na matéria, foi o que motivou a intervenção no Afeganistão e foi manipulado no caso da ação unilateral no Iraque, além de compor um dos instrumentos fundamentais para justificar ações na área de não-proliferação, como a resolução 1.540 do Conselho de Segurança. A própria atitude norte-americana é ambígua porque ora busca o apoio do Conselho e invoca normas da segurança coletiva, ora invoca as normas de legítima defesa e lida com a ameaça terrorista como uma guerra, levando a casos claros de violação do direito humanitário.[240]

Se muda o sentido da ameaça, mudam os instrumentos com o que o Conselho vai trabalhar. As operações de paz tradicionais, com base no consentimento dos Estados, se mantêm e se tornam mais freqüentes. Em alguns casos, ampliam de modo significativo seu escopo. O campo não é mais exclusivamente o dos conflitos internacionais; disputas internas, com componentes de guerra civil, abrem espaço para a mediação das Nações Unidas. Além disso, pela própria natureza do conflito onde se intervém, a sua solução exige muito mais do que "separação das partes" e pede, na verdade, reconstituição do Estado que havia "falido" nas suas funções essenciais de prover segurança à sua população. O escopo das motivações se amplia: incapacidade de manter a ordem interna (Somália, Camboja, Geórgia), desrespeito a resultados eleitorais (Haiti, Libéria, Serra Leoa), violação de direitos da minoria (curdos no Iraque, albaneses no Kosovo, timorenses na Indonésia).[241] Em situações como essas, um dos princípios tradicionais

---

240 No primeiro caso, são exemplos a renúncia do terrorismo pelo Iraque como condição para o cessar-fogo em 1991 (Resolução 687), o tratamento do caso Lockerbie (Resoluções 731, 748, 883), a obrigação de que o Afeganistão não abrigasse terroristas e entregasse Bin Laden (Resoluções 1.214, 1.267) etc. Em contrapartida, os EUA apelaram para a legítima defesa quando atacaram a Líbia em 1986 para retaliar contra a explosão de uma discoteca em Berlim, quando bombardearam o Iraque em 1993 pela tentativa de assassinar o presidente Bush, e lançaram mísseis contra o Sudão e o Afeganistão em represália contra os ataques às embaixadas no Quênia e na Tanzânia e quando mandaram tropas contra o Afeganistão em 1991, em função do 11 de Setembro. Para a lista completa, ver Frederking, *The United States and the Security Council*, p. 159. As práticas de tortura nas prisões iraquianas e a detenção de acusados em Guantánamo tiveram impacto fortemente negativo para a imagem norte-americana no cenário internacional.

241 Frederking, op cit., p.29, acrescenta: "O Conselho, em muitos casos, citou a existência de refugiados e de crises humanitárias correlatas como ameaças à segurança internacional, incluindo aí a Iugoslávia, a Somália, o Haiti, a Libéria e Serra Leoa, e aprovou resoluções sobre

que começa a ser questionado é o da imparcialidade, diante dos riscos de "cumplicidade com o mal".[242]

A solução de conflitos intra-estatais passa a dominar a agenda, e a ONU vai lidar com o desarmamento das populações, eleições, mecanismos de promover direitos humanos, desenvolvimento etc. O modelo, que se anuncia na América Central e na Namíbia no princípio dos anos 90, quando as operações de paz incluem componentes novos, como mecanismos de supervisão eleitoral, de acompanhamento da situação de direitos humanos, chega a sua forma mais abrangente no Timor Leste e no Kosovo, quando a ONU se institui como verdadeiro "governo de transição", com praticamente todas as responsabilidades de um verdadeiro Estado, a começar pelo poder de polícia. As sanções se tornam mais comuns. Instituem-se tribunais internacionais. Aumentam as missões do Conselho para regiões em conflito. Ou seja, o Conselho usa os instrumentos tradicionais e inova. Outros órgãos da Carta, como o ECOSOC, são convocados para a área da construção pós-conflito.

Outro ponto significativo: não é simplesmente a acomodação dos interesses das Superpotências que explica a ação da ONU, mas também o ativismo de organizações de direitos humanos.[243] Se mudam as atitudes das potências, abre-se o espaço para que outras forças passem a atuar. As fontes de legitimidade internacional se ampliam com o vácuo deixado pela dis-

---

questões tais como crianças e conflitos armados, os componentes humanitários da manutenção da paz e o papel de gênero dessa manutenção. São muitos os que querem que o Conselho vá ainda mais longe e cite a AIDS e o aquecimento global como ameaças à segurança internacional".

242 No relatório Brahimi, de 2001, diz-se: "O Painel concorda que o consentimento das partes locais, a imparcialidade e o uso da força apenas em defesa própria devem continuar sendo os princípios pétreos da manutenção da paz. A experiência, entretanto, mostra que, no contexto dos conflitos transnacionais e internos aos Estados, o consentimento pode ser manipulado de muitas formas. Para as Nações Unidas, portanto, imparcialidade deve significar aderência aos princípios da Carta: nos casos onde uma das partes de um acordo de paz está violando seus termos de forma clara e insofismável, a manutenção do tratamento igual para todas as partes pelas Nações Unidas pode resultar, na melhor das hipóteses, na ineficácia e, na pior delas, na cumplicidade com o mal. Na década de 90, nenhum fracasso prejudicou tanto a reputação e a credibilidade da manutenção da paz das Nações Unidas que sua relutância em distinguir entre vítima e agressor".

243 Ver Burgerman, *Moral Victories: how activists provoke multilateral action*. Ithaca: Cornell University Press, 2001.

puta ideológica da Guerra Fria. Para lembrar uma expressão do professor Hélio Jaguaribe, são novas as condições de "permissibilidade" para propor no universo multilateral.[244] De uma certa maneira, introduzem a preocupação humanitária na agenda da opinião pública, o que não quer dizer que tenham êxitos específicos. A pressão para que o governo norte-americano declarasse a matança dos tútsis como genocídio se frustrou. Ainda assim, o argumento humanitário é assumido, em certas ocasiões e por motivos bem delineados pelos governos, mas nem sempre de forma unânime. Assim, a expulsão do Iraque do Kuaite revela a convergência dos 5P, porém a proteção das minorias curdas no Iraque, além de não contar com o consenso no Conselho de Segurança, vai buscar legitimidade em uma visão humanitária da segurança. O bombardeio do Kosovo pela Otan também não é aceito pela Rússia e pela China.

O argumento humanitário, ainda que sujeito a manipulação, passa a ser um dado da realidade política, ainda que longe de reunir consensos sobre seu significado e seu alcance. Uma das dificuldades inerentes à transformação do discurso em ação nasce da dificuldade de demonstrar, para a opinião pública interna, a necessidade de agir em cenários perigosos, com riscos para seus nacionais, quando não existe interesse estratégico em jogo. Essa dificuldade, rotineira para qualquer operação de paz, se amplia notavelmente para as hipóteses em que os interesses estratégicos não fossem claros.

Daí decorrem várias questões, como: qual o limite teoricamente possível para a transformação do modelo de segurança e qual o limite politicamente viável para aquela transformação? O conceito de segurança está em vias de recriação? As motivações humanitárias e o conceito de segurança humana conduzem a uma nova doutrina para balizar as ações do Conselho de Segurança? É plausível o argumento de que a Organização deveria abrir consistentemente a sua agenda de segurança para lidar com situações que, ainda que não representassem agressões internacionais no sentido tradicional, seriam atentados a normas básicas de convivência, equivalentes a

---

244 Fonseca, "Relendo um conceito de Jaguaribe: a permissibilidade no sistema internacional". In: Venâncio Filho; Klabin; Barreto (orgs.), *Estudos em Homenagem a Hélio Jaguaribe*. Rio de Janeiro: Paz e Terra, 2000, p. 93.

agressões a valores como direitos humanos e democracia, valores que seriam garantes da paz em última instância? O caminho é estender o exemplo da Convenção de Genocídio de 1951, que prevê ação da comunidade internacional para combater o problema? As perguntas levantam uma série de temas delicados e o primeiro é o de definir o que seria uma tragédia humanitária e qual seria o momento em que se "prova" a falência do Estado em relação a suas responsabilidades. O segundo é como lidar com os limites tradicionalmente impostos ao processo multilateral pelas partes em um conflito. A regra do consentimento, derivada no núcleo da soberania, é difícil de ser tocada e constitui um obstáculo legal a que se julgasse o que estava passando no interior de um Estado, protegido pela cláusula da jurisdição doméstica. São ONGs, especialmente a *Médicins sans Frontières*, liderada por Bernard Kouchner, que lançam a idéia de superar as barreiras da soberania. Porém, é muito diferente a ação de uma ONG, voltada para tratar de vítimas de um conflito, da ação concertada de governos. Outros são os requisitos para agir. Há poucos exemplos e o mais claro ocorre, em 1992, quando o Conselho de Segurança aprova a operação de paz na Somália, que terá plena legitimidade. Na mesma linha, invoca-se a tentativa de proteger as populações curdas depois da guerra do Iraque, com a criação da chamada *no fly zone*, em 1992. Neste caso, falta a aprovação do Conselho e há dúvidas sobre sua base legal.[245] Ainda assim, não são poucos os que defendem a sua legitimidade.

É importante fixar que o questionamento da legitimidade das intervenções não deriva primariamente da possibilidade de que uma ação da comunidade internacional lide com algo que se passa nos limites de um território nacional, e sim do modo de intervir. Lembremos que, antes, ainda durante a Guerra Fria, certas situações internas geram intervenções, como as sanções à República Sul Africana (RAS) por causa do *apartheid* e da Rodésia pela resistência ao processo de autodeterminação. A ONU não faz operações contra a RAS ou a Rodésia, mas o movimento político é no sentido de admitir que existe outra vertente de legitimidade, que poderia afetar os mecanismos de segurança, e que estaria fundada em postulados da

---

245 Malone, *The International Struggle over Iraq: Politics in the UN Security Council 1980-2005*. Oxford: Oxford University Press, 2006, p. 91.

defesa dos direitos humanos. É essa vertente que será um dos pontos mais controversos da construção da legitimidade no pós-Guerra Fria.

Assim, com a exceção da RAS e da Rodésia, histórica e conceitualmente, no marco das Nações Unidas, o interesse multilateralizável nasce de projeções do Estado sobre a relação entre Estados. A passagem que se dá – ou se pretende dar – muda o eixo tradicional e se amplia o modo pelo qual o multilateralismo determina *questionamento da soberania*, que passa a ser relativizada em vista do que ocorre dentro do país. Ou seja: a segurança internacional deveria levar em conta, além da relação entre os Estados, situações dramáticas, como violação maciça de direitos humanos, ocorridas "dentro" do Estado e agir para corrigi-las. A soberania não seria somente um direito, mas suporia responsabilidade do Estado em relação a seus cidadãos. Se a responsabilidade falha, a comunidade internacional a substituiria.

No discurso político, alguns começam a defender a tese de que a segurança coletiva deva ser completada pela segurança humana. O debate tem repercussão política e, a partir dos 90, as resoluções do Conselho de Segurança passam a adotar referências aos temas de direitos humanos, que se tornam um dos elementos centrais nas situações pós-conflito.[246] Vale insistir em que, de várias formas, o que se passa no âmbito interno das nações interessa à comunidade internacional, desde que se cria o Estado nacional. Não é preciso recordar as guerras movidas pela religião no século XVII, ou as intervenções legitimistas que se seguem ao Congresso de Viena. Krasner tem alguma razão quando diz: "Violações do modelo de soberania estatal vêm sendo uma característica duradoura do ambiente internacional. O princípio da autonomia já foi violado em nome dos direitos humanos, dos direitos das minorias, da democracia, do comunismo, da responsabilidade fiscal e da segurança internacional".[247] Durante a Guerra Fria, as tentativas

---

246 Nem sempre a absorção dos direitos humanos é simples, sobretudo em situações que violadores têm força política e são parte do processo de negociação. Conferir o caso de Serra Leoa, entre outros.

247 Krasner, "Rethinking the Sovereign State Model", *Review of International Studies*, n. 27, p.16, 2001. Krasner nota que, nas decisões de Westphalia (1648), que cria o modelo moderno de soberania, já havia restrições à soberania, acordadas multilateralmente. Na Liga, a proteção de minorias se consagrou.

de mudanças de regime levam a intervenções internacionais, de um lado e de outro do espectro ideológico. Porém, o que não existia, ao longo da Guerra Fria, era um *critério universal consensual* para apontar, com base legítima, aquelas situações em que a comunidade internacional, reunida multilateralmente, deveria ou não intervir.[248] Já mencionamos que o caso das sanções à República Sul Africana mostra que certas situações internas eram inadmissíveis e determinavam algum tipo de ação internacional. O que ocorre, a partir dos anos 90, tem outra escala e outras implicações. A questão não é tanto apontar, como Krasner faz, os exemplos de rompimento da soberania, e sim indicar se havia alguma base de legitimidade a sustentá-los.

A configuração dos fundamentos de um novo paradigma de segurança é um processo complexo, especialmente quando é controverso, como o humanitário. Em seu ponto limite, em intervenções "contra a vontade" do Estado, ocorrerá dificilmente. O que é mais comum é agregar o componente direitos humanos a processos em que o modelo "tradicional" de ameaça à paz é claro, a começar pelo consentimento dos Estados. Só depois da "autorização" da Indonésia e do massacre dos timorenses, a força multinacional, autorizada pela ONU, entrou em Dili. Porém, o que fez no Timor a operação dirigida com rara sagacidade por Sérgio Vieira de Mello, não tem antecedentes na história da ONU. Além de raras, as intervenções humanitárias nunca alcançaram legitimidade consensual, em parte pelas dificuldades intrínsecas de definir seus limites, em parte pela resistência dos países em desenvolvimento.[249]

Em suma, o que seria efetivamente "inovador" ocorre quando se quebra o cerne do modelo tradicional, ao justificar intervenções da ONU diante uma crise humanitária ou violação maciça de direitos humanos, com a possibilidade de que a ação ocorresse sem o consentimento do Estado, como

---

248 No período pós-Congresso de Viena, a sustentação internacional das monarquias "legítimas" não perdura.

249 Nas reuniões do G77 em 1999 e 2000, há expressa declaração que rejeita a "intervenção humanitária" por não ter base na Carta da ONU. O risco de que se usem "pretextos humanitários" para intervenções com objetivo político é o que está por trás da atitude do G77 e que é fator que torna o conceito intrinsecamente controverso.

havia proposto nas primeiras concepções da "intervenção humanitária". O fim da Guerra Fria abriria um *novo espaço ideológico*, a ser preenchido por fontes de legitimidade que já não se situariam no plano das disputas entre modelos de organização social, seja capitalista, seja socialista. É neste espaço que se desenha a nova realidade dos ativistas de direitos humanos que partem da *universalidade de suas causas*, situadas, portanto, acima das contingências nacionais (a razão humanitária condiciona a razão de Estado). A transformação do universal em multilateral, de valores em normas, é um dos objetivos do processo deliberativo onusiano.[250]

A presença das ONGs nos foros paralelos das conferências globais é um sinal evidente da aproximação entre a Organização e a sociedade civil. Outro elemento é a evolução do próprio "pensamento institucional", sobretudo a partir das propostas de Boutros-Ghali na *Agenda para a Paz* e no relatório Brahimi, além da visão, estabelecida no Relatório de Desenvolvimento Humano, de 1994, de que os temas de desenvolvimento social estão vinculados à segurança. Kofi Annan elaboraria sobre o tema no discurso que fez na Assembléia Geral de 1999 e uma de suas observações é de que as ações humanitárias da ONU não deveriam ser fundadas na força. A evolução doutrinária do tema reflete as dificuldades do tema. O próprio Boutros Ghali será menos enfático em seu questionamento da soberania no Suplemento que publica, em 1995, a sua Agenda para a Paz. As idéias iniciais de "intervenção humanitária" se atenuam e se transformam em "responsabilidade de proteger". O que era uma "obrigação" se torna em um "direito" e fica patente que a legitimidade, sustentada pelo Conselho de Segurança, é fundamental, ainda que, em certas situações, alguns admitam que outros órgãos multilaterais possam agir se o Conselho está paralisado.[251]

---

250 Também é verdade que um dos primeiros estímulos para a elevação política do tema veio exatamente dos Estados Unidos no governo do presidente Carter. Mas são conhecidas as contradições entre o discurso e a prática, com o apoio a regimes autoritários, e a falta de continuidade daquela política, depois que Reagan assumiu.

251 Para um resumo do relatório canadense sobre a responsabilidade de proteger, ver Cristiane Sauerbronn, "A Responsabilidade de Proteger". In: Brigagão; Mello (orgs.) *A Diplomacia Cidadã*. Rio de Janeiro: Gramma, 2006, p. 277-283.

Há, na verdade, dois movimentos de questionamento da soberania que são simultaneamente contraditórios e convergentes, o que descrevemos e que se sustentaria em motivação humanitária, digamos, "pura". A população do Estado A sofre com abusos e violência e, por isso, é preciso que a ONU intervenha ou, se estiver bloqueada, algum outro grupo com legitimidade.[252] O segundo movimento diz respeito ao Estado "falido": porque "falido" é um abrigo potencial de terroristas, e assim se abre, com *rationale* paralela, outro campo de legitimidade para intervenção, porém com uma diferença importante. Desta vez, a motivação para agir está mesclada com um sentido de ameaça e pode justificar legítima defesa, também para ações unilaterais. Nos dois casos, a suposição é sempre, como vimos, a de que a soberania inclui responsabilidades em relação à proteção da população, respeito a seus direitos etc. Se isto não ocorre, a comunidade internacional deve assumir a responsabilidade de proteger aquela população. No caso do Afeganistão, pós-11 de Setembro, as motivações convergem (violação de direitos humanos e abrigo de terroristas) e prevalecem sobre a contradição.[253] No caso do Iraque, em 2003, a vontade da Potência prevalece e a motivação humanitária (ainda que tenha sido usada) desaparece diante da justificativa da ameaça. A legitimidade multilateral é forte no primeiro caso e inexiste, no segundo.

É neste universo de uma legitimidade em construção que passam a ser avaliadas as situações como o genocídio de Ruanda e o massacre de

---

[252] No discurso que fez diante da Assembléia, Kofi lida com o problema. Vale retomar o resumo que dele fez Jane Stromseth: "[...] como Annan ressaltou, a intervenção militar sem a autorização do Conselho de Segurança pode prejudicar o marco jurídico que governa o uso da força e solapar a autoridade do Conselho ao criar precedentes potencialmente perigosos. Por outro lado, a inação do Conselho face a atrocidades hediondas representa uma traição dos princípios dos direitos humanos da Carta e desgasta o respeito pela ONU como instituição. Para evitar problemas como esses no futuro, o Secretário-Geral enfatizou a necessidade de assegurar que o Conselho possa se mostrar à altura e deliberar no sentido de ações efetivas em defesa dos direitos humanos[...] 'o desafio central' é forjar unidade em apoio ao princípio de que violações maciças e sistemáticas dos direitos humanos – onde quer que elas ocorram – não devem ser admitidas'". In: Holzgrefe; Keohane, *Humanitarian Intervention*, op. cit., p. 233.

[253] No caso do Afeganistão, violação de direitos em larga escala ocorria desde que o regime talibã assumiu. A intervenção militar é autorizada quando o problema se vincula a uma questão essencialmente política, que é o ataque terrorista de 11 de Setembro.

Srebenica, chocantes evidências de fracassos da ONU. Nos dois casos, estávamos diante de conflitos intranacionais com dimensões internacionais, e a presença da ONU se regulava pela regra do consentimento. Por que não se agiu prontamente nesses casos? Em perspectiva, as avaliações são ambíguas. O caso de Ruanda gera críticas de todo tipo, sobre a falência do sistema de proteção humanitária, verdadeira humilhação para as Nações Unidas, e se converte em um modelo com duas faces. A primeira: para cumprir o seu papel, é necessário que as operações de paz tenham fortes contingentes (como Boutros-Ghali chegou a sugerir); o segundo, na direção oposta, a ONU não tem condições de atuar, com eficiência, em situações complexas de conflitos intranacionais. Imediatamente, a segunda prevalece. De fato, Ruanda vem na seqüência do episódio da Somália, que tem efeito inibidor sobre as tentativas de solucionar crises internas. Cabe lembrar que, na tentativa de "corrigir" os equívocos que cometeu, o Conselho de Segurança autorizou, pela resolução 929, que a França comandasse uma força multinacional, a chamada *opération turquoise*. Como assinala Antonio Patriota, as críticas de que foi movida por interesses nacionais franceses de conquistar posições estratégicas no centro da África agrega mais um complicador para as decisões sobre conflitos internos.[254]

Nesse panorama, inicia-se um esforço, mais intelectual do que intergovernamental, para chegar a critérios para caracterizar as situações que merecem a intervenção das Nações Unidas. Será o número de violações de direitos humanos justificam a intervenção? Paralelamente, surge o tema da eficácia (quando soldados seriam necessários para contornar o problema ruandês?). A legitimidade plena ocorreria se as respostas a essas indagações fossem claras. De modo paradoxal, o fracasso em reprimir o genocídio tútsi fortalece os que defendem ações mais contundentes da comunidade

---

254 Patriota afirma: "A autorização conferida pela resolução 929, sob o capítulo VII, para uma 'intervenção multinacional humanitária' que se revelou pelo contrário nacional, parcial e inspirada em uma agenda política não declarada, permanece controvertida. Ruanda passou a figurar junto à Somália e a ex-Iugoslávia entre os casos de recurso a medidas do Capítulo VII em que a sabedoria do Conselho na admissão do uso da força é passível de questionamento". Ver Patriota, *O Conselho de Segurança após a Guerra do Golfo*, op. cit., p. 120.

internacional. Os números da matança (800 mil pessoas em poucos dias) envergonham a comunidade internacional. Pedem outro tipo de atitude.

Outra história de fracasso, Srebenica, introduz novas questões para a definição de como lidar com os temas de segurança. O argumento é simples: se a ONU é incapaz de resolver uma crise prolongada, em que se verifica clara violação de normas internacionais, deve ser substituída por outras forças que resolvam o problema. Seria esse, portanto, o fundamento, não legal, mas moral, que justificaria, sem autorização do CSNU, em março de 1999, o bombardeio da OTAN às forças sérvias no Kosovo. Significativamente, o questionamento internacional àquela ação militar foi relativamente baixo. A Rússia introduziu um projeto de resolução no CSNU para interrompê-lo e foi derrotada por 12 votos contra e somente três a favor. De uma certa maneira, o próprio Conselho de Segurança legitima *a posteriori* a ação da OTAN, ao reforçar a presença da ONU na região (Resolução 1.244, aprovada por 14 votos a favor e uma abstenção, a da China). A OTAN, com quase 50 mil soldados, se encarregaria da segurança, e a ONU (UNMIK) desempenharia, junto com a União Européia e a Organização para Segurança e Cooperação Européia (Osce), praticamente funções de governo (poderes Legislativo, Executivo e Judiciário), além de prover ajuda humanitária, estabelecer a *rule of law*, ajudar na reconstrução econômica e preparar para o desenvolvimento de autogoverno e democracia. O processo tem uma conseqüência clara: depois de Kosovo, a OTAN e a União Européia, de diferentes maneiras e com legitimidade variável, às vezes forte na medida em que a ação se combina com autorização do Conselho de Segurança, às vezes, fraca, desenvolvem mecanismos de intervenção em cenários de conflito, que, pelas próprias condições de poder, podem passar a ter um peso fundamental na solução de problemas internacionais.[255]

Estamos diante de escolhas que não são simples. De um lado, a percepção de que é necessário lidar com situações de violência intra-Estado e, ao mesmo tempo, o reconhecimento das dificuldades de mobilizar os Estados-membros nessa direção, sobretudo porque faltam critérios claros.

---

[255] Wagner, "The Democratic Legitimacy of the European Security and Defence Policy". EU-ISS, *Occasional Paper*, 57, abr. 2005.

De outro, as tragédias humanitárias são reais e, com a inércia da ONU, desenha-se o que é, sempre, o maior perigo para o multilateralismo, as legitimidades alternativas, com a transferência para órgãos mais eficazes da responsabilidade de corrigir as violações.[256]

Paralelamente, o fnômeno do terrorista, especialmente depois de 11 de Setembro, acrescenta elementos novos ao padrão de legitimidade na área de segurança. O Conselho de Segurança e a Assembléia Geral aprovam resoluções sobre o tema, cria-se um comitê no âmbito do Conselho para coordenar esforços no combate ao terrorismo, mas, pela própria natureza da ameaça, difusa, com inimigos difíceis de identificar, tal combate envolve questões de legitimidade. Não existem operações de paz contra o terrorismo. Assim, volta ao Estado, em coordenação ou não, o núcleo das atividades antiterroristas e as razões de para justificar a legítima defesa foram muito além do que o direito internacional permitia, como no caso das ações norte-americanas em Guantánamo. Se de um lado cresce a preocupação com a segurança humana, se aumenta a expectativa de que a ONU possa ter um papel mais relevante em conflitos intra-nacionais, de outro, o terrorismo leva a um alargamento da idéia de legítima defesa, com conseqüências que podem ir no sentido de minar a autoridade do Conselho de Segurança (Iraque).

Essas indicações sobre o debate em torno da segurança coletiva levam a algumas conclusões preliminares sobre a transformação dos fundamentos da legitimidade. Ainda que não se tenha estabelecido, com força jurídica, um novo padrão, fundado no que seria a *segurança humana* ou na *responsabilidade de proteger*, é possível levantar os mecanismos pelos quais o universo multilateral se adapta a novas realidades. Os conceitos foram adotados em resolução pela Assembléia Geral (A/Res/60/1), na cúpula de 2005, embora o de segurança humana de uma forma muito mais vaga.[257] O que foi

---

256 Ver Coicaud, "International Democratic Culture and its sources of legitimacy: The case of collective security and peacekeeping operations in the 1990s". In: Coicaud; Hesinaken, *The Legitimacy of International Organizations*. Nova York: United Nations University Press, 2001, p. 256-289.

257 O capítulo sobre a responsabilidade de proteger diz: "138. A comunidade internacional, através das Nações Unidas, também é responsável pelo uso de meios apropriados, diplomáticos,

determinante para que o novo paradigma fosse incorporado ao léxico da legitimidade? Vejamos dois fatores estruturais: um político, o outro, ideológico.

Reduzindo o fim da Guerra Fria ao mundo multilateral, o processo de transformação da legitimidade começa com uma nova perspectiva da reciprocidade difusa, para retomarmos o conceito de Ruggie. Do momento em que os EUA e a URSS deixam de ver a ONU como um campo em que o ganho de um significa a perda do outro, as possibilidades de ampliação das atividades da Organização se alargam automaticamente.[258] Na verdade, isto acontecera antes, quando, por exemplo, os seus interesses coincidem na regulação da não proliferação e, como dizia Araújo Castro, leva a que os dois se beneficiem de formas de "congelamento de poder". Agora, depois dos 90, já não se trata de amplas regulações, inclusive porque muda o *status* da URSS quando se torna Rússia, mas de um jogo de ganhos específicos em se-

---

humanitários e de outras naturezas, de conformidade com os capítulos VI e VII da Carta, para ajudar a proteger as populações de genocídio, crimes de guerra, limpeza étnica e crimes contra a humanidade. Nesse contexto, estamos preparados para agir coletivamente, de maneira decidida e oportuna, por intermédio do Conselho de Segurança, em consonância com a Carta, inclusive com seu capítulo VII, em base caso a caso e em cooperação com as organizações regionais relevantes, conforme apropriado, caso os meios pacíficos sejam insuficientes e as autoridades nacionais estejam patentemente fracassando na proteção de suas populações de genocídio, crimes de guerra, limpeza étnica e crimes contra a humanidade e suas implicações, tendo em mente os princípios da Carta e do direito internacional. Também pretendemos assumir o compromisso, da forma como for necessário e conveniente, de ajudar os Estados a construir capacidade para proteger suas populações contra o genocídio, os crimes de guerra, a limpeza étnica e os crimes contra a humanidade, e a prestar assistência àqueles que se encontram sob tensão, antes que crises e conflitos venham a eclodir". Sobre a segurança humana : "143: enfatizamos o direito das pessoas de viverem em liberdade e dignidade, livres da pobreza e do desespero. Reconhecemos que todos os indivíduos, em particular os vulneráveis, têm o direito a viverem livres do medo e da carência, com igual oportunidade de desfrutar de seus direitos iguais e desenvolver de forma plena seu potencial humano. Para tanto, comprometemo-nos a discutir e definir o conceito de segurança humana na Assembléia Geral."

258 Isso significa que a retomada de disputas entre as Superpotências pode levar a que o potencial de ação do Conselho volte a diminuir. Ainda que os conflitos regionais específicos não tragam ganhos em função da parte vitoriosa, como na Guerra Fria, a distância entre os EUA e a Rússia ou a China em outros pontos, como armas nucleares, escudos de mísseis, não proliferação etc. podem repercutir no Conselho. A China chegou a vetar resolução sobre a Guatemala porque o país mantinha relações com Taiwan.

qüência. As situações podem variar desde a cobertura de legitimidade que a ONU oferece para o que nasce como interesse individual (como a retirada da Rússia do Afeganistão ou o silêncio na Chechênia, como o apoio do CSNU aos EUA no caso do Haiti ou mesmo no caso do Iraque pós-invasão); em outras situações, haverá convergência diante de um interesse comum (caso do terrorismo) ou divergência de grau variado (a abstenção russa nos votos sobre a Somália, ou o bloqueio a certas resoluções no caso do Iraque, por exemplo). Os ganhos individuais das Potências não significam que deixem de ter repercussão positiva para o sistema multilateral como um todo (Afeganistão e a estabilidade regional, ou Haiti e a democracia). Os temas que interessam as Potências predominam (Europa Central, Iraque etc.). Mas, ainda que com menos recursos, os temas africanos têm presença no Conselho e, muitas vezes, senão contra a vontade das Potências, certamente sem o entusiasmo necessário para maiores engajamentos.

    O jogo político deixa de ter rigidez e o problema passa a ser com que critérios e com que disposição o CSNU vai atuar. O jogo supõe, para ter seqüência, uma aceitação das vantagens que o multilateralismo oferece. Os interesses vitais estão protegidos (e não necessariamente pelo sistema multilateral) e trata-se de minimizar os custos de administração dos processos estratégicos regionais que interessem às Potências. Insista-se que o interesse da Potência pode ou não convergir com interesses globais. Há mais distância a partir de G. W. Bush quando a regra se dilui, com as tendências unilateralistas, que vinha de antes, mas se agravam e se tornam parte do discurso diplomático norte-americano, marginalizando a ONU quando considera que tem interesses vitais a defender. O jogo das Potências envia sinais irregulares para o processo de construção da legitimidade. É evidente que o mais ativo promotor de novas modalidades, os EUA, especialmente na área do combate ao terrorismo, à não-proliferação, não têm condições de engendrar unilateralmente padrões de legitimidade. Pode intervir unilateralmente, porém não pode garantir o apoio político à intervenção. Tanto a Rússia quanto a China não têm poder ou disposição de irradiar rumos ideológicos que afetem modos de agir multilateral. A Europa, que se articula como Potência civil, também não tem força suficiente para forçar uma ou outra direção em matéria de padrão de legitimidade. Os países em desenvolvimento têm uma atitude de desconfiança tanto em relação ao componente humanitário quanto em relação aos modos de contenção das novas ameaças. Em suma, se olhamos para a política, a hipótese é a de que haverá movimentos em várias direções, porém estamos longe de fórmulas consensuais que apontem claramente para uma nova legitimidade.

O segundo componente externo a compor os padrões de legitimidade tem a ver com a influência das idéias dominantes. O fim da Guerra Fria significa, também, abertura do espaço ideológico. Menos que modelos de organização social, o que prevalece são propostas segmentadas de transformação, na área de direitos humanos, de meio ambiente etc. O lugar da ONU neste processo é interessante, já que sofre a influência que está desenhada, sobretudo pelo mundo das ONGs e, ao mesmo tempo, é um dos principais *loci* onde as idéias se organizam, são testadas diante daqueles que finalmente podem implementá-las, os Estados. É evidente que a força do movimento acaba por influenciar o mundo da segurança coletiva e serve para lhes dar novos contornos. Voltamos a Ruggie e lembremos que a etapa inicial do multilateral é a definição de regras que valem para todos. Ora, a regra que estabelece o limite da segurança coletiva ao conflito entre Estados é superada, a partir da intervenção no Iraque e na Somália. Se é superada, não se criam contornos claros de uma nova regra. Ou seja, existe uma nova legitimidade que não inibe mais o Conselho de intervir em questões internas, porém em que questões e de que maneira ainda não está claro, ou, mais precisamente, não se chegou ao estágio das normas (por exemplo, Haiti, com autorização, Iraque, sem). A ampliação da perspectiva humanitária tem um contraponto perigoso. Se a natureza da ameaça se expande e deixa de ter contornos conceituais claros, abre-se a possibilidade de ampliar, paralelamente, a liberdade das Potências para propor, como os EUA, modelos de autoproteção que passam à margem da ONU, como a guerra preventiva e os modos de luta contra o terrorismo. O novo cenário estratégico, como visto pelos EUA, acaba por repercutir na trama política do Conselho e mesmo das bases de legitimidade desenhadas ao longo das últimas décadas, como se deu com a atitude norte-americana em relação aos acordos de desarmamento.

A legitimidade será sempre função de combinar modos de distribuição de poder, e o que propiciam, e tendências ideológicas. A ONU absorve os dois movimentos e passa a ter modos próprios de interpretá-lo. As mudanças levam a que, nesta conjuntura, as condições de legitimidade não sejam sólidas, parte porque não se consolida o movimento na direção da humanização do conceito de segurança, em parte porque as condições estratégicas levam a que alguns dos pilares tradicionais, como as promessas de desarmamento, estejam em suspenso.

Que conclusões adicionais podem ser derivadas do processo que descrevemos? Comecemos por explicar porque a tendência a ampliar a concepção de segurança não chegou ao estágio de transformar-se em norma. A premissa é a de que o Conselho, ao deliberar, parte da garantia da legitimidade processual sobre o que decide. Tem, portanto, a capacidade de adotar ou não essa ou aquela concepção de segurança e, no limite do argumento, qualquer que seja a decisão, tende a ser processualmente legítima e a carregar a presunção da legitimidade substantiva.[259] Ou seja, a concepção ampliada existe no repertório das opções, pode ser invocada e, a partir do momento em que se torne base de uma decisão, seria, com alta probabilidade, aceita como legítima. A questão dos números é resolvida essencialmente com o acordo dos membros permanentes. Para as Potências, a norma explícita seria desnecessária, já que o limite do fazer é regulado pela política e, para as Potências, interessa mais a liberdade do que as restrições que uma norma sobre condições de intervir poderia incorporar. Se não atuam com mais contundência, as razões são outras. Em primeiro lugar, as restrições que derivam ou da baixa probabilidade de eficiência ou ausência de interesse estratégico. O episódio da Somália, ao revelar as dificuldades para o êxito das intervenções para resolver questões intranacionais, inibem outros movimentos e explicam parcialmente a "timidez" com que se agiu em Ruanda. A história das operações de paz não é linear, de um movimento entusiasmado no princípio dos 90, arrefece em meados da década, e volta, com prudência, em princípios de 2000. O custo do sucesso é muito alto e,

---

259 Nem sempre a presunção é correta. A legitimação que o Conselho de Segurança ofereceu *a posteriori* para a invasão americana ao Iraque, através da Resolução 1.483, foi sempre questionada, porque se interpretava como um selo de aprovação em uma ação política que o próprio Conselho indiretamente condenara meses antes. Para uma análise do assunto, ver Powers, "The Envoy", op. cit.

portanto, a disposição de engajamento é limitada.[260] Isto não significa que tenham terminado as intervenções para resolver questões internas, mas o dado do custo passa a ser determinante, em todo cenário em que o interesse estratégico não é claro, como mostra o exemplo do Haiti. Em segundo, a possibilidade de que, ao deslocar a noção de segurança do internacional para situações internas, como a violação sistemática de direitos humanos, é mais difícil medir de uma forma clara o quando e o como agir. Essa ampliação é vista naturalmente como problemática, tanto por algumas Potências que estariam "obrigadas" a agir quanto por muitos países em desenvolvimento que desconfiariam das conseqüências de normas que, fundamentalmente, significariam a erosão da noção de soberania.[261] E em terceiro lugar, a legitimidade processual não esgota a construção do que é legítimo. E pode não se sustentar necessariamente numa concepção mais ampla, normativa, de legitimidade. E, talvez aí, a característica fundamental da legitimidade das decisões do Conselho.[262] Um membro permanente do Conselho pode, portanto, "usar" seus serviços, tanto para intervir em uma situação interna em que haja violação dos direitos humanos quanto para impedir que isto ocorra, menos em função de critérios de legitimidade e mais por cálculos políticos de interesse ou por critérios de viabilidade.

Os modos de decisão do Conselho têm, portanto, peculiaridades pela natureza do foro, restrito a quinze membros, dos quais cinco têm direito de veto. Assim, vale estudar o processo de transformação dos padrões de

---

260 No caso da Somália, como mais recentemente, no caso do Haiti, a mudança de paradigma fica claro. Não haveria, no sentido estrito da concepção tradicional, uma "ameaça à segurança internacional', porém o Conselho assim considerou e agiu em conseqüência.

261 Como indicam MacFarlane e Khong, "Líderes e analistas políticos do mundo em desenvolvimento [...] também podem ser ambivalentes quanto a deslocar o referente (de segurança) do Estado para o indivíduo. Da maneira como eles vêem, as implicações desse deslocamento para a soberania de seu Estado podem ser particularmente desconcertantes. Tendo conquistado a soberania em tempos tão recentes, eles se preocupam com seu desgaste prematuro". Ver MacFarlane; Khong, *Human Security and the UN: a critical history*. Bloomington: Indiana University Press, 2006, p. 231. Ver também Goulding, *Peacemonger*, op. cit., p. 343.

262 O oposto pode ocorrer, em função do veto norte-americano, com as "não-decisões" do Conselho na questão do Oriente Médio, que contrasta com as maiorias amplas que consegue a causa palestina na Assembléia Geral.

legitimidade em outros campos e, para exemplificar, serão referidos o processo de descolonização e o debate sobre a economia internacional, para efeitos de comparação com os processos de paz. O primeiro é um processo acabado e com sucesso. O segundo está aberto e certamente é menos bem sucedido. No caso da descolonização, temos um objetivo geral com finalidades bem definidas que se esgotariam no tempo, situação, portanto, diferente dos casos de segurança coletiva, que são específicos, porém de contornos variados e que se repetem no tempo (estamos longe de uma fórmula que termine com todos os conflitos para sempre); para o universo econômico, como veremos, os objetivos são, pela própria natureza, gerais e disseminados.

B.2. Descolonização

Em qualquer reflexão sobre as Nações Unidas, uma das referências de sucesso é a história da *descolonização*. Mas o que a ONU fez efetivamente? Numa avaliação, ainda em 1962, Harold K. Jacobson concluiu que a contribuição da ONU foi "modesta", porque o movimento anticolonial começara ainda antes do surgimento da Organização na Índia e na Indonésia e, portanto, as forças que impulsionaram o processo teriam prescindido da ONU para levá-lo adiante.[263] O diagnóstico de Jacobson avalia os primeiros momentos de uma luta que se estenderá por mais 15 anos, quando se completa a libertação das colônias portuguesas. Porém, mesmo no marco de um diagnóstico realista, Jacobson reconhecerá que a ONU desempenhou vários papéis na descolonização, e o mais evidente foi fortalecer a voz dos que lutavam contra o colonialismo.[264] É razoável supor que a independência dos povos colonizados ocorreria seguramente, mas também é razoável supor que ocorreria de modo diferente se não existisse a ONU como foro.

---

263 Jacobson, "The United Nations and Colonialism: A Tentative Appraisal", *International Organization*, v. 16, n. 1, p. 55, 1962.

264 É interessante a observação de Jacobson: "Aqueles que alegam que a ação da ONU complicou as negociações estão em certo sentido corretos, na medida em que é provável que o apoio das Nações Unidas tenha tornado os elementos nacionalistas mais fortes e exigentes. Por outro lado, nos casos em que as Nações Unidas não apoiaram os nacionalistas, o poder colonial se tornou mais intransigente", op. cit., p. 50.

O objetivo da Liga com o sistema de mandatos é simplesmente melhorar as condições dos povos que viviam nos impérios coloniais. A Organização operará com outra lógica, tanto em vista das normas da Carta quanto pela natureza da dinâmica política que cria. Assim, ainda que não seja a única, a contribuição fundamental à descolonização se dá essencialmente no campo da legitimidade.[265] E de modo peculiar. No mundo da segurança, a suposição é a legitimidade de quem decide e o objetivo é resolver problemas concretos, delimitados.[266] Na descolonização, tratava-se de uma questão política ampla, em que se combinavam vários problemas simultaneamente e o objetivo era dar legitimidade a quem não tinha, as colônias. A meta era ampliar a própria legitimidade do sistema internacional como um todo, ao aceitar todos os novos parceiros que tinham as condições de autonomia. Como observa Luard, a Organização transforma a natureza de seus objetivos porque passa a incluir, entre as suas responsabilidades, a de promover mudanças sistêmicas: "Se o principal papel da Organização era a preservação da paz, isso significaria que era dever seu manter o *status quo*, ou ela deveria se preocupar, em alguns casos, com a promoção ou a administração das mudanças na sociedade internacional como um meio em direção a esse fim?"[267] A legitimidade para levar adiante a descolonização não surge automaticamente. O primeiro passo da conquista política foi incorporar o tema à agenda da ONU. Torná-lo multilateral.

A luta anticolonial assume, depois da Segunda Guerra, muitas formas, algumas violentas, como na Argélia ou nos países de língua portuguesa. Porém, a despeito da resistência das potências, o fato é que, ao fim dos 60, a descolonização quase se completara, sobrando os núcleos duros da resistência portuguesa e da Rodésia. A transição controlada, que certamente

---

265 A ONU vai contribuir com missões locais, organizar referendos, inclusive sobre a anexação de territórios, como no caso de Ruanda-Urundi e da Eritréia. Os processos de independência dos territórios sob tutela foram relativamente fáceis.

266 No campo da segurança, quando a ONU é foro de negociação para o desarmamento, também lida com questões gerais. Mas o cotidiano são as crises e os conflitos específicos.

267 Conferir Luard, *A History of the United Nations: Volume Two: The Age of Decolonization, 1955-1965*. Londres: Palgrave, 1989, p. 7. O livro de Luard é referência necessária para o exame do início do processo de descolonização.

poupou vidas, se explica em parte pelo fato de que a ONU, tanto na Assembléia quanto no Conselho, acompanha o processo, sobretudo a partir do fim dos anos 50, e o aprova, concedendo-lhe legitimidade plena. As resoluções da Assembléia Geral completam e modificam o quadro legal que sustenta o colonialismo e, assim, se criam as bases para que a descolonização seja incontestável do ângulo jurídico. Isto facilitará que se desenrole com menos atrito e violência, o que seria possível supor que ocorreria se o espaço político estivesse confinado ao confronto direto entre colonizados e imperialistas. A ONU fortalece os primeiros e enfraquece os segundos que, nos estágios iniciais do processo, eram os que dispunham dos instrumentos de força e violência. Não obriga os Estados colonialistas, mas, como veículo de transmissão de correntes de opinião pública, induz a que modifiquem suas atitudes. Luard define bem o papel das pressões que, na Assembléia, se reúnem pela descolonização: "Tomadas em conjunto, as pressões certamente não poderiam ser de todo ignoradas por uma potência colonial, qualquer que ela fosse. Mas elas não eram fortes o suficiente para induzir mudanças radicais nas políticas. A organização, nesse ponto, como em tantos outros, podia persuadir, mas não compelir; exigir, mas não impor; condenar, mas não coagir. Aqui, como em outras áreas, o poder de decisão continuava, em última análise, em mãos dos Estados-membros".[268]

Qual são as bases que a Carta oferece para lidar com o problema colonial? Há dois capítulos que tratam do tema, o XI e o XII. Este cria o sistema de tutela que abrange os territórios que estavam sob mandato na Liga, os que tinham sido colônias dos Estados inimigos, e finalmente os que seriam voluntariamente colocados sob a supervisão da ONU (art. 77, I).[269] O sistema seria administrado por um Conselho que teria, entre outras, a função de receber relatórios das potências administradoras, fazer visitas periódicas aos territórios etc. O capítulo XI, mais geral e que enquadra a tutela, se intitulava *Declaração sobre os Territórios Não-autônomos* e, de maneira geral, incorporava o compromisso das potências coloniais de aceitar

---

[268] Luard, idem, ibidem, p. 197.

[269] Os territórios sob tutela eram Camarões (Grã-Bretanha) e Camarões (França), Nauru, Nova Guiné, Ilhas do Pacífico Norte, Ruanda-Urundi, Somália, Tanganica, Togo (Grã-Bretanha) e Togo (França) e Samoa Ocidental.

como um "dever sagrado a obrigação de promover ao máximo possível [...] o bem-estar dos habitantes desses territórios" (art 53). Para alcançar esse objetivo, seguia-se o compromisso de promover o autogoverno, contribuir para o desenvolvimento de instituições políticas livres e transmitir ao Secretário-Geral informações sobre as condições econômicas, sociais e educacionais dos territórios. O compromisso era geral, não mandatório (embora mais específico no sistema de tutela), mas é esta a base a partir da qual se articulam os argumentos multilaterais em favor da independência. O núcleo do problema da descolonização não está nos poucos territórios sob mandato, mas no vasto mundo do império francês e britânico. Como lembra Jacobson, "Contando as dependências de Portugal e da Espanha, o número de territórios com autogoverno fora do sistema de tutela era mais que oito vezes maior, e eles abrigavam um número dez vezes maior de povos. Para estes, com a exceção do Sudoeste Africano [...], o aparato das Nações Unidas era uma estrutura muito mais frouxa e menos substancial, derivada do Capítulo XI".[270]

Ora, quando a Carta é assinada, as potências coloniais ainda estavam longe de aceitar a inevitabilidade da independência e, como redatores principais, França e Grã-Bretanha admitiram o tema, mas de forma limitada e controlada. O resultado é ambíguo. De um lado, para enfraquecê-lo, é sintomático que, no capítulo, o caráter normativo seja atenuado com a noção de que se aprovava uma "Declaração", não um marco jurídico. De outro, apesar das ressalvas, como diz Kay, "A suposição, por parte dos Estados-membros, de responsabilidades internacionais por todas as suas possessões coloniais era uma quebra importante da ordem tradicional. Retrospectivamente, vemos que é a Declaração do Capítulo XI que permite o vislumbre mais claro das forças fundamentais então mobilizadas para a mudança da ordem colonial".[271]

Que forças são essas? Aqui, como em outros capítulos da Carta, define-se um espaço de legitimidade geral, ou seja, os povos devem caminhar para o autogoverno. De que maneira, como e quando, são problemas que o jogo

---

270 Jacobson, op cit., p. 45.

271 Kay, "The Politics of Decolonization: The New Nations and the United Nations Political Process", *International Organization*, v. 21, n.4, p. 788, 1967.

político terá que resolver e, no caso da descolonização, o fez com precisão e em pouco tempo.

Comecemos por estudar a origem do argumento a favor da descolonização, que, de maneira indireta e tímida, se desenha em San Francisco e ganha sua forma final, em 1960, ao se aprovar, na Assembléia, a Declaração de Concessão de autogoverno, a célebre RES 1.514, da XV Assembléia Geral. De fato, a Carta não proclama o fim do colonialismo e, na realidade, não há nenhum artigo que lide diretamente com o problema. Porém, ao estabelecer, nos capítulos XI e XII, o que deveriam ser as responsabilidades dos que controlassem os territórios não-autônomos e os sob tutela, abre-se o espaço ideológico para que se explore o caminho da autodeterminação como fundamento político e legal para a independência. Vimos acima os seus termos gerais, e vale sublinhar as expressões dos artigos 73 e 76, que referem o compromisso de promover o autogoverno, levando em consideração as aspirações políticas de seus povos, e "auxiliá-los no desenvolvimento progressivo de suas instituições políticas livres, segundo as circunstâncias específicas de cada território e de seus povos, em seus graus variados de adiantamento". Qual era o desafio ideológico?

Em primeiro lugar, ampliar a noção de autodeterminação de tal forma que sustentasse as reivindicações de independência. A tendência das Potências coloniais era limitar o conceito, restringindo a noção de "autogoverno" de tal modo que simplesmente significasse algum tipo de "democracia interna", como no caso francês ou português, em que as colônias se tornavam parte do Estado como províncias ou territórios dependentes. Para a França, como a colônia elegia membros da Assembléia Nacional, o tema do autogoverno estaria resolvido. Em segundo lugar, tratava-se de abrir o espaço multilateral para além do universo dos territórios tutelados para incluir, sem exceções e como responsabilidade internacional, as colônias em suas diversas formas. A Carta cria padrões para lidar com os tutelados e fala na possibilidade de independência (art. 76, b), mas é vaga em relação às colônias diante da resistência da França e da Grã-Bretanha, nos anos 40, em abandonar os seus domínios.[272] Finalmente, tratava-se de atribuir à

---

[272] Os britânicos se negaram a introduzir a noção de "independência" nos capítulos sobre povos dependentes, contra a posição dos EUA. Schlesinger resume o debate: "[...] Stettinus, mais adiante, veio a forjar uma solução de compromisso através da qual os britânicos puderam manter

comunidade internacional, representada pela ONU, instrumentos que influenciassem o destino das colônias. Para voltar aos conceitos de Ruggie, a construção das bases de legitimidade do processo de descolonização se iniciaria no momento em que ganhasse interesse universal, constituindo parte do espaço simbólico indivisível, que é a base para as ações multitlaterais.

As potencialidades de abrir o espaço de legitimidade derivavam, no caso do sistema de tutela, como lembra Inis Claude, de que o sistema, ainda que limitado, visava ideologicamente a combater dois "males" da vida colonial. O primeiro é a disputa que as colônias ensejam e que historicamente estimularam a conflitos e guerras, como nas teorias imperialistas, de corte leninista. E, de outro lado, o objetivo é extrair as "boas conseqüências" da teoria do fardo do homem branco, ou seja, extrair da capa ideológica do colonialismo as suas conseqüências mais radicais. Se há que aproximar o mundo colonial do mundo "civilizado", há que fazê-lo completamente e, para isso, a independência política é um passo necessário. [273]

Outro elemento fundamental é a disposição da Carta em matéria de direitos humanos. Um dos supostos da situação colonial é a diferença entre quem domina e quem é dominado. O primeiro, por alguma razão, é superior ao segundo e, por isso, o direito de colonizar. Ora, a Carta é explícita na defesa da universalidade dos direitos humanos e na condenação da discriminação racial. Como indica Brad Roth, "[...] a guerra havia sido travada contra a ideologia da conquista e da superioridade racial; era

---

o conceito de autogoverno na seção dos povos dependentes; mas os americanos, ansiosos por lustrar sua imagem de anti-imperialistas, ativeram-se à palavra 'independência' no dispositivo tratando dos princípios do sistema de tutela, mencionado no capítulo XII." Ver Schlesinger, *Act of Creation*, op. cit., p. 235. O artigo 76 (b) coloca, entre os objetivos da tutela, "promover o progresso político-econômico, social e educacional dos habitantes dos territórios tutelados, bem como seu avanço progressivo em direção ao autogoverno ou à independência, conforme apropriado às circunstâncias específicas de cada território e de seus povos e ao desejo livremente expresso pelos povos em questão, e tal como estabelecido nas cláusulas de cada acordo de tutela". Em contraste, o artigo 73 (b), que refere as colônias, é mais restrito, ao dizer: "desenvolver o autogoverno, levar na devida conta as aspirações políticas dos povos e assisti-los no desenvolvimento progressivo de suas instituições políticas livres, segundo as circunstâncias específicas de cada território, de seus povos e de seus variados estágios de desenvolvimento".

273 Inis Claude, *Swords into Plowshares,* op. cit., p. 352.

natural que a ordem do pós-guerra, incorporada na Carta das Nações Unidas, fosse expressamente baseada 'no respeito pelo princípio dos direitos iguais e da auto-determinação dos povos'" (arts 1(2) e 55).[274] Na mesma linha Jacobson, ao referir que "A força mais saliente implícita nas recomendações das Nações Unidas (em favor da descolonização) parece ter sido um sentimento de que toda a discriminação racial deveria ser eliminada, e que os habitantes nativos dos territórios dependentes tinham direito a uma posição de plena igualdade".[275] Na verdade, o próprio Stettinius acreditava que, com base nos princípios da Carta, a descolonização seria inevitável. Como lembra Schlesinger, "Stettinus acreditava que, com o passar do tempo, os altos princípios estabelecidos na Carta, bem como a força combinada da opinião pública das regiões dependentes e de todo o mundo, atuariam como uma influência poderosa no sentido de obrigar os senhores coloniais a abrir mão do controle de suas possessões e encaminhar-se rumo à independência. O histórico dos anos decorridos desde 1950 justificou as crenças de Stettinus."[276]

Para a lógica da legitimidade multilateral, o desafio central seria admitir que se tratasse, no espaço internacional, de uma situação que as Potências coloniais consideravam dentro de sua jurisdição doméstica. Que se incluísse, sem limites, a autodeterminação na agenda. Como isto vem a ocorrer? Para entender os fundamentos políticos do processo, há que considerar três fatores simultâneos que se alimentam: a fragilização da legitimidade política do colonialismo, que perde a sua característica de parte da ideologia dominante, na medida em que deixa de contar com a unanimidade das Potências hegemônicas (os EUA, a URSS e a China criticavam, de diferentes maneiras, o sistema) e que a própria Grã-Bretanha iniciara, na Índia, a concessão da autonomia;[277] o vigor do movimento pela indepen-

---

274 Roth, *Governmental Illegitimacy in International Law*. Oxford: Oxford University Press, 2000, p. 207.

275 Jacobson, op. cit., p. 46.

276 Schlesinger, *The Act of Creation*, p. 235.

277 Para uma análise da ambigüidade da posição dos EUA e dos demais atores, ver Jacobson, op. cit., p. 41.

dência nas colônias, com a organização de partidos e grupos que explicitamente a demandavam;[278] e a posição tendencialmente minoritária das Potências coloniais na Assembléia Geral, que passou a funcionar, sobretudo a partir da metade dos anos 50, com maiorias comandadas pelas ex-colônias. Não é simplesmente que se formem uma nova maioria, mas que se forme uma *maioria organizada*, com a constituição do Movimento Não-Alinhado (MNA). Aliás, é sintomático que a expressão da Declaração de 1960 tome seus termos justamente da reunião de Bandung.[279] A legitimidade da descolonização nasce da expansão de argumentos que estavam na Carta e, de outro lado, da imposição dos novos e numerosos membros da Organização. À medida que o processo de descolonização avança, aumenta a presença das ex-colônias e, conseqüentemente, o isolamento parlamentar das potências coloniais se acentua. Não é a ONU que "produz" a descolonização, mas é um espaço vital para que as Potências percebam que a legitimidade de sua posição é crescentemente frágil. Em última instância, a origem da legitimidade anticolonial nasce de processos nacionais, mas a ONU servirá para ratificá-la e ampliá-la.

Até o fim da década de 50, o debate sobre descolonização não tinha ganhado *momentum*. Ficava praticamente restrito ao Conselho de Tutela, controlado pelas Potências coloniais. A partir dos anos 60, os números se convertem em poder institucional com uma conseqüência decisiva, que é o trazer a questão colonial para a Assembléia Geral e aí concentrar as decisões sobre o tema. Como Kay mostra, é impressionante o crescimento da proporção de países que se tornam independentes depois de 1945. Em 1955, correspondiam a apenas 13,2% dos membros; em 1966, chegavam a 45%. Outro dado importante é o afluxo de membros africanos (em 1960, 16 são admitidos).[280] Além dos números, outro elemento decisivo é a aliança que a URSS procura forjar com os novos membros, colocando-se ao lado

---

278 Ver, para uma análise recente do processo de independência, Meredith, *The State of Africa: A History of Fifty Years of Independence*. Londres: Free Press, 2005. Note-se que o autor não cita o papel da ONU na descolonização, limitando-se a examinar a relação com as potências coloniais.

279 Ver Kay, op. cit., p. 791.

280 Kay, op. cit., p. 786.

na luta "antiimperialista". É a União Soviética que lança, em 1960, na XV Assembléia, o primeiro projeto de resolução sobre anticolonialismo que, por ser muito radical, será substituído pelo do MNA, finalmente aprovado, por 82 votos a favor e 9 abstenções. O segundo movimento, para que os números valessem politicamente, foi o de transferir o poder de decisões sobre os territórios não-autônomos do Conselho de Tutela e do Conselho de Segurança para a Assembléia.[281] Kay resume graficamente o padrão de votação nas resoluções sobre as questões coloniais e de que maneira mesmo as potências que as detinham mudam o seu voto de modo gradual. Sua conclusão é uma reflexão perfeita e sintética sobre os efeitos da nova legitimidade. Depois de analisar a evolução dos votos da França, da Grã-Bretanha e dos EUA em 97 votações sobre descolonização entre a V e a XV Assembléias e observar o declínio do voto negativo daqueles países, diz "[...] o fato mais notável revelado nessa análise foi que havia-se tornado extremamente fora de moda opor resistência ao ímpeto anticolonial das novas nações [...] O voto contrário a essas medidas deixou de ser respeitável e político, e o único modo prudente de registrar oposição na Assembléia passou a ser a abstenção".[282] Não haverá melhor e mais clara definição dos constrangimentos que traz a legitimidade.

A nova maioria cria um órgão subsidiário da Assembléia, o Comitê Especial sobre o Colonialismo (Res 1.654, XVI AG), que serve às novas nações de meios "pressionar no sentido do fim do colonialismo sem a necessidade de se curvar frente aos poderes administradores, tal como ocorria no Conselho de Tutela ou na Comissão de Informações sobre os Territórios

---

281 Diz Kay, "Por razões parcialmente relacionadas ao pequeno número de países submetidos ao sistema de tutela, e mais diretamente associadas ao poderio das forças anticolonialistas presentes na Assembléia, o período 1946-1960 foi marcado por uma transferência progressiva do interesse ativo pelas questões coloniais do Conselho de Tutela para a Assembléia Geral. A Assembléia, durante esse período, muitas vezes criticou o Conselho de Tutela por sua timidez no trato com as potências coloniais. A Assembléia não hesitava em discutir as disputas coloniais, das quais o Conselho de Segurança tentava se evadir. Desse modo, em inícios de 1960, a Assembléia, após uma década e meia de interesse e investigações ativas sobre os problemas coloniais, havia estabelecido para si, no âmbito da Organização, uma posição dominante com respeito a essas questões". Kay, op. cit., p. 789.

282 Kay, op. cit., p. 782.

sem autogoverno."[283] Diferente dos dois primeiros, em que as potências coloniais ocupam metade dos assentos, o novo órgão tem clara maioria anticolonial, com oito dos 17 membros provenientes de países da Ásia e África, dois do mundo socialista, dois da América Latina, além de dois da Europa Ocidental, mais EUA e Austrália. A maioria age de forma sistemática para obter, uma vez definido o objetivo político, a aprovação da Assembléia ou do Conselho para as medidas que preconiza. Não é o caso de rever em detalhe o trabalho do Comitê, mas é suficiente lembrar que são seus esforços que levam a que a ONU aprove sanções contra a Rodésia, depois da declaração unilateral de independência. A mudança do padrão de legitimidade significa mudança das modalidades do uso dos instrumentos de ação, não só da Assembléia (que passa, por exemplo, a autorizar visitas *in loco* nas colônias) como no Conselho (que autoriza, contra a Rodésia, que a Grã-Bretanha use a força para impedir o furo ao bloqueio).[284]

Voltando à interpretação da Resolução 1.514, qual é o seu alcance? Em outros termos, dadas as condições para uma nova situação de legitimidade, que comportamentos novos são introduzidos e qual é a sua força? Vimos que, quando argumentos que redefinem padrões de legitimidade ganham espaço político, seu "valor", no sentido do grau de constrangimento gerado para os Estados, varia. De muito tênue, quando o constrangimento é vago, impreciso, mero anúncio de um comportamento possível, até, no extremo oposto, quando se converte em norma, com a marca de uma sanção possí-

---

283 Kay, op. cit., p. 795.

284 A importância do movimento é de tal ordem que leva a inovações importantes na história do Conselho e criação de antecedentes que terão impacto anos mais tarde: "Desafiando o pedido do Conselho de Segurança de um embargo dos carregamentos de petróleo e derivados para a Rodésia do Sul, dois navios-tanque petroleiros foram descobertos, em abril de 1966, próximos ao porto de Beira, no Moçambique português, com cargas que, segundo boatos, destinavam-se à Rodésia. A pedido do governo britânico, o Conselho de Segurança se reuniu e emitiu uma declaração no sentido de que a situação 'se constituía numa ameaça à paz', autorizando os britânicos a evitarem, 'com o uso da força, se necessário', que o petróleo chegasse à Rodésia através do porto de Beira. Esse fato marcou a primeira vez que um país foi autorizado a executar uma decisão do Conselho de Segurança". Kay, op. cit., p. 801. Para uma análise dos fundamentos jurídicos da Resolução 221 (1966) e outros casos de delegação de competência do Conselho para interdição de navios, ver Sarooshi, *The United Nations and the Development of Collective Security,* op. cit., p. 194.

vel (simbólica ou material). No processo de descolonização, encontramos um dos mais perfeitos exemplos do segundo movimento. Lembremos o essencial da Resolução 1.514: a sujeição de povos a dominação e exploração estrangeira são contrárias à Carta das Nações Unidas; todos os povos têm direito à autodeterminação e, em virtude desse direito, estão livres para determinar o seu *status* político e buscar livremente o seu desenvolvimento econômico, social e cultural; falta de preparação política, econômica, educacional ou social não deve jamais servir de pretexto para postergar a independência; todas as ações armadas ou medidas repressivas dirigidas contra povos dependentes devem cessar para que eles possam exercer pacifica e livremente o direito à completa independência, e que sua integridade territorial seja respeitada. Como nota Brad Roth, a resolução da XV Assembléia significa, na verdade, uma verdadeira mudança na maneira de interpretar a Carta e mais do que isso, cria um direito novo. Em que sentido? Até então, as normas sobre autodeterminação se assemelhavam àquelas sobre direitos humanos já que do juízo do Estado soberano para que fossem interpretadas e implementadas. Quem regulava, afinal, a "obrigação" de desenvolver autogoverno, como indicado no artigo 73, era a Potência colonial. As normas, no entender daquele autor, tinham natureza programática, não eram auto-executáveis. Não obstante, as resoluções 1.514 e 1.541 "foram ao cerne da questão da soberania, juntando-se ao universo dos princípios essenciais do sistema de igualdade soberana".[285] Na verdade, ainda na interpretação de Roth, "Apesar de os poderes administradores continuarem a afirmar o artigo 2 (7), a *opinio juris* dominante interpretou construtivamente a administração dos territórios como semelhante à ocupação beligerante e, portanto, não 'essencialmente' contida na jurisdição interna".[286] As resoluções minavam qualquer legitimidade que as Potências coloniais ainda pudessem reivindicar e a conseqüência foi o desenho de sanções, ora morais (no caso de Portugal) ora materiais (no caso da Rodésia) para os que resistiram.[287]

---

285 Roth, op. cit., p. 211.

286 Roth, op. cit., p. 211.

287 Portugal, por exemplo, deixa de representar, na Assembléia, suas "províncias ultramarinas"

Como sabemos, a trajetória da luta anticolonial prossegue e novas decisões são tomadas. Nos anos 70, são aprovadas resoluções que insinuam que a luta armada era uma resposta legítima à resistência à independência. Outra decisão marcante é a inclusão no Protocolo I à Convenção de Genebra, exatamente o que cobre conflitos internacionais, a proteção dos que combatiam contra a dominação colonial, transformando-os, portanto, em prisioneiros de guerra, com as proteções respectivas. O reconhecimento dos movimentos de libertação nacional como únicos representantes do povo por quem lutavam é outro fator.[288]

É importante indicar que, depois da fase da década de 1960, em que alcançam praticamente unanimidade, as resoluções sobre o processo de descolonização, especialmente as que dizem respeito ao reconhecimento de movimentos de libertação, são aprovadas contra o voto Ocidental. Porém, o movimento tinha tal dinâmica que, apesar de que o ideal da legitimidade é o de que se sustente em resoluções consensuais, neste caso, a falta de consenso não abala o processo, em parte porque os movimentos que o levam adiante se dão no terreno (e, aí, especialmente no caso de Portugal, a luta continuará para ser finalmente vitoriosa em meados dos anos 70).

Umas tantas conclusões podem ser tiradas. A primeira e mais evidente é a de que a distribuição de poder na Organização afeta os parâmetros da legitimidade. No caso da descolonização, e já que estamos numa realidade parlamentar, são os novos números de Estados-membros, com as afinidades derivadas da condição de ex-colônias, que mudam a realidade política intra-ONU. Ainda do ângulo das realidades políticas, o fato de que a URSS estivesse do lado dos que defendiam a descolonização e os EUA tivessem uma posição hesitante permitiram que o processo avançasse sem resistência e que, mesmo no Conselho de Segurança, fossem aprovadas resoluções condenatórias dos que resistiam ao movimento. Porém, há dois elementos fundamentais. O primeiro é a maneira como a maioria "joga" com a maquinaria institucional e é capaz de criar comitê que dá expressão a seus pleitos. Porém, mais importante, a descolonização na ONU é um processo que, de

---

288 Ver Resolução 35/227 A (1981) para o caso da SWAPO. Outro sinal interessante foi o reconhecimento do PAICG como governo legítimo da Guiné Bissau em 1973 (Resolução 3061(XXVIII)).

um lado, acompanha o que se passa na realidade (os avanços são simultâneos) e, de outro, tem limites e contornos definidos. Poderia haver resistências políticas, mas nenhuma dúvida de onde chegar e que tipo de legitimidade se requeria. Em certo sentido, por isso, foi um exemplo único. Se observamos processos que poderiam ser similares, como o da recuperação dos territórios da Palestina, tomados por Israel, é evidente a força de legitimidade do pleito, mas o processo "real" é mais complexo e a resistência israelense teve, até agora, o apoio, direto ou indireto, dos EUA.

A possibilidade de que pleitos legítimos prevaleçam não é determinada pela unanimidade ou pela maioria na aprovação de uma resolução. Depende de outras fontes que estariam fora da ONU, tanto políticas (por exemplo, a luta nacional) quanto ideológicas (a violação de direitos humanos como marca do colonialismo). Mas a base de legitimidade foi fundamental na descolonização, como é em qualquer movimento multilateral.

B. 3. Desenvolvimento

Comparada com a descolonização, a questão do *desenvolvimento* na ONU tem alguma semelhança, já que os números passam a ser decisivos na década de 1960 para articular tendências, mas também nítidas diferenças. Entre estas, a natureza do objetivo, que, na descolonização é claro e tem um desfecho institucional, a independência. Já o desenvolvimento admite interpretações variadas e contraditórias, que se modificam e ganham em complexidade com o passar do tempo. A finalidade de quem luta pela autonomia política é unívoca, o que evidentemente não ocorre quando se fala de metas de crescimento e caminhos para atingi-las. Aí, impera a diversidade. Outra diferença, importante para entender o processo de composição da legitimidade, deriva de que são muitos os foros que interferem no debate econômico – Assembléia, UNCTAD, Conferências Globais etc. – e, de forma decisiva, além do corpo central das agências da ONU, as instituições de Bretton Woods. Na descolonização, o contraponto para a Assembléia Geral eram as lutas nacionais, lastreadas na força que derivava de um dos aspectos centrais da legitimidade contemporânea, que é a vontade da maioria como base para a organização política. Os dois processos, o multilateral e o nacional, se alimentavam e se reforçavam, o que evidentemente não ocorre no plano da economia internacional.

Nas questões de segurança e de descolonização, prevalece nitidamente o internacional, ainda que, especialmente no primeiro caso, os conflitos intra-estatais ocupem, em tempos recentes, parte importante da agenda do Conselho. Mas, lembremos que, na concepção original – e em vários casos até hoje – seria possível conceber conflitos em que o ingrediente internacional prevalecesse plenamente. No caso do desenvolvimento, as dimensões do nacional e do internacional se cruzam e se completam necessariamente. As políticas internas (por exemplo, qual é o grau de planejamento desejável ou de liberdade para empreender que se requer no mercado para que um país cresça) se complementam com as externas (qual é o grau de abertura comercial ideal, qual a proteção necessária para proteger indústrias para que se mantenham competitivas etc.). Há finalmente aspectos substantivos que condicionam o modelo de legitimidade para o desenvolvimento.

É natural que a legitimidade que produzem os órgãos da ONU seja sempre questionada, incompleta, exatamente porque é da própria natureza da vida econômica a controvérsia. As diferenças de perspectiva entre o caminho socialista e o capitalista, entre os países em desenvolvimento e os desenvolvidos, leva a que, para órgãos como a Assembléia, em que prevalece a igualdade, seja impossível propor senão orientações gerais e tênues sobre o comportamento dos Estados, ainda que, em alguns casos, tenham inspirado medidas práticas e mesmo obrigações. É marcante a diferença em relação às agências de Bretton Woods, que, com base em processos de decisão ponderados pelo aporte das contribuições, dispõem de instrumentos de pressão para moldar o comportamento dos Estados, como os empréstimos condicionados para aliviar crises de balança de pagamentos, ou o financiamento de obras de infra-estrutura. A noção de *condicionalidade* não cabe no vocabulário da ONU e é central no de Bretton Woods. As Potências fortalecem as agências multilaterais, como o Conselho de Segurança e o FMI, quando mantém uma razoável expectativa de que controlarão aquelas agências.[289]

---

289 Bretton Woods é o mais perfeito contraponto para a Carta. Esta define o que seria o desvio de comportamento do Estado no campo da segurança (o agressor). A grande inovação que

Será essa a razão por que os compromissos da Carta, em matéria de desenvolvimento, são amplos e vagos. Estamos longe das prescrições (relativamente) mais incisivas e claras da área que se encontram nos dispositivos sobre segurança coletiva. No artigo 1º (3), estabelece-se o propósito de promover a cooperação internacional para resolver os problemas internacionais de caráter econômico e social: no Capítulo IX, artigo 55, com vistas à criação de condições de estabilidade e bem-estar, necessárias para as relações pacíficas e amigáveis entre as nações, indica-se que a ONU deve promover a melhoria dos padrões de vida, o pleno emprego, e condições de progresso e desenvolvimento, além da solução dos problemas econômicos e sociais, na esfera internacional. No artigo 56, todos os membros se comprometem a agir individualmente e em conjunto para, em cooperação com a Organização, alcançar os objetivos definidos no artigo 55. Cria-se, no capítulo X, o Conselho Econômico e Social, que se dedicará a fazer recomendações e tomar iniciativas nesses temas.

Apesar da formulação ampla, o desenvolvimento é outro dos pontos em que a ONU vai além da Liga, porque, em primeiro lugar, estabelece claramente a relação entre paz e desenvolvimento e, em segundo, porque, em vez de objetivos limitados, como no artigo 33, da Liga, agora um órgão, o ECOSOC, é criado essencialmente para tratar dos temas de desenvolvimento econômico e social.[290] A questão era, de novo, como explorar o espaço aberto pela Carta, de que maneira torna concreto e preciso o que se formulava como aspiração geral. Mais precisamente, a *legitimidade geral*, que aceitava o desenvolvimento como um tema internacional, a ser debati-

---

trazem o Fundo e o Banco é a proposta de um comportamento "correto" no campo da economia. Como resume Ian Clark, a partir de 1945, "A idéia de legitimidade internacional deveria portanto ser ampliada para abranger a conduta internacional correta na esfera econômica". Clark, *Legitimacy and Internacional Society*, op. cit., p. 139.

290 O artigo 23 (a) aponta, entre os compromisssos dos Estados, "Farão o possível para assegurar condições de trabalho justas e humanas para homens, mulheres e crianças, tanto em seus próprios países quanto em todos os países aos quais suas relações comerciais e industriais se estendam e, para esse fim, estabelecerão e manterão as organizações internacionais necessárias". A proposta social mais importante está, no entanto, no capítulo XIII, do Tratado de Versalhes, que trata de trabalho e leva à criação da Organização Internacional do Trabalho (OIT). Sobre o assunto, ver Clark, *Legitimacy and World Society*, op. cit., p. 107-129.

do em foro universal, deveria ser continuada por articulação de *legitimidade específica*, composta de decisões que indicassem de que maneira a cooperação internacional serviria efetivamente ao desenvolvimento. Insista-se: é um espaço aberto, indefinido. Em tese, poder-se-ia chegar a acordos e normas ou ficar na repetição das aspirações. Qual foi o percurso?

No marco da Guerra Fria, um primeiro fato a notar são as diferenças de modelo de desenvolvimento. Cada bloco seguirá um. No caso da segurança, a disputa ideológica leva à paralisia do Conselho e à concentração da agenda em conflitos periféricos. No caso do desenvolvimento, o panorama é mais complexo. Na passagem dos temas da alta política para os das questões práticas da economia, a lógica da oferta multilateral é diferente. É evidente que a Guerra Fria também modelará a evolução dos temas econômicos, porém há espaços de liberdade que se abrem, entre outras razões porque, neste campo, outros protagonistas emergem. O primeiro deles, com papel decisivo, é o próprio Secretariado na produção de idéias. É evidente que, tanto no caso das operações de paz quanto na descolonização, a burocracia internacional também tem influência, e às vezes, é significativa, especialmente o seu chefe, o Secretário-Geral. Foi assim com Hammarksjold no Congo. No caso do desenvolvimento, quem pesa são os "intelectuais" da Secretaria, como Prebisch, por exemplo.[291] O confronto ideológico tinha várias dimensões e uma delas se situava no plano do debate intelectual sobre vantagens e desvantagens de cada modelo. Mas havia um campo exterior ao confronto, que era o comércio. Mais precisamente: o comércio não era importante nas relações entre os países desenvolvidos ocidentais e os do campo soviético, mas constituía o fundamento das relações "concretas" para o resto da comunidade internacional. Aí, se dá o encontro que estrutura as atividades da ONU no campo econômico e que

---

[291] A história do peso das idéias na evolução do debate econômico está contada por John Toye e Richard Toye, *The UN and Global Political Economy*. Bloomington: Indiana University Press, 2004. Esta será a referência fundamental para o processo que vamos procurar descrever. Há "criadores" também no mundo da segurança e um dos mais notáveis foi Ralph Bunche, cuja biografia foi escrita por outro eminente membro do Secretariado, Brian Urqhart (*Ralph Bunche, An American Odyssey*. Nova York: Norton, 1993). Outro "criador" na área de segurança foi, mais recentemente, Marrack Goulding, cujo livro *Peacemonger* é um testemunho interessante.

dividirá ricos e pobres. E é sintomático que qualquer história da trajetória da Organização no campo econômico sublinhe o papel da CEPAL porque Prebisch, como outros funcionários-intelectuais, são os que apresentam, de forma "pura", o modelo ideal do encontro entre ricos e pobres (a pureza teórica nunca é um componente das resoluções negociadas).

Qual era a concepção de desenvolvimento que prevalecia quando se negocia a Carta? As traves ideológicas da Carta, desenhadas essencialmente por americanos e britânicos, são articuladas em contraponto ao que ocorre no entre-guerras, visando a corrigir as insuficiências da Liga e a impedir os equívocos de gestão política que finalmente levaram à Guerra. Isto que vale para a segurança, vale também para a dimensão econômica. O fechamento das economias e a guerra de tarifas seriam os defeitos a sanar. Assim, as causas fundamentais dos problemas econômicos poderiam ser erradicadas pela criação de uma economia mundial baseada em regras multilaterais não discriminatórias para comércio e pagamentos. Isto facilitaria um alto grau de especialização, desencadeando as forças que permitiriam o desenvolvimento dos "países atrasados", com ganhos para o sistema em geral.[292]

Para levar adiante essas idéias, há, como vimos, uma bipartição de tarefas. As duras, que envolvem financiamento para o desenvolvimento e equilíbrio cambial, ficam com os órgãos controlados. Outras, indefinidas na origem, são abertas ao debate igualitário. Para estas, como notam os irmãos Toye, os americanos acreditavam no *multilateralismo processual*, de tal forma que as inclinações e preferências dos Estados deveriam ser discutidas, negociadas, obter consenso para finalmente valer para a comunidade internacional. No campo social e econômico, não há, portanto, veto nem posições privilegiadas (como em Bretton Woods) porque, afinal, a Carta não oferece nada que possa constranger os Estados na área econômica e social. Se a ONU não seria o instrumento para impor idéias dos ricos, também estaria garantido que não serviria para impor as dos pobres. Abria-se, assim, a possibilidade de que o projeto original, de corte ortodoxamente li-

---

[292] Toye e Toye, op. cit., p. 18. Em San Francisco, "Havia pouco reconhecimento das necessidades econômicas especiais desses países (em desenvolvimento) na Carta das Nações Unidas em si ou nas discussões intergovernamentais que deram origem a suas agências especializadas [...] a receita prescrita para a prosperidade era a mesma para essas nações que para as mais ricas." (p. 26).

beral, fosse questionado, modificado, qualificado.[293] De fato, nos primeiros anos do debate econômico na ONU, o foco era demonstrar que, em vista da diferença essencial entre países ricos e pobres no sistema econômico, deveria haver, nas regras sobre comércio e finanças, dispositivos que reconhecessem aquela diferença e buscassem atenuá-la.

Nas constituições originais do FMI, do Banco Mundial e do GATT, as regras de não-diferenciação foram claramente consagradas.[294] É sintomático que os soviéticos, claramente "diferentes" do ângulo da organização econômica e que relutantemente tinham aceitado a criação do ECOSOC, não entraram nas instituições de Bretton Woods, o que também leva a que o debate sobre economia internacional venha a se fazer essencialmente no âmbito das relações entre o mundo ocidental desenvolvido e o mundo em desenvolvimento, não-socialista ou, pelo menos, não ortodoxamente socialista, já que a Iugoslávia desempenhará um papel importante no debate e na criação da UNCTAD.

A noção da diferença aparece, antes das formulações teóricas de Prebisch, no discurso político e nas negociações da Carta de Havana. O novo protagonista político é, portanto, o mundo em desenvolvimento. Um exemplo interessante da percepção política da diferença aparece em discurso do delegado colombiano Carlos Lleras Restrepo na primeira sessão do ECOSOC, construído diretamente com base em um dos objetivos estabelecidos na Carta, o do pleno emprego. Essencialmente, o seu argumento indica, aceitando a liberdade de comércio, a necessidade de que os países subdesenvolvidos diversifiquem a sua produção para atingir o pleno emprego, pois, caso contrário, algumas nações iriam ficar confinadas a uma ou duas atividades produtivas e manter, conseqüentemente, a distância das desenvolvidas; isto leva a que a liberdade de comércio deva admitir exceções, já que a industrialização supôs a "ajuda" de uma rígida política de proteção; e termina com a observação de que "Para os Estados Unidos, o pleno empre-

---

293 Idem, ibidem, p. 18. O projeto não aparece explicitamente na Carta, que fica no plano das aspirações.

294 Toye e Toye notam que, em Bretton Woods, houve manifestações de países latino-americanos em favor de esquemas de estabilização de preços de produtos primários, mas simplesmente não foram considerados. Idem, ibidem, p. 23.

go deve ser alcançado pela expansão do comércio mundial dentro de um sistema de liberdade econômica. Para nós, as palavras 'pleno emprego' possuem um significado especial e bem diferente. O que, na verdade, poderia significar para nós que todos os nossos trabalhadores estejam empregados, se eles trabalham nos setores menos produtivos da vida econômica, por salários menores que os de outras nações? E como poderíamos assegurar a estabilidade nesse 'pleno emprego', se estivermos limitados à produção de uma *commodity* que, tal como o café, está exposta a flutuações tão violentas de preços e de volume de consumo no mercado mundial?"[295]

O discurso de Lleras Restrepo estabelece, de maneira muito clara, como se desenvolve e se dá sentido mais "concreto" à noção geral de legitimidade, definida na Carta. E o primeiro passo seria exatamente definir diferenças entre tipos de economia ou de estágios de desenvolvimento. De um lado, nações industrializadas, de outro, produtores de matéria-prima, e, a partir daí, buscar justificar modos diferentes de política econômica. As idéias repercutem nos debates para o estabelecimento de uma organização para o comércio mundial, que chegou a ser negociada e plasmada na Carta de Havana, mas que finalmente não foi ratificada pelos EUA e não teve vigência. Foi mantido o GATT, acordo provisório de liberação do comércio, baseada na cláusula de nação mais favorecida.

Nos debates da Carta de Havana, as reivindicações diferenciadoras são apresentadas e se exprimem, basicamente, na ampliação, para os países subdesenvolvidos, da liberdade para usar instrumentos de proteção como restrições quantitativas, taxações diferenciadas, preferências regionais, além de limitar garantias para o investimento estrangeiro. Como indicava um delegado indiano, "[...] a proteção deveria ser vista não como uma mera concessão à fraqueza, mas como um instrumento legítimo de desenvolvimento".[296] Não é o caso de discutir o conteúdo da Carta de Havana e as controvérsias

---

295 Citado por Toye e Toye, idem, ibidem, p. 30.

296 Do lado oposto, Harold Wilson, delegado britânico, dizia: "A economia de nenhum país é estática: todos eles devem passar por um processo constante de readaptação [...] Não devemos ignorar os avanços muito reais que podem ser feitos no setor da produção primária, e que podem ser alcançados através de projetos de irrigação, energia e transportes, e pelo uso de métodos modernos e descobertas científicas". Toye e Toye, idem, ibidem, p. 37.

que gerou. Vale ressaltar, contudo, sem que se formasse um bloco negociador dos países subdesenvolvidos, foi possível aprovar algumas medidas que respondiam à visão de diferença que então começava a se definir e que se exprimia essencialmente na idéia de restrições quantitativas e acordos de estabilização de preços de *commodities*. Ainda que nada disso tenha valido na prática, já que a proposta Organização Internacional de Comércio nunca entrou em vigor, aí estão as sementes de uma nova atitude em relação ao modo de ver o comércio internacional.[297] Assim, é possível dizer que aquelas negociações estabelecem o núcleo conceitual do debate sobre o padrão de legitimidade em matéria econômica. Os países em desenvolvimento (que ainda não tinham ganhado essa denominação) queriam demonstrar a diferença do modo como se inseriam no sistema internacional e, com isso, ampliar o leque de opções de política econômica, fugindo ao estrito da ortodoxia. Ou seja, mais controle e menos mercado ou mais correção aos rumos do mercado. A suposição era de que, com os instrumentos adequados, a industrialização, motor geral do desenvolvimento, serviria para todos e todos atingiriam patamares razoáveis de bem-estar num período de tempo, se não previsível ao menos pensável. No entanto, nos primeiros anos, o pano de fundo é de clara hegemonia dos princípios liberais, combinado com a fragilidade negociadora do grupo de países em desenvolvimento.[298]

Da perspectiva deste grupo, dois, portanto, são os desafios, um conceitual: explicar, tão rigorosamente quanto possível, a necessidade de políticas adequadas à diferença; e, outro, político, criar condições parlamentares para que as deliberações econômicas na ONU incorporassem a dimensão do desenvolvimento. Era, portanto, necessário mostrar de que maneira dar ao desenvolvimento sentido de indivisibilidade e atender ao primeiro requisito da formulação de Ruggie. Neste sentido, a importância da contribuição de Prebisch que, apresentasse ou não méritos intrínsecos como teoria econômica, atendia a uma demanda intelectual e a uma demanda no campo da legitimidade. Não é o caso, aqui, de resumir as doutrinas da

---

297 Toye e Toye, idem, ibidem, p. 214.

298 Hegemonia intelectual porque, na prática, os países desenvolvidos adotaram práticas "diferenciadoras" em seu benefício, especialmente os europeus, para corrigir os problemas derivados da devastação da guerra.

CEPAL, estudadas e discutidas amplamente na literatura econômica.[299] O mérito político nasce de que tenta corrigir intelectualmente, e com argumentos consistentes, dentro do marco da teoria econômica clássica, os supostos liberais, baseada na idéia de que o caminho para o desenvolvimento universal seria a liberdade de comércio, com a operação pura e simples das vantagens comparativas. Ao trabalhar com a noção de deterioração dos termos de intercâmbio, a peculiaridade da situação dos pobres estaria demonstrada. E, a partir daí, as propostas de políticas corretoras ganhariam sustentação.

O argumento para transformar, com legitimidade, o desenvolvimento em um tema internacional passa a ter assim, além da base moral e política – o progresso facilita a paz –, um segundo fundamento, de natureza mais teórica. A primeira parte serve a todos, a segunda, a uma parcela dos países, os que são subdesenvolvidos e, indiretamente, também, a todos, já que o crescimento da economia dos pobres significaria mais comércio e mais competição e, portanto, um funcionamento melhor das vantagens comparativas. Assim, cumpria-se o requisito da indivisibilidade já que o argumento dos pobres serve também aos ricos. Como é normal em argumentos de política econômica, a controvérsia é natural e os ricos, liberais, vão defender o contrário, ou seja, o que serve aos pobres é mais liberdade.[300]

Apesar das discrepâncias, o projeto de cooperação econômica terá grau de legitimidade suficiente para gerar instituições e políticas. Por que isto ocorre? O passo decisivo é a descolonização ao aumentar o número dos Estados a que interessa a crítica à ortodoxia. Desta forma, o segundo aspecto da construção da legitimidade, números, passa a pesar do lado dos paises subdesenvolvidos.

---

299 Para uma análise da permanência das idéias da CEPAL e sua atualização, ver Cardoso, "Caminhos novos? Reflexão sobre os desafios da globalização", *Política Externa*, v. 16, n. 2 (set-out-nov, 2007), p. 9-24.

300 Aliás, a controvérsia começa com o debate sobre a paternidade do argumento da deterioração dos termos de intercâmbio, que começa com Hans Singer ou com Prebisch. De outro lado, é conhecida a resistência americana à criação da CEPAL e a atitude, aliás, consistente ao longo dos anos, de defesa do liberalismo na ONU. O discurso nem sempre correspondeu à prática política, especialmente em matéria de agricultura.

Isto explica por que, até o fim dos anos 50, a controvérsia existe, mas se dilui nas aprovações de resoluções que são meramente exortativas. Lidam mais com ajuda do que com comércio.[301] Isto muda quando a combinação argumentos – números determinam a convocação da I UNCTAD, em 1964, em Genebra. O que se ganha, do ângulo dos países em desenvolvimento, não são vantagens comerciais específicas. Elas até virão. Porém, em curto prazo, o ganho de legitimidade é de natureza processual, ou seja, o grupo dos 75 países que propugnam mudanças nas regras de comércio articulam *identidade* nas negociações internacionais, derivada de um lugar comum no sistema econômico.[302] Se são essencialmente produtores de *commodities*, na área mineral e agrícola, daí deriva, inicialmente, identidade de objetivos, como proteger de flutuações as rendas da exportação via acordos de estabilização de preços e, em segundo lugar, o que chamaríamos *reivindicações posicionais*, que nascem pelo mero fato da diferença de poder econômico. O país A é pobre e o B é rico, portanto, na negociação de uma regra, a barganha deve ser assimétrica e, daí, por exemplo, as propostas para tarifas diferenciadas (como as que se obtiveram no Sistema Geral de Preferências); as janelas de financiamento com juros subsidiados do Banco Mundial; a tentativa de ligar Direitos Especiais de Saque a desenvolvimento (que não prosperou). De um outro ângulo, a disputa é essencialmente uma disputa de poder sobre quem comanda o processo de produção de regras multilaterais em economia.[303]

---

301 Um exemplo é o das resoluções aprovadas pela XIII Assembléia. Tratam da constituição de um fundo especial para a assistência técnica (Resolução 131), sugerem estudos para a promoção do fluxo privado de capitais (Resolução 1.318) e sobre o comércio (Resolução 1.322) e exortam os países a melhorar e regular o comércio de produtos primários (Resolução 1.328). As resoluções refletem, mais que nada, a disposição de assistência dos países desenvolvidos, mas não se percebe nenhum traço que levasse a modificação da maneira de regular o comércio.

302 Acompanhando o processo multilateral, há que lembrar que o período do fim dos anos 60 é fértil na elaboração das teorias da dependência, que tentam explicar o lugar dos países em desenvolvimento no sistema capitalista internacional. Vão, é claro, muito além do processo negociador, e, diria, algumas em claro confronto com os limites modestos da ONU. Aqui, tratava-se de aperfeiçoar o sistema de comércio, para a dependência, reverter, para alguns radicalmente, o sistema de dominação internacional.

303 A tese é defendida por Krasner, *Structural Conflict, The Third World Against Global Liberalism*. Ithaca: Cornell University Press, 1983. Para uma visão diplomática do tema, ver o capítulo sobre a VII Assembléia Geral Especial no livro de Moynihan, *A Dangerous Place,* op. cit., p. 113-139.

Visto em sua lógica interna, para que o processo se aprofundasse e, portanto, a posição dos paises em desenvolvimento ganhasse mais legitimidade, algumas condições teriam que ser preenchidas, ou do lado dos números ou do lado dos argumentos. O ideal seria que se realizasse a hipótese de uma convergência universal, ou seja, ricos e pobres concordariam sobre de que maneira organizar o sistema internacional para o desenvolvimento. Há momentos em que sinais de convergência ocorrem, quando Kennedy lança a Década para o Desenvolvimento, aceitou-se a possibilidade de *soft loans* do Banco Mundial, o acordo de café foi estabelecido, o Sistema Geral de Preferências (SGP) foi introduzido, o artigo IV do GATT foi modificado etc. A convergência tem uma dimensão inevitavelmente política e reflete o interesse ocidental em criar pontes para o mundo em desenvolvimento e contrabalançar a influência soviética. Mesma quando se alcança um segundo estágio na definição da legitimidade, ou seja, quando se desenham instrumentos que a exprimam concretamente, haveria ainda um terceiro estágio, a implementação, que nem sempre corresponde ao que se pretendia inicialmente (o SGP, a mais importante conquista do G77, nem era sistema nem era geral, dadas as exceções e o controle pelos países que ofereciam as preferências).[304] A meta de 0,7% de assistência ao desenvolvimento será cumprida por uns poucos países.

Há outros dois aspectos a considerar. Por que não ocorre, salvo retoricamente, a convergência? Por que os argumentos nunca chegaram efetivamente a ser universais? Houve, sempre, em todas as instâncias, uma *reserva liberal*, especialmente por parte dos EUA, a maior economia do sistema internacional. As iniciativas do G77, mesmo quando aprovadas, nunca refletem consensos reais e profundos. Há, nos anos 70, com o surgimento da Opec, um reforço do poder de barganha do G77, mas que dura pouco e finalmente enfraquece os países mais fortes do mundo em desenvolvimento, em vista da crise da dívida.[305] As propostas se radicalizam (soberania sobre

---

304 Como dizem os Toye, "Os diversos esquemas de SGP oferecidos aos países em desenvolvimento na década de 1970 nem eram gerais nem eram sistemas. O urgente apelo de Prebisch por 'progressos em direção à não-reciprocidade, à não-discriminação e à generalização do SGP' apresentado perante a UNCTAD III foi de fato ignorado". Toye e Toye, op. cit., p. 236.

305 Para alguns analistas, o sucesso da Opec leva a um resultado paradoxal para os países em desenvolvimento. É a avaliação de Jolly; Emmerrij; Ghai e Lapeyre: "Na verdade, o próprio suces-

recursos naturais, e direito à nacionalização segundo leis nacionais, direito dos PEDs de estabelecer associações de produtores de *commodities*, indexação do comércio com vínculos entre preços de bens primários e industrializados, regulação internacional das transnacionais etc.)[306] De outro lado, as propostas incorporam talvez dose de irrealismo, que as tornam base pobre para o processo de implementação, como foi o caso da Nova Ordem Econômica Internacional, o código de conduta para as transnacionais, ou da Carta de Direitos e Deveres. Os argumentos, quando ganham contornos técnicos são em si mesmo controvertidos e de difícil implementação, como no caso do Fundo Comum para produtos de base.

Outro fator deriva de que, em processo essencialmente político, os momentos de afirmação do G77 são efêmeros e não têm força bastante para criar suporte político consistente que leve a uma mudança real do comportamento dos desenvolvidos. O episódio mais notável é na seqüência da formação da Opec, em que o mundo desenvolvido – e especialmente os EUA, com a crise no Vietnã, as contestações internas etc. – está enfraquecido diplomaticamente. Porém, o poder de barganha acrescido não se converte em vantagens parlamentares e ganhos conceituais expressivos. Se olharmos os resultados de reuniões, como a VI e VII Sessão Especial da Assembléia Geral, vemos que repetem impasses e tênues consensos, com resultados práticos limitados. Essas iniciativas culminam na conferência de Cancun, de 1975, em que se reúnem 15 chefes de Estado (de países desenvolvidos e em desenvolvimento) para aceitar praticamente o fim dos esforços por negociações globais, trave mestra de uma desejada nova ordem econômica internacional. A idéia de desenvolvimento continua na agenda,

---

so da ação da Opec plantou as sementes para o enfraquecimento dos países em desenvolvimento e a reafirmação do poderio dos países industriais, levando a enormes transferências de renda dos ricos dos países em desenvolvimento mais avançados para os exportadores de petróleo. Embora alguns recursos tenham sido mobilizados para beneficiar os países mais gravemente afetados, os vastos superávits da Opec foram reciclados para os países em desenvolvimento através do sistema financeiro ocidental, o que lançou as bases da severa crise da dívida da década de 1980". *UN Contributions to Development Thinking and Practice*. Bloomington: Indiana University Press, 2004, p. 123.

306 Gosovic; Ruggie, "On the creation of a New International Economic Order: issue linkage and the Seventh Special Session of the UN General Assembly", *International Organization,* v. 30, n. 2 (primavera, 1976), p. 309-345.

tem legitimidade, mas os processos de coordenar esforços para "reorganizar" o sistema econômico se frustram. Nitidamente, termina uma etapa do debate sobre desenvolvimento nas Nações Unidas.[307]

A conclusão melancólica de alguns analistas é de que o esforço dos países em desenvolvimento teve resultados modestíssimos, quase irrelevantes se pensarmos em termos das ambições iniciais, que incluíam mesmo algum controle pela ONU de fundos para o desenvolvimento, para atenuar o predomínio do Banco Mundial. Um delegado à UNCTAD III resume o diagnóstico: "O mundo em desenvolvimento pressionou para que a UNCTAD fosse instalada dentro do sistema das Nações Unidas, acreditando ou esperando que sua preponderância numérica organizada num sistema de bloco os capacitaria a exercer uma poderosa influência nas políticas do mundo desenvolvido. No entanto, em questões de comércio e desenvolvimento, o simples peso numérico não consegue forçar os países ricos a dividir o que eles já garantiram para si próprios, ou fazê-los mudar um sistema que tanto os beneficia".[308] Ou seja, para voltarmos aos conceitos que estamos usando, bons argumentos, amparados por maiorias, podem criar fontes de legitimidade, mas, ainda assim, são insuficientes para gerar movimentos que afetem a realidade. E, o sinal mais claro disto é o esvaziamento da UNCTAD como foro de negociação, ainda que não deixasse de ser um ponto de referência intelectual, uma espécie de *think tank* para os países em desenvolvimento.[309] A reinvenção da UNCTAD é em boa medida obra de Rubens Ricupero, seu Secretário-Geral entre 1998 e 2004.

Finalmente, há que anotar que parte da força de legitimidade das propostas dos PEDs vinha do fato de que o modelo soviético tinha prestígio e fortalecia, nos países em desenvolvimento, a idéia de que alguma forma de planejamento central era essencial para o desenvolvimento. Também, a CEPAL defenderá a idéia de planejamento, embora não do tipo centralizado,

---

307 Como notam Toye e Toye, "Apesar de um relatório de acompanhamento elaborado pela Comissão Brandt em 1983 e de uma tentativa datada de 1988 de lançar o Cancún 2, o Diálogo Norte-Sul chegou ao fim em outubro de 1981", op. cit., p. 257.

308 Toye e Toye, op. cit., p. 279.

309 Seus relatórios anuais nunca perderam interesse, como o World Development etc., que serviam como uma espécie de contraponto aos relatórios do Fundo e do Banco Mundial.

como o soviético. Entre os países em desenvolvimento, era aceita a noção de que, para não gerar desigualdades, o mercado deveria ser controlado. Ora, é fácil imaginar de que maneira ocorre a conversão do que é legitimo internamente para o plano internacional. O essencial dos projetos do Grupo dos 77 está exatamente sustentado pela idéia de que é preciso controlar, de alguma maneira, o mercado internacional para que facilite o processo de desenvolvimento dos pobres. Idéias como a criação de fundos para estabilizar o preço de matérias-primas ou quebrar a reciprocidade no GATT, exprimem a aceitação das diferenças entre ricos e pobres e a necessidade de que o mercado seja corrigido em benefício dos que têm menos. Ora, é exatamente esse suporte interno de geração de legitimidade externa que, entre outros fatores, muda profundamente o panorama, a partir dos anos 80.

Para esquematizar o que ocorre daí em diante, três fatores devem ser considerados: a) as crises dos 80 enfraquecem a posição do G77, já que alguns dos países-líderes passam a ser dominados por problemas financeiros de curto prazo (e as tentativas de multilateralizá-los, como o tratamento da dívida pela ONU, não prosperam); b) o aprofundamento das diferenças entre os países em desenvolvimento em vista de que alguns membros do G77 passam a ter números e performances de países desenvolvidos, especialmente os asiáticos; c) a prevalência de lideranças conservadoras, especialmente Thachter e Reagan, no mundo desenvolvido, fortemente liberal, que passa a influenciar, sobretudo através das políticas de ajuste do FMI, a própria natureza das políticas públicas no mundo em desenvolvimento (as condicionalidades dos empréstimos do Fundo e do Banco Mundial vão sempre na direção liberal). Desenha-se o que, para alguns, é uma "contra-revolução conservadora" e uma de suas características centrais é deslocar a responsabilidade pelo desenvolvimento para as opções nacionais de política. Em suas diversas expressões, resumidas no Consenso de Washington, a idéia central é que, se tomadas decisões corretas, de abertura comercial, controle das contas públicas etc., os pobres encontrariam o caminho do crescimento, voltando, numa versão renovada, às idéias rostowianas de modernização, com uma diferença. Antes, era o progresso estava ligado a movimentos de acumulação de capital, agora, a soluções que consagrassem institucionalmente o vigor das forças de mercado.

De outro lado, começando nos anos 70, mas certamente ganhando força nos 90, o debate sobre desenvolvimento na ONU ganha contornos mais complexos, com a introdução da temática do meio ambiente, dos direitos sociais etc. Nesses temas, os contrastes entre ricos e pobres transparecem, mas a força negociadora do G77 diminui, sobretudo em virtude das diferenças de posição econômica dos seus membros. A ONU se marginaliza do debate sobre a economia internacional.[310] Finalmente, o colapso da União Soviética é outro fator que desprestigia a soluções que buscam corrigir o mercado pela política.[311] Lafer resume esses diversos processos, ao assinalar que "uma das conseqüências da *dessuetude* de um sistema internacional de polaridades definidas é a diluição axiológica dos *conflitos de concepção*, que o caracterizava também no campo econômico. Daí, a aceitação mais ou menos generalizada, de o que existe, em matéria econômica, hoje, são *conflitos de interesse*, que basicamente giram em torno de uma avaliação do que a economia de um país está ou pode, no futuro, estar ganhando numa situação mercado".[312]

Na realidade, o tema do desenvolvimento continua na agenda, em outros termos. As negociações duras sobre comércio se concentram nas rodadas do GATT e agora na OMC. É sintomático, porém, que a Rodada Doha preste tributo ao discurso onusiano, embora até hoje mais simbólico do que efetivo, ao se denominar Rodada do Desenvolvimento. O Banco

---

310 Como avaliam Jolly et al., "Que papel desempenhou a ONU durante esse período em que as idéias promovidas por ela – a estratégia de emprego e necessidades básicas e o NIEO [...] foram sumariamente eliminadas das agendas nacionais e global? Não há dúvida de que as instituições Bretton Woods tomaram a iniciativa de formular as políticas de desenvolvimento de nível global e nacional. A ONU viu-se marginalizada, incapaz de propor uma nova agenda que oferecesse a possibilidade de lidar com os novos problemas e, ao mesmo tempo, preservar os objetivos de desenvolvimento social e humano defendidos por ela. Seu papel se tornou em grande parte reativo. O papel construtivo ainda desempenhado por ela foi o de apontar as conseqüências negativas, em termos sociais e de crescimento, resultantes do pacote de políticas receitado pelo FMI e pelo Banco Mundial". *UN Contributions to Development Thinking and Practice,* op. cit., p. 151.

311 A URSS é aliada dos países em desenvolvimento e descarta as suas reivindicações com o argumento de que, como não foi potência imperialista, não precisava compensar a história de exploração que era obrigação exclusiva dos Ocidentais.

312 Lafer, *Comércio, desarmamento e Direitos Humanos.* São Paulo: Paz e Terra, 1999.

Mundial se volta para os temas de redução de pobreza de maneira mais nítida. Talvez o "grande serviço" que a ONU presta, especialmente através das Conferências Globais, do relatório sobre desenvolvimento humano do PNUD (que começa a ser editado 1990), é evitar que os temas da desigualdade e do desenvolvimento perdessem a sua dimensão global. Em dois sentidos. Em primeiro lugar, ao garantir que o fato da diferença entre ricos e pobres freqüente as conferências globais (e até o Foro de Davos) e modele algumas de suas decisões, como, por exemplo, o princípio da responsabilidade comum e diferenciada nos temas de meio ambiente, ou as propostas para aumento da ajuda ao desenvolvimento na conferência de Estocolmo sobre desenvolvimento social. Em segundo lugar, ao focalizar o problema de como dar meios para realizar concretamente o que se decidira nas conferências globais.

É a Conferência Internacional sobre o Financiamento do Desenvolvimento, Monterrey, em 2001, que fecha o processo ao discutir como obter recursos para financiar os programas articulados ao longo dos anos 90. Se a comparamos com as reuniões dos anos 70, fica claro o quanto se transformou o padrão de legitimidade. A responsabilidade pelo desenvolvimento já não é determinada pelo modo de inserção no sistema capitalista, mas se concentra nas políticas nacionais. As diferenças entre os países em desenvolvimento se multiplicam (os mais "liberais" contra os que ainda querem preservar esquemas preferenciais, os altamente devedores, que precisam de esquemas especiais, e os credores, que podem perder com tais esquemas etc.). Aliás, comentando os preparativos da conferência, Giacomelli observa, com razão, que "Se o temário da reunião se concentrasse em um ou dois assuntos, parte significativa do grupo poderia desinteressar-se da negociação. O G-77, então, viu-se obrigado a propor uma agenda extensa, que, no entanto, não podia ser aprofundada, para não exacerbar as diferenças internas. O paradoxo do G-77 está em que, para manter o grupo unido, é necessário enfraquecê-lo".[313] As propostas "radicais" dos anos 70 desaparecem da discussão e são substituídas por outro tipo de radicalida-

---

313 Giacomelli, *A Conferência Internacional sobre Financiamento para o Desenvolvimento: consensos e dissensos de Monterrey e sua importância para o Brasil*, Brasília, 2007 (mimeogr.), p. 133.

de, mais técnica, ainda que difícil de ser levada adiante, como é o caso da Taxa Tobin, do Conselho de Segurança Econômica ou o seguro para dívidas soberanas. Faltam os "grandes temas unificadores" por parte dos países em desenvolvimento que, ainda assim, e apesar das diferenças internas, articulam demandas, algumas antigas, como o aumento de recursos para ajuda oficial ao desenvolvimento, outras, novas, como o estímulo a Rodada Doha ou a melhor cooperação entre Bretton Woods e a ONU.

Fazendo o balanço de Monterrey e das ações da ONU nos últimos anos, na medida em que a criação conceitual se debilita, há dois caminhos que se abrem. O primeiro é de estabelecer objetivos que seriam, ao mesmo tempo, mobilizadores e organizadores, ao estimular, à maneira das Décadas de Desenvolvimento, mas agora com foco mais preciso, a que os países alcancem, em prazos determinados, metas de progresso econômico e social. Quanto ao segundo, seria possível dizer que as ideologias de legitimação cedem lugar às *best practices*. Se não existe uma concepção geral para resolver os dilemas do desenvolvimento, há, em contrapartida, clara consciência dos *problemas da pobreza*. Se não existem receitas e fórmulas gerais, existem, sim, experiências bem-sucedidas que mostram, de maneira concreta, como resolver problemas específicos, seja o microcrédito para a falta de trabalho, sejam os programas de tratamento da AIDS, idealizados pelo Brasil, sejam as formas de bolsas solidárias para aliviar a pobreza absoluta etc. A ONU passa a compendiar e a estimular tais iniciativas, muitas vezes mobilizando recursos de fundações privadas.

No marco da ampliação da temática, as conferencias globais foram decisivas e ligaram o econômico ao social de uma forma sólida.

Quais são as expressões das novas realidades? A primeira é, se comparamos com a modéstia dos objetivos dos 50, o feitio controverso dos encontros nos 60 e 70, o primeiro que chama a atenção é a diversidade de temas cobertos pelas resoluções e a diversidade de atores que merecem ações específicas (como os países de menor desenvolvimento relativo, os que não têm acesso ao mar, os que são ilhas etc.). É possível que as duas diversidades, que refletem efetivamente a realidade do mundo em desenvolvimento, tenham, como conseqüência inevitável, a diluição de um dos elementos fundamentais da legitimidade, que era a concentração precisa das demandas. Outro dado significativo é o fato de que, com poucas exceções, como a resolução sobre o Direito ao Desenvolvimento, a quase totalidade das decisões é tomada por consenso (sem voto, no jargão da ONU) o que, em tese, poderia reforçar a legitimidade, mas tende a significar efetivamente diluição da demanda.

Isto é pouco ou é muito para uma instituição que tem uma burocracia ampla e a intenção/pretensão de ser o Parlamento do Mundo? É importante precisar a indagação. Pouco ou muito em relação a quê? Qual o parâmetro? Num extremo, o de um foro efetivo de negociações ou, pelo menos, que influenciasse decisivamente os foros onde as negociações ocorrem? No outro, uma caixa de ressonância, em que idéias fossem trocadas, percepções contrapostas assimiladas, e, com isto, elementos para uma visão das possibilidades de avanços conceituais ocorressem? Na verdade, se o "muito" é a primeira hipótese, a ONU estaria perto do "pouco". Tentou a primeira com a Carta de Havana e com as primeiras reuniões da UNCTAD. Conseguiu pouco. Assim, o que pode fazer é fazer bem o segundo papel. Mas por que a limitação? Uma resposta possível é de que a legitimidade tênue que a ONU oferece para as reivindicações deriva do próprio fato de que é um ator "menor" no sistema econômico internacional. Como o que está em jogo são orientações a serem voluntariamente seguidas, os consensos reais podem ser frágeis, sem compromissos efetivos diante das diferenças de posições dos Estados-membros. Cria-se um círculo vicioso: porque não influencia decisões, o resultado das deliberações é vago; porque é vago, não influencia os processos reais. Daí deriva a condição de ator menor diante da OMC, do Banco ou do Fundo. Falta competência para negociar comércio, faltam recursos para financiar assistência técnica, falta prestígio para influenciar as decisões de Bretton Woods.

É interessante comparar os temas de comércio com os de meio ambiente. Na verdade, se o comércio era central para o desenvolvimento (e ainda é), agora há outras questões que condicionam também decisivamente o sentido do progresso e, nessas áreas, a ONU tem espaço próprio. Assim, a Organização passa a atuar, e aí de maneira decisiva, na área dos novos temas ligados ao desenvolvimento, como meio ambiente. A ausência de competidores institucionais, a necessidade de que as soluções sejam universais, a urgência para que medidas práticas sejam tomadas e tenha molde jurídico, são alguns dos fatores que leva a que, na temática de meio ambiente, o foco central da legitimidade seja a ONU.

Se observarmos a trajetória do debate sobre economia, uma das conclusões gerais é de que legitimidade não depende, portanto, de números. Ou melhor, quando depende de números, os riscos de diluição ficam claros. Nos temas da descolonização, os números estavam apoiados em um processo real que transformava aspirações em direito. Nos temas econômicos, nada disso ocorre. A divisão da realidade, entre ricos e pobres, e agora ainda mais diversa, é o dado que mostra a fragilidade dos consensos alcançados na Assembléia e no ECOSOC. Não que tenha sido absolutamente vazio o processo. Sabemos o quanto contribuiu na área da assistência ao desenvolvimento e, como vimos, em áreas específicas do comércio, quando o movimento na ONU pode influenciar as decisões dos órgãos duros. O elemento de debate e abertura conceitual também foi importante. E, aí, a contribuição fundamental, que é a de criar um espaço em que a "criação" de novos caminhos, de forma ampla, é possível. Esse espaço não se perdeu. O que falta é reencontrar novas maneiras de utilizá-lo, num mundo em que a carência de idéias globais, consensuais e efetivas, sobre a globalização é um dado inquietante.

C. Conclusões

O conjunto dessas observações abre caminho para o exercício do peso das Nações Unidas no sistema internacional. Há muitas maneiras de avaliar a ONU, porém, claro, a mais importante é como impacta na realidade, como serve às sociedades dos Estados que a constituem, examinando-se de que maneira os seus serviços são efetivos. A resposta não é fácil já que uma das características essenciais do multilateralismo onusiano é a variedade das maneiras como o que se decide repercute na realidade.

É relativamente fácil medir a relação entre evolução da legitimidade, ações das Nações Unidas, e efeitos sobre a realidade, quando se trata de operações de paz. Em primeiro lugar, porque a presença multilateral é concreta e o objetivo é alterar, eliminando, uma situação de conflito. Como vimos, o debate é centrado em que critérios presidem a escolha de conflitos onde haverá intervenção e a quantidade de meios que serão empregados na operação. É evidente que a ONU falhou em Ruanda e teve sucesso na Namíbia. Conhecemos o desastre de Srebenica e a condução segura da independência do Timor. O problema, como vimos, é saber o porquê do fracasso e do sucesso. O que significa exatamente Nações Unidas em cada um desses episódios? De que estamos falando *realmente*? Da falta de interesse político dos Membros Permanentes do Conselho de Segurança que bloqueia a ida de mais tropas para Ruanda e se contém diante das violações de direitos humanos na Bósnia? Se isso é verdade, o que caracterizaria o fracasso é o compromisso débil com os objetivos do multilateralismo, tecido, como vimos, quase sempre a partir de interesses estratégicos. O oposto valeria para os sucessos. A conclusão é deslocar a análise da regra para o interesse. Ainda assim, a análise ficaria incompleta porque, nos casos mencionados, a avaliação do comportamento das Potências toma, como parâmetro, o compromisso. A ONU, com geradora de legitimidade, de apontar o que é a intenção da comunidade internacional, não desaparece, portanto, diante da debilidade do compromisso. Simplesmente o revela.

Quando passamos a outros campos, a relação legitimidade-ação-realidade pode ser mais tênue. Em alguns casos, como em áreas técnicas, a medida ainda é clara. Pode-se atribuir ao trabalho da OMS a erradicação da febre amarela ou da varíola; podem-se medir os efeitos que a criação de um fundo para HIV-AIDS terá sobre a diminuição da doença ou de que maneira os esforços da UNICEF repercutem sobre a diminuição de doenças infantis etc. Se passamos, porém, ao mundo das propostas sobre modos de comportamento dos Estados e das sociedades, a relação é mais tênue ou, melhor, mais difícil de ser avaliada. No caso do meio ambiente, é evidente que a ONU serve como catalisador de anseios e preocupações que são articulados por Estados e movimentos sociais, mas, como foro de negociação de interesses e produção de normas, parece ficar aquém do que estava na origem do processo. Ainda aqui, a referência de legitimidade está presente. De fato, é claramente reconhecido que não haveria outro foro adequado para articular interesses que são essencialmente globais e que devem se sustentar em legitimidade global, ainda que a transformação em normas de conduta obedeça a arranjos complexos.

Quando anotamos progressos sobre direitos humanos nas atividades da ONU, a pergunta é: os progressos refletem o que já ocorre nos processos nacionais e a atividade multilateral é simplesmente ratificatória ou representa o estabelecimento de algo novo no espaço da política das disputas internacionais? O que se decide no universo multilateral chega à realidade por que caminhos? Observamos que a ação multilateral nunca será meramente ratificatória. A aceitação de uma resolução produzirá efeitos políticos, ainda que modestos. As convenções sobre direitos humanos passaram a ser usadas nos contextos nacionais como mais um instrumento de transformação, mais um elemento na luta política. Mesmo tênue, a legitimidade é uma fonte de poder, que pode passar do plano multilateral ao doméstico, onde afinal se dariam as transformações. O caso da descolonização é talvez o exemplo mais acabado do processo. A luta anticolonial não nasce nas Nações Unidas, sem a legitimação que a Organização oferecia, o processo teria sido mais conflitivo e mais lento.

Nos processos que examinamos, vimos que é necessário começar pelas demandas dos Estados para entender a maneira como a ONU atua. Podem ser da mais variada origem, porém, quando são projetadas no mundo multilateral, adquirem uma característica comum para que tenham legitimidade, ao se sustentarem ideologicamente em valores universais. Mesmo quando servem a um interesse específico, que seja uma Superpotência, as demandas mudam de natureza ao serem filtradas pela via multilateral. Estendem-se além do limite nacional, passando a ser, em tese, expressas na linguagem do interesse da comunidade internacional. Daí, as vantagens para a ordem que traz o multilateralismo. Os Estados continuarão a ser geradores de legitimidade no sistema internacional e, ainda que se observe, hoje, em várias áreas, graus baixos de consenso, a Organização, como tal, ainda é referência necessária para ganhos de estabilidade e ordem no sistema internacional. Existe uma oferta multilateral bem delineada, fundada em legitimidade, e que se desprendeu dos Estados que a geraram. E o núcleo da oferta é sobreposição de regras e negociação como instrumento privilegiado da construção da ordem internacional.

De muitas maneiras, a natureza da oferta se tornou parte da vida internacional. Não eliminou as manifestações de poder, mas mostrou que há alternativas para organizar o sistema internacional. Nesse sentido, as Nações Unidas ocupam um lugar único, como uma espécie de macro-regime, que se torna referência de legalidade para os específicos. É evidente que aí se desenha um problema. Ainda que as multilaterais alternativas, formais ou informais, como o *Nuclear Supplier's Group* ou o G-8, possam reforçar a ação regional na área de segurança, ou a OCDE, na área da economia, é difícil conceber, nas condições atuais, foros que ofereçam as vantagens de legitimação universal que a ONU oferece. Os sinais externos do prestígio das Nações Unidas são claros, quando os chefes-de-Estados comparecem, em números significativos, à Assembléia Geral ou quando se acirram as disputas por assentos não-permanentes no Conselho de Segurança. Assim, hoje, Organização, em crise ou não, continuará como fonte decisiva de legitimidade. Suas debilidades não podem, porém, ser camufladas. E, sabemos que a legitimidade não existe em vazio. Precisa ser praticada, mostrar que sustenta práticas eficazes, que servem aos Estados, pobres e ricos. Não faltam desafios à Organização nessa área.

Vimos que a legitimidade evolui constantemente e que é necessário considerá-la, sobretudo quando passa do plano geral para o da aplicação, mais próxima da política do que da norma. Idealmente, a legitimidade funcionará, interna ou internacionalmente, como um mecanismo de indução ao cumprimento das regras, seja que forma tenham (normas ou resoluções). Como as regras são imprecisas e interpretadas de acordo com conjunturas políticas, é preciso olhar para estas para entender de que maneira serão aplicadas. É claro que isto não significa arbítrio absoluto. Interpretações claramente unilaterais da norma têm um preço político. Em contrapartida, interpretações criativas podem significar ganhos políticos. Sabemos ainda que a "melhor" legitimidade, sustentada por regras claras e consensos explícitos, não tem a garantia de que prevalecerá politicamente. Entre o espaço de proposição, o de negociação e o de aplicação, os caminhos nem sempre são claros e contínuos.

Ficou claro que, no âmbito da ONU, as lógicas de legitimação variam em função dos temas. O interesse dos donos de poder é essencial mas, do momento em que aceitaram a legitimidade processual, ou seja, o debate em um foro em que prevalece a igualdade jurídica, é possível criar contrapontos ao exercício de poder e produção de legitimidade a partir do binômio argumento-números. É evidente, como vimos no caso dos temas econômicos, que os ganhos de números podem se diluir pelos consensos frágeis ou perder em eficiência. A legitimidade não flutua no espaço e precisa de âncoras, de opinião pública, de amparo político. Para potências médias, com forte tradição de respeito ao multilateralismo, como o Brasil, a ONU oferece amplo espaço para ganhos políticos. Não são fáceis nem óbvios e calibrar projeções de interesse pode ser um jogo sutil entre a vontade de mudança, que aproveita o lado de utopia que todo foro multilateral contém, e o realismo necessário para avançar propostas que possam ter algum impacto sobre a realidade. Saber que interesses multilateralizar é fundamental. É o começo de um processo. Entre propor e negociar, há várias camadas de encontros políticos.

ANEXO

Gerações de operações de paz

Tipo e objetivos	Memos e métodos	Operações
Missões de observação Determinar se as partes estão respeitando o cessar-fogo ou outros acordos de paz.	As tropas, em regra batalhões, são colocados entre as partes em conflito e tratam de mantê-las afastadas, fazendo que cumpram os acordos de paz, por meio de patrulhas, barreiras (*checkpoints*), inspeções, presença ostensiva, das forças da ONU etc.	**UNTSO** (Palestina, 1948), **UNMOGIP** (Cachêmira, 1949), **UNOGIL** (Líbano, junho a dezembro de 1958), **UNYOM** (Iêmen,1963-1964), **DOMREP** (República Dominicana,1965-1966), **UNIPOM** (India-Paquistão, 1965-1966), **UNIIMOG** (Irã-Iraque, 1988-1991), **UNGOMAP** (Afeganistão/Paquistão, 1988-1990), **UNAVEM I** (Angola, 1989-1991), **ONUCA** (Costa Rica, El Salvador, Guatemala, Honduras & Nicarágua, 1989-1990), **UNAVEM II** (Angola, 1991-1995), **MINURSO** (Saara Ocidental, 1991), **UNAMIC** (Camboja, 1991-1992), **UNOMIG** (Geórgia/Abkhazia, 1993), **UNOMUR** (Uganda-Ruanda, 1993-1994), **UNOMIL** (Libéria,1993-1997), **ONUSAL** (El Salvador, 1991-1995), **UNASOG** (Chad), **UNMOT** (Tajiquistão, 1994), **UNMOP** (Prevlaka/Croácia, 1996), **MINUGUA** (Guatemala, janeiro a maio de 1997), **MONUA** (Angola, 1997-1999), **MONUC** (Rep. Dem. do Congo, 1999),

* O anexo foi preparado com base em quadro elaborado por Walter Dorn, "Canadian Peacekeeping: Proud Tradition, Strong Future?", *Canadian Foreign Policy*, v. 12, n. 2, outono de 2005. Para a participação do Brasil, ver P. Tarisse da Fontoura, *O Brasil e as Operações de Paz das Nações Unidas*,

Forças de interposição Para prevenir ou forçar o fim de conflitos		**UNEF I** (Egito, 1956-1967), **UNFICYP** (Chipre, 1964), **UNEF II** (Egito, 1973-1979), **UNDOF** (Síria, 1974), **UNIFIL** (Líbano, 1978), **UNIKOM** (Iraque/Kuaite, 1991-2003), **UNPREDEP** (Macedônia,1995-1999), **UNMEE** (Etiópia/Eritréia, 2000).
Operações multidimensionais Para supervisionar ou assistir à implementação de um acordo complexo de paz (que pode envolver desarmamento, desmobilização e reintegração de combatentes, assistência humanitária, supervisão de eleições, promoção de direitos humanos, polícia civil, desminagem etc). Proteção de populações vulneráveis.	Além das funções anteriores: Proteção de áreas determinadas e da população civil, estocagem e destruição de armamentos, escolta e proteção de funcionários envolvidos no processo de paz, supervisão das forças policiais e militares, criação de condições de segurança etc. Ajuda humanitária, habilitação de vias de comunicação, planos de evacuação para pessoas vulneráveis, segurança de territórios.	**ONUC** (DR Congo, 1999), **UNTAG** (Namíbia, 1989-1990), **UNPROFOR** (Bósnia, Croácia,1992-1995), **UNTAC** (Camboja, 1992-1993), **UNOSOM I** (Somália,1992-1993), **UNOSOM II** (Somália, 1993-1995), **ONUMOZ** (Moçambique, 1992-1994), **UNMIH** (Haiti, 1993-1996), **UNAMIR** (Ruanda,1993-1996), **UNAVEM III** (Angola, 1995-1997), **UNMIBH** (Bósnia, 1995-2003), **UNSMIH / UNTMIH / MIPONUH / MINUSTAH** (Haiti,1995), **MINURCA** (República Centro-Africana, 1998-2002), **UNCPSG** (Eslavonia Ocidental, 1998-1998), **UNAMSIL** (Serra Leoa, 1999), **UNAMA** (Afeganistão, 2002), **UNMISET** (Timor Leste, 2002-2005).

op. cit. Na página do Departamento de Operações de Paz, da ONU (DPKO), há uma lista completa das operações que se realizam atualmente. Esclareça-se que, no quadro, quando não há data de fim da missão, significa que continua, como é o caso da UNTSO e outras.

Administração de transição	Missões abrangentes que cobrem todos os aspectos da vida social, da garantia da segurança à educação e saúde. A missão é composta de forças policiais e militares, além de funcionários civis com várias capacidades.	**UNTEA** (Papua Oriental, 1962-1963), **UNTAES** (Eslavonia Ocidental, 1996-1998), **UNMIK** (Kosovo, 1999), **UNTAET** (Timor Leste, 1999-2002).
Governo de um território durante a transição para a independência e autogoverno.		

2

GOVERNABILIDADE DEMOCRÁTICA

APONTAMENTOS PARA UMA ANÁLISE
SOBRE A (DES)ORDEM INTERNACIONAL
Gelson Fonseca Jr. e Benoni Belli[*]

De que maneira as instituições multilaterais podem tornar a ordem internacional mais governável? A resposta imediata e simples seria: basta que funcionem, já que foram criadas exatamente para ampliar as formas de cooperação entre Estados e, portanto, tornar as relações internacionais mais "ordenadas", mais governáveis.

No entanto, a complexa rede de relações entre Estados e sociedades em um mundo globalizado, combinada com uma conjuntura que retira prestígio das instituições multilaterais, exige que a resposta seja mais elaborada. Assim, em primeiro lugar, é necessário precisar os termos da equação. De um lado, existe um número significativo de instituições, dedicadas a tarefas muito variadas, da solução de conflitos à regulação das linhas aéreas, e com graus variados de sucesso na realização de seus objetivos. De outro, o conceito de governabilidade é impreciso, envolve expectativas diferenciadas, além de não ser facilmente adaptado ao universo de nações soberanas.

Para obviar esses primeiros problemas conceituais, vamos focalizar o ensaio no trabalho das Nações Unidas, procurando construir uma noção de governabilidade internacional ao longo do texto. Em uma aproximação inicial, dir-se-ia que a "quantidade" e a "qualidade" da governabilidade esta-

---

[*] Benoni Belli é diplomata de carreira e, depois de funções na ONU, em Buenos Aires e em Argel, chefia atualmente uma Divisão no Itamaraty em Brasília, divisão que trata das relações com a Argentina e o Uruguai. Este artigo foi publicado originalmente na *Revista de Estudios Internacionales*, da Universidade do Chile, na edição de abr.-jul. de 2004. Uma segunda versão está disponível na página de *Cena Internacional*: <www.unb.br/irel/rel/rel_unb_publica_cena.html>.

riam essencialmente ligadas à capacidade do sistema internacional de gerar, de forma legítima, instrumentos e instituições que garantam a solução de conflitos e a composição de interesses entre Estados e que trabalhem, de maneira eficaz, para a superação de problemas estruturais que afetam a maioria da população mundial, como a pobreza.

Vamos dividir o trabalho em dois blocos. No primeiro, examinaremos alguns aspectos, no marco conjuntural, que determinam as condições de possibilidade de funcionamento eficaz das instituições multilaterais; no segundo, faremos uma rápida revisão de alguns aspectos da evolução recente das Nações Unidas e proporemos caminhos para que sua ação tenha maior impacto. A ponte entre os dois temas será justamente a noção de governabilidade.

Para a análise de conjuntura, vamos considerar alguns temas que afetam a capacidade de decisão das instituições multilaterais, como: i) o contexto político, especialmente o impacto de um sistema unipolar de poder, e algumas implicações da globalização; ii) o grau de prestígio das Nações Unidas; iii) o contexto intelectual, marcado pela prevalência de visões que tendem a limitar o espaço para uma defesa do multilateralismo.

I. O MARCO CONJUNTURAL

Para as instituições multilaterais, as possibilidades de levar adiante os seus mandatos estão dadas pelas circunstâncias políticas. Há momentos em que o ingrediente utópico (vontade de uma ordem mais estável e justa, para definir de modo simples um conjunto complexo de inclinações políticas) e a disposição de cooperar parecem naturais e necessários, como ocorreu ao fim da Segunda Guerra, ao ser criada a ONU.[1] Em outros, as realidades de poder "dispensam" o recurso ao multilateralismo e as instituições se enfraquecem. Ainda assim, uma vez criadas tais instituições, seus objetivos, mesmo realizados precariamente, persistem, e passam, se não a modelar a realidade, a funcionar como um "modelo irrealizado" de resposta legítima aos problemas da ordem internacional.

---

1 Ver Schlesinger, *Act of Creation*, Boulder: Westview Press, 2003 em que mostra, ao analisar a criação da ONU, o equilíbrio entre os interesses políticos e as propostas de uma nova ordem.

No pós-Guerra Fria, a distribuição de poder, concentrado em um pólo hegemônico, não favorece a lógica multilateral, porém tampouco a impossibilita. Na realidade, se examinamos o processo multilateral da perspectiva da evolução do sistema internacional, o que observamos é que o otimismo pós-Guerra Fria — que já havia refluído diante de conflitos fratricidas na Europa e na África — parece ter sido abalado de modo decisivo desde os atentados do 11 de Setembro de 2001 nos EUA. A nova guerra contra o inimigo difuso do terrorismo passou a justificar o tanto o unilateralismo militar norte-americano nos confins do Afeganistão e do Iraque quanto a teoria da guerra preventiva que lhe serve de suporte.[2] A novidade é que se articula uma visão negativa do multilateralismo e o Conselho de Segurança, o centro do processo político multilateral, volta a ser marginalizado em temas decisivos, reeditando, sob outras condições, algo da paralisia que prevaleceu durante a Guerra Fria, em função do conflito entre os EUA e a URSS. O recurso ao Conselho, que deveria a ser a "regra" quando houvesse conflitos, passa a ser limitado por exceções que, no limite, desvirtuariam o prestígio da regra.

Os ataques terroristas nos EUA tiveram lugar em momento de relativa desilusão quanto à capacidade das instituições multilaterais de assegurar uma ordem internacional mais estável e previsível. Por diferentes razões, os êxitos das organizações multilaterais foram ofuscados tanto pela falta de ações eficazes no campo da paz e da segurança em regiões de grande visibilidade quanto pela ausência de avanços mais rápidos no combate às mazelas sociais que afligem a maioria da população mundial.

Com o fim do conflito Leste-Oeste, previa-se que as instituições multilaterais seriam fortalecidas, tornando-se instrumentos eficazes para alcançar soluções mais democráticas e participativas para os problemas da agenda clássica de segurança e desarmamento e para as dificuldades comuns enfrentadas em áreas como meio ambiente, direitos humanos, tráfico de drogas e terrorismo internacional. No entanto, as instituições multilaterais, a ONU à frente, se caracterizaram por uma combinação entre alguns

---

2 Para uma análise da nova doutrina de segurança dos EUA e suas conseqüências para o multilateralismo, ver Amorim, "Multilateralismo acessório". *Política Externa*, 11(3): 55-61, dez.-jan.-fev., 2002-2003.

êxitos inegáveis e fracassos retumbantes em seus variados campos de atuação, o que sem dúvida representa um resultado muito aquém das previsões otimistas que se multiplicaram logo após a queda do Muro de Berlim e do fim da União Soviética.[3]

Se as instituições multilaterais definem princípios gerais de conduta (de variado alcance jurídico) para o comportamento dos Estados, o primeiro produto que oferecem ao sistema internacional é portanto "previsibilidade", uma condição essencial para construção de segurança (e governabilidade).[4] A combinação de uma estrutura unipolar com performance institucional decepcionante enfraquece o multilateralismo, ao injetar uma sensação de insegurança, de natureza diferente, é claro, da que prevalecia durante o período da Guerra Fria (quando a corrida nuclear ameaçava a própria existência da espécie), mas, ainda assim, profunda e abrangente. A lentidão e precariedade das respostas do Conselho de Segurança diante das guerras civis na ex-Iugoslávia e no continente africano, que trouxeram de volta em grande escala os crimes de guerra e os crimes contra a humanidade, ao lado de um ambiente em que políticas, inspiradas por uma visão distorcida da livre concorrência, se instalavam e davam livre curso à liberalização e à desregulamentação de fluxos financeiros, compunham um quadro por assim dizer imune à atuação das organizações multilaterais. A ONU se mostrou incapaz de evitar os massacres de civis em Srebrenica e as atrocidades cometidas em Ruanda e em Serra Leoa, assim como não se dotou de mecanismos eficazes para impedir ou remediar os efeitos negativos, em termos de agravamento da pobreza e da exclusão, da economia dita globalizada.[5]

---

3 As explicações para os êxitos e fracassos não podem ser generalizadas. As razões do fracasso em Ruanda ou na Somália são diferentes das que explicam a dificuldade do Conselho de Segurança em terminar com o conflito angolano. O que pode constituir, em modo muito geral, um fio de explicação geral é a fragmentação estratégica do pós-Guerra Fria e o fato de que conflitos distantes dos centros de poder eram simplesmente "abandonados" ou implicavam um mínimo empenho dos que poderiam, em tese, contribuir para a sua solução.

4 Ver Ruggie, "The Anatomy of an Institution". In: *Multilateralism Matters*, Nova York: Columbia University Press, 1993.

5 Para alguns autores, foram as próprias instituições internacionais que teriam contribuído para o agravamento de condições econômicas, como na análise de Stiglitz sobre algumas ações do FMI. Ver Stiglitz, *El malestar en la globalización*. Buenos Aires: Taurus, 2002.

Qual o contexto ideológico que esse momento gera? Como explicá-lo e como legitimá-lo? Ou melhor, como negar intelectualmente a sua inexorabilidade e, assim, deslegitimá-lo, abrindo espaço para uma renovação da cultura multilateral? Vejamos os dois movimentos doutrinários que o justificam ou, dito de outro modo, aceitam a inevitabilidade da fragilização do multilateralismo.

Os ataques do 11 de Setembro e a reação norte-americana, ao aprofundar a percepção de que o multilateralismo vive um ocaso, explicariam em certa medida que a visão de mundo realista tenha ganho novo alento e mesmo popularidade. É como se, depois do interregno otimista dos primeiros anos pós-Guerra Fria, tivéssemos nos dado conta de que nada mudou muito na maneira de compreender as relações internacionais: afinal, os países continuam movendo-se de acordo com seus interesses particulares e buscando incrementar seu poder em detrimento de seus pares. Voltemos, portanto, aos clássicos do realismo e ali encontraremos um completo cardápio de respostas para nossas perplexidades (o que não deixa de ser paradoxal, já que parece evidente que o único caminho para o combate eficaz ao terrorismo, como existe em nossos dias, são as vias da cooperação internacional).[6]

Diante da complexidade no cenário atual, dos novos conflitos em que as dimensões interna e internacional se confundem, é fácil sucumbir à tentação de buscar na teoria realista tradicional explicações abrangentes que articulariam modos de criar segurança, baseados essencialmente nas vantagens que a rígida distribuição de poder oferece aos EUA. Para combater os elementos desestabilizadores, a solução seria buscar segurança por meio da acumulação individual de poder. Trata-se de adaptar a receita antiga e conhecida a novos desafios.[7]

---

[6] Lembremos que o realismo foi concebido para análises de relações de poder entre Estados. Daí as dificuldades de lidar com o tema do terrorismo, cujo "poder" é por definição invisível, surpreendente e pode se diluir em grupos que passam ao largo do comando estatal.

[7] Seria interessante analisar a invasão do Iraque a partir dessa perspectiva. Tratava-se de um desafio "antigo" que poderia ser resolvido como uma questão exclusivamente militar ou um processo mais complexo, de reconstrução nacional, que exigiria ir além da "vitória das armas" por meio de mecanismo que só o multilateralismo pode articular?

Nesse diapasão, a instabilidade atual poderia ser vista como um momento de acomodação nas relações de força. Em sua versão extrema, dos neoconservadores americanos, defende-se que a estabilidade somente estará garantida se os EUA impuserem uma nova *pax americana* em que sua força militar será tão avassaladora que os eventuais adversários sequer sonharão em empreender esforço para disputar a liderança nesse campo, objetivo que desde logo seria visto como inalcançável. Ainda dentro da tradição realista, os que se opõem à hegemonia completa norte-americana oferecem a tradicional balança de poder como receita para alcançar a estabilidade: a consolidação de outros países como pólos de poder seria a maneira de construir contrapesos e limites ao unilateralismo norte-americano.

Esse esquema mental realista, em suas várias versões, favorece a aplicação da razão instrumental no que diz respeito às organizações multilaterais, que seriam reduzidas seja para servir como chancela às decisões unilaterais, seja para um restrito diretório a fim de compartilhar decisões entre poucos, ou ainda a simples instituições esvaziadas de real capacidade de intervenção na realidade, salvo por algumas ações localizadas em regiões menos "quentes" do ponto de vista estratégico ou por iniciativas filantrópicas e humanitárias de alcance limitado. Nesse sentido, o multilateralismo apareceria esvaziado de seu conteúdo democrático, a não ser como um arremedo de democracia, um teatro de faz-de-conta em que todos falam, mas poucos decidem o que realmente importa.[8]

O realismo não consegue, porém, dar respostas satisfatórias para os dilemas de uma ordem mundial em que não apenas os Estados e os padrões multilaterais de legitimidade são importantes, mas também conta com uma miríade de atores não-governamentais que influem sobre processos transnacionais nos campos econômico, político, social e cultural.[9] Esses processos, associados com freqüência ao que se denominou globalização,

---

8 Como o realismo admite muitas variantes, é interessante examinar a versão realista da defesa do multilateralismo, realizada de maneira muito sofisticada por Ikenberry, "Multilateralism and U.S. Grand Strategy". In: Patrick; Forman, *Multilateralism and U. S. Foreign Policy*. Boulder: Lynne Rienner, 2002. A tese é a de que vale a pena para os EUA ceder poder às instituições, já que ganharia na própria capacidade de gerar legitimidade às suas ações, além de torná-las mais eficazes e previsíveis em vários campos.

9 São muitas as formas de criticar o realismo clássico, a partir da própria noção central da escola de que os Estados necessariamente vivem uma constante luta pelo poder. Uma outra ver-

talvez expliquem a repercussão nada desprezível das análises pós-modernas que, ao contrário do realismo, deixam entrever as dificuldades de tentar enquadrar a realidade contemporânea a esquemas analíticos rígidos e preestabelecidos. De fato, segundo essa linha de pensamento, a dissolução das grandes narrativas teria retirado de circulação os pontos de referência por meio dos quais dávamos sentido a nossas ações. Com uma realidade menos previsível, caracterizada pela ausência crônica de um sentido determinado de progresso, o que prevaleceria em muitos âmbitos seria a fragmentação de interesses, com a conseqüente dificuldade de articular ações coletivas. O futuro seguiria sendo uma soma de fragmentos. A ética e a justiça, por sua própria natureza integradoras, estariam também deslocadas, sem um lugar no mundo atual.

Enquanto o realismo tende a desprezar, ainda que tacitamente, os ideais que estão na base do edifício de organizações multilaterais, descrevendo-os como utópicos em um mundo regido pelas cruas relações de poder, os pós-modernistas, com suas conclusões niilistas e desmobilizadoras, não enxergam no multilateralismo qualquer potencial de construir a racionalidade em um mundo intrinsecamente irracional. Isso demonstra que não há soluções imediatas e fáceis para responder à necessidade de criar instrumentos que permitam dar um salto de qualidade na análise da realidade internacional contemporânea. Idealmente, devemos fazer um esforço para combinar uma inovação conceitual com a consciência do caráter imprevisível da ordem internacional.

Esse seria um passo prévio para o debate sobre como será possível, nos dias de hoje, resgatar os ideais de racionalidade e justiça incorporados em tratados internacionais e na ossatura que sustenta as instituições multilaterais, ideais esses que são francamente desprezados como ilusórios pela grande maioria dos realistas ou encarados como objetivos que, pelo menos em sua dimensão totalizante, se encontrariam ultrapassados pela pulverização de interesses e valores de acordo com os arautos do pós-modernismo.[10]

---

tente crítica aponta para o fato de que os Estados não mais monopolizam o processo internacional, necessariamente mais complexo do que imaginavam os clássicos.

10 Nossa intenção não é fazer um inventário exaustivo de teoria das relações internacionais. Há muitas outras vertentes além do realismo clássico e seus herdeiros, de um lado, e pós-modernos de diferentes orientações, de outro. Ao ressaltar essas duas vertentes, buscamos pôr

O rompimento com essas duas vertentes deve ter os seguintes pressupostos básicos: a) o enfraquecimento do multilateralismo não é resultado de uma ineficiência inerente a organizações como a ONU, uma vez que tais organizações dependem dos meios que os Estados-membros lhes conferem para empreender suas ações; b) as visões de mundo que tendem a desqualificar os organismos internacionais – seja em função de seus elementos considerados utópicos ou idealistas, seja em razão da fragmentação dita pós-moderna de interesses e valores –, ao servirem de guia para a ação, tendem a plasmar as relações internacionais de acordo com sua descrição que fazem da realidade (a descrição, portanto, torna-se prescrição; a representação da realidade é ela própria produtora de realidade); c) tanto realistas quanto pós-modernos baseiam suas análises em elementos objetivos que não podem ser desconsiderados, mas é preciso evitar o erro, comum nas duas vertentes, de criar camisas-de-força teóricas que eliminam a história, contribuindo para naturalizar fenômenos que são socialmente construídos e, portanto, não constituem uma realidade fixa ou imutável.

II. A noção de governabilidade democrática

Para oferecer uma alternativa às visões que tendem a desvalorizar o multilateralismo, procuramos, nestes apontamentos, trazer para o campo de visão das relações internacionais um conceito caro às análises de ciência política: o de governabilidade democrática. Para tanto, a pergunta central é a seguinte: é possível introduzir algum grau de racionalidade na marcha da ordem mundial? Dito de outro modo, de que maneira os fenômenos associados normalmente à instabilidade da ordem internacional – seja em função das políticas unilaterais perseguidas pela superpotência, seja pelos efeitos da chamada globalização – afetam a capacidade das instituições multilaterais de cumprir seus objetivos?

Entendamos que estamos trabalhando com fenômenos – unilateralismo e globalização – que se tocam, mas que não obedecem à mesma lógica.

---

em evidência não os postulados teóricos que as integram, mas sobretudo seu poder de cristalizar predisposições e estruturas cognitivas que, traduzidas em práticas políticas e diplomáticas, enfraquecem o papel das instituições multilaterais.

O unilateralismo fica no âmbito mais estrito da relação entre Estados, enquanto a globalização é um fenômeno abrangente que vai além dos Estados e lida com interações entre sociedades. As formas como se combinam são muitas. Sabemos que a globalização limita, de alguma maneira, a adoção de um realismo estrito (não é a acumulação de arsenais militares que serve ao controle de fluxos financeiros ou à defesa da moeda). Da mesma forma, os caminhos para "organizar a globalização" se assentam necessariamente nos jogos de poder, já que o processo de criação de códigos de conduta é ainda modelado pela maneira por meio da qual a distribuição de poder influencia os processos decisórios multilaterais.

De qualquer forma, estamos diante da hipótese de que, a persistir a combinação dos fenômenos unipolarismo e globalização, seria gerada uma ordem internacional fortemente voltada aos temas de segurança, que, apoiada ideologicamente pelos esquemas mentais realistas e pós-modernos, tenderia a abandonar os temas da transformação social e econômica. Seria uma ordem para poucos. Com que argumentos pode ser superada?

A resposta está em um multilateralismo "forte", que fosse capaz de afetar (teoricamente) as duas dimensões: restringiria as ações da Superpotência (enquadrá-las-ia em padrões amplos de legitimidade) e, ao mesmo tempo, ordenaria (também de forma legítima) os processos de globalização.[11] Como fortalecer as instituições multilaterais com vistas à obtenção de uma ordem internacional mais justa e igualitária? O desafio é duplo: romper com esquemas mentais que tendem a reproduzir a ordem vigente e, ao mesmo tempo, lançar mão da idéia de governabilidade democrática com um objetivo pragmático, ou seja, a construção de uma ordem mundial menos excludente e mais participativa por meio de organizações multilaterais prestigiadas e eficazes.

Em sua definição mais geral, a ordem social, segundo Stanley Hoffmann,[12] é um conjunto de normas, práticas e processos que asseguram a satisfação das necessidades fundamentais do grupo considerado. O grupo

---

11 Não devemos aceitar a ilusão de que o multilateralismo seja sempre "bom". Depende da qualidade do processo decisório. Seus "ideais" são positivos, o problema é como realizá-los.

12 Hoffmann. "L'ordre international". In: Grawits; Leca. *Traité de Science Politique – Vol. I*. Paris: Presses Universitaires de France, 1985, p. 665-698. *passim*.

no plano internacional seria a sociedade internacional, constituída por duas realidades: a) o sistema interestatal, formado por relações entre unidades estatais; e b) a sociedade transnacional, formada por relações através das fronteiras estatais entre indivíduos e grupos.[13]

Tomando a definição de Hoffmann como ponto de partida, seria possível afirmar que, no mundo de hoje, as "novidades" se produzem no plano transnacional, enquanto o processo de produção de regras é monopólio parcial do sistema estatal.[14] Essa dicotomia pode gerar incertezas sobre as formas de produção e reprodução das normas, práticas e processos que definem a ordem. Essa definição, contudo, pode levar a confusões ao mencionar a "satisfação das necessidades fundamentais do grupo considerado" como constitutiva da ordem social, quando se sabe que é plenamente possível a existência de uma ordem excludente que beneficia parcelas pequenas de Estados e estratos sociais privilegiados no interior dos Estados.

Em um estudo sobre a manutenção da lei e da ordem nas sociedades nacionais, Bauman enfatiza a definição de ordem como uma tentativa de impor uniformidade, regularidade e previsibilidade sobre o mundo humano.[15] Talvez essa definição seja mais útil. É interessante notar que as refle-

---

13 Essa é uma diferenciação de valor analítico, uma vez que, por exemplo, as empresas multinacionais podem tomar decisões de investimento sem considerar os interesses dos Estados onde estão situadas suas matrizes, mas pedem a esses mesmos Estados que defendam regras internacionais que garantam a segurança de seus investimentos ou solicitam proteção, caso considerem ter sofrido dano provocado por ação dos governos dos países onde se encontram suas filiais.

14 Deve-se notar que a sociedade transnacional pode fomentar a criação de regras, como no caso do tratado para banir as minas antipessoais. Além disso, essa sociedade pode produzir diretamente, em certos casos, regras que afetam atividades específicas, como no caso das agências de *rating* que definem o risco de se investir em determinado país ou no caso da definição de critérios para avaliar a qualidade das empresas (ISO). A existência de grupos transnacionais também afeta a própria natureza dos Estados. É emblemático o exemplo do caso Pinochet. O que era o estado espanhol nesse episódio? Um poder judicial projetado transnacionalmente com a ajuda de associações políticas e de vítimas transnacionais ou o poder executivo de Aznar? O "interesse nacional", uma das chaves da teoria realista, se definia não mais por uma hipotética racionalidade do Estado, mas por um jogo complexo de forças nacionais e transnacionais. (Devemos esse comentário a Alexandra Brahona.)

15 Bauman. "Social Uses of Law and Order". In: Garland; Sparks (eds.). *Criminology and Social Theory*. Nova York: Oxford University Press, 2000, p. 24.

xões do autor sobre a criminologia podem ser aplicadas, *mutatis mutandis*, ao campo internacional: para o autor, qualquer ordem é também uma escolha entre certos tipos de ordens com vistas a limitar a margem de padrões de comportamento toleráveis, privilegiando determinadas condutas como normais enquanto rotula outras de anormais.

Nesse sentido, o cenário contemporâneo parece corroborar a tese de que a ordem se encontra abalada, levando-se em conta o baixo grau de uniformidade, regularidade e previsibilidade que prevalece. Mais explicitamente: se existe um conflito, não há certeza se o Conselho de Segurança interferirá para resolvê-lo e com que empenho o fará, como também não sabemos se as promessas das Metas do Milênio da ONU na área social encontrariam instrumentos que permitam que sejam implementadas.

Tanto uma ordem hegemônica quanto uma caracterizada por um concerto entre um punhado de grandes potências não são neutras. Na verdade, podem até agravar a desigualdade e as relações assimétricas. Em todo caso, qualquer dessas alternativas (ordem hegemônica unipolar, ordem multipolar dominada por poucos) teria taxa baixa de governabilidade democrática, o que tende a favorecer os mais aptos e fortes, numa nova versão de darwinismo social aplicado à cena internacional. A razão para a "taxa baixa" deriva de que os padrões de legitimidade se alteraram e pedem "soluções democráticas e democratizantes" e, daí, a tensão constante entre objetivos e limitações institucionais para realizá-los. Da mesma forma que é impossível, na ordem interna, propugnar pela volta à aristocracia, é difícil pensar, na ordem internacional, em demandas que não tenham contornos de aumento da legitimidade, a começar pela idéia de reforma do Conselho de Segurança.

É preciso deixar claro, no entanto, que qualquer avaliação de governabilidade carrega um grau de subjetividade, e o conceito, ao mesmo tempo que explica, é instrumento de crítica. Seria plenamente descritivo, no plano internacional, diante de situações-limite (aliás raramente encontráveis) caracterizadas pelo completo desgoverno (desordem) em que todos os atores sociais estariam insatisfeitos ou a completa ordem (todos satisfeitos). A realidade tende a ser mais complexa, pouco suscetível às reduções dicotômicas. No mundo contemporâneo, ao lado de fenômenos típicos de ingovernabilidade (como guerras localizadas, desrespeito a resoluções do Conselho de Segurança, imobilização de anseios legítimos na área do desarmamento etc.), há sempre uma dose de previsibilidade no sistema (no campo das transações comerciais, de certas regulações técnicas na área de comunicações etc.).

Sabemos que o que existe de ordem pode ser melhorado e aceitamos que o aperfeiçoamento da governabilidade passa necessariamente pelo fortalecimento das instituições multilaterais que são o único caminho conhecido para combinar códigos de conduta e objetivos de justiça. As regras seriam resultado do consenso e da cooperação entre unidades juridicamente soberanas. A ordem tem sido, desta perspectiva, resultado da imposição hegemônica ou do equilíbrio de poder entre as potências concorrentes. A criação das instâncias multilaterais, no entanto, introduz um elemento novo que rompe com a oscilação entre hegemonia e equilíbrio de poder entre potências, abrindo, pela própria natureza do jogo diplomático multilateral, a possibilidade de dar expressão concreta a valores como justiça e racionalidade no âmbito internacional. Vamos voltar ao tema mais adiante.

Para compreender os contornos da falta de previsibilidade e regularidade nas relações internacionais, dois fenômenos paralelos devem ser examinados, fenômenos que podem tanto se reforçar quanto se anular mutuamente, dependendo das circunstâncias. De um lado, a existência de uma única Superpotência com inclinações unilaterais aumenta a imprevisibilidade, já que decisões que afetam ao conjunto das nações passam a depender, em larga medida, das tendências da correlação de forças interna a um Estado. De outro lado, a globalização seria um elemento que, de início, foi estimulado pela Superpotência norte-americana como forma de difundir seus valores e interesses econômicos, e hoje estaria sofrendo alguns retrocessos pela nova prioridade atribuída aos temas de segurança.[16]

---

16 O "estímulo" à globalização pode ser claro e explícito quando se trata, por exemplo, de formas de abertura comercial, processo no qual os EUA foram atores-chave especialmente na Rodada Uruguai. Mesmo "aberturistas" são protecionistas em agricultura e mantêm espaço de liberdade política em leis com a 301. Menos claro é o estímulo em processos em que o controle e a norma são difusos ou inexistentes, como no caso dos fluxos financeiros e das comunicações via internet.

Com efeito, ainda que não haja acordo quanto ao caráter positivo ou negativo de seus efeitos concretos sobre a ordem internacional e sobre a vida interna dos Estados, a globalização é normalmente considerada um fator de separação entre os canais propriamente estatais de tomada de decisões e o controle efetivo sobre processos econômicos, comerciais, sociais e ambientais. "Globalização" é uma palavra que, de tanto freqüentar variados textos acadêmicos e distintos discursos políticos e diplomáticos, corre o sério risco de converter-se em um rótulo sem conteúdo. De qualquer maneira, o debate sobre os efeitos da globalização continua. Há os que defendem que é o caminho necessário para o incremento da racionalidade no mundo contemporâneo e os que acreditam que os processos globalizantes geram desigualdade e injustiça e devem ser combatidos em si mesmos.[17]

É possível dizer, conseqüentemente, que a globalização,[18] ao ampliar e diversificar os fluxos entre sociedades, cria "movimentos" que podem ter efeitos muito variados, positivos (consciência mais aguçada sobre as violações de direitos humanos e a necessidade de preveni-las e remediá-las) e negativos (volatilidade dos fluxos financeiros ou as maiores facilidades para a prática de crimes internacionais). Exatamente porque existem novas modalidades de "relações" entre Estados e sociedades, é preciso refletir sobre as regras que as regem, sobre os princípios e valores que orientam a confecção das regras, assim como sobre as instituições que as produzem. Em

---

17 É interessante, para ficar nos autores recentes, contrastar o livro de Bagwati, *In Defense of Globalization*, e o de Stiglitz. Colocam-se em pólos opostos do debate, mas – e esta é marca contemporânea do debate – o que critica a globalização não deixa de reconhecer seus "méritos" e quem a defende percebe seus defeitos. No plano acadêmico, ao menos, o debate encontrou linhas de racionalidade e é curioso que, mesmo partindo de posições opostas, Bagwati e Stiglitz coincidem freqüentemente sobre os defeitos (como ao criticar a abertura irrestrita de mercados financeiros por países em desenvolvimento).

18 Outro tema, que deixamos propositalmente de lado, é o das origens da globalização e de suas etapas. Devemos aceitar que um sinal novo é a aceleração dos processos de informação e de renovação tecnológica. Outro ponto não discutido é o do "alcance efetivo", já que há áreas, especialmente em países de menor desenvolvimento, em que os efeitos seletivos ocorrem. Exemplo: no Mali, a penetração da internet é limitada, mas as decisões americanas sobre subsídio aos plantadores de algodão significa imediatamente perda de riqueza para os agricultores daquele país africano.

outras palavras, se faltam regras, a globalização pode se tornar um fator de descontrole, de desorganização da ordem social internacional.

Desse modo, sem entrar na polêmica sobre o conceito, a globalização seria caracterizada menos pela remoção de barreiras para a circulação de bens, capitais, informação, pessoas e idéias, do que pelo aprofundamento sem precedentes do que Zygmunt Bauman tem chamado de separação entre política e poder.[19] As antigas instituições políticas que concentravam o poder decisório tinham uma base territorial, o Estado-nação, e eram capazes de determinar com certo grau de eficácia os rumos a serem tomados pela coletividade. Com a globalização, o poder teria passado por um processo de "desterritorialização". Agora certas dimensões do poder seriam exercidas por indivíduos, empresas e organizações que se encontram virtualmente livres das amarras do jogo político doméstico em países específicos. Haveria assim novas modalidades de interação entre o sistema interestatal e a sociedade transnacional.

Essa hipótese certamente requer algumas qualificações, mas não deixa de aportar uma contribuição importante à compreensão da configuração atual das relações de poder no cenário internacional e seus pontos de interseção com as estruturas de poder domésticas dos Estados mais poderosos. Deve-se levar em conta, antes de mais nada, que há diferenças entre as capacidades dos Estados individuais de controlar os efeitos da globalização ou funcionarem como correia de transmissão de interesses privados (ainda assim até mesmo os Estados mais fortes não controlam totalmente as decisões que os afetam). Além disso, a sociedade transnacional gera demandas de todo tipo (por mais controles estatais, no caso dos ambientalistas, ou menos, no caso de certos setores empresariais), mas o foco da demanda continua sendo sempre o Estado ou o conjunto de Estados no sistema internacional.

A busca de sentido para os processos globais constitui um desafio formidável, inclusive sob o ângulo processual. Ao contrário do que pensam os pós-modernos, a ausência de grandes narrativas não significa que se te-

---

19 Bauman. *Globalización: Las consecuencias humanas*. Buenos Aires: Fondo de Cultura Económica, 1999. *Passim*.

nha superado a luta por conferir sentido aos processos sociais. Significa somente que essa luta é mais complexa, e seus resultados, menos previsíveis. Os consensos internacionais (multilaterais) passam a depender da soma de consensos nacionais sobre demandas transnacionais e consensos transnacionais sobre as mesmas demandas.[20]

Os fenômenos da globalização parecem haver contribuído para desfazer antigos paradigmas que tomavam o Estado como único ator relevante no campo internacional. A presença de outros atores importantes, contudo, não gerou maior racionalidade nos processos internacionais, e as organizações multilaterais, encarregadas de administrar distintos regimes internacionais, tampouco se converteram em panacéia para os problemas contemporâneos. A equação ideal: mais fluxos, mais solidariedade, mais regras e mais autoridade para as instituições internacionais, não se produz automaticamente. De fato, não houve uma transferência de poder dos Estados e de indivíduos e grupos privados para as organizações multilaterais, o que em teoria poderia garantir decisões mais efetivas aplicáveis a todos.[21]

Tampouco a sociedade transnacional se encontra organizada a ponto de dar una direção à globalização. As múltiplas dimensões dos processos internacionais ganharam complexidade. Há mais pressão direta dos movimentos sociais sobre os organismos internacionais, com razoável êxito, sobretudo em áreas como direitos humanos ou meio ambiente (mais em termos de consciência sobre os temas do que na criação de instrumentos de intervenção e correção). Não obstante, há novas demandas por cooperação, ainda precariamente atendidas, que nascem, por exemplo, de efeitos nocivos da globalização (como a necessidade de mais eficácia no combate às atividades criminosas). Por conseguinte, é razoável admitir que vivemos em uma ordem mundial com profundo déficit de governabilidade.

---

20 As demandas transnacionais podem ser contraditórias. Exemplo extremo foi o choque entre as ONGs que defendem uma regulação para o comércio de armas e a National Rifle Association durante a conferência sobre tráfico ilícito de armas pequenas, que ocorreu em Nova York, em 2002.

21 A União Européia é um caso-limite e, em várias dimensões, bem-sucedido no que diz respeito ao processo de transferir soberanias para garantir a atuação mais uniforme e mais efetiva em alguns aspectos da agenda internacional.

Nos últimos anos, houve para muitos uma reversão do fenômeno da globalização. A opção unilateral dos Estados Unidos e a nova ênfase nos temas de segurança e combate ao terrorismo, segundo alguns analistas, representariam o regresso da alta política ao centro dos acontecimentos. Certos movimentos da onda globalizadora agora marcham paralelos – e, em alguma medida, se subordinam – aos objetivos de segurança, como demonstram as tentativas de estabelecer controles inéditos sobre os fluxos financeiros internacionais (vinculados ao objetivo de combater o terrorismo, não de evitar a desestabilização econômica que sua volatilidade gera nos países mais vulneráveis). O regresso com força total da política de poder e a perda do ímpeto da globalização, que também se nota nas dificuldades de acordo no seio da OMC – foro encarado como sinônimo de aprofundamento da globalização por favorecer a liberalização comercial – fortaleceram a visão realista das relações internacionais.

O desafio é reverter o processo e fazer com que as interações (de qualquer natureza, antigas, como o comércio, ou modernas, como a da velocidade dos fluxos financeiros) sejam regulados, não por imposições de poder, mas por outros padrões de legitimidade. Por exemplo: da mesma maneira que os fluxos financeiros podem ser controlados por interesses de segurança, também poderiam sê-lo por motivos de equidade (como na hipótese da Taxa Tobin). Que tendências vão prevalecer é a questão fundamental para compreender o sentido do desenvolvimento da ordem internacional contemporânea.

De fato, a grande conquista moderna do multilateralismo é a possibilidade de se estabelecerem regras forjadas em processos mais democráticos. Seria a forma de construir uma ordem que, independentemente da existência de um ou vários pólos de poder, possa gerar ações coletivas de caráter participativo com o intuito de concretizar os valores comuns dos direitos humanos, da paz e do desenvolvimento. Na prática, seria a maneira de minimizar os elementos desestabilizadores na cena mundial acima mencionados, sem que para isso se crie uma ordem excludente e autoritária, alternativa que, nos dias de hoje, seria apenas uma receita para mais instabilidade (a hipótese dos realistas norte-americanos mais radicais, de reedição de uma espécie de novo Império Romano em pleno século XXI, pode levar a decisões de efeitos sistêmicos que enfraqueçam o multilateralismo, mas certamente não é aceitável para a maioria dos Estados e das organizações não-governamentais).[22]

O objetivo de criar espaços de governabilidade democrática por meio do multilateralismo, longe de ser uma utopia irrealizável, tem sido alcançado, de modo parcial e errático, por meio de uma articulação de geometria variável no interior de organismos internacionais. O êxito da ONU em Timor Leste, por exemplo, em muito se deveu às pressões dos países de língua portuguesa. A atuação desses países e de outros com interesse imediato na região foi fundamental para que o apoio das Nações Unidas para a transição rumo à independência e para a reconstrução daquele país fosse firme e decisivo, apesar da preocupação de algumas potências que insistiam em abreviar ou reduzir prematuramente a presença de capacetes azuis e funcionários internacionais por razões estritamente monetárias.

III. A BUSCA DA GOVERNABILIDADE

Se aceitamos que as instituições multilaterais são uma força (quase sempre ou potencialmente) positiva, que as visões estritas do realismo devem ser superadas, o conceito de governabilidade democrática oferecerá um caminho útil para ajudar repensar os modos de definir a ordem internacional?

A pergunta essencial, que se repõe a cada instância de um encontro multilateral, é a seguinte: como viver e atuar juntos? As tentativas de responder a essa pergunta encheram muitas páginas de livros de sociologia e política no que tange às sociedades nacionais. No campo internacional, a hipótese da anarquia e a incorporação do modelo de escolha racional ao estudo do comportamento dos Estados ainda têm a hegemonia intelectual e condicionam fortemente os modos de pensar dos que decidem nos países mais poderosos. As relações internacionais incorporaram muito facilmente

---

22 Há os que chegam a decretar a morte da tentativa de sujeitar o uso da força no campo internacional às regras universais do direito internacional, já que esse objetivo seria uma espécie de "castelo no ar" construído por idealistas que ignoram a realidade de poder atual. Ver, por exemplo: Glennon. "Why the Security Council Failed", *Foreign Affairs*, 82 (3), 16-35, maio-jun. 2003.

a hipótese do *homo economicus* e trataram os Estados com unidades racionais para facilitar a antecipação de cursos de ação prováveis determinados por cálculos estratégicos.[23] Dessa forma, a resposta ao como viver e atuar juntos tende a ser uma desqualificação da própria pergunta, uma vez que se pressupõe uma natureza anárquica do sistema que condiciona a resposta e limita as alternativas.

Acreditamos que a pergunta é válida também para o cenário internacional. Ao introduzir o tema da governabilidade, evita-se encarar a ordem internacional como resultado de puros cálculos estratégicos das principais potências. A idéia é aceitar o fato de que a ordem internacional consiste em uma realidade muito mais complexa de interações econômicas, políticas, sociais e até simbólicas. Se a governabilidade envolve valores (paz e equidade), supõe naturalmente passos para obtê-los. Daí ser essencial lidar com o conceito processual de governabilidade e a questão da eficácia das instituições na resolução de conflitos, e a representação de interesses opostos. É neste contexto que se desenha a hipótese de criação de espécies de *agoras* internacionais para a ação coletiva, abrindo a possibilidade de submeter em alguma medida a rede caótica de interações de relações de poder vigentes na (des)ordem mundial a processos de tomada de decisões mais participativos. As *agoras* existem, ao menos virtualmente, nas múltiplas expressões das instituições multilaterais.[24] Como dar-lhes vida plena é a questão.

A visão realista clássica dirá que isso é impossível e contraproducente, já que os Estados só têm uma preocupação: a acumulação de poder e o objetivo de sobreviver em ambiente hostil. Não há dúvida de que o aparato estatal e o poder militar e econômico que lhe dão sustentação são fundamentais para entender a dinâmica das relações internacionais. No entanto,

---

23 Há tentativas de romper com essas amarras, com por exemplo entre os chamados "construtivistas". Essas perspectivas mais sofisticadas, ainda que alcancem respeitabilidade do mundo acadêmico, não têm conseguido desbancar os postulados realistas e as análises de escolha racional de seu lugar privilegiado como suporte de visões de mundo e representações hegemônicas. Para uma perspectiva que foge à simplificação tradicional, ver, entre outros, Wendt, *Social Theory of International Politics*. Cambridge: Cambridge University Press, 1999.

24 Lembremos que a história do pensamento utópico em relações internacionais (do Abade de Saint-Pierre a Habermas) se confunde com a proposta de instituições que regulem, em modelos diversos, o comportamento dos Estados.

esses elementos são insuficientes. A opção norte-americana pelas chamadas guerras preventivas não é resultado automático do poder militar colossal dos Estados Unidos, ainda que esse poder seja parte das condições de possibilidade da adoção de tal estratégia. Para evitar os equívocos, é necessário olhar também outras coisas, como por exemplo a fração do partido republicano que hoje dá as cartas em política de segurança. Isso significa que a correlação de forças internas, a oscilação da opinião pública e as eleições são fatores igualmente importantes para compreender as opções de política exterior de um Estado.

Conforme nota Peter Gowan, os postulados abstratos do realismo – como o de que os Estados se preocupam, antes de mais nada, com a "segurança nacional" e por isso praticam a "política de poder" – explicam muito pouco as decisões efetivamente tomadas e os cursos de ação perseguidos. De acordo com o autor, o termo "segurança nacional" pode significar apenas a necessidade de defender um tipo específico de ordem socioeconômica, ou seja, a concepção de segurança nacional que prevalece sempre possui uma "substância social".[25]

O conceito de governabilidade democrática não significa rechaçar o papel do poder militar, nem a rejeitar *in totum* as análises, algumas das quais com lúcidos argumentos, realistas do cenário internacional. O que queremos sublinhar, contudo, é que a visão realista é um modo de encarar a situação internacional e de dar sentido ao mundo, o que significa que não se confunde com a realidade em seus múltiplos aspectos. O risco que vivemos hoje é o de adotar uma profecia que se autocumprirá. Se todos crêem que o mundo se rege somente pelas relações de poder, as formas alternativas e mais democráticas de lograr a ordem internacional certamente ficarão à margem. Se, em contraste, os países e os setores menos favorecidos pela desordem atual compreenderem que a história não segue um rumo predeterminado, que os Estados não têm um caráter imutável, que as relações internacionais e os processos políticos e econômicos são históricos, ou seja, não são expressão de uma suposta natureza imanente e ontológica da ordem contemporânea, será possível introduzir mudanças na realidade.

---

25 Gowan. "A Calculus of Power", *New Left Review*, 16, p. 47-67, jul.-ago, 2002, p. 53.

O realismo é um tipo particular de mito político no sentido atribuído por Raoul Girardet: "El mito político es claramente fabulación, deformación o interpretación objetivamente recusable de lo real. Pero, relato legendario, también es cierto que cumple una función explicativa, al proponer cierto número de claves para la comprensión del presente y constituir una grilla a través de la cual aparenta ordenarse el caos desconcertante de los hechos y los sucesos".[26]

Se aceitamos o mito realista – e o mesmo vale para a visão pós-moderna, a atual ordem internacional será vista como uma estrutura imutável, enquanto seu caráter histórico e cambiante permanecerá oculto pelo efeito de fabulação próprio dos mitos políticos. Para que a desordem, onde os mais fortes e mais "aptos" levam vantagem em detrimento da maioria, dê lugar à governabilidade democrática por meio das organizações multilaterais, necessitamos calçar as reformas das instituições na luta pela afirmação de uma visão de solidariedade na ordem internacional.

A nosso juízo, a noção de governabilidade democrática pode ser um ponto de partida importante para combater a profecia autocumprida acima mencionada. Para tanto, as instituições multilaterais devem ser mais democráticas em lugar de permanecer passivamente reféns do processo de globalização ou dos interesses dos Estados mais poderosos.[27] O conceito de governabilidade, desde que despido da carga ideológica que o assimila a um conjunto de receitas que todos devem aplicar nos campos político e econômico, abre espaço à interferência dos critérios éticos nos processos de decisão.

Há certamente dificuldades a superar para a utilização do conceito nas relações internacionais. Vejamos a primeira definição de governabilidade que FLACSO recorda em um documento recente: um Estado é governável quando cumpre requisitos mínimos, tais como o controle efetivo do

---

26 Girardet. *Mitos y mitologías políticas*. Buenos Aires: Nueva Visión, 1999, p. 14.

27 No caso das instituições multilaterais de crédito, vale citar a observação de um nada revolucionário Brzezinski: "El Fondo Monetario Internacional (FMI) y el Banco Mundial se consideran representantes de los intereses 'globales' y de circunscripción global. En realidad, empero, son instituciones fuertemente dominadas por los Estados Unidos". Brzezinski. *El gran tablero: la supremacía estadounidense y sus imperativos*. Barcelona: Paidós, 1998, p. 33.

território, monopólio da força e formulação e implementação de políticas públicas.[28] Se há uma guerra civil e se dissolve o monopólio do uso da força ou se um governo não tem condições de levar à justiça ninguém que cometa crimes, certamente teríamos um claro sinal de falência da máquina estatal. Se o Estado não tem capacidade de obter, por impostos, o mínimo necessário para pagar seus funcionários, temos igualmente uma crise de governabilidade. Neste contexto, crises de governabilidade podem ter alcance e durabilidade variada, mas a referência central para a solução é a coesão do Estado-nação.

No entanto, seria legítimo perguntar: se há duas guerras, uma na Ásia e outra na África, há crise de governabilidade no sistema internacional? Se piora o problema da desigualdade e se o sistema financeiro internacional não gera recursos para financiar o desenvolvimento, mas agrava as crises que afetam os países mais pobres, há uma crise de governabilidade na ordem internacional? Suponhamos que esses sejam exemplos de crise de governabilidade. Nesse caso, de quem é a responsabilidade? A comunidade internacional se comporta de modo variado em função da natureza das crises que enfrenta e, de novo, o possível gerador do "sentimento de comunidade" continua sendo o multilateralismo, especialmente o que incorpora, como a ONU, o sentido de universalidade.

Essas perguntas não são fortuitas e demonstram que é extremamente complexo projetar o conceito de governabilidade para a ordem mundial. O conceito, contudo, possui uma "vantagem analítica comparativa" uma vez que abre espaço para a introdução de uma perspectiva integradora ampla e de elementos de avaliação ética. A tendência, hoje, é aceitar que, como não há governo mundial e o multilateralismo se enfraquece, a responsabilidade pela ordem se fragmenta e, no limite, caberia a cada Estado encontrar a solução para seus problemas. No nível nacional, a crise de governabilidade gera naturalmente uma necessidade de mobilização porque afeta, de maneira profunda, a vida dos habitantes de um Estado. O responsável é mais visível e facilmente identificável. O governo é alvo das reivindicações e

---

28 FLACSO, *Amenazas a la gobernabilidad en América Latina*. Informe preparado para el Foro de La Sociedad Civil, XXXXIII Asamblea General de la OEA, Santiago, 2003, p. 13 e seguintes.

das demandas de mudança social e política. Em contraste, a noção de crise global de governabilidade não é tão óbvia, e os supostos para superá-la, menos evidentes.

A crise global pode ser evidente em casos extremos, como nos momentos de guerra mundial. Mas, hoje, se a medida da crise é a capacidade de mobilização para superá-la, a pergunta se o terrorismo gera um problema global de governabilidade certamente admitirá respostas muito variadas.[29] Ou, em outro marco: o atraso em atingir as Metas do Milênio seria um fator de crise?[30]

As várias instituições internacionais que existem representam teoricamente modelos para soluções dos problemas de governabilidade, seja no plano político, seja no econômico. A brecha entre a promessa e a realidade, contudo, é enorme e se traduz em desilusão, em desprestígio do multilateralismo. Para o plano internacional, quiçá a segunda definição de governabilidade – contida no já mencionado documento da FLACSO – seja a mais apropriada para nosso propósito de lançar luz sobre a ordem internacional a partir de conceitos desenvolvidos para a análise do plano interno. De acordo com essa definição, a governabilidade seria um "conjunto de mecanismos, procesos y relaciones e instituciones mediante los cuales los ciudadanos y grupos articulan sus intereses, ejercen sus derechos y obligaciones y median sus diferencias".[31]

Pode-se substituir "ciudadanos y grupos" do conceito da FLACSO por "Estados e sociedades" (incluída aí a sociedade transnacional), e aceitar que a idéia de governabilidade é transponível para o plano internacional? Se olhamos menos a dimensão de coerção e mais os fatores de agregação de interesses, que se produzem no cotidiano das negociações internacionais, a governabilidade suporia, pelo menos, dois elementos: a) um mínimo de

---

29 Nos dias seguintes ao 11 de Setembro de 2001, foi possível aprovar na ONU resoluções da Assembléia Geral e do Conselho de Segurança sobre terrorismo, mas foi impossível avançar substantivamente na discussão de uma convenção internacional sobre o tema em virtude das visões opostas que persistem quanto ao alcance e significado do termo terrorismo.

30 As Metas do Milênio foram definidas pela ONU, em uma reunião de chefes-de-Estado, em setembro de 2000, e representariam objetivos mínimos para redução da pobreza em tempo definido.

31 Ver FLACSO, op. cit., p. 15.

consenso sobre o que sejam as demandas e as maneiras de atendê-las; b) um conjunto de instituições que tenham certa estabilidade e que sejam capazes de ler as demandas e resolver os conflitos entre demandas contraditórias (com coerção se for o caso).

Esses elementos podem ser encontrados na ordem internacional sempre de maneira mais difusa que no espaço nacional. A questão é verificar, em cada conjuntura histórica, que força têm, de que maneira podem servir às demandas de paz e equidade (ordem e justiça, para aproveitar o título de uma recente coletânea de ensaios, organizada por Andrew Hurrell y Rosemary Foot).[32] Para que o conceito de governabilidade não seja apenas *wishful thinking*, como dizem os ingleses, é importante avaliar as condicionantes objetivas tanto para a existência de um consenso mínimo sobre as demandas e as formas de atendê-las como para a criação de instituições mais efetivas, democráticas e participativas.

IV – A importância das instituições multilaterais

As organizações multilaterais são o lugar de formulação de consensos que se corporificam em regimes internacionais em campos como paz e segurança, desarmamento, direitos humanos, meio ambiente, espaço exterior, entre outros. O conjunto de práticas, normas e processos sofrem a influência dos fenômenos da globalização, os quais deveriam levar a que as organizações multilaterais fortalecessem seu papel e sua capacidade de criar e manter a ordem. Isso não aconteceu. Ou, mais precisamente, há esforços reais nessa direção, mas limitados por vários fatores.

O que a realidade dos últimos anos nos ensina a esse respeito? Não devemos descartar a possibilidade de um cenário otimista, em que se aproximem as demandas por regras e por equidade da produção de normas. No entanto, em um cenário pessimista, o sistema poderia assumir a direção da desordem. Isso se manifestaria quando, por paralisia do processo decisório ou por decisões não modeladas por valores positivos, o déficit de governabilidade impeça que se imprima um sentido democrático aos processos de

---

[32] Foot; Hurrell; Gaddis. *Order and Justice in International Relations*. Oxford: Oxford University Press, 2003.

globalização e à produção de normas e práticas que regem o sistema interestatal e as relações transnacionais. Ordem e desordem têm implicações para o jogo internacional. A falta de um rumo dado pelo multilateralismo não leva ao desaparecimento de ganhadores e perdedores nos distintos tabuleiros de xadrez das relações internacionais, representando, ao fim e ao cabo, simplesmente um ambiente livre de restrições para que os atores, sejam estatais ou não-governamentais, tentem impor seus interesses particulares em franco detrimento dos objetivos consagrados nos instrumentos jurídicos de caráter universal, como a Carta da ONU.

Para que fique mais claro, vamos examinar de maneira muito seletiva e em linhas gerais o que se passa na ordem internacional contemporânea com respeito às condições do consenso e, portanto, a qualidade da oferta das instituições multilaterais para criar condições de governabilidade.

A) Em primeiro lugar, quais são as medidas de consenso no plano internacional, que força têm:

1. À primeira vista, verificamos que, nos últimos anos, com o fim do conflito ideológico, torna-se mais nítida a consciência de que existem problemas comuns (meio ambiente, direitos humanos, controle das armas de destruição em massa etc.) e, no plano dos discursos, abre-se espaço para a articulação de valores comuns (é interessante comparar os discursos do Debate Geral da ONU antes e depois da Guerra Fria para comprovar que, em geral, hoje as idéias centrais do que seria a legitimidade internacional são amplamente compartilhadas). Se há um "sentimento" de problemas comuns, é natural que haja um aumento da demanda por governabilidade. A idéia de solidariedade global é parte do discurso dos Estados, mas também é impulsionado fortemente por atores sociais transnacionais (a agenda contemporânea das Nações Unidas é em boa medida condicionada pelas ONGs). Como resultado, criou-se um estoque de boas intenções, que foi articulado pelas conferências globais das Nações Unidas nos anos 90 e que culminou com a Declaração do Milênio. Assim, podemos afirmar que uma das mudanças fundamentais nas últimas décadas no sistema internacional são a consolidação de padrões de legitimidade internacional, que são acompanhados de promessas de ação conjunta e da perspectiva de um multilateralismo forte.

2. Não obstante, se olhamos mais de perto o fenômeno da "nova solidariedade", as conclusões são menos otimistas. Na realidade, os padrões gerais de legitimidade têm baixa operacionalização. Uma das explicações deriva do fato de que o consenso não tem consistência em várias dimensões da nova agenda. O exemplo dos direitos humanos é significativo. Até hoje, discutem-se os limites de sua universalidade, apesar da afirmação no documento final da Conferência de Viena (1993) de que todos os direitos humanos são universais, interdependentes e se reforçam mutuamente. Além disso, em situações extremas de violação sistemática de direitos humanos, a intervenção humanitária é pouco aceita, já que o perigo de uso político do tema para avançar interesses políticos mesquinhos impede uma análise isenta da problemática. Em matéria de meio ambiente, até hoje o protocolo de Kyoto não alcançou plena implementação devido à miopia de alguns países. Na área do desarmamento, as conclusões da conferência sobre tráfico ilícito de armas pequenas é fraca e a Conferência do Desarmamento em Genebra está paralisada há anos.

3. Um fenômeno paralelo (e que, em parte, explica o anterior) é a fragmentação das demandas, dos modos de articulação de interesses. A dificuldade de consensos sólidos derivaria da forma diferenciada pela qual a globalização afeta Estados e sociedades. Não somente em termos "reais" (mais intercâmbio tem significado mais diferenciação, se olhamos a questão da distribuição de renda mundialmente), mas também em termos simbólicos (a difusão de ideais globais é mais ou menos compatível com perspectivas culturais nacionais). Por essa razão é difícil lograr a harmonização dos processos de operacionalização dos padrões gerais de legitimidade. Tomemos os países em desenvolvimento, que historicamente são os que impulsionaram as agendas de transformação da ordem internacional: há diferenças em matéria de direitos entre os mais orientados por valores ocidentais e os demais, gerando diferenças com relação aos mecanismos de proteção dos direitos humanos, especialmente no que diz respeito às possibilidades de supervisão internacional; no tema do meio ambiente, há diferenças entre os que têm florestas e os que têm desertos; em matéria econômica, entre os mais abertos e os menos abertos para os mercados. O mesmo processo de fragmentação se dá com os países desenvolvidos, como vimos, recente-

mente, na disputa entre europeus e norte-americanos na questão da intervenção no Iraque ou, de maneira mais permanente, na Rodada de Doha da OMC. É evidente que não há somente diferenças e disputas nesses temas, mas é importante ressaltá-las para pôr em relevo elementos de dificuldades para a concretização da governabilidade em nível internacional.[33]

4. Outro aspecto que contribui para que a governabilidade seja a um só tempo mais requerida e mais difícil de alcançar é o fato de que alguns dos temas-chave de nossos dias, como a luta contra o terrorismo, drogas, e mesmo certas normativas comerciais (propriedade intelectual, por exemplo) determinam modalidades de cooperação que requerem transformação dos modos como as sociedades se organizam internamente. O avanço das normas-padrão é mais fácil na esfera econômica (como na OMC), apesar das resistências, do que em outras esferas. Nem sempre a imposição de normas-padrão responde ao objetivo de corrigir desequilíbrios de poder. Ao contrário, podem ter o efeito de aprofundar a desigualdade e a distância que separa os plenamente inseridos na economia mundial dos excluídos dos benefícios da globalização. O caso da propriedade intelectual é característico da tendência, já que o esforço dos desenvolvidos (especialmente os EUA) é ampliar a proteção para os que criam produtos novos, e a conseqüência em algumas áreas, como a farmacêutica, é tornar ainda mais difícil o acesso a medicamentos modernos pelos países em desenvolvimento. Por isso, a busca de consensos mínimos em torno de normas-padrão abre um espaço de discussão sobre o conteúdo de tais normas. De qualquer forma, apesar da dificuldade em situações de fragmentação de interesses, a busca de consenso costuma ser a única via para alcançar uma governabilidade que se defina por regras de equidade e justiça. A alternativa é a aceitação passiva de normas que, mais ou menos abertamente, cristalizam posições de poder (econômico, social, político e simbólico).

5. Um consenso político sobre governabilidade pode ter mais de uma dimensão temporal. Deve necessariamente servir às demandas do presen-

---

[33] Exemplo interessante é a formação, na reunião ministerial de Cancún, do chamado G20, que agrupou os mais importantes produtores agrícolas do mundo em desenvolvimento numa plataforma comum para combater as distorções (subsídios, entre outros fatores) que incidem sobre o comércio agrícola.

te, mas será mais forte se os que participam no consenso compartilharem também uma visão de futuro. Entre os fatos notáveis da situação internacional contemporânea está a ausência de sentido utópico. Não existem (talvez felizmente) ideologias mobilizadoras que prevaleciam no tempo da Guerra Fria e que prometiam, se ganhassem, paz e justiça. Hoje, as questões que geram utopias, especialmente a desigualdade, ainda não se tornaram instrumentos eficazes de transformação da realidade. Os protestos antiglobalização parecem expressar de modo aleatório o sentimento de frustração com a crescente pobreza e desigualdade no mundo, mas os movimentos de contestação ainda não têm uma coerência interna que lhes permita articular alternativas à ordem vigente. Esses movimentos não devem ser menosprezados em função de seu caráter fragmentário e até certo ponto contraditório. Eles são sinal claro de que algo não vai bem e, nesse sentido, podem ser um importante estímulo para a reconstrução de utopias mobilizadoras que, diferentemente das ideologias do passado, favoreçam a criação da governabilidade com a preservação do pluralismo.

6. Os consensos se fortalecem com realizações. Assim, um fator que não serve ao consenso é o fato de que, nos últimos anos, houve uma verdadeira inversão das expectativas. Há menos sinais de solidariedade e mais de conflito, como revela o aumento dos gastos militares ou a diminuição da ajuda oficial ao desenvolvimento. A dimensão catastrófica dos números sobre mortes por doenças, desnutrição e homicídios fica mais evidente quando os comparamos às promessas e aos grandes objetivos e metas acordados em conferências mundiais, incorporados nas resoluções de organismos como as Nações Unidas, e refletidos em discursos de líderes de países desenvolvidos e em desenvolvimento. A frustração é inimiga dos consensos internacionais porque semeia a desconfiança entre os atores relevantes que poderiam comprometer-se mais fortemente com a governabilidade.

7. Um mundo unipolar não favorece o multilateralismo, que supõe, como condição política, um determinado equilíbrio que gere cooperação. Ainda que a multipolaridade não seja sinônimo de governabilidade, uma vez que pode expressar uma ordem que beneficia apenas as principais potências, não resta dúvida de que a existência de uma única superpotência disposta a tomar decisões unilaterais no campo internacional constitui um

obstáculo de grande envergadura à construção da ordem democrática. É também verdade que os Estados Unidos não são, hoje, promotores, como foram no passado, de cooperação internacional e defensores das instituições multilaterais. Não obstante, não se deve confundir a unipolaridade como razão exclusiva da debilidade do multilateralismo. Mais importante que os recursos de poder econômico e militar dos Estados Unidos, é a visão predominante na elite dirigente estadunidense sobre seu papel no mundo. Seria equivocado tomar a distribuição de recursos de poder ou sua concentração nas mãos da principal potência como único fator explicativo para a dificuldade de alcançar consensos por meio de instituições multilaterais. Foram os Estados Unidos, em momento de verdadeira supremacia, que defenderam a criação das Nações Unidas. Hoje, os Estados Unidos possuem uma visão muito particular da ordem internacional desejável. A utilização *à la carte* das instâncias multilaterais (sim, no campo comercial, não, nos campos ambiental ou de desarmamento) leva a um enfraquecimento geral do multilateralismo, em função dos efeitos sistêmicos que pode ter a conduta do país que tem as vantagens de poder dos EUA. Este processo não é irreversível e pode mudar tanto por pressões da realidade internacional (aceitação dos EUA de ingerência do Conselho de Segurança no Iraque) quanto por transformações políticas internas (veja-se a diferença, nada desprezível, entre as presidências de Clinton e Bush em matéria de multilateralismo).

B) Vejamos agora a dimensão institucional:

1. Com o fim da Guerra Fria e os aumentos de fluxos e intercâmbios que caracterizam a globalização, não houve mudanças institucionais importantes, salvo na esfera econômica (GATT-OMC). As demandas de reforma das Nações Unidas, tanto do Conselho de Segurança como de outros órgãos, estão paralisadas, o que gera cada vez mais frustração.[34] As reformas não são, em si mesmas, solução ou panacéia, não significam que criarão automaticamente as novas condições de consenso. Mas podem significar a

---

34 Ver a respeito do tema o discurso de de Kofi Annan na Assembléia Geral da ONU, no dia 23 de setembro de 2003, sobre a questão da necessidade de uma reforma do sistema das Nações Unidas.

possibilidade de que o sistema internacional funcione melhor e, se houver uma discussão franca sobre seu alcance, serão um sinal de "interesse" pelas formas mais democráticas de ação internacional. Há portanto uma vasta agenda incompleta de reformas das instituições multilaterais para que elas possam contribuir para a governabilidade, com o objetivo de evitar a imposição de interesses de um ou de poucos países (associados ou não a atores privados), garantindo maiores chances de gerar melhora dos níveis de vida da maioria da população mundial. Essas reformas não são fáceis porque a mitologia realista ainda tem força para imprimir sua própria agenda à ordem internacional e impedir mudanças significativas nas estruturas de poder por meio das organizações multilaterais.

2. Na realidade, continuamos a viver em um mundo em que as regras "realistas" prevalecem. A passagem da solidariedade geral e difusa à consciência universal se dá por intermédio de instituições que são essencialmente definidas pelas condutas estatais e sujeitas, portanto, à influência do jogo de poder. O conceito de deformidade, de Andrew Hurrell, demonstra como a "solidariedade", quando busca os caminhos de operacionalização, encontra regras de jogo que são essencialmente "egoístas": as diferenças das capacidades dos Estados em participar do jogo (que se ampliam pela tecnificação do processo internacional) é a primeira deformação; outra seria a que deriva do fato de que as instituições têm capacidade limitada para limitar as políticas unilaterais dos poderosos.

Apesar das dificuldades da conjuntura, as instituições multilaterais ainda representam o melhor "modelo de ordem" e dispõem de um razoável estoque de idéias que se contraporiam tanto ao pessimismo realista quanto ao "pós-moderno". Optamos por não nos determos aqui nos sinais positivos que também podem ser encontrados no cenário internacional. O avanço da proteção dos direitos humanos e da democracia na América Latina é um fato significativo. Se não temos ideologias globais, a expansão das boas práticas (*best practices*), impulsionadas pelas Nações Unidas, como o caso do microcrédito ou de formas inovadoras de prevenir e tratar a AIDS, não deixa de constituir um caminho para aliviar as situações mais dramáticas do mundo em desenvolvimento. As formas de ajuda humanitária são, mais do que nunca, universais. Os êxitos das Nações Unidas no Timor Leste e em outras partes do mundo são muitas vezes esquecidos devido à maior publicidade na imprensa dos fracassos, como em Ruanda e em Srebrenica, ou em conflitos mais antigos. A expansão de instituições regionais, por sua vez, abre novas possibilidades de cooperação e harmonização em área em que as instituições universais têm dificuldade em avançar. Isso vale tanto para a dimensão de segurança (ECOWAS nos conflitos africanos ou Mercosul e a defesa da democracia) quanto para as questões econômicas.

Segundo Giddens, estamos condenados a viver com a globalização. Isso é certo, mas cabe a pergunta: que globalização? Esta pode ser a caracterizada por uma pseudogovernabilidade (governabilidade deformada) ou pela construção e renovação de instituições multilaterais com vistas a criar uma ordem mais estável, justa e participativa para todos por meio da governabilidade democrática.

"A impotência que experimentamos não é um sinal de deficiências individuais, mas reflete a incapacidade de nossas instituições. Precisamos reconstruir as que temos, ou criar novas. Pois a globalização não é um acidente em nossas vidas hoje. É uma mudança de nossas próprias circunstâncias de vida. É o modo como vivemos agora."[35]

O ponto-chave para obter a governabilidade são as instituições universais. Como transformá-las para que respondam às necessidades globais? O melhor caminho talvez seja o dos incrementos sucessivos e dos focos claros. Um exemplo notável, caso se concretize, seria a criação do fundo global para erradicar a fome, lançado pelo presidente Luiz Inácio Lula da Silva. É preciso descobrir nichos em que progressos são possíveis e viáveis para que se logre aumentar, com a crescente confiança nos processos participativos multilaterais, o grau de governabilidade democrática do sistema internacional.

---

35 Giddens. *Mundo em descontrole: o que a globalização está fazendo de nós.* Rio de Janeiro: Record, 2000, p. 29.

Também será necessário, obviamente, superar o fosso entre as promessas e a realidade, entre os objetivos altissonantes e as respostas muitas vezes pífias dos que mais podem e devem ajudar a concretizá-los. Por isso, a aliança que se impõe para a realização de tais objetivos baseados na solidariedade internacional não é uma aliança apenas entre os Estados mais comprometidos com o multilateralismo. A aliança, para ser efetiva, deve envolver um arco de forças que inclua ONGs e a sociedade civil em uma verdadeira cruzada "transnacional" pela governabilidade democrática. Dito assim, parece que estamos falando de algo abstrato, mas basta dar um exemplo para dissipar a desconfiança: a política brasileira de tratamento da AIDS, por exemplo, conseguiu angariar o respeito da sociedade civil nos países mais poderosos, o que tem sido fundamental para que nossa visão a respeito do equilíbrio entre saúde pública e proteção da propriedade intelectual possa se manter de pé, apesar das pressões de grande laboratórios internacionais.

É claro que a multiplicação das boas práticas e a criação de espaços em que se possa avançar com decisões multilaterais de alcance global para combater mazelas econômicas e sociais deve ser parte de um projeto mais amplo, de modo a utilizar esses exemplos como um capital político e simbólico para exigir reformas dos órgãos principais da ONU (sobretudo, mas não exclusivamente, o Conselho de Segurança e o Conselho Econômico e Social) e outros organismos multilaterais. Cabe aqui uma analogia com as reflexões de Gramsci sobre a revolução: trata-se de passar da guerra de movimento, voltada para a tomada de um centro de poder (o modelo é o Palácio de Inverno), para a guerra de posições, mais adequada ao países com estrutura de poder diferenciada e dotados de uma sociedade civil organizada. Dito de outro modo, ainda que o objetivo final seja garantir uma governabilidade democrática em todos os múltiplos centros de decisão internacional, com o necessário fortalecimento das organizações multilaterais e do direito internacional, a "guerra de posições", utilizada aqui metaforicamente, é a melhor estratégia para edificar paulatinamente essa ordem mais justa e igualitária.

As demandas são imensas se pensarmos nos problemas do mundo contemporâneo. As possibilidades de soluções globais, como buscamos demonstrar, são limitadas e não poderão ser alcançadas de um só golpe ou no curto prazo. Assim, é necessário conquistar a governabilidade de maneira cumulativa. Pode ser (e é) um exercício que exige muita paciência e um trabalho meticuloso, buscando ocupar espaços e criar alternativas concretas à desordem atual que tende a favorecer os mais ricos e poderosos. Este poderá ser amiúde um exercício frustrante. Mas haverá outro possível para garantir a governabilidade democrática e um mundo mais equilibrado e justo para a maioria excluída dos benefícios econômicos, políticos e simbólicos produzidos pela humanidade?

3

A União Européia e a América Latina nas Nações Unidas

Possibilidades de ação conjunta*

Na Declaração Política, firmada pela Cúpula União Européia-América Latina e Caribe (Madri, 2002), ao se definirem os objetivos comuns, o primeiro a ser indicado é: fortalecer o sistema multilateral com base nos propósitos e princípios da Carta das Nações Unidas e no direito internacional. De fato, é o sistema multilateral e são as atividades da ONU uma das principais pontes a ligar, no campo político, as duas regiões. Se prosseguimos a leitura da Declaração, veremos que as duas regiões desejam que a adesão ao Tribunal Penal Internacional seja universal, que o terrorismo seja combatido de acordo com a Carta da ONU, que a discriminação racial seja combatida[1] e os propósitos da Declaração e do Programa de Ação da Conferência de Durban sejam implementados, enfim que haja consulta e diálogo nos foros multilaterais. Vamos encontrar objetivos semelhantes no campo econômico, tanto área ambiental quanto na de financiamento ao desenvolvimento.[2]

---

*Trabalho que foi apresentado, em 2005, como *working paper* para OBREAL/EULARO. Está reproduzido em www.obreal.org. Agradeço as observações de José Alfredo Graça Lima, Benoni Belli, Alex Giacomelli, Felipe Costi Santarosa, e Alexandra Barahona, que corrigiram e aperfeiçoaram as minhas percepções sobre o tema.

1 A sintonia Europa-América Latina não foi "automática" em Durban na conferência sobre o racismo, embora as reticências européias estivessem longe da atitude americana que acabou por abandoná-la. Ver Lindgren Alves, *Os direitos humanos na Pós-Modernidade*. São Paulo: Perspectiva, p. 113-140.

2 A afirmação de propósitos de cooperação no âmbito multilateral é uma constante do diálogo entre Europa e América Latina. Tomei a Declaração de Madrid como um exemplo – entre muitos – das indicações que regulam a cooperação. O Fórum Euro-Latino-Americano, que vem

O exame da Declaração revela claramente que, entre outros elementos, os dois grupos manifestam, quando "olham o mundo", uma *preferência essencial pelo multilateralismo*. Dito de outro modo, Europa e América Latina se aproximam no mesmo espaço de cultura política internacional, o que é em si as distingue. Neste sentido, diferem da postura norte-americana, que admite, em certas circunstâncias, as soluções unilaterais para problemas que, em tese, estariam dentro das atribuições de organismos multilaterais.[3] Ou diferem da postura de alguns países islâmicos (e da Santa Sé) em temas ligados a direitos humanos, em especial direitos da mulher. Essa sintonia se revela, por exemplo, no fato de que, em regra, países dos dois grupos aderiram ao Tribunal Penal, ao Protocolo de Kyoto, a praticamente todos os instrumentos de defesa dos direitos humanos etc. (o que não ocorre no caso dos EUA).

Como transformar a sintonia doutrinária, definida em termos amplos, em atitudes que sejam operacionalmente relevantes? A mesma atitude de defesa do multilateralismo, valiosa em si mesma, pode ou não se desdobrar em iniciativas específicas de sentido político? Tem havido iniciativas nessa linha? Em que áreas? É possível ampliá-las? A mesma atitude doutrinária é compatível com diferenças em pontos específicos? Quais?

Este trabalho é uma tentativa de esquematizar respostas a essas perguntas, tomando-se como marco as decisões da Assembléia Geral das Nações Unidas e, subsidiariamente, o resultado das conferências globais dos anos 90.[4] O exame do comportamento de europeus e latino-americanos na

---

se reunindo, desde 1990, sob os auspícios do Instituto de Estudos Estratégicos e Internacionais de Lisboa e do Instituto Roberto Simonsen, da Fiesp, tem insistido, em seminários e conferências, sobre a necessidade de aprofundar o diálogo no campo multilateral entre as duas regiões.

3 Sobre a sintonia nas grandes linhas e a dissintonia operativa, ver a comparação que Seixas da Costa faz das posições dos EUA e da Europa na ONU. Seixas da Costa foi Representante Permanente de Portugal em Nova York e, em seu trabalho, *A Europa nas Nações Unidas* (mimeogr., Brasília, 2005), faz uma análise, interessante e muito realista, de como "opera" a União Européia na ONU. Seu trabalho foi uma referência útil e inspiradora para as minhas observações. Uma ressalva: a Grã-Bretanha terá sido "unilateralista" ao aderir as posições americanas no Iraque. As maiores críticas ao unilateralismo europeu correm por conta dos acordos preferenciais que mantém com os ACP e LLDCs no campo comercial, tema que não iremos analisar neste trabalho.

4 Conferência sobre Meio Ambiente e Desenvolvimento (Rio, 1992), Conferência sobre Direitos Humanos (Viena, 1993), Conferência sobre População e Desenvolvimento (Cairo, 1994),

Assembléia Geral das Nações Unidas é um dos campos privilegiados para medir o alcance real da cooperação. Nas Assembléias, votamos juntos em várias temas, discordamos em outros, temos iniciativas conjuntas de países individuais das duas regiões, como no caso da Iniciativa contra a Fome (Brasil, Chile, França, Alemanha) ou no caso do grupo da "Nova Agenda", de que participavam Brasil, México, Suécia e Irlanda (além de África do Sul, Nova Zelândia e Egito) nas conferências de revisão do Tratado de Não-Proliferação (TNP).

Esclarecimentos preliminares

Para compreender as possibilidades de levar adiante as sintonias, é importante indicar de que maneira funcionam os dois grupos, o europeu e o latino-americano, na ONU. A primeira observação é de que existe uma diferença fundamental no comportamento parlamentar dos dois grupos. A União Européia responde, com limites, é verdade, a uma "política exterior e de segurança comum", o que lhe permite, em muitos temas, atuar, plenamente, como um *grupo negociador* (ou seja, está unido em torno a determinadas posições e busca que prevaleçam). A América Latina se apresenta, pelo menos, através de dois grupos, o Grupo do Rio (de que participam praticamente todos os países do continente) e o Mercosul.[5] Esses grupos se pronunciam sobre temas diversos, revelam alguma unidade, mas raramente se apresentam, com posições específicas, em processos negociadores. Em boa parte dos temas, os países latino-americanos "negociam" através do Grupo dos 77.[6] Não existe, porém, uniformidade "perfeita" nem nas posições européias nem nas latino-americanas em vários temas.

No caso europeu, embora apareça frequentemente unida, é clara a dicotomia entre as posições do conjunto europeu e da França e da Grã-Bretanha em temas de desarmanento, como também em temas do Conselho de Segurança (na qual as posições são nitidamente nacionais, da França e

---

Conferência sobre Direitos da Mulher (Pequim, 1994), Conferência sobre Desenvolvimento Social (Conpenhague, 1994), Conferência sobre Assentamentos Urbanos (Istambul, 1996).

5 Cuba não faz parte de nenhum dos dois grupos, embora tenda a acompanhar o G77.

6 O Grupo Latino-Americano e do Caribe (Grulac) existe, porém se reúne essencialmente para escolher candidaturas àquelas posições que, nos órgãos da ONU, cabem a distintas regiões. Eventualmente, é consultado pela presidência da Assembléia, como os demais grupos, para questões institucionais.

da Grã-Bretanha). Para a agenda da Assembléia, há temas que estão fora da competência comunitária e, portanto, a definição das posições é articulada em Nova York pelas missões permanentes. Francisco Seixas da Costa calcula que, em 90% dos temas da Assembléia e do ECOSOC, a União Européia deve assumir posições comuns.[7] No caso da América Latina, as diferenças surgem em alguns temas específicos (como, por exemplo, na reforma do Conselho de Segurança, que, aliás, também divide os europeus). Porém, em alguns temas da Assembléia e do ECOSOC, também há diferenças de matiz entre os países latino-americanos, especialmente em algumas questões valóricas, como direitos da mulher.[8] Porém, o fato de que os grupos tenham fisionomia diferente não excluirá diversas modalidades de encontro e de cooperação, a começar pelas reuniões regulares, durante a Assembléia Geral, da União Européia com o Grupo do Rio. É verdade que são reuniões menos para afirmar posições negociadores comuns do que para trocar impressões sobre temas da agenda e para "afinar as sintonias". É um marco para medir o que se passa nos processos operacionais propriamente ditos, ou seja as negociações e as votações, onde a "sintonia doutrinária" é colocada à prova.

Mapa da sintonia e das diferenças

Observação geral

Para estabelecer um mapa das sintonias (de hoje), seria útil lembrar que boa parte das decisões da Assembléia Geral é tomada por consenso, como acontece por exemplo nas reuniões das conferências gerais (direitos humanos, desenvolvimento social, direitos da mulher etc.) e seus processos de revisão.[9] As diferenças no processo de negociação (que porventura

---

7 Ver Seixas da Costa, op. cit., p. 1.

8 É clara, por exemplo, a atitude mais conservadora de alguns países centro-americanos em comparação aos do Cone Sul quando se trata de direitos da mulher. Normalmente, porém, é possível chegar a consensos depois de pontos de partida divergentes, ainda que sejam consensos fracos.

9 A referência é ao resultado final das conferências globais. No caso de direitos humanos, especialmente quando se trata de juízo sobre países na CDH, há votação e, em muitos casos, há discrepância entre europeus e latino-americanos.

existam entre europeus e latino-americanos ou do Grupo dos 77) se dilui no resultado final. De qualquer modo, temos, portanto, dois tipos de dados para medir sintonias. O primeiro é o resultado de votações, que permite facilmente computar e comparar atitudes diplomáticas; o segundo caso, o das resoluções aprovados por consenso, é mais difícil de levantar, já que depende de conhecimento da conduta negociadora das duas regiões em pontos específicos.

Votos: o que dizem os padrões de votação

Assim, seria interessante, em primeiro lugar, comparar votos europeus e latino-americanos nos temas em que a decisão é tradicionalmente por voto, como por exemplo desarmamento, questão palestina, entre outros.[10] Se examinamos alguns temas, como desarmamento e direitos humanos, o que se nota, em primeiro exame, é que o número de resoluções em que há plena coincidência (votos das duas regiões a favor) é quase igual ao que a coincidência é nula (votos a favor de uma contra abstenção da outra).[11]

Vamos examinar com mais detalhes o tema do desarmamento para entender por que o padrão não é uniforme. É válido dizer que, em termos amplos, as duas regiões favorecem os processos multilaterais de desarmamento, sendo inclusive signatários de todos os grandes tratados nesse campo. Porém, neste caso, a tendência é que os latino-americanos votem juntos e, curiosamente, a regra da unidade européia é quebrada. De fato, há três "Europas" na área de desarmamento, a nuclear (Grã-Bretanha e França, que tende a se isolar e votar com os EUA em vários temas, a da OTAN e, finalmente, a UE). A Europa "unida" aparece em alguns temas, normalmente do lado da América Latina, e só há sintonia perfeita entre as duas regiões em poucos temas, como a corrida nuclear no espaço exterior (os EUA se

---

10 O foco será no trabalho da I Comissão (desarmamento e temas de segurança), Comissão de Política Especial (Palestina e outros) e III Comissão (temas sociais e humanitários) durante a 59ª Assembléia.

11 Não é freqüente o voto negativo embora o ocorra, por exemplo, no caso da atitude dos EUA nos temas palestinos ou desarmamento (em alguns casos, acompanhados de França e Grã-Bretanha). Como todo processo de negociação de resoluções é lento e busca consenso, é raro que um país se distancie do que foi acordado ao ponto de votar "contra" o texto.

abstêm);[12] minas terrestres, por exemplo a Convenção de Ottawa (os EUA se abstêm); controle regional de armas convencionais; proliferação nuclear no Oriente Médio (Estados Unidos vota contra); Comprehensive Test Ban Treaty – CTBT (EUA vota contra); o Protocolo de Genebra de 1925 sobre a proibição de guerra bacteriológica (os EUA se abstêm).

Depois da sintonia perfeita, teríamos uma sintonia parcial, em que os europeus e latino-americanos estão juntos, mas os nucleares europeus têm posições próprias: normas ambientais em tratados de desarmamento e controle de armas (os EUA votam contra, Grã-Bretanha e França se abstêm); desarmamento e desenvolvimento (França se abstém e EUA vota contra); material físsil (EUA vota contra e Grã-Bretanha se asbtêm); Hemisfério Sul livre de armas nucleares (França, Grã-Bretanha e EUA votam contra e a Espanha se abstém), ver o quadro completo no fim. Assim, se as duas regiões se aproximam em termos do "ideal de desarmamento" e isto se mostra em algumas resoluções significativas, o fato é que a sintonia é "menos que perfeita", dadas as diferenças internas na Europa. Os nucleares, França e Grã-Bretanha, se afastam, em alguns casos, da própria maioria européia para preservar plena liberdade no manejo de seu potencial (e o melhor exemplo é a sua atitude no caso da resolução que propõe que o Hemisfério Sul fique livre de armas nucleares ou no caso do valor vinculante do parecer da Corte Internacional de Justiça – CIJ que condena as armas nucleares).[13]

A possibilidade de cooperação existe, mas tem limites. Encontraremos padrões similares, misto de sintonia e dissintonia, quando examinamos as resoluções sobre direitos humanos. Nestes temas, a Europa está, em regra, unida. Não se manifestam diferenças, como no caso do desarmamento, já que se trata de valores e, neste campo, a uniformidade européia é evidente.

---

12 A referência a votos dos EUA serve para medir outro fator importante no quadro da ONU, que é a diferença da atitude das duas regiões em relação a uma Potência que é decisiva em praticamente a totalidade dos temas da agenda internacional.

13 Seria útil examinar, em outro momento, as razões específicas que explicam a atitude européia ou latino-americana. Para exemplificar, a resolução sobre o caminho para eliminação das armas nucleares (A-59-459-XI) é apoiada amplamente por europeus e latino-americanos, mas não tem o voto favorável da Coalizão da Nova Agenda (Brasil, México, Suécia e Irlanda), porque está aquém do que este grupo demandava.

Existem variações no comportamento da América Latina, já que, em alguns temas, um ou outro país se afasta do grupo (conforme mostra o Anexo).

Passemos ao exame dos padrões de votação. Há sintonia perfeita em temas como os esforços globais contra o racismo, a autodeterminação palestina, o direito ao desenvolvimento, reforço das organizações regionais em direitos humanos, direito à alimentação e, curiosamente, em todas (salvo a que trata de organismos regionais) o padrão norte-americano de votação difere do latino-americano e do europeu. De outro lado, nas resoluções sobre o uso de mercenários para violar direitos humanos, impacto da globalização sobre direitos humanos, direitos humanos e medidas coercitivas unilaterais, promoção da ordem democrática, direitos humanos e terrorismo, direito de ir e vir, respeito aos propósitos da Carta, a dissintonia é perfeita. E se é possível, a partir da atitude na Assembléia Geral, detectar tendências, seria possível dizer que, em regra, a América Latina e a Europa, em harmonia no campo de valores, se distanciariam nos modos de interpretar o alcance dos mecanismos de implementação. Neste sentido, a Europa tenderia a ser mais "intervencionista" ou, se preferirmos um conceito menos polêmico, mais "pró-ativa" e a América Latina, mais cautelosa quando se trata de passar do mundo dos valores para a articulação de instrumentos a fim de corrigir problemas específicos.

Passemos agora às resoluções da Comissão de Política Especial. A sintonia perfeita é significativa, já que aparece na maioria das resoluções em temas como assistência aos refugiados palestinos (EUA se abstêm); pessoas deslocadas em virtude das hostilidades de 1967 (EUA se abstêm); operações da UNRWA no Oriente Próximo (EUA se abstêm); propriedade dos refugiados palestinos (EUA se abstêm); aplicação da Convenção de Genebra relativa à proteção de civis em tempos de guerra aos territórios palestinos ocupados (EUA vota contra); urbanização israelense nos territórios ocupados (EUA vota contra); práticas que afetam os direitos humanos dos palestinos em territórios ocupados (EUA vota contra e os centro-americanos se abstêm); Golã sírio (EUA se asbtêm); atividades econômicas em territórios *nonself-governing* (EUA vota contra); Saara Ocidental (América Latina, com exceção da Venezuela, e Europa e EUA se abstêm). Em algumas resoluções, mais gerais sobre temas da descolonização, França e Grã-Bretanha se afastam da posição européia, como no caso das resoluções sobre informação sobre territórios *non-self-governing* (EUA, GB e França se abstêm); disseminação da informação sobre descolonização (EUA e GB votam contra, e a França se abstém) e implementação da declaração sobre descolonização (EUA e GB votam contra, e França, Bélgica e Alemanha se abstêm). Os casos de dissintonia ocorrem nos seguintes temas: comissão especial para investigar práticas israelenses contra o povo palestino em territórios ocupados (América Latina vota a favor, e a Europa se abstém; os EUA votam contra); implementação da declaração de outorga de independência aos povos coloniais (América Latina vota a favor, e a Europa se abstêm). Fica clara a coincidência significativa entre a América Latina tanto nos temas que dizem respeito à Palestina quanto no processo geral de descolonização. A unidade está do lado latino-americano (e do G77). As exceções ficam por conta da atitude mais defensiva das ex-potências coloniais européias e que detêm ainda territórios que não atingiram a plena autodeterminação.

Processos negociadores

É evidente que o resultado das votações é uma das medidas do grau de aproximação entre as duas regiões. Talvez a visão fria dos resultados não revele plenamente os diversos modos de cooperação entre as duas regiões. De fato, como uma parcela significativa das resoluções é aprovada por consenso, a negociação revela várias nuances de comportamento que desaparecem no resultado final do processo. Valem alguns exemplos: na Conferência sobre Desenvolvimento Sustentável (Rio+10), anotou-se distância inicial entre Europa e América Latina, já que a posição européia é mais "radicalmente ambientalista" do que a latino-americana. De qualquer modo, no marco do G77, os latino-americanos foram os que fizeram a ponte entre os países em desenvolvimento e os europeus (e, em certa medida, os "menos ambientalistas", como os EUA, a Austrália e o Japão) para que consensos mínimos fossem atingidos. Neste mesmo diapasão, há que referir em que a América Latina se afasta do Grupo dos 77 para se aproximar da postura européia (alguns temas de direitos humanos e direito da mulher).[14]

---

14 Um episódio curioso se deu na negociação de Copenhage+5, quando "some Latin American countries" se constituíram em grupo negociador, próximo aos europeus, no tema dos direitos

Há vários exemplos interessantes, como por exemplo na Conferência sobre Desenvolvimento Social, quando a América Latina e a Europa se aliaram para evitar que o tema dos direitos humanos fosse "excluído" do marco geral dos compromissos que iriam ser firmados. A mesma atitude de "ponte" ocorre na Conferência do Cairo quando se defrontavam a posição européia, firme na defesa dos "direitos sexuais" da mulher contra os islâmicos e a Santa Sé, que rejeitava a expressão (posição que terminou por prevalecer).[15] Na área econômica, há percepções distintas sobre as prioridades. A União Européia tende a privilegiar a assistência oficial ao desenvolvimento, o alívio das dívidas dos HIPCs e as iniciativas aos PMDRs (Everything But Arms) e à ACP (abertura de mercados), partindo de uma visão mais "assistencialista". Embora os países latino-americanos não neguem a importância dessas iniciativas e a prioridade do combate à fome e à pobreza (o Brasil, por exemplo, lançou a Ação contra a Fome), procuram também imprimir caráter mais "sistêmico" às negociações, tratando de temas financeiros e comerciais. Os europeus hesitam em tratar desses temas, sobretudo dos comerciais (sobretudo em razão do protecionismo agrícola).

É mais difícil comparar, de forma geral, atitudes dos dois grupos em crises internacionais que se desenvolvem no Conselho de Segurança, já que, aí, os países não agem a partir de perspectivas regionais. Embora, seja útil anotar, por exemplo, casos em que as posições de latino-americanos coincidem com a dos europeus no Conselho (Chile, México, Alemanha, França – exceção feita à Grã-Bretanha) no tema do Iraque.

Conclusões preliminares e hipóteses de cooperação

O que nos ensinariam os padrões de votação e de negociação sobre as possibilidades de cooperação euro-latino-americana?

---

de reprodução. O mesmo teria ocorrido na Sessão Especial sobre HIV-AIDS, em que o Grupo do Rio constituiu-se em um dos principais negociadores e aproximou-se dos europeus em alguns aspectos, sobretudo em temas relativos a direitos humanos.

15 Esses exemplos e outros podem ser encontrados em Lindgren Alves, *Relações internacionais e temas sociais: a década das conferências*, Brasília: IBRI, 2001, p. 203-234.

Ao caracterizar a posição da União Européia na ONU, Seixas da Costa faz uma interessante observação sobre a singularidade de suas posições. Mostrando a distância entre a Europa e os EUA e as dificuldades específicas de afinar posições com *like-minded countries* do mundo em desenvolvimento, concluirá que a UE "sofre de uma singularidade que a identifica como uma unidade autônoma no contexto da Organização [...]. Nesse contexto, a União é freqüentemente – e pode-se dizer crescentemente – o construtor de 'pontes' entre algum radicalismo que emerge do G77 (onde a acomodação de interesses tem outra lógica de resultados) e a proverbial intransigência (em versão benévola, escassa flexibilidade) dos EUA."[16] É interessante a descrição que faz Seixas da Costa exatamente porque, em alguns momentos, a América Latina se "desprende" do G77 e passa a atuar justamente como "ponte", em moldes parecidos ao da UE, mas, é claro, com a perspectiva do mundo em desenvolvimento de tradição Ocidental. Não por acaso, são em temas de valores, especialmente os ligados a direitos humanos e à tolerância que a Europa e a América Latina mais se aproximam em processos negociadores (ainda que divirjam, como assinalei, em pontos relevantes da agenda).[17]

É claro que a América Latina não é uma "singularidade" como a UE, já que, freqüentemente, atuamos no marco do G77. A pergunta é: na medida em que se fortaleçam os mecanismos de agrupamento de posições na América Latina – seja o Grupo do Rio, seja o Mercosul, seja a recente Comunidade Sul-Americana de Nações –, que tendência prevalecerá? A vocação latina ou, agora, sul-americana, será a de buscar singularidade? Em que temas? Esse movimento levará a maior convergência com a Europa? São

---

16 "Numa leitura caricatural e forçosamente redutora, dir-se-ia que à concepção instrumental e supletiva que Washington tem das NU, opõe a UE uma filosofia de constante afirmação da preeminência da organização como principal regulador político da ordem internacional [...] Um segundo caso de relacionamento da UE é representado por outros Estados, no essencial tidos por *like-minded*, mas cujo grau de desenvolvimento, especificidades econômicas e políticas conduzem a uma abordagem por vezes diferenciada de certos temas. Estão neste grupo particular alguns países associados e os membros do Grupo do Rio [...]". Seixas da Costa, op. cit., p. 7.

17 É interessante observar que nem sempre a Europa pode funcionar como "ponte". O fato de que as posições européias sejam "pré-negociadas" conduz, às vezes, a posições rígidas, modeladas por atitudes maximalistas.

questões abertas, que dependem de muitas variáveis que não é o caso de explorar neste documento. O que vale, sim, tentar é mostrar quais seriam, hoje, as melhores hipóteses de cooperação entre as duas regiões.

Hipóteses de cooperação

a) Os fundamentos: sintonia geral na defesa do multilateralismo, lastreada em vários documentos e declarações de conferências internacionais que criam marcos de cooperação entre a Europa e a América Latina (América Latina, Grupo do Rio, Mercosul):
   i) essa sintonia se reflete em posições comuns em vários temas da agenda da ONU;
   ii) essa sintonia não é "absoluta", já que há discrepância em alguns temas da agenda internacional;
   iii) existem vários mecanismos de consulta inter-regionais que não estão construídos, porém, para a articulação de propostas de negociação conjunta;
   iv) começa a se delinear uma importante história de iniciativas de países europeus e latino-americanos em pontos importantes da agenda (como desarmamento e desenvolvimento).
   v) é inegável, porém, que há dificuldades evidentes de ação articulada no próximo grande tema da agenda da ONU (a reforma proposta por Kofi Annan), já que existem diferenças internas importantes tanto na Europa quanto na América Latina em ponto crucial do processo, a ampliação do Conselho de Segurança.

Deve-se, por outro lado, considerar o apoio de países europeus à candidatura brasileira, bem como a coordenação entre Brasil e Alemanha (junto com Índia e Japão). Talvez em outros temas, como o reforço da Assembléia Geral e do ECOSOC, o novo formato do conselho de direitos humanos etc. haja espaço para aprofundar parcerias.

b) Diante desse quadro, quais seriam os caminhos para reforçar, a curto prazo, a cooperação euro-latino-americana, que teria efeitos sistêmicos positivos, na medida em que se refletiria em reforço do multilateralismo:
   i) apesar das dificuldades de articular posições no processo de reforma, seria útil examinar a possibilidade de consultas (Grupo do Rio-União

Européia) naqueles temas que não seriam potencialmente "divisive", como a reformulação dos métodos de trabalho da Assembléia Geral, a criação de um Conselho para direitos humanos, os novos conceitos de segurança coletiva etc.;

ii) usar as propostas que nascem de visões compartilhadas de países europeus e latino-americanos, como a Iniciativa contra a Fome, para articular movimentos mais amplos de cooperação regional;

iii) explorar os mecanismos de diálogo existentes para tentar formas mais sistemáticas de cooperação em temas em que a convergência é natural com vistas a articular eventualmente posições negociadoras comuns;

iv) imprimir tom pragmático, evitando a introdução de questões "polêmicas" na agenda (o conceito de "bens públicos globais" seria um exemplo). Os temas objeto de cooperação – e com possível impacto positivo sobre o sistema – devem possuir relevância intrínseca, e não depender de conceitos pouco desenvolvidos no plano internacional. A cooperação no âmbito da Ação Contra a Fome e a Pobreza é exemplo de cooperação inovadora, concreta e pragmática;

v) utilizar mecanismos bi-regionais para tratar de temas globais. Um deles poderia vir a ser a parte política do Acordo de Associação entre o Mercosul e a União Européia (ainda em negociação). Outro poderia ser as reuniões íbero-americanas.

c) Mais a longo prazo, e dando seqüência ao que se indicou no parágrafo anterior, podemos aceitar que "cooperação euro-latino-americana" na ONU é viável e pode se desdobrar em vários temas. Porém, na lógica das Nações Unidas, a cooperação deve se tornar "visível", o que só ocorre através de iniciativas conjuntas. Como nos temas "tradicionais", de cunho econômico, as negociações, do lado latino-americano, estão enquadradas pelo Grupo dos 77, é preciso inovar, ampliando, para o marco regional, o que se fez com a Iniciativa contra a Fome. Embora limitado pela atitude dos nucleares europeus, os temas de desarmamento poderiam abrir espaço a alguma cooperação entre as duas regiões.

Hoje, se examinamos o "estado" da ONU, é inegável que se obtém um sentimento ambíguo. As portas para uma reforma profunda estão abertas, mas exatamente porque é necessária revelam as fragilidades e deficiências do sistema. As atividades na área do desarmamento estão praticamente paralisadas; as operações de paz enfrentam dificuldades significativas; as críticas à ineficiência do organismo se misturam com acusações de gerência descuidada; há dúvidas sobre a contribuição do sistema para que os países em desenvolvimento atinjam as metas do milênio; as ressonâncias unilaterais são evidentes. É necessário que os Estados que acreditam no multilateralismo como a melhor e mais legítima forma de "organizar o mundo" retomem o seu entusiasmo e mesmo a crença nos valores que a ONU encarna. Neste sentido, a Europa e a América Latina podem desempenhar um papel decisivo em pelo menos dois sentidos: de um lado, com iniciativas pontuais, revigorar as melhores vocações das Nações Unidas, em áreas críticas como o desenvolvimento e o desarmamento; de outro, com esforço de reflexão conjunta, articular sugestões e marcos de referência para reformas viáveis e que façam com que a Organização recupere plenamente a sua legitimidade. Afinal, só uma ONU prestigiada e capaz de soluções efetivas para o problema da governabilidade terá condições reais de conter os dois vícios que perturbam a governabilidade democrática, o unilateralismo e as soluções que correm à margem do sistema multilateral. Não é tarefa fácil, já que, como vimos, há muitos temas em que o ajuste de posições não é simples nem automático. Mas é fundamental tentar.

A cooperação euro-latino-americana seria, idealmente, uma forma privilegiada de combater as dificuldades de governança, sobretudo o déficit democrático, na ordem internacional. Internamente, os Estados das duas regiões possuem regimes democráticos e, portanto, têm legitimidade para defender uma ordem internacional mais democrática, a começar por suas instituições fundamentais, como o Conselho de Segurança. É evidente que a democracia interna não é garantia de que a escolha diplomática seja necessariamente "pró-multilateralismo". Vimos como, em muitos temas, os Estados Unidos, evidentemente uma grande democracia, se isola. Tem uma visão peculiar, muitas vezes, única e peculiar para quase toda a agenda política e social das Nações Unidas. Na verdade, a atitude não é nova. A história dos EUA e o multilateralismo é ambígua desde os seus primeiros passos quando, por estímulo de Wilson, se cria a Liga das Nações e, por imposição do Senado norte-americano, dela os EUA se afastam. Hoje, a inclinação unilateral ou o multilateralismo *à la carte* ganha folêgo por contigências de política interna, combinadas — ou sustentadas — pela posição única de poder que os EUA têm no mundo. Essa situação inviabiliza qualquer retomada vigorosa e ampla do multilateralismo, ao menos a curto prazo? As propostas de cooperação para a América Latina e para a Europa estão limitadas no nascedouro dada a conjunta desfavorável?

Uma resposta completa a essa indagação exigiria outra reflexão, voltada para os limites sistêmicos do multilateralismo nos dias de hoje. Porém, para ficar em um só argumento: com todas as deficiências e dificuldades, as instituições multilaterais não perderam sua legitimidade intrínseca nem tampouco deixam de ser vistos, até pelos EUA, como instrumento necessário para articular solução para determinados problemas globais. Os espaços de diálogo não deixaram de existir, o que equivale a que os valores que as instituições encarnam ainda prevaleçam. Como atrair *todos* para o diálogo é o desafio tanto para a Europa quanto para a América Latina. E as duas regiões teriam condições de desempenhar um papel relevante se provassem que são capazes de produzir, para o multilateralismo realmente existente, sinais de que é possível fortalecê-lo e renová-lo. Ou seja, aproximá-lo de seus melhores ideais.

Anexo

Análise do padrão de votação na Assembléia Geral de 2004.[18]

Nos anos recentes, existem alguns temas da agenda da AG que são decididos por voto. Vamos examinar o que se passa, na AG de 2004, nos temas da Primeira Comissão (Desarmanento e Segurança Internacional), da Terceira Comissão (questões culturais, humanitárias e sociais) e da Quarta Comissão (Política Especial e Descolonização).

Metodologicamente, o ideal seria observar uma série de vários anos. Porém, como é muito repetitivo o padrão de votações, já que, ano a ano, as resoluções diferem pouco, o exame de uma mostra anual revelará as di-

---

18 Os dados foram obtidos no relatório das comissões, documentos AG/10321, AG/10310 e AG/10318.

ferenças significativas entre os padrões europeus e latino-americanos. Isto não significa, diga-se desde já, que há atitudes diferentes quanto a prestigiar a ONU nem que há aproximação de posição em várias questões importantes. O fato, porém, é que a diferença revela que as sintonias gerais nem sempre se expressam em posições negociadoras comuns e, muito menos, em visões compartilhadas em questões sensíveis (por definição, o que vai a voto é "sensível").

Para organizar a análise, vamos definir a aproximação em três campos:

Sintonia perfeita: todos os latino-americanos e europeus votariam no mesmo sentido.

Sintonia alta/baixa: variaria em função do número de latino-americanos que se aproxima das posições européias (que, em regra, é unida e, por isso, dá o padrão de comparação; quando a Europa não votar unida, será assinalada).

Dissintonia perfeita (ou quase): todos (ou quase todos) os latino-americanos em um grupo, e os europeus em outro.

Resoluções sobre desarmamento

A peculiaridade desse conjunto de resoluções é, em primeiro lugar, que a União Européia não vota unida sempre (como nos outros temas). Em alguns casos, a Grã-Bretanha se aproxima de posições norte-americanas em casos em que os dois países votam praticamente contra a unanimidade dos membros da ONU.

SINTONIA PERFEITA

458: *Prevenção de corrida nuclear no espaço exterior* (isolamento dos EUA)[19]
459-III: *Normas ambientais em tratados de desarmamento* (isolamento dos EUA)
459-V: *Protocolo de Genebra de 1925 sobre armas bacteriológicas* (EUA vota contra)

---

19 O número corresponde à identificação do projeto de resolução quando aprovado pela Comissão.

459-XIX: *Convenção de Ottawa sobre minas antipessoais* (abstenção dos EUA)
459-XXII: *Controle de armas convencionais*
462: *Proliferação nuclear no Oriente Médio* (isolamento dos EUA)
465: *CTBT* (voto contra dos EUA e abstenção da Colômbia)

SINTONIA ALTA

459-XXVI: *Código de Conduta da Haia sobre proliferação de mísseis* (Brasil e México se abstêm)
459-XIV: *Proíbe a produção de material físsil* (Grã-Bretanha se abstêm, e os EUA votam contra)
459-XX: *Hemisfério Sul livre de armas nucleares* (França, Grã-Bretanha e os EUA votam contra, Espanha se abstém)

SINTONIA BAIXA

457: *Garantia para os Estados não-nucleares contra ataques nucleares* (Argentina, Brasil, Bolívia e Chile se abstêm, como os europeus e os EUA)
459-II: *Mísseis* (Argentina, Bolívia e Uruguai se abstêm, assim como os europeus; EUA vota contra)
459-X: *Para um mundo livre de armas nucleares* (América Latina votam a favor, França e Grã-Bretanha, contra; Itália, Portugal e Espanha se abstêm)
459-XI: *Caminho para a eliminação de todas as armas nucleares* (abstêm-se os países da Nova Agenda, latino-americanos e europeus)
459-XII: *Desarmamento nuclear* (América Latina vota a favor; Europa, contra; e Argentina, Irlanda e Suécia se abstêm)

DISSINTONIA PERFEITA OU QUASE

455: *C&T em matéria de desarmamento* (Argentina, Chile e Uruguai se abstêm; a Europa e os EUA votam contra)
459-IV: *Promoção do multilateralismo na área do desarmamento e da não-proliferação* (Europa se abstém; os EUA votam contra)
459-XIII: *Desarmamento e desenvolvimento* (com isolamento dos EUA)
459-XIV: *Redução do perigo nuclear* (Argentina e Equador se abstêm)

459-XVIII: *Opinião da CIJ sobre a legalidade do uso da ameaça nuclear*
459-Decisão II: *Conferência para estudar a eliminação de todos os perigos nucleares* (América Latina vota a favor, Europa se abstém, França e Grã-Bretanha votam contra, com os EUA)
460-VII: *Convenção sobre proibição de uso de armas nucleares* (a América Latina, com exceção da Argentina, que se abstém, vota a favor; a Europa e os EUA votam contra)

Resoluções sobre temas sociais e humanitários

SINTONIA PERFEITA

501: *Esforços globais contra o racismo* (isolamento dos EUA)
502: *Autodeterminação palestina* (isolamento dos EUA)
503.add2: *Direito ao desenvolvimento* (isolamento dos EUA)
503.add2: *Eliminação da intolerância racial* (em alguns parágrafos operativos, levados a voto, não houve sintonia)
503.add2: *Reforço das organizações regionais em direitos humanos* (Venezuela se abstém)
503.add2: *Direito à alimentação* (isolamento dos EUA)

SINTONIA ALTA

503.add3: *Direitos humanos no Turquemistão* (Europa a favor, e latino-americanos se dividem entre votos a favor, abstenção e voto contra)

SINTONIA BAIXA

499: *Assistência a crianças palestinas* (Europa mais alguns latino-americanos se abstêm)
503.add1: *Distribuição equitativa dos membros das* treaty bodies *em direito humanos* (Chile vota com os europeus contra a resolução; Brasil e Paraguai se abstêm)[20]

---

[20] Significa que a Europa vota contra, a maioria latino-americana, a favor da resolução, e os mencionados se abstêm.

503.add3: *Direitos humanos no Irã* (Europa unida contra, latino-americanos, dispersos a favor e abstenção)
503.add3: *Direitos humanos na RDCongo* (Europa a favor, América Latina se divide entre votos a favor e abstenção)
503.add2: *Respeito aos propósitos da Carta* (Argentina, Brasil, Chile e Peru votam abstenção, os demais latino-americanos votam a favor, e a Europa vota contra)

Dissintonia perfeita

502: *Uso de mercenários para violar direitos humanos* (América Latina, a favor; Europa e EUA, contra)
503.add2: *Impacto da globalização sobre direitos humanos* (América Latina vota a favor, Brasil e Chile se asbtêm e a Europa vota contra, com os EUA)
503.add2: *Direitos humanos e medidas coercitivas unilaterais*
503.add2: *Promoção da ordem internacional equitativa e democrática* (América Latina vota a favor, Argentina se abstém, e Chile vota, com os europeus, contra)
503.add2: *Direitos humanos e terrorismo* (América Latina vota a favor, Argentina e Brasil se abstêm e a Europa vota contra)
503.add.2: *Direito a liberdade de ir e vir, viajar*

Resoluções sobre temas de política especial

Sintonia perfeita

470: *Refugiados palestinos* (com isolamento dos EUA)[21]
470: *Deslocados como resultado dos conflitos de 1967* (com isolamento dos EUA)
470: *Operações da UNWRA* (com isolamento dos EUA)
470: *Propriedades e rendas de palestinos* (isolamento dos EUA)
471: *Aplicabilidade da Convenção de Genebra relativa à proteção de civis em tempos de guerra aos territórios ocupados* (isolamento dos EUA)

---

21 Nesta comissão, as resoluções que tratam dos direitos palestinos são, em regra, aprovadas com amplíssima maioria. Os EUA e Israel sistematicamente votam contra.

471: *Territórios ocupados* (idem)
471: *Práticas israelenses que afetam direitos humanos do povo palestino* (idem)
471: *Golã sírio* (idem)

SINTONIA ALTA

474: *Informação sobre territórios que não se autogovernam* (América Latina e Europa votam a favor, com abstenção de França, Grã-Bretanha e EUA)
475: *Atividades econômicas em territórios que não se autogovernam* (Europa e América Latina votam a favor, França e Grã-Bretanha se abstêm, e os EUA votam contra)
478: *Disseminação de informação sobre descolonização* (América Latina e Europa votam a favor, salvo Grã-Bretanha e França)
478: *Implementação da Declaração sobre Descolonização* (América Latina e Europa votam a favor, com exceção de Grã-Bretanha, contra, e França, abstenção).
478: *Saara Ocidental* (América Latina e Europa se abstêm, com algumas exceções; no caso da Europa, Itália)

SINTONIA BAIXA

470: *Comitê especial para investigar práticas israelenses que afetam os direitos humanos de palestinos* (os latino-americanos votam a favor, com algumas exceções que acompanham os europeus na abstenção)

DISSINTONIA PERFEITA

476: *Implementação pelas agências especializadas da Declaração que outorga independência aos povos colonizados*

4

ANOTAÇÕES SOBRE A CPLP E O MULTILATERALISMO CONTEMPORÂNEO*

Como situar a Comunidade dos Países de Língua Portuguesa (CPLP) no universo multilateral de nossos dias? A resposta, ainda que preliminar (como a que se tentará aqui), pode indicar caminhos para entender melhor a lógica de seu funcionamento e, talvez, contribuir para compreender o que tem de "realidade viva" e o que tem de "miragem utópica".

Comecemos por lembrar os objetivos da Comunidade, tal como constam da Declaração Constitutiva, de julho de 1996. Dos 17 objetivos delineados, dez estão claramente voltados para processos internos de cooperação entre os membros, como o reforço dos laços humanos, a solidariedade e a fraternidade dos povos de língua portuguesa, o incentivo à difusão e ao enriquecimento da língua, o incremento do intercâmbio cultural, o estímulo à cooperação em vários âmbitos (parlamentar, empresarial, sociedade civil etc.). Os outros sete estão voltados para processos externos, para modos de projeção da CPLP no sistema internacional: alargar a cooperação dos membros na área de concertação político-diplomática, particularmente no âmbito das organizações internacionais, incentivar a cooperação bilateral e multilateral em temas como meio ambiente, direitos humanos, erradicação do racismo, dos direitos da mulher etc.

---

*O autor agradece os comentários de Celso Lafer, Gisela Padovan, João Inácio Padilha e Alexandra Barahona de Brito, que foram fundamentais para aperfeiçoar o texto original. Este ensaio é a versão revista de uma conferência apresentada na Faculdade de Direito da Universidade do Porto, em outubro de 2006.

Há, portanto, numa primeira aproximação, dois trabalhos multilaterais que a Comunidade deve enfrentar, aliás, próprios a várias organizações regionais.[1] Assim, para lembrar a dicotomia cepalina, a CPLP deve desenvolver, de um lado, o multilateralismo *hacia adentro*, ou seja, criar vínculos que reforcem as relações entre os seus membros e, ao mesmo tempo, articular uma identidade clara, de tal forma que seja reconhecida como parte do repertório diplomático dos países que a compõem. De outro lado, existe o desafio de levar adiante o multilateralismo *hacia afuera*, ou seja, estabelecida a identidade, usar a Comunidade para projetar valores, idéias e propostas de seus membros em instituições multilaterais mais amplas.[2] É claro que os dois processos se reforçam mutuamente; quanto mais sólida internamente, mais prestigiada seria a projeção externa da Comunidade.

Essa primeira anotação mostra que, em sua origem, a CPLP parte da hipótese de que teria condições de lidar com uma agenda ampla e aberta, indo muito além do que seriam os seus limites "naturais". De fato, na medida em que o traço de união – e a primeira motivação para ser criada – é a língua, a Organização poderia restringir-se ao reforço de laços culturais, transformando-se em um grande instituto de difusão do idioma ou de intercâmbio cultural, fundado na identidade lingüística, uma espécie de Instituto Internacional de Língua Portuguesa "reforçado" e com objetivos exclusivamente *hacia adentro*. Nesta hipótese, os fatores de aproximação cultural prevaleceriam sobre os eventuais mecanismos de articulação de interesses. É preciso sublinhar a origem lingüístico-cultural da CPLP, que a afasta de

---

1 A CPLP não é uma organização regional "típica", pois seus membros pertencem a diversas regiões. Porém, a sua dinâmica permite aproximá-la conceitualmente de um organismo regional, exatamente por algumas das tarefas e objetivos que definiu para atuar.

2 A dicotomia cepalina foi proposta, ainda nos anos 50, para compreender os motores de crescimento econômico da América Latina, ou o mercado externo, para as economias que se concentravam na exportação de matérias primas (*hacia afuera*), ou o mercado interno, quando este aparecia como um fator dinâmico do desenvolvimento. A dicotomia tendia a mostrar a necessidade de criar fórmulas para que a dimensão interna do crescimento fosse reforçada e com isto as oscilações de preços de matérias-primas fossem minimizadas. O que hoje se percebe é que os dois lados, exportações e mercado interno, são essenciais a um crescimento "saudável". A idéia cepalina vale como metáfora para entender os modos de inserção dos organismos regionais na cena internacional.

grupos que são estabelecidos em função de interesses específicos, muitas vezes com foco limitado em processos negociadores definidos. Terá sido assim com o Grupo de Cairns ou, agora, com o G20, ambos articulados para a defesa da liberalização do comércio agrícola em rodadas do GATT e da OMC, respectivamente. No caso da CPLP, há também interesses a projetar, porém não seriam, em sua origem, interesses concretos, já que estão mais ligados a valores (direitos humanos, meio ambiente etc.) e, portanto, não admitiriam, num primeiro momento, definições específicas.

Outro traço de organizações como a CPLP é o potencial de "transformabilidade". É pouco provável que, nos momentos iniciais, se imaginasse que a CPLP poderia ser facilitadora da solução de conflitos internos, como tem ocorrido na Guiné-Bissau. Organizações abertas tendem a responder à variação dos desafios que encontram no cenário internacional – e os exemplos são inúmeros na América Latina, como é o caso do Grupo do Rio e mesmo do Mercosul, que adquire uma dimensão política de defesa da democracia, depois do Protocolo de Ushuaia.

Feitas essas observações preliminares, seria o momento de examinar algumas características da dimensão *hacia adentro* do funcionamento da CPLP.

A INSTITUCIONALIDADE

A primeira condição para que um organismo multilateral funcione é a de que seus órgãos cumpram as funções mínimas de seus estatutos. O diálogo sobre o que fazer é essencial. Neste sentido, é preciso notar que os sinais exteriores de prestígio da Comunidade são claros. Os seus diversos órgãos têm atuado com regularidade, com a presença de chefes-de-Estado e de Governo e dos ministros de Relações Exteriores nas reuniões de que participam. Há, portanto, interesse político manifesto em fazer que a Comunidade "funcione". A CPLP também tem propiciado encontros de autoridades (em nível ministerial) em áreas como cultura, ciência e tecnologia, assuntos sociais, defesa etc. Caberia ainda assinalar o estabelecimento de áreas específicas de cooperação em combate à malária, HIV-AIDS etc. O Secretariado conta com recursos, ainda que modestos, mas que têm permitido o desenvolvimento regular de atividades.³ Ou seja, as bases para definir o perfil de uma organização internacional estão dadas.

É importante assinalar que a maneira como é dirigido o Secretariado pode adquirir uma função estratégica para definir os limites e as possibilidades da instituição. Para isto, é necessário, de parte dos Estados, oferecer espaço político para que o secretário-executivo possa agir e, de outro, que o próprio secretário "descubra" as opções que permitam projetar melhor o organismo. De fato, em qualquer organismo internacional, o Secretariado, por estar permanentemente "engajado" no diálogo com os membros, pode medir com acuidade quais são os objetivos alcançáveis da instituição e, assim, propor caminhos e soluções. A definição de funções estatutárias do Secretariado é um parâmetro para agir, mas não tem sido limitante à criação institucional, e o problema seria examinar de que maneira há espaço de proposição no caso da CPLP.

Outro esforço importante de institucionalização é a criação dos grupos de representantes dos países membros em várias capitais, o que permitirá que a CPLP se "apresente" como organismo regional com identidade própria diante de governos e organizações multilaterais. O esforço começou recentemente, mas é um passo necessário para que a instituição seja reconhecida como tal e, portanto, ganhe *status* de ator internacional (seja um ator político, e não meramente uma criação jurídica).⁴

AS CONDIÇÕES POLÍTICAS E A ÊNFASE NA DEMOCRACIA

O que regula a possibilidade de ação política de um organismo regional é, em primeiro lugar, o grau de consenso em relação a objetivos e valores. Neste sentido, a CPLP conta com uma vantagem evidente. Os seus membros estão situados em continentes diferentes, têm graus de desen-

---

3 O orçamento para manter o Secretariado monta, em 2006, a cerca de 1,2 milhões de euros, sendo que o Brasil e Portugal contribuem com 423 mil euros cada; para o IILP, que tem orçamento à parte, os recursos são de cerca 148 mil euros. Brasil e Portugal aportam 44 mil euros cada um.

4 Os Grupos CPLP são constituídos pelos embaixadores dos países membros nas capitais e sedes de organismos internacionais nas quais pelo menos três sejam residentes.

volvimento e problemas socioeconômicos também diferenciados. Não têm conflitos ou contenciosos entre si. Mais precisamente, as eventuais contradições que tenham em temas internacionais não seriam canalizadas pela CPLP (a hipótese de disputas entre Brasil e Portugal sobre a política agrícola comum teria, como espaço de encontro, a União Européia e o G20).[5] Como os objetivos da CPLP estão sobretudo nos valores e na cultura, e em alguma medida também na cooperação técnica para o desenvolvimento, o encontro de interesses deve ser "fabricado diplomaticamente"; com a vantagem de que a Organização não perde capital ao prestar auxílio aos seus membros, em situações de instabilidade política e de conflito interno. Ao contrário, pode ganhar.

Uma outra vantagem é a "ênfase na democracia", pois, segundo o presidente Lula, "a marca da Comunidade tem sido a defesa dos valores democráticos que pregamos".[6] Na ausência de contenciosos ou conflitos de interesses, o espaço para o acordo sobre valores se fortalece. E os valores podem ser "aplicados". É isso que explica a possibilidade de "intervenção" da CPLP nos momentos de quebra institucional em São Tomé e Príncipe e na Guiné-Bissau. Talvez nesses episódios esteja a mais valiosa contribuição política da Comunidade. A "arquitetura" para encaminhar as duas situações é diferente, já que se trata de problemas, um mais conjuntural e o outro mais complexo. De fato, o encaminhamento do problema da Guiné-Bissau envolveu outros organismos internacionais e levou a uma presença mais efetiva da CPLP, que passou a contar com um representante temporário em Bissau, o brasileiro Carlos Moura.

Ainda como vantagem institucional, é necessário assinalar que o grau de constrangimento que a CPLP pode criar para os seus membros é limitado. Organismos multilaterais que têm a vocação de criar normas (na forma de resoluções, tratados ou atos de valor jurídico) enfrentam processos ne-

---

[5] Outro exemplo: se dois países da CPLP fossem membros do Conselho de Segurança e discordassem em um tema qualquer, a dissonância não se transladaria para a Comunidade, embora nesta, teoricamente, sempre haveria espaço para aproximar posições em questões internacionais que transcendam seus limites regionais.

[6] Discurso do presidente Luiz Inácio Lula da Silva, durante a sessão de trabalho da V Conferência de chefes-de-Estado e de Governo da CPLP, São Tomé, 26 de julho de 2004.

gociadores internos complexos. A norma, qualquer que seja o seu escopo, é um limite hipotético à liberdade de ação do Estado. Ora, a CPLP não gera normas – o que facilita o trabalho de articulação interna –, mas em compensação limita o seu escopo. Assim, o trabalho da CPLP será mais o de reforçar padrões de legitimidade que os membros compartilhem e usar a Comunidade como um instrumento adicional para revelar fidelidade a valores comuns. Normas, sob a forma de tratados entre seus membros, podem surgir, mas não seriam, hoje, o parâmetro para avaliar o trabalho da Comunidade.

As possibilidades operacionais de cooperação

Outra característica da CPLP deriva da diferença no grau de desenvolvimento de seus membros. Portugal, com uma renda *per capita* de mais de 11 mil dólares, contrasta com São Tomé e Princípe, com cerca de 400 dólares, país que se enquadra, com Guiné-Bissau e Timor Leste, na categoria de "menor desenvolvimento relativo". O Brasil se situaria entre os países "avançados" do mundo em desenvolvimento. É evidente que o contraste (que se expressa no diferencial de contribuições) gera demandas de cooperação que, pela natureza aberta e de "boa convivência" da Comunidade, se organizaram em várias direções: a) as múltiplas formas de diálogo entre autoridades que permitem a troca de experiências em áreas específicas (cultura, defesa etc.); b) a cooperação para a solução de problemas específicos, como enfermidades (AIDS, malária); c) a aproximação de setores da sociedade civil (empresários).

Não é o caso de discutir o alcance do que se realizou, certamente limitado, aquém do que se deseja. A distância entre o ideal e a prática é uma constante da ação multilateral, como, aliás, assinala com razão o ministro Diogo Freitas do Amaral: "Dirão alguns que a CPLP está longe de atingir os objetivos para os quais foi criada, que tem prevalecido mais como idéia-força do que como organização geradora de projetos e com resultados aquém do esperado. Esta visão negativa não surpreende atentas as elevadas e irrealistas expectativas criadas em torno da criação da CPLP". E, mais adiante: "Creio que uma análise equilibrada dos nove anos de vida da CPLP permite uma leitura positiva do caminho até aqui percorrido e nos inspira uma nota de otimismo quanto ao futuro".[7] Porém, de novo, é o campo de potencialidades que está bem desenhado e o problema é levá-lo adiante com sentido de realidade.

Projeção internacional

Passemos, agora, a examinar a dimensão *hacia afuera* da CPLP. Em primeiro lugar, observe-se que as hipóteses de presença multilateral de um organismo regional são muito diversas. De um lado, o organismo pode simplesmente ser "articulador de posições", ou seja, manifestar, em relação a um tema qualquer da agenda internacional, idéias e atitudes que sejam comuns a seus membros. O propósito seria obter ganhos de representatividade na medida em que uma posição individual se fortalece quando é defendida por vários países. Cumpririam as funções de "voz", para lembrar a conceituação clássica de Hirschman.[8] É evidente que o objetivo final de um discurso de grupo nas Nações Unidas, por exemplo, é influenciar o resultado de uma negociação mas, ainda que isto não ocorra de modo específico, o registro continuado de posições contribui para definir o perfil internacional do organismo. Neste marco, um primeiro exemplo foi a manifestação da CPLP, por meio de sua secretária-executiva, Dulce Pereira, em uma reunião do Conselho de Segurança sobre o Timor Leste, em 2002. De outro lado, um organismo regional pode se transformar em agente negociador, desde que, entre seus membros, se articulem interesses específicos. Um exemplo significativo se deu quando o tema da independência do Timor foi discutido pelo Conselho de Segurança em 1998 e 1999. Ainda que formalmente a CPLP não estivesse articulada como tal na ONU, a cooperação estreita entre Brasil e Portugal foi muito importante em todo o processo de negociação, entre outros fatores, porque tínhamos um diálogo permanente

---

7 Intervenção do ministro de Negócios Estrangeiros na Conferência da Lusofonia, "O papel estratégico da CPLP: da descolonização à construção do futuro", Assembléia da República, 23 de novembro de 2005.

8 Ver Hirschman. *Saída, voz e lealdade*. São Paulo: Perspectiva, 1973 (edição original em inglês, 1970).

com os representantes do Timor Leste, em clara demonstração das potencialidades da projeção política da Comunidade.[9] Na mesma linha, o organismo pode transformar pleitos individuais em coletivos, apoiando interesses específicos de seus membros (apoio da CPLP à aspiração brasileira a um assento permanente no Conselho de Segurança). Tem sido regra o apoio a candidatos do grupo a vagas em organismos multilaterais.

Ainda que, quase sempre, os organismos regionais possam trabalhar nas duas pontas dos modos de presença multilateral (voz e interesse), o importante a anotar é que, entre os dois pólos, existem muitas outras formas de aproveitar o "ganho de acesso" que se pode obter no multilateralismo *hacia afuera*. Para ampliar as suas possibilidades de cooperação, a CPLP fez convênios com a Unesco, a OIT etc. Porém, a dimensão mais importante ocorre na convergência de ações quando houve situações de crise, e o caso de Guiné-Bissau é exemplar. A CPLP atuou junto com a ONU e de maneira muito ativa para que se obtivessem os resultados que o Conselho de Segurança definia. O aporte regional pode ser decisivo em crises derivadas de quebra de institucionalidade, já que, muitas vezes, a proximidade de hábitos e valores facilita o diálogo (não por acaso, é um moçambicano, Joaquim Chissano, o representante do SG da ONU para a Guiné-Bissau).

Outro ponto a sublinhar é, em nível mais geral, o quadro amplo em que o multilateralismo se desenvolve e, afinal, cria o ambiente onde atua a CPLP. De fato, a CPLP foi criada em meados da década de 1990 quando o clima multilateral era diferente do que prevalece hoje. Os anos 90 foram dominados pelas conferências globais (direitos humanos, meio ambiente, direitos da mulher, desenvolvimento social, assentamentos urbanos) e a perspectiva era de que o multilateralismo seria o instrumento para criar novos marcos de legitimidade internacional. Os otimistas acreditavam, com alguma dose de razão, que se desenhariam formas, amplamente aceitas, de normas e padrões universais de comportamento. É esse ambiente que explicaria, em parte, a definição dos objetivos iniciais da CPLP, especialmente no que se refere à sua projeção no mundo multilateral. A ênfase

---

9 Brasil e Portugal coincidiram no Conselho em 1998 e, depois, em 1999, o Brasil continuou o seu período. Nessa ocasião, as delegações de Brasil e Portugal atuaram sempre de maneira coordenada e em diálogo permanente com os representantes do Timor Leste.

na agenda dos 90 é clara. A CPLP seria uma "aplicadora e propugnadora" das boas normas universais no âmbito regional, e "defensora" das mesmas no âmbito global.

O multilateralismo deste princípio de século XXI tem outras variáveis que dificultam uma visão otimista da evolução das normas internacionais. Um dos elementos a considerar é a atitude unilateralista dos Estados Unidos, manifestada especialmente no episódio da invasão do Iraque, mas também em vários outros temas, como nas questões de desarmamento, nos limites que impõe à jurisdição do Tribunal Penal Internacional e na resistência à reforma de órgãos das Nações Unidas, como o novo Conselho de Direitos Humanos. Outro aspecto é a ênfase nos temas de segurança, especialmente o terrorismo. O eixo central da agenda multilateral deixa de ser a harmonização de normas de comportamento e passa a ser um novo tipo de confronto.

De que maneira a nova realidade afeta a CPLP? A primeira e mais óbvia é o fato de que o tema do terrorismo entra na agenda da Comunidade, ainda que de maneira não central, pois não tem sido problema para seus membros. Um segundo elemento diz respeito a que, embora deslocada, a agenda dos anos 90 não desapareceu. Um exemplo significativo é a Iniciativa Global contra a Fome e a Pobreza, lançada pelo presidente Lula (apoiado, inicialmente, pelos presidentes Chirac e Lagos, e também por Kofi Annan). Além dos méritos intrínsecos, a Iniciativa chama a atenção para a necessidade de que a comunidade internacional não abandone as questões estruturais de pobreza e desigualdade (que estavam no centro das conferências globais dos anos 90). O avanço que representou a criação do Conselho de Direitos Humanos é outro fato importante. Assim, a CPLP deve continuar fiel à sua agenda original e fixar, na defesa de direitos humanos, meio ambiente etc. a sua face internacional.

O processo de fixação de imagem deve combinar a fidelidade ao que são os membros com a possibilidade de que sua contribuição seja desenhada de acordo com as necessidades do sistema internacional. Qual seria o núcleo da mensagem da CPLP no quadro multilateral? O que projetar? Na conjuntura tensa que vive hoje a ordem internacional, há três valores a sublinhar: a) o próprio sucesso da cooperação entre países diferentes (e, neste sentido, quanto mais forte e consistente a cooperação interna, mais prestigiada será a imagem internacional); b) a manutenção de soluções ágeis ao enfrentar crises que rompam a institucionalidade no interior de seus membros (o exemplo da ação em São Tomé e Bissau é significativo e a CPLP deve sustentar consenso interno diante de situações parecidas, assim como reservar capacidade para agir, fatores que garantiriam a credibilidade da Comunidade; um país-membro em crise ou o organismo paralisado em suas decisões por faltarem condições para resolvê-las seriam fatos muito negativos);[10] c) a projeção de valores próprios (neste sentido, a "vantagem comparativa" da CPLP é afirmar, por exemplo, o tecido de tolerância que se encontra entre seus membros em um mundo em que a intolerância parece se ampliar).

Desafios

Com base nas observações feitas, é possível dizer que a CPLP enfrenta dois tipos de desafios, os quais, aliás, compartilha com organizações de contornos similares. Os primeiros são *desafios de foco* ou *de agenda*: o que fazer? De outro, há os *desafios de operação*, e que dizem respeito ao como fazer, como levar adiante prioridades e projetos.

A CPLP tem, como parâmetro de trabalho, uma agenda aberta. A rigor, só tem uma "obrigação natural", que é a de defender e promover a língua e a cultura da lusofonia. O que puder ser feito no sentido de ampliar o intercâmbio das culturas dos seus membros enriquecerá a Comunidade, fortalecerá o seu perfil. Em seguida, na definição precisa de Vitor Marques dos Santos, "a CPLP parece representar, essencialmente, uma instância instrumental de recurso dos estados signatários, de prioridade estratégica variável, dependente de conjunturas e contingências".[11] Em outras palavras: como lidar com os dados da agenda aberta e da transformabilidade?

---

10 A CPLP terá tido papel menos relevante no caso de Angola, crise que nasceu antes de que a Comunidade existisse e que estava nas mãos da ONU.

11 Santos. *Portugal, a CPLP e a lusofonia — Reflexões sobre a dimensão cultural da política externa*, Negócios Estrangeiros, n. 8, julho de 2005. O artigo interessa também pela ampla reflexão que faz sobre o papel da lusofonia na constituição e no mandato da Comunidade.

Para definir "o que fazer", a primeira opção é a de concentrar ou ampliar o foco da agenda. Aceite-se a idéia de que parte da agenda será definida por "conjunturas e contigências" e, nisto, a vantagem do mandato amplo que se definiu em 1996 e as possibilidades da CPLP para agir em casos de quebra institucional. Porém, se olhamos para sua atividade "regular", as tarefas da comunidade serão idealmente definidas por parâmetros de eficiência (em que teria "vantagem comparativa" em relação a outros instrumentos de cooperação internacional), de prestígio (o que projetaria positivamente a CPLP para os seus membros) e, claro, de equilíbrio político (sendo países diferenciados em termos de desenvolvimento, há que se buscar ações em que todos se sintam beneficiados). A Comunidade já tem um "pacote" de realizações que poderiam ser avaliados por esses critérios. E, talvez, os dez anos percorridos ainda sejam poucos para medir qual seria a trajetória ideal, a de buscar concentrar ou ampliar a agenda.

Mas, para dar poucos exemplos em que talvez os critérios se combinassem, valeria a pena mencionar, por exemplo, o de fortalecer a apresentação de posições em organismos multilaterais, já que aí existe um substrato de idéias e ideais comuns que se fortaleceriam do momento em que fossem projetados sistematicamente em instituições multilaterais universais. Eventualmente, essas posições poderiam se ampliar em cooperação militar no marco de operações de paz, uma vez que já existe o foro para ministros de Defesa da CPLP.[12] O trabalho em áreas específicas, como HIV-AIDS, é outro que poderia servir de modelo: há interesse claro e possibilidade de cooperação com benefícios amplos. O tema da movimentação de pessoas e de cooperação judicial é outro que está aberto e tem o potencial de atender aos vários critérios apontados.

Qualquer reforço dos modos de operação da Comunidade supõe clareza quanto a objetivos. Porém, não é só isso. O fortalecimento da CPLP dependerá sempre, como em qualquer organismo internacional, de uma interação saudável entre o processo político – e, neste sentido, a manutenção prestigiada de reuniões regulares de chefes-de-Estado e Governo, chance-

---

12 A nota me foi sugerida por Alexandra Barahona de Brito, que desenvolve o tema, para Brasil e Portugal, no texto *Portugal-Brazil, from caravelas to telenovelas* (inédito).

leres, ministros etc. – é obviamente fundamental, assim como o processo executivo, a cargo do Secretariado. Os dois processos se complementam. A vontade política não se realiza por si mesmo e necessita de instrumentos para dar-lhe sentido concreto. Como indicou o ministro Freitas do Amaral, o "Secretariado Executivo precisará revelar capacidade de liderança e visão estratégica que permitam ultrapassar a inércia e falta de respostas dos Estados-membros em momentos críticos".[13]

Os desafios "operacionais", o como ir adiante em processos de cooperação, se combinam assim com os desafios "políticos", especialmente o de afirmação da democracia como modo de convivência de seus membros e o da projeção de valores no campo internacional. Na medida em que se consiga criar um ciclo virtuoso das duas dimensões do organismo, *hacia afuera* e *hacia adentro*, as suas possibilidades de presença internacional se ampliariam naturalmente e a identidade multilateral estaria fixada com clareza.

Conclusões

É sempre difícil fazer uma avaliação objetiva e "final" sobre um organismo internacional, sobretudo no caso da CPLP. Dez anos de história é o começo de um processo que está aberto e, como vimos, que tem sabido se renovar, adaptando-se a novas circunstâncias e desafios. É difícil porque os organismos multilaterais, especialmente os de índole política, têm, pela própria natureza, uma carga utópica. Com base em cooperação entre os seus membros, ganham sentido na medida em que ela propõe mudança, transformações concertadas da realidade em que vivem. Neste sentido, há sempre uma medida de distância entre o que propõe e o que realizam; o exemplo mais claro é a própria ONU. De outro lado, a dimensão utópica aponta caminhos, orientações, intenções que, de alguma maneira, devem ser transformados em medidas para que a instituição se mantenha, ganhe prestígio. Se a distância entre o ideal e a prática se amplia, a instituição não se sustenta.

No caso da CPLP, vimos que seus objetivos são amplos e, todos, dizem respeito, invariavelmente, a modos de aproximação entre os países de língua

---

13 Discurso citado, p. 4.

portuguesa. Dito de outro modo, o que se procura é dar sentido concreto, através de instrumentos de diálogo e cooperação, a uma Comunidade que é real, fundada na língua e na história, mas que é, também, ideal, desenhada pelo imenso potencial de formas de relacionamento que ainda não foram exploradas. Sabemos que podemos ser mais próximos do que somos. Ora, o trabalho da CPLP, até hoje, apontou para vários dos campos em que se pode gerar "sentido de comunidade". Depois de dez anos, a CPLP tem uma história "real" e uma história de "realizações". Gerou laços de diálogo e cooperação que antes não existiam, foi capaz de intervir em situações de crise, projetou-se em foros internacionais, começa a definir uma personalidade no mundo multilateral. Poderá fazer mais, porém precisamos aceitar que os processos multilaterais são lentos, cumulativos e não se vê qualquer ameaça para que a Comunidade dê passos para trás. Ao contrário, tudo que fez acrescentou ao seu mandato original. Temos, hoje, talvez, um sentido mais claro do que pode ser realmente a nossa comunidade.

O sentido utópico não é um defeito. Pode ser uma virtude, desde que sejamos fiéis às obrigações de progresso que cria.

5

Pensando o futuro do sistema internacional[*]

Os últimos anos têm sido implacáveis em levar o descrédito aos que tentam "pensar o futuro" do sistema internacional. Nos anos 80, não faltaram previsões sobre o declínio dos EUA que adquirem, nos 90, com o fim da União Soviética, *status* de única Superpotência.[1] Também, nos 80, falava-se da ascensão inevitável de um Japão, que amargou em seguida longa recessão, e a China, recém-saída da Revolução Cultural, era notada por seu peso demográfico, pelas dificuldades que ia enfrentar para crescer e pelas armas atômicas, jamais como motor de desenvolvimento com alcance mundial, como se converteu hoje. Foram escassas as análises que previram o acontecimento mais marcante do mundo contemporâneo, a rapidez fulminante da dissolução do mundo do socialismo real.[2] O fim da Guerra Fria leva a um otimismo nas projeções sobre a ordem mundial, com a perspectiva do fortalecimento da ONU e dos mecanismos de segurança coletiva, derivadas da maneira como é conduzida a primeira guerra do Iraque e das soluções dos problemas centro-americanos, da independência da Namíbia, do fim do *apartheid*, da retirada soviética do Afeganistão. Depois, ao longo dos 90,

---

[*] Este ensaio foi originalmente publicado na *Revista da USP*, n. 74, 2007.

1 Uma das mais conhecidas análises do eventual declínio dos EUA foi a de Paul Kennedy, *The Rise and Fall of the Great Powers*. Nova York: Vintage, 1989. É interessante notar que Kennedy faz previsões muito precisas sobre o desenvolvimento da China.

2 Ver as projeções de Immanuel Wallerstein, do fim dos 80, sobre as perspectivas do sistema capitalista, em que um dos eixos é a aliança EUA-Japão contra a Europa. *Geopolítica y geocultura*. Barcelona: Kairós, 2007 (1ª edição: Cambridge: Cambridge University Press, 1991), p. 175-189.

o ressurgimento de nacionalismos e da violência na Europa central, o genocídio em Ruanda, a ampliação dos atentados terroristas, as promessas frustradas da globalização e, finalmente, o desastre anunciado da segunda guerra do Iraque reverteram as previsões otimistas. Entramos, no século XXI, senão pessimistas, pelo menos céticos quanto às promessas de progresso no horizonte próximo do futuro do sistema internacional.

A história das previsões equivocadas e o tom pessimista do momento têm, como resultado, um paradoxo: de um lado, fazer projeções é atividade de risco e pede a mais alta prudência analítica; de outro, exatamente pelas dificuldades que vivemos, é necessário que se desenhem cenários de futuro, com a esperança de evitar que as condições de convivência internacional se deteriorem. Esta afirmação leva a uma primeira premissa analítica. Em sistema complexo, como é o internacional, a deterioração, salvo em momentos de guerra mundial ou colapsos financeiros como o de 1929 (ou se houver uma catástrofe ecológica global), nunca é uniforme. Há, simultaneamente, ganhadores e perdedores. Hoje, o sistema, como está articulado, traz benefícios econômicos para a China e para Índia, para a União Européia, ou para os exportadores de petróleo, mas certamente têm servido modestamente a muitos países envolvidos em guerras duradouras, como a Somália e a Palestina.

Ora, se projetamos os próximos dez ou 15 anos, a inclinação intuitiva é pensar que teremos mais do mesmo. E o natural seria indagar se as forças que levam a que o sistema se repita prevalecerão sobre as que propiciam mudanças. Antes de esboçar qualquer resposta, é preciso, porém, esclarecer qual o alcance das mudanças e, para tanto, elaborar sobre a noção de progresso no sistema internacional. É possível conceber que seja universal e amplo?[3]

Um primeiro exame da noção de progresso seria "individualista" e mediria de que maneira o sistema beneficia/prejudica determinados países.

---

[3] Apesar da desigualdade histórica na distribuição de benefícios, em certos momentos, quando se criam instituições como a ONU, ou quando o comércio mundial aumenta em taxas elevadas e muitos países se beneficiam, a suposição é de que todos ganhem simultaneamente. A construção intelectual da idéia de progressos globais tem longa tradição no pensamento ocidental e o texto clássico é o de Kant sobre *A paz perpétua*.

Assim, avaliado a partir de suas unidades, a medida de progresso tenderia a ser essencialmente ambígua. Países podem articular políticas comuns em que, além de ganhos individuais, trariam conseqüências positivas para o sistema como um todo. Ou podem articular políticas em que os ganhos não se difundam amplamente e provoquem malefícios, sob a forma de ameaça a vizinhos, ou, mesmo, ao próprio sistema.[4] Aceita a ambigüidade, inerente à vida das nações, a questão seguinte seria: é possível superá-la analiticamente, propondo uma noção sistêmica de progresso?

De certa maneira, é o que sempre propuseram os "idealistas", ao aceitar a idéia de que estaria no âmbito da "racionalidade humana" construir um sistema internacional que traria mais estabilidade/paz, combinada com as vantagens (por exemplo econômicas) que se distribuiriam de tal forma que trariam o benefício para o maior universo possível de países e de pessoas.[5] Não é o caso, hoje, de retomar a proposta idealista em sua essência, mas usá-la como referência para olhar o futuro. Os critérios que propõem são difíceis de medir.[6] No caso da estabilidade, há números, como o menor número de guerras ou de vítimas de conflitos, que podem ser usados como um parâmetro válido.[7] Para a distribuição de benefícios, os critérios

---

[4] Os ganhos de uma área de livre-comércio poderiam beneficiar seus membros e o resto do sistema, caso não houvesse desvio de comércio. No plano político, os exemplos são inúmeros, como no caso clássico dos sistemas de alianças (OTAN e Pacto de Varsóvia) que trazem vantagens de segurança para seus membros, mas engendram mecanismos de risco para o sistema como tal, ao impulsionar corridas armamentistas etc.

[5] Para uma história dos projetos utópicos, ver Hinsley, *Power and the Pursuit of Peace*. Cambridge: Cambridge University Press, 1963.

[6] As propostas utópicas clássicas davam, como solução para a paz, a construção de um "parlamento mundial", que teve vários formatos. O "parlamento" hoje existe, sob a forma de várias instituições multilaterais, mas sabemos que, embora fundamentais, são necessárias outras forças para que possa funcionar plenamente, como a expansão universal de governos democráticos, a liberdade comercial e um sentido cosmopolita, na visão kantiana.

[7] Uma visão otimista está contida no *Human Security Report*, que o número de conflitos internacionais declinou em mais de 40% desde 1990, em 2004, há somente 25 conflitos separatistas, o menor número desde 1976, as crises internacionais declinaram em mais de 70% entre 1981 e 2002 etc. Boa parte da diminuição de conflitos é atribuída, no relatório, ao fato de as organizações internacionais e a ONU, em particular, têm sido mais efetivas. Disponível em <http://www.humansecurityreport.info/HSR2005>.

são necessariamente mais complexos.[8] Há menos analfabetos e, ao mesmo tempo, mais desigualdade. Houve progresso? No tempo da Guerra Fria, seria possível argumentar, em função de preferências ideológicas, que o avanço de um dos lados no plano global levaria a melhor distribuição de justiça. Ou mais socialismo ou mais capitalismo, o mundo melhoraria, seria mais justo ou mais livre.

Hoje, na falta de um critério ideológico, seria possível dizer que o elemento central de um "futuro melhor" seria a estabilidade que trouxesse, como conseqüência, previsibilidade. Assim, não seria tanto o número de conflitos, mas a perspectiva de que existam instrumentos institucionais para superá-los. Não seria tanto um projeto de justiça, mas a perspectiva de que o sistema internacional favoreça, de maneira equilibrada, a que todos ganhem e que todos "pensem" que vão ganhar. Para que esses objetivos sejam alcançados, e admitindo que o sistema continue a ser formado fundamentalmente por Estados soberanos, o progresso vai ocorrer na medida em que aumentem as condições de cooperação entre eles. Ou seja, que se crie um círculo virtuoso, em que os soberanos cooperem crescentemente, gerem instituições que sirvam aos propósitos de cooperação e os fortaleçam, engendrando mais cooperação etc. O grau de institucionalidade, i.e., organizações multilaterais legítimas, respeitadas e eficazes, é decisivo, portanto, para medir o progresso, não só pelo que vale em si, mas pelo que significa de "qualidade de convivência" entre os Estados.[9] Ou seja, um mundo mais parecido com a União Européia (apesar dos percalços) seria o desejável. É claro que as concessões de soberania, um dos núcleos da cooperação européia, não são fáceis de serem transportadas no plano global, entre outras razões, pelo alto grau de desigualdade entre os países. Neste sentido, a União Européia vale mais como metáfora do que meta específica, no sentido de que o progresso equivaleria à multiplicação de "políticas comuns" entre soberanos. O oposto seria uma volta ao século XIX, com instituições frágeis e disputas de poder.[10]

---

[8] Não faltam tentativas, como o *Índice de Desenvolvimento Humano*, das Nações Unidas.

[9] É o critério de nossos tempos. Não o seria no século XVI ou XVII. Mas, hoje, a referência institucional é necessária porque é no espaço multilateral que se definem as formas de cooperação.

[10] Ou ao período entre-guerras, como lembrou o historiador Tony Judt, em entrevista à *Folha de S.Paulo*, em 23 de março de 2007: "Se não tivermos sorte, ficaria mais como o período

Aceita essa premissa, caberia indagar o que regula o nível de cooperação no sistema internacional. Entramos aqui no cerne analítico deste ensaio que, menos que propor cenários para o futuro, sugere modos e critérios para pensá-lo.

A forma clássica de analisar o sistema internacional é a realista, que parte da premissa de que, por ser constituído por soberanos, é essencialmente anárquico. Os Estados tem como objetivo central garantir a sobrevivência e o modo de fazê-lo é construir as bases de poder suficientes para tal. Na lógica realista, é a distribuição de poder que define o grau de institucionalidade do sistema. Se há dois pólos, como na Guerra Fria, a tendência é que as alianças sejam rígidas e de longo prazo, as guerras, salvo as nucleares, tendem a ser ilimitadas, as regras de não-intervenção são pouco respeitas e as instituições internacionais tendem a ser instrumentalizadas. Há um "empate" entre os pólos que estabiliza o sistema.[11] O caso clássico é a Guerra Fria, que leva a uma quase-paralisia do Conselho de Segurança, que só atuaria nos conflitos que não envolviam diretamente as Superpotências, os EUA e a URSS.[12] Se o sistema tem muitos pólos (cinco, na tradição teórica européia), as conseqüências se alteram, como por exemplo as alianças se tornam mais flexíveis, as guerras tenderiam a ser limitadas, as normas sobre guerra e não-intervenção prevaleceriam. É a possibilidade de que vários se unam para evitar que um Estado crie hegemonia que garanta estabilidade. Tanto em um caso como em outro, nos modelos clássicos, a estabilidade significa essencialmente *status quo* territorial e equilíbrio entre as Potências que constituem o cerne do regime.[13]

---

entre-guerras, uma Europa amedrontada tentando nervosamente se aproximar da Rússia, os EUA se retraindo psicologicamente ainda que expandidos militarmente, e áreas instáveis (Oriente Médio, Ásia Central, África), incentivando a intromissão das grandes potências e o conflito". Para o cenário europeu, ver Vasconcellos, Una Europa Mundo, *El País*, 25 de março de 2007.

11 A apresentação clássica do argumento está desenvolvida no artigo de Kaplan, "Variants of Six Models of the International System". In: Rosenau (ed.) *International Politics and Foreign Policy*. Nova York: Free Press, 1969, p. 291-303.

12 A regra admite exceções quando interessa às Superpotências, como no caso da operação de paz que se estabeleceu depois do conflito no Oriente Médio em 1967.

13 Outro artigo clássico que mostra a instabilidade inerente tanto em modelos bipolares como em multipolares: Rosecrance, "Bipolarity, Multipolarity and the Future", também na

É impossível transportar, de forma automática, esses modelos para os dias de hoje. Durante a Guerra Fria, o modelo bipolar operava plenamente e as formas sólidas de cooperação se davam no marco interno das alianças (Plano Marshall, Aliança para o Progresso, GATT, COMECOM, Pacto de Varsóvia) e as formas débeis ou esporádicas no plano global (ONU), salvo quando as Superpotências descobriam interesses convergentes e usavam as instituições globais para legitimá-los (Tratado de Não-proliferação).[14]

No pós-Guerra Fria, passamos a uma situação peculiar, da prevalência de uma única Superpotência, os EUA, ainda que muito matizada, entre outros motivos, pelo contexto sociológico da globalização. A prevalência não significa que o poder não tenha limites, e a incapacidade norte-americana de fazer valer os seus interesses no Iraque ou na Rodada Doha são exemplos claros em nossos dias. Não vamos entrar no debate se a prevalência constitui ou não uma nova modalidade de "império". Podemos olhar de uma maneira mais simples o que está ocorrendo, especialmente no plano das instituições.

É claro que, na agenda internacional, a condição de única Superpotência se projeta também sobre o mundo multilateral e, em teoria, de uma forma neutra. Mais precisamente, os interesses da Superpotência serão decisivos para definir a agenda e o que a instituição pode fazer ou deixar de fazer. Além disso, a condição privilegiada de poder pode significar a "tentação" de agir unilateralmente, sem os constrangimentos do multilateral.[15] Nada exclui, contudo, a possibilidade de que, em certas situações, como ocorreu no fim das guerras mundiais, especialmente da Segunda Guerra,

---

coletânea de Rosenau, p. 325-335. Ver também Mearsheimer, "Back to the Future", *International Security*, 1990, v. 15, n. 1, que procura aplicar os modelos de equilíbrio de poder para a Europa pós-Guerra Fria e chega à curiosa conclusão de que a melhor garantia de estabilidade seria a proliferação de armas nucleares, ao mesmo tempo que descarta qualquer possibilidade de que a comunidade européia, porque fundada em idéias de liberalismo econômico, seja capaz de criar condições de paz no continente.

14 As instituições multilaterais tinham algum peso no conflito Leste-Oeste, por exemplo, quando questionavam a legitimidade de intervenções multilaterais e as condenavam, como no caso da invasão da Hungria pela URSS ou do Panamá pelos EUA.

15 Para uma análise do tema, ver Monten, "Primacy or Grand Strategy", *Global Governance*, v. 13, n. 1, jan.-mar. 2007, p. 119-138.

quando os EUA eram de fato a única potência, seus interesses nacionais se projetem através de mecanismos multilaterais. Mais recentemente, sem que se alterem as "condições objetivas" de poder, é fácil constatar que os Estados Unidos adotam, em poucos anos, atitudes diferenciadas em relação à ONU e à cooperação internacional, ora mais abertas, ora mais refratárias, ora francamente negativas.

A diferença de atitudes entre a primeira e a segunda guerra do Golfo é evidente. De fato, o progressivo distanciamento do *mainstream* da legitimidade internacional se acentuou nos últimos anos, especialmente no governo de George W. Bush. A prevalência que não se sustenta em algum padrão de legitimidade se debilita,[16] perde capacidade de projeção como *soft power*. Também a debilitá-la é o fato de que não é abrangente, universal. É clara no plano estratégico, em que os recursos norte-americanos com defesa equivalem a 48% do total mundial das despesas militares, mas não se replica no plano econômico, em que, ao contrário, as fraquezas dos EUA são claras e se exprimem nos déficits comerciais de feitio quase estrutural[17] e nas dificuldades do sistema financeiro. Além disso, o mundo da economia, em que os interesses estão permanentemente entrelaçados, desencoraja o unilateralismo, que é a expressão política da prevalência. Ainda assim, a posição dos EUA é confortável a curto prazo, não há perspectiva de que os países se unam "contra" o poder americano como tal, ainda que se formem coalizões *ad hoc* para bloquear ou atenuar posições específicas, como a aliança França-Rússia-Alemanha para resistir à legitimação da Guerra do Iraque, ou a maneira como Rússia e China "qualificam" a diplomacia norte-americana em temas como a proliferação nuclear no Irã e na Coréia do Norte, e, de forma regular, nas negociações comerciais e a falência da Alca é um exemplo.

De outro lado, no mundo multilateral, as derrotas institucionais dos EUA são freqüentes, como no caso da criação do Conselho de Direitos Humanos ou na resistência à aceitação das exceções norte-americanas à jurisdição do Tribunal Penal Internacional. E, ao mesmo tempo, para muitos, o maior erro americano foi justamente o de abandonar o multilateralismo, já

---

16 Ver Tucker e Hendrickson, "The sources of American Legitimacy", *Foreign Affairs*, nov.-dez. 2004, v. 83, n. 6, p. 18-32.

17 Conferir: <www.sipriyearbook2006.sipri.org>.

que, como diz Nye, "Não parece que, depois do Iraque, os Estados Unidos venham a reagir como o fizeram depois do Vietnã. O paradoxo do poder dos Estados Unidos é que a única superpotência militar do mundo não consegue proteger seus cidadãos, caso atue isoladamente".[18]

A digressão sobre os EUA se justifica porque, de uma certa maneira, as projeções sobre o futuro sempre partem da idéia de que a tendência, a médio ou longo prazos, do sistema é converter-se de unipolar para multipolar. Pela própria dinâmica de crescimento de alguns países, pela resistência natural de soberanos a que hegemonias unilaterais, o sistema "deve" se transformar. A hipótese de um novo modelo bipolar, opondo EUA e China, pareceria descartado na medida em que seria mais plausível pensar uma "ascensão simultânea" de vários países (China, Índia, Brasil, África do Sul, Rússia e a União Européia) para conformar a nova realidade internacional.[19] No modelo multipolar clássico, o objetivo central é evitar que uma das potências se torne hegemônica, entendida a hegemonia em termos militares e estratégicos, e também ganhos territoriais.[20] Outro elemento é uma certa racionalidade compartilhada entre os países que a compõem de tal forma que convirjam na identidade das ameaças.[21]

---

18 Nye, "La política exterior de EEUU después de Irak", *El País,* 21 de março de 2007.

19 A China não teria a vocação de poder nem a disposição ideológica, pelo menos no curto prazo. Sinais no sentido contrário seria a modernização militar. Quanto aos emergentes, notava um analista, "Em 2050, a economia da China deverá se situar entre 94% e 143% (dependendo de os cálculos se basearem em preços de mercado ou em PPC), e a da Índia, entre 58% e 100% da dos Estados Unidos; a economia brasileira será como a do Japão; a da Indonésia ou do México maiores que a da Alemanha, e a russa igual à francesa. Essas pinceladas bastam para prognosticar mudanças de poder equivalentes num mundo muito mais multipolar e equilibrado, no qual não não haverá lugar para qualquer vestígio de colonialismo". Andrés Ortega, "Los retos de Europa en 2057", *El País,* 24 de março de 2007.

20 A balança de poder opera contra expansionistas territoriais, como Luiz XIV, Napoleão etc. V. Sheehan. *The Balance of Power.* Nova York: Routledge, 1996.

21 A convergência ideal seria articulada por Estados que pertencessem aos mesmos tipos e obedecessem às mesmas concepções de política, constituindo o que Aron chamou de "sistemas homogêneos". Hoje, a base possível seria a convergência democrática, já que é o princípio que conta com legitimidade universal. Em sentido contrário, as disputas em torno de idéias religiosas, ainda que a noção de *clash of civilizations* parece um tanto superada, já que, embora forneça plata-

Com esses elementos, temos o primeiro ingrediente analítico para "pensar o futuro". Será diferente do modelo clássico, pois, se houver multipolaridade, é pouco provável que as pretensões de hegemonia se manifestem em demandas de expansionismo territorial. E o primeiro problema seria exatamente este, qual seria o desenho das novas ambições? Supondo que a necessidade de segurança interna seja o vetor do comportamento dos Estados, as disputas passariam, como já passaram, para recursos que garantam o funcionamento da economia do Estado – e aí a energia seria o fator fundamental. A disputa por garantias de suprimento poderiam engendrar atitudes simultaneamente agressivas, com o risco de conflitos.[22] Outro tema que se universalizou é a ameaça terrorista, que, até agora, tem um balanço ambíguo, já que foi fator de cooperação e disputa entre as Potências. Assim, pela via dos recursos naturais ou do terrorismo, é possível pensar que a universalidade estratégica, fragmentada com o fim da Guerra Fria, voltaria por outros caminhos.[23]

Em qualquer caso, o fator "racionalidade comum" é que será decisivo daqui para frente. À diferença da multipolaridade clássica, que supunha um sistema internacional com dose muito menor de interdependência, a multipolaridade (como a atual unipolaridade) se aplica a um universo de relações marcadas pela globalização. Os mecanismos de "afetação mútua" mudaram, embora isto não signifique que gerem automaticamente medidas de "racionalidade comum". Parece óbvio que disputas por energia podem prejudicar simultaneamente aos que disputam. Escolher caminhos de *free rider* em temas ecológicos trará prejuízos para todos. O próprio fato de que o terrorismo, nos moldes atuais, escolhe alvos em todas as Potências é fator que convida à cooperação.

Outro fator seria a atitude dos novos países, que, no discurso, já afirmam que serão potências, mas diferentes. A Índia quer ser vista como um

---

forma ideológica, parece evidente que, no caso do islamismo, as disputas internas parecem cada vez mais contundentes. Ver Aron, *Peace and War*. Nova York: Anchor Books, 1973, p. 90.

22 Não estamos livres também da hipótese de corridas nucleares regionais, sobretudo na Ásia e no Oriente Médio.

23 A atitude chinesa no Sudão ou a americana no Iraque.

moral power, com a vocação de promover a paz e a democracia no seu entorno regional, além de defender modalidades de melhor distribuição de riqueza no mundo. A China seria também outro "poder diferente", no dizer de um analista: "A China não busca a hegemonia ou a predominância nas questões mundiais. Ela defende uma nova ordem política e econômica internacional, uma ordem que possa ser alcançada por meio de reformas cumulativas e da democratização das relações internacionais. O desenvolvimento da China depende da paz mundial, paz essa que seu desenvolvimento, por sua vez, irá reforçar".[24] Como são potências nucleares e situados em problemático sistema estratégico, é evidente que qualquer aposta sobre como será o comportamento dos dois países, do momento em que adquiram um novo *status* de poder é prematura. Porém, o que os diferencia, como ao Brasil e à África do Sul, é o fato de terem "vivido" como países em desenvolvimento e terem tido posições e atitudes "reformistas" em relação à ordem mundial.

Haverá mais racionalidade, mais força para as instituições que incorporam as hipóteses de cooperação? Quais são as tendências que podemos discernir?

Essa perspectiva, geralmente aceita, de que estamos em transição de um sistema unipolar para um multipolar (hoje, fala-se em "unimultipolaridade") diz pouco sobre o que nos interessa, os níveis de cooperação. Em primeiro lugar, porque não seria o equilíbrio de poder o único elemento "moderno" para garantir a independência dos Estados e evitar a realização de pretensões hegemônicas.[25] Mais relevante para o nosso argumento é o fato de que não existe um modo exclusivo de convivência entre as Potências que emergirem. E, assim, temos o primeiro fator a considerar para o desenho do futuro: *os problemas de curto prazo que afetam o longo*.

Diferentemente do mundo bipolar em que o padrão de comportamento das Superpotências era previsível e, em regra, levava que alimentassem os conflitos regionais em busca de ganhos específicos num tabuleiro estratégico global, a etapa atual é mais indefinida. As formas de solução – ou

---

24 Ver Raja Mohan. "India's Global Strategy", *Foreign Affairs*, v. 85, n. 4, jul.-ago. 2006 e "Peacefully Rising to Great Power Status", idem, v. 84, n. 5, set.-out. 2005.

25 A própria existência das organizações multilaterais é um fator de constrangimento para ações de poder, embora não signifique que as paralisem sempre. Mas geram custos para o unilateralismo, como se viu com a perda de prestígio dos EUA em consequência da invasão do Iraque.

impasse – são mais abertas de tal forma que é o modo como vão ser resolvidos os conflitos que definirão tendências. Assim, no caso da construção de usinas de enriquecimento de urânio pelo Irã, os cenários são variados, tanto no que se refere ao nível de cooperação das Potências para criar condições (ou não) para barrar determinados caminhos como também, caso o Irã venha a ter armas nucleares, os efeitos sobre a situação geral no Oriente Médio. O que significaria uma corrida nuclear na região? Levaria a divisões entre as Potências ou as uniria para bloqueá-las? Na mesma linha, uma outra indagação seria sobre as conseqüências do conflito civil no Iraque. O país se fragmentará e adicionará um outro elemento perturbador ao cenário do Oriente Médio? As disputas entre sunitas e xiitas vão se aprofundar? Ou se encontrarão, a médio prazo, modos de reconstituir o Iraque, de tal forma que deixe de ser o foco de perturbação regional que é hoje? Qual será o papel da ONU nas duas situações? Será um ator decisivo, figurante, ou ficará na platéia?

Há vários outros exemplos de temas abertos e a maneira de encaminhá-los pode aumentar ou diminuir as perspectivas de cooperação no sistema. No plano multilateral, se houver uma reforma do Conselho de Segurança, com novos membros permanentes, o impacto sobre a forma de funcionamento dos mecanismos de segurança coletiva pode ser significativo. Se persistir o *gap* entre a demanda por reforma e a paralisia decisória, é possível que o prestígio da Organização sofra, com conseqüências para os níveis de cooperação.[26] O mesmo valeria para a eventualidade de um fracasso da Rodada Doha na OMC. O sucesso ou não da integração sul-americana será um fator decisivo para a projeção do continente no cenário internacional, à semelhança do que ocorreu nos primeiros anos do Mercosul. Ainda que não sejam, *stricto sensu*, problemas de curto prazo, contribuem para o "clima" da conjuntura. Vale mencionar os cálculos sobre eventuais desdobramentos de temas, como a colocação de mísseis intermediários na Europa e a reação da Rússia, a decisão britânica de construir novos submarinos nucleares, a modernização do arsenal militar chinês ou o *status* de país nuclear que a

---

26 Os processos de segurança coletiva estão se adaptando a novas realidades e a emergência dos grupos regionais é um dos dados a considerar na arquitetura dos mecanismos de construção da paz daqui para a frente. Ver sipriyearbook, op. cit.

Índia pode adquirir depois do acordo que assinou com os Estados Unidos. Esses fatos têm como pano de fundo a paralisia dos esforços multilaterais para avançar o desarmamento.[27]

É interessante observar que as fontes de imprevisibilidade se multiplicam na conjuntura. Para dar mais um exemplo, vale citar a frase final de um estudo sobre os dilemas que enfrentam os países africanos, que dependem de uma reconstituição dos Estados para garantir formas permanentes de segurança e desenvolvimento: "A tensão entre sociedade, poder político e economia, e também entre fatores externos e internos, cederão lugar, de forma imprevisível, às futuras formas do Estado na África. A maior incógnita é se essas formas servirão para administrar justiça, democracia e igualdade, ou para perpetuar formas complexas de exploração".[28]

Essa lista de problemas, tão diferentes entre si e de peso variado na definição da ordem internacional, tem, contudo, algo em comum que é, em parte, novo. Tanto na Guerra Fria como na primeira fase do pós-Guerra Fria, a referência necessária era, ora para conflito ora a cooperação, a arranjos globais, ao modo como se comportavam as Potências. Isto continua como verdade nos dias de hoje, porém, se olhamos aos problemas que listamos, mesmo os que "nasceram" de processos globais, como a intervenção no Iraque, têm um componente de "lógica regional" muito forte. Em que sentido? É impossível imaginar soluções como as que ocorreram na América Central, no Camboja ou no sul da África nos anos 90, em que o acerto entre a URSS e os EUA praticamente ditava a solução. Hoje, os componentes regionais são mais resistentes e, mesmo no caso do Iraque, a intervenção norte-americana serviu para depor Saddam Hussein, mas o encaminhamento do problema passa necessariamente pelos arranjos regionais. Mesmo nos temas essencialmente globais, como a Rodada de Doha ou a reforma do Conselho de Segurança, a resistência a soluções nasce de interesses regionais consolidados e difíceis de quebrar, seja a política agrícola européia num caso, seja a resistência à ascensão de potências regionais a condições de influência global em outros casos. A conclusão do argumento

---

27 A última conferência de revisão do Tratado de Não-Proliferação Nuclear, em 2006, terminou em completo impasse.

28 Aguirre. *Africa: el debate sobre la crisis del Estado*. Madri: Fride, 2006, p. 11.

é simples: a soma de boas soluções para esses problemas aumentaria sem dúvida os níveis de cooperação, mas é difícil pensar em um modelo global que facilitasse a solução simultânea de todos. Não seriam suficientes para uma nova guerra fria, mas também não são suficientes para gerar cooperação ampla e profunda entre as Potências. O fato de que estejam abertos e não tenhamos claro como seriam encaminhados marca o feitio de transição da época que vivemos.

Para medir tendências, uma segunda solução analítica seria examinar de que maneira *os problemas de longo prazo influenciam a perspectiva de encaminhá-los a curto prazo*. Alguns dos problemas de "curto prazo" têm longa história, como os do Oriente Médio. Porém, à diferença dos que agora examinaremos, teriam um foco preciso, ou seja, poderiam avançar, encontrar soluções, a partir de negociações diplomáticas específicas. Os de longo prazo têm raízes estruturais, como a pobreza, a desigualdade, as ameaças ao meio ambiente, o terrorismo e outras formas de crimes transnacionais, a violação de direitos humanos etc. Todos esses problemas também se encontram enquadrados em alguma negociação diplomática, mas sabemos que as "soluções" pedem muito mais do que negociações entre países, pedem mudanças de atitudes e, em alguns casos, se pensamos o mais largo prazo, mudanças mesmo de modelos de organização social. Isto seria especialmente válido para os problemas de mudança climática ou para a superação da pobreza.

O que os caracteriza? São questões internacionais aceitas como tal pela comunidade internacional que exigiriam ação concertada desta para que sejam resolvidas. Estão definidas como parte da agenda internacional, o que é pouco, já que isto não gera automaticamente soluções, e é muito, já que os avanços e retrocessos passam a ser referência necessária sobre o estado do mundo. É verdade que tem raízes e histórias diferentes e exigem caminhos distintos de solução. De alguma forma, contudo, foram exacerbadas pelos processos de globalização e é razoável uni-las conceitualmente.[29]

Lembremos, por exemplo, que a própria noção de que os países "pobres" deveriam ter algum tipo de "apoio" internacional para crescerem co-

---

[29] Ver, por exemplo, o relatório de Kofi Annan, em que procura ligar as questões de terrorismo e de segurança em geral aos problemas da pobreza e da desigualdade.

meça a ser aceita como legítima no final dos anos 40 ou a de que os problemas ambientais eram de responsabilidade universal se definem na década de 70.[30] Ainda que nem sempre precisas, as propostas para resolvê-las ganham condições de legitimidade internacional, fundadas em movimentos sociais ou ação diplomática, e, em regra, encontram expressão em documentos multilaterais. É exatamente esse tecido de legitimidade que, numa primeira leitura, induziria a uma leitura otimista sobre o futuro, sobretudo se examinamos o resultado da série de conferências globais das Nações Unidas ao longo dos anos 90, que, culminando com a aprovação por unanimidade dos Objetivos do Milênio, desenhou programas de ação para o meio ambiente, para os direitos humanos, para os direitos das mulheres, para os assentamentos urbanos etc. É possível, em conseqüência, dizer que os *grandes problemas de longo prazo* estão definidos e, com maior ou menor rigor, estariam delineados os modelos de cooperação para solucioná-los. Ou seja, existem propostas que pretendem organizar a globalização, que, se não se traduzem sempre em regras, estão sustentadas em consensos amplos e, se colocadas em prática, levariam a mais cooperação.[31]

Sabemos, porém, que essas "utopias parciais" avançam pouco e convivem com sentimento de frustração em relação ao que a comunidade internacional pode efetivamente fazer para resolvê-los. De novo, somos obrigados a pensar o futuro com sentimentos ambíguos. A legitimidade dos fins não se completa com a dos meios. Por quê? A primeira observação é de que, mesmo em relação à legitimidade geral, persistem controvérsias. Basta lembrar as dificuldades em relação aos efeitos do aquecimento global ou as disputas sobre o alcance da universalidade dos direitos humanos. Em ambos os casos, as dificuldades derivam de diferenças. No primeiro, são as diferenças de modelos de desenvolvimento e a perspectiva de que vantagens globais, de longo prazo, podem significar perdas específicas e imediatas, o

---

30 Ver Emmerij; Jolly; Weiss. *Ahead of the Curve? UN Ideas and Global Challenge.* Bloomigton: Indiana University Press, 2001, p. 80-120.

31 Para alguns problemas, como a mudança de clima ou certos temas de direitos humanos, existem normas incorporadas em tratados internacionais. Para outros, como a ajuda para o desenvolvimento, há resoluções, sem valor jurídico, mas com alta legitimidade, como por exemplo o compromisso de que os países desenvolvidos ofereçam 0,7% de seu produto nacional para a ajuda ao desenvolvimento.

que torna difícil encontrar pontos de conciliação em processos negociadores como Kyoto. Além disso, faltam referências mobilizadoras, que, em alguns temas, como meio ambiente, começam a aparecer, com a diminuição da calota polar, a freqüência de desastres ecológicos etc. De outro lado, no caso dos direitos humanos, pesam, para dificultar consensos constantes e amplos, as diferenças culturais e a possibilidade de que o tema seja aproveitado politicamente. É evidente que a história da defesa dos direitos humanos, a partir da Declaração Universal de 1948, tem sido de claros avanços. As instituições multilaterais são mais efetivas, especialmente na Europa e nas Américas, e também no plano mundial, como no caso do estabelecimento do Tribunal Penal Internacional, os movimentos sociais têm peso crescente e a grande maioria dos países adota instituições nacionais que protegem os direitos. É possível avançar mais? O passo adiante seria dotar a comunidade internacional de instrumentos efetivos, de base consensual sólida, que permitisse sancionar – e eventualmente intervir – em casos de violação maciça de direitos humanos. Aí sim, teríamos claramente um progresso decisivo para os níveis de cooperação internacional, de que ainda estamos longe, tanto porque falta o consenso sobre o alcance da defesa dos direitos humanos quanto pelas dúvidas sobre os mecanismos a adotar.[32]

Essas sumárias indicações sobre tratamento multilateral dos temas de meio ambiente e direitos humanos nos leva ao cerne dos obstáculos para levar adiante os temas globais: a variedade de formas de desigualdade entre os Estados que são, em última instância, os que definem as regras e modelos de cooperação. As desigualdades mais flagrantes são de níveis de renda, de qualidade de vida, a que se agregariam as diferenças de valores. Quando se fala em progresso na ordem internacional e da criação de condições para encaminhar problemas comuns, a referência é a um sistema que deve oferecer progressivamente, além de sólidos mecanismos de solução de conflitos, melhores condições de convivência entre a riqueza norte-americana e

---

32 Recentemente, no bojo da reforma das Nações Unidas, promovida por Kofi Annan, criou-se, para substituir a Comissão de Direitos Humanos, um Conselho que se liga diretamente à Assembléia Geral, portanto com *status* de órgão da Carta. Porém, nas primeiras reuniões, a politização dos temas tem prevalecido e muitos acreditam que, até agora, os avanços foram simplesmente formais. De qualquer maneira, a potencialidade para um aprofundamento nos processos de promoção de direitos humanos está delineada.

a pobreza do Zimbábue, ou entre o sistema de proteção social europeu e as tragédias humanitárias do Haiti, entre o estilo liberal dos nórdicos e os preceitos islâmicos. Para alcançar essas "melhores condições", é necessário articular modos de cooperação que garantam aos pobres a certeza de que terão progressivamente melhores rendas e melhor qualidade de proteção social, de que as disparidades de riqueza vão se atenuar, de que os modelos de diálogo e tolerância vençam e levem a que culturas diferentes convivam e se enriqueçam mutuamente, de que as Potências se abram para que soluções dos temas de segurança sejam efetivamente resultado de deliberação comum. Existiriam pontos de equilíbrio entre essas diferenças que conduzam a mais cooperação, ou a cooperação mais consistente e permanente, e propiciam políticas comuns para problemas comuns?

A primeira dificuldade é que a consciência de que são problemas comuns não se sustenta em utopias amplas. Não se faz aqui um julgamento de valor sobre a vantagem de "grandes narrativas", para usar a expressão pós-moderna. Porém, se voltamos ao período da Guerra Fria e dos embates ideológicos, havia, para o bem e para o mal, um projeto comum que unia, de um lado, socialistas e, de outro, liberais, e que "fornecia" um modelo de organização social e econômica, uma forma de convivência internacional e a noção de que, juntos, atuando na mesma direção, conseguiriam um mundo melhor. A força de mobilização política era evidente e de feitio necessariamente universal. Hoje, vivemos um período em que sabemos das fragilidades do socialismo real e conhecemos as limitações do capitalismo real para resolver problemas de justiça social, sobretudo no plano global. Como dizia Anthony Giddens, "Não há mais utopias, e a política deixou de ser um assunto glamuroso".[33] Ao contrário do que imaginava Fukuyama, a derrocada do socialismo não significa o fim da história, mas uma história mais complicada, com multiplicação de modelos de crescimento e com melhor percepção das diferenças de formas de organização social e, sobretudo, a multiplicação das vias próprias de desenvolvimento, ainda que prevaleçam, mundialmente, certas regras básicas do mundo liberal. Certamente, porém, o modelo americano é diferente do modelo europeu, ou do indiano e, certamente, do chinês. Aliás, essa é uma das dificuldades

---

33 Ver Giddens, "El nuevo Gaddafi", *El País*, 25 de março de 2007.

para que se criem normas para comércio internacional e, principalmente, para o universo financeiro.

Neste contexto, as conseqüências para "pensar o futuro" são de duas naturezas. Se não existem utopias totais, sobram as parciais, que se alimentam de movimentos sociais transnacionais ou alcançam em algum caso formas negociadas, como nas declarações das Nações Unidas sobre os direitos humanos, desenvolvimento social, direitos das mulheres, meio ambiente etc. Aqui se repetiria o que observamos quando analisamos as questões de curto prazo: há que buscar equilíbrios parciais, que não representarão "revoluções", mas ganhos incrementais. E, idealmente, os ganhos em um setor afetarão a confiança para avançar em outros. Estamos provavelmente mais perto de algum avanço em matéria de meio ambiente, e muito distantes em matéria de desarmamento. Há iniciativas pontuais para combater a fome e a pobreza, mas sabemos que os instrumentos internacionais para ajudar os países menos desenvolvidos são limitados. Não existirá nenhum Plano Marshall para os mais pobres, ainda que medidas pontuais como alívio de dívida pública e abertura de comércio possam ocorrer.

A outra conseqüência é que, na falta de utopia, regem os interesses nacionais. Isso não é novidade, ao contrário, é a história do mundo westphaliano. Em que medida os interesses podem ser "contaminados" pelas preocupações globais, em forma mais decisiva do que ocorreu até hoje? A "contaminação" ocorre em duas circunstâncias, ou por pressão social – é impossível compreender a agenda internacional de direitos humanos ou de meio ambiente sem levar em conta a influência das ONGs – ou por pressão dos fatos. As mostras das conseqüências do aquecimento global podem levar a mais cooperação em meio ambiente, como a tragédia humanitária no Sudão e, depois, em Ruanda, levaram a novos conceitos de segurança. Porém, a pressão social e dos fatos só se transforma em cooperação na medida em que se desenvolvam pontos de equilíbrio reais que permitam regras comuns que sejam vistas para beneficiar a todos. No caso do aquecimento global, além da atitude refratária do governo norte-americano, é notável a resistência da China e da Índia a ampliar compromissos na medida em que vêem sacrifícios de curto prazo, perda de competitividade e vantagens hipotéticas a longo prazo, e sacrifícios que fariam por conta de falhas do mundo desenvolvido, afinal, responsável historicamente pelo aquecimento, desde que se inicia a Revolução Industrial. No caso das tragédias humanitárias, tem sido impossível definir regras que permitam atuação mais efetiva da comunidade internacional, inclusive por diferenças de interesse estratégico.[34]

É evidente também que, a curto prazo, existe um problema específico para equacionar os temas globais. Na medida em que os modos de cooperação passam pelos mecanismos multilaterais e existe uma atitude norte-americana negativa em muitos deles, como Kyoto, desarmamento, direitos humanos, as possibilidades de levá-los adiante fica limitada. Se o país responsável por mais de 20% das emissões de carbono ou que tem o maior arsenal nuclear não entra no jogo, o jogo pode continuar, mas os vencedores não ganham o jogo. Se a atitude americana é conjuntural e dependente de um partido, as eleições resolveriam o problema. Caso contrário, avançar nos temas globais exigirá novas estratégias e perspectivas para "atrair" a Superpotência que restou. Neste sentido, e contando que se articule mais adiante a multipolaridade, uma das formas novas e positivas seria a que, em vez de evitar a hegemonia de um dos sócios, a multipolaridade funcionasse como mecanismos de pressão uniformizadora para a realização das utopias parciais. Mas isso talvez seja simplesmente mais uma das utopias.

Para concluir, vale tentar ligar as duas histórias, a de curto e de longo prazos, e examinar o que resulta.

1. Se é difícil fazer previsões, pelo menos as perguntas que organizam a reflexão sobre o futuro podem ser esboçadas? Que multipolaridade teremos e em quantos anos se desenhará? Haverá repetição de disposições hegemônicas? Qual a natureza do conflito?

2. O maior ganho dos últimos anos teria sido a supressão da ameaça de uma guerra nuclear entre as Potências. É um ganho definitivo? A consciência de que uma guerra nuclear ameaçaria a sobrevivência da humanidade é clara, mas não tem impedido que novas armas nucleares sejam construídas (modernização do arsenal americano, submarinos britânicos, moder-

---

34 O caso do Sudão é exemplar, em vista das diferenças de interesses entre a China e a Rússia, de um lado, e os países ocidentais, de outro, para definir uma operação de paz mais "robusta", que evitasse a continuação da tragédia humanitária em Darfur.

nização chinesa, armas norte-coreanas, ninguém abandonou as armas e os tratados estão paralisados e aumentou o risco de terrorismo nuclear). São muitos sinais inquietantes e o mais negativo é o fato de que não existe mais um esforço amplo de desarmamento (o acordo dos EUA com a Índia etc.). Teremos mais países com armas nucleares? Isto significará um novo modelo de corrida nuclear?

3. O dado nuclear foi um elemento de contenção nas relações na Guerra Fria, num mundo que tende ao multipolar, é possível que a proliferação nuclear gere instabilidade e recrie motivos para que se reinicie uma corrida nuclear, de alcance regional, cujas conseqüências seriam imprevisíveis.[35] Será ou não um elemento decisivo na construção dos novos padrões de relacionamento entre as novas potências.

4. O segundo maior ganho é que, com todas as dificuldades e falhas, não se destruíram os mecanismos multilaterais essenciais e ninguém quer fazê-lo. A ONU pode se reforçar como referência de legitimidade. Um dado essencial a considerar é se a política de Bush (o multilateralismo à la carte) é conjuntural ou obedece a motivações estruturais. Se o primeiro caso for confirmado, a eleição de um democrata pode alterar em alguns temas a posição na ONU.

5. As motivações para as grandes transformações vão continuar, já que dependem de atores com algum grau de independência em relação aos Estados. Os movimentos de defesa de direitos humanos e do meio ambiente, por exemplo, passaram a ser um fator permanente na definição da agenda internacional e seus avanços. Nada faz crer que sofram, nos próximos anos, um processo de enfraquecimento.

6. Uma forma de construir cenários, um tanto óbvia, seria a de dizer que, *ceteris paribus*, ou poderíamos iniciar um ciclo virtuoso, em que a combinação de soluções consensuais sobre os problemas de curto prazo, combinadas com engajamento das Potências para encaminhar os de longo prazo, criaria uma multipolaridade "benigna", com reflexos positivos sobre o fortalecimento das instituições multilaterais; ou, poderíamos iniciar um ciclo vicioso, em que o oposto se daria, os problemas de curto prazo

---

[35] Voltamos ao debate de Mershemmeir e à idéia de que a proliferação pode ser estabilizadora.

aumentariam a carga de conflitos, os de longo prazo seriam colocados em segundo plano, e estaria se criando uma multipolaridade "maligna", com disputas de hegemonia entre as Potências e enfraquecimento do multilateralismo.

7. É provável que nenhum dos dois cenários se realize plenamente. Esquecendo o imprevisível, como atentados terroristas com armas nucleares ou uma guerra regional que leve à participação direta das Potências, o caminho para o futuro será ambíguo. Em tempos previsíveis, dez ou 15 anos, teremos provavelmente mais do mesmo, com a possibilidade de que, em alguns temas, a cooperação se reforce, como meio ambiente, em outros, estacione, como direitos humanos, e, em outros, retroceda, como no caso de alguns conflitos regionais. Neste sentido, o comportamento dos novos sócios do poder será decisivo para determinar de que maneira a nova multipolaridade se definirá e qual será o objeto de conflito/cooperação entre os membros do clube que está sendo constituído.

8. Teremos um mundo mais complexo, provavelmente ainda mais competitivo, ainda que se realize o cenário otimista de maior cooperação e institucionalidade. As opções diplomáticas das "geometrias variáveis" se tornariam mais comuns e fazer política externa seria um exercício crescentemente sutil. Talvez daí derive a posição vantajosa do Brasil, sobretudo se crescer de forma eqüitativa. De fato, temos a vantagem de não estar envolvidos em conflitos regionais, não temos a necessidade de trilhar estratégias ofensivas e, ao mesmo tempo, nos temas globais, a nossa atitude tem sido justamente a de buscar pontos de equilíbrio que permitam que os temas avancem. O que não sabemos é o grau de influência que poderemos exercer na construção desses novos cenários. Depende de nós mais do que do comportamento dos outros.

6

ROUSSEAU E AS
RELAÇÕES INTERNACIONAIS[*]

1. AS MÚLTIPLAS DIMENSÕES DO PENSAMENTO DE ROUSSEAU

Jean-Jacques Rousseau é dos mais lidos e estudados filósofos modernos. Por muitas razões. E, talvez a primeira seja a própria qualidade literária de seus textos. Freqüentemente, Rousseau colore o argumento com a força de metáforas e comparações, que tornaram algumas de suas frases objeto de constante citação como a que diz que o "homem nasce livre e, por toda a parte, está preso em grilhões".[1] Outra razão é a abrangência e influência de seu pensamento.[2] Rousseau reflete sobre a natureza das relações sociais e a origem do Estado; é crítico agudo da desigualdade entre os homens; com *Emile* e *La Nouvelle Héloise*, inova na teoria da educação; é considerado

---

[*] O texto é a introdução ao livro *Rousseau e as relações internacionais*. Brasília: FUNAG, 2005. A tradução das citações foi feita por Sérgio Bath.

[1] Kant dizia: "Eu teria que ler Rousseau até conseguir não me distrair mais pela beleza de sua expressão; somente então poderei examiná-lo com a razão". Citado por Cassirer. *Rousseau, Kant and Goethe*. Nova York: Harper Torchbooks, 1963, p. 6.

[2] Em um artigo publicado do *New Statesman*, de 18 de julho de 1998, Alain de Botton lembrava que "a mensagem de Rousseau encontrou um tal eco na sociedade européia que os historiadores têm associado seu nome, com freqüência, mas de forma esquemática, a alguns desenvolvimentos com seu nome: o surgimento da idéia de que se deveria casar por amor (ao invés de por hectares), que se deveria estar próximo dos filhos (ao invés de entregá-los a uma babá), que a honestidade deveria ser a primeira virtude social, que se deveria expressar o que se pensa e manifestar as emoções – desenvolvimentos que, como se pode demonstrar, irrigaram o fenômeno complexo do Romantismo".

um dos fundadores do pensamento antropológico; sugere caminhos para a compreensão da origem da linguagem; escreve sobre música e compõe; inicia, com *As confissões*, a autobiografia moderna; e deixa despachos do tempo em que trabalhou, por um curto período, como diplomata em Veneza. É dos poucos filósofos cuja obra influencia a vida política já que será um dos inspiradores do movimento que leva à Revolução Francesa e do socialismo. Lembremos que o busto de Rousseau foi introduzido na sala da Assembléia Constituinte da França em outubro de 1790.[3]

A visão contemporânea de sua obra é controvertida. Para alguns, seus escritos constituiriam o fundamento da democracia moderna, já que orientam o debate sobre o contrato social na direção da soberania popular;[4] para outros, Rousseau é o inspirador do autoritarismo. Isaiah Berlin é um dos que, apesar de reconhecer que a doutrina de Rousseau tem aspectos positivos, ao sublinhar que "sem liberdade, sem espontaneidade, nenhuma sociedade vale a pena [...]" mostra o que seria seu lado negativo. Rousseau teria lançado a "a mitologia do eu real, em nome da qual tenho permissão para coagir pessoas. [...] Assim, sem a ajuda de autoridade sobrenatural ele precisava recorrer ao paradoxo monstruoso em que a liberdade passa a ser uma espécie de escravidão, em que querer algo não é querer a não ser quando se quer de um certo modo" que, por sua vez, seria a garantia da liberdade.[5]

A meu ver qualquer leitura "radical" de Rousseau tende a ser simplificadora. De fato, sua obra maior, *O contrato social* admite linhas variadas de interpretação, mas certamente é mais do que um manual para a imposição de uma ditadura popular, uma espécie de receita paradoxal de democratizar pela força. O que, sim, é verdade, é que seus textos são fundamentalmente críticos da organização social de seu tempo e a agudeza e amplitude do seu argumento são tais que até hoje inspiram interpretações e análises e controvérsias.

---

3 Ver o verbete sobre Rousseau em Furet e Ozouf. *Dictionnaire Critique de la Révolution Française*, Paris: Flammarion, 1992.

4 Ver Derathé. *Jean Jacques Rousseau et la Science Politique de son Temps*. Paris: Vrin, 1995, p. 49.

5 Berlin. *Freedom and its Betrayal*. Princeton: Princeton University Press, p. 48.

Outra dimensão que não falta aos que analisam, de maneira abrangente, a obra de Rousseau é o interesse por sua vida pessoal, a de um filósofo que escolhe a solidão como uma forma de viver na realidade as idéias que pregava.[6]

Nesse vasto cenário intelectual, não faltam reflexões importantes e inovadoras sobre as relações internacionais, especialmente sobre a guerra. Essas reflexões se resumem a poucos textos, que estão colecionados neste volume.[7] São ora textos curtos, abstratos, sobre a guerra e a possibilidade de superá-la; ora, quando esboça projetos de constituição para a Polônia e para a Córsega, são recomendações sobre o comportamento de países em relações internacionais. O mais conhecido são seus comentários sobre o projeto da paz perpétua, do Abade de Saint-Pierre.[8] Na construção de seus argumentos gerais sobre a vida social, compreender o fenômeno da guerra é essencial já que revela os próprios limites da capacidade humana de autotransformação e de conquista da liberdade. Assim, as idéias sobre relações internacionais devem ser compreendidas no marco maior do seu pensamento. Porém, deve-se admitir, desde já, que, embora partam da mesma perspectiva filosófica, há uma diferença de atitude entre o que propõe para a sociedade nacional e o que propõe para a sociedade internacional. Rousseau é ambicioso quando desenha, no *Contrato social*, os fundamentos para uma sociedade de homens livres, ainda que as pistas que oferece para alcançá-la sejam incompletas. De qualquer forma, a construção da utopia está articulada. No plano internacional, Rousseau se mostra mais conformado em aceitar que a guerra marcará, para sempre, a vida dos homens em sociedades de Estados. Não existe um equivalente do *Contrato* para o universo das relações entre Estados, pois, como ele mesmo diz no fim do seu livro mais conhecido, seria um "objeto amplo demais para a minha curta vida".[9]

---

[6] Ver Starobinski. *Jean Jacques Rousseau*. Paris: Gallimard, 1971, p. 54.

[7] A antologia segue a que prepararam Hoffmann e Fidler, *Rousseau on International Relations*. Oxford: Clarendon Press, 1991.

[8] O *Projeto Para Tornar Perpétua a Paz na Europa* foi publicado, nesta coleção, com prefácio de Ricardo Seintenfus (São Paulo/Brasília: Imprensa Oficial do Estado/Ed. UnB, IPRI, 2002).

[9] A frase se encontra no último capítulo do *Du Contract Social*. In: *Oeuvres Complètes*, v. III. Paris: Gallimard, p. 470, 1964. A reflexão internacional sistemática faria parte de uma seqüência de um livro sobre instituições políticas, do qual o *Contrato social* seria a primeira parte.

Ao aceitar a inevitabilidade da guerra numa sociedade de Estados, Rousseau será, numa primeira interpretação, um realista em relações internacionais, mas como lembra Michael Doyle, um realista "extremamente complexo". E completa, lembrando os fundadores do realismo, com uma boa justificativa para ler Rousseau: "Se Tucídides foi sábio; Maquiavel, brilhante; e Hobbes, rigoroso, Rousseau é profundo".[10]

Rousseau é um clássico não simplesmente porque é mais um realista. É exatamente nas nuances e qualificações que introduz na perspectiva realista que está o interesse em voltar a ler os seus textos originais. Mas, antes de chegar a eles, valeria a pena traçar um rápido esboço das circunstâncias históricas em que escreveu, fazer uma anotação sobre a sua vida pessoal e sobre as características gerais de sua obra.

2. Vida e circunstâncias históricas

Jean-Jacques Rousseau nasceu em Genebra, Suíça, em 1712 e morreu em Ermenonville, França, em 1778. Sua vida coincide, portanto, com o reinado de Luís XV e, de uma certa maneira, com as primeiras fraturas sérias no absolutismo europeu que culminam, na França, com o movimento revolucionário de 1789.

O século XVIII assiste assim a um movimento de transformações na sociedade européia, mas transformações travadas, de um lado, pela prevalência de uma estrutura feudal e, de outro, pelo absolutismo.[11] Como lembra Lecercle, "a ideologia de Rousseau foi formada em uma época pré-industrial, em uma França onde o desenvolvimento da burguesia ainda não havia apagado o seu caráter essencialmente camponês."[12] A riqueza vem da agricultura e os mecanismos feudais obrigam os camponeses a reservar parte substancial da colheita para os direitos do senhor feudal e os impostos reais. Em meados do século, começa o processo de cercamento dos campos já que o progresso da agricultura exige a formação das grandes

---

10 Doyle, *Ways of War and Peace*. Nova York: W.W. Norton, 1997, p. 138.

11 A situação européia é diversa, varia de país a país, mas não vamos analisá-las em pormenor. Para isso, ver Mandrou, *L'Europe Absolutiste*, Paris: Fayard, 1977.

12 Lecercle. *Jean-Jacques Rousseau: modernité d'un classique*. Paris: Larousse, 1973, p. 7.

propriedades. Lecercle observa que os senhores, com a cumplicidade do poder político, encontram pretextos para se apropriar dos bens comunais. "Os camponeses pobres, privados da possibilidade de pastar as suas vacas, protestam. O Estado Monárquico hesita, mas de modo geral favorece o interesse dos ricos contra os pobres. Em 1767, os decretos de cercamento de terras legalizam a prática, para grande prejuízo das comunidades camponesas. O progresso material é acompanhado assim de um progresso da desigualdade, e coube a Rousseau fundar a teoria desse processo dialético."[13] Não é por acaso que seu primeiro grande trabalho é justamente *Discours sur l'Origine et les Fondements de l'Inegalité parmi les hommes*, que apresenta à Academia de Dijon em 1754.

O aumento da desigualdade deriva, portanto, de mudanças no sistema de propriedade, que levará mais adiante a constituir um dos pontos de partida para a formação da burguesia capitalista. Constata-se um claro movimento no sistema econômico, mas ainda não se desenha plenamente uma "nova economia". Do lado político, o regime absolutista ainda é plenamente hegemônico mas começa a ser contestado e se enfraquece. Aumentam os problemas que o Estado enfrenta e a capacidade de resolvê-los, com Luís XV, diminui. As resistências se articulam, mais claramente nas formações parlamentares do Terceiro Estado, e vão desembocar no movimento revolucionário de 89.

Observam-se, portanto, nas sociedades européias do século XVIII, dois problemas fundamentais, que constituem o eixo do pensamento político de Rousseau, o do aumento da desigualdade e do questionamento da legitimidade do absolutismo. O fenômeno da guerra permeia os dois. Porém, antes de ver como Rousseau os vincula, valeria mencionar o quadro sobre o qual constrói suas observações sobre a vida internacional.

No plano das relações internacionais, vive-se a primeira etapa de afirmação dos Estados nacionais, depois da Paz de Westphalia (1648). O modo de operação do sistema internacional passa a ser, então, o da balança de poder, que tem, numa visão simples, o objetivo de evitar que Estados he-

---

13 Lecercle, op. cit., p. 9. Haverá variações de país a país e o processo se desenvolve mais completamente na Inglaterra. As descrições de Marx do processo de acumulação primitiva são clássicas.

gemônicos se imponham sobre a Europa. O primeiro movimento é justamente, ainda ao tempo de Luís XIV, impedir que, sob a liderança francesa, se refizesse o império Habsburgo. Como nota David Boucher: "A necessidade de opor-se à ameaça da França de Luís XIV era reconhecida em toda a Europa. Os Países Baixos e a Inglaterra tomaram a iniciativa de formar uma coalizão, o que foi facilitado pela ascensão de Guilherme de Orange ao trono inglês. Foi a partir de então que a idéia do equilíbrio de poder se tornou amplamente discutida, e até mesmo alguns escritores franceses, como o teólogo Fénelon, conselheiro de Luís XIV, reconheceu a conveniência de manter um equilíbrio de poder na Europa. Argumentou que o cuidado em manter uma certa igualdade e equilíbrio entre nações vizinhas é "o que garante a tranqüilidade comum; e, neste particular, essas nações, associadas pelo comércio, compõem por assim dizer um grande corpo e tipo de comunidade".[14] Como veremos, uma das idéias centrais do Abade de Saint-Pierre é sustentar a paz perpétua na noção de uma comunidade européia de valores.

Os movimentos de balança resultam de um processo anterior, também iniciado por Luís XIV e "teorizado" por Richelieu, que é a consagração da idéia de *raison d'etat*, que preconiza não existirem outras referências para o comportamento do Estado que não seu próprio interesse de segurança. Nas palavras de Kissinger: "No mundo inaugurado por Richelieu os Estados não eram mais contidos pela presença de um código moral. Se o bem do Estado era o valor mais elevado, o dever do governante era aumentar e promover a sua própria glória."[15] As pretensões expansionistas levam a que as guerras sejam relativamente frequentes ao longo do sec XVIII.[16] A reação intelectual a esse movimento vai em duas direções. A primeira, analisada por Kissinger, é a de "organizar" os movimentos de conflito, de tal maneira que na Europa a balança surgisse como necessária e garantis-

---

14 Ver Boucher. *Political Theories of International Relations*. Oxford: Oxford University Press, 1998, p. 290.

15 Kissinger. *Diplomacy*. Nova York: Simon&Schuster, 1994, p. 67.

16 Para uma compilação das guerras, seus objetivos, métodos, ver Holsti, *Peace and War: armed conflicts and international order, 1648-1989*.

se alguma estabilidade (entendida, ausência de hegemônico).[17] A guerra não é necessariamente uma calamidade, mas pode ser um mecanismo de correção de desequilíbrios; não seria condenável em si e o problema seria regulá-la, dar-lhes algum limite. Do outro lado, haverá os que tratam a guerra como um problema moral, uma falha do comportamento humano que seria superado quando as ações humanas fossem iluminadas pela razão. Neste sentido, é pioneira a obra do Abade de Saint-Pierre, ao articular a utopia da paz perpétua, oferecendo uma proposta institucional para que se torne realidade. O pensamento de Rousseau aproveita as duas tendências. Está longe das soluções mecânicas da balança de poder e do veio utópico do Abade. Onde está é o que procuraremos ver no resumo de sua obra.

Finalmente, é preciso ler Rousseau no quadro do pensamento iluminista. Ele não faz parte do grupo "otimista" que acredita na razão como instrumento privilegiado de conhecimento e nas possibilidades de progresso linear da humanidade. As ênfases iluministas de Rousseau já estão próximas ao pré-Romantismo, em que a visão do mundo é mais pessimista e conflitiva – um tema central é a contradição entre a moralidade invidual e a sociedade – e o "sentimento" é uma das chaves para a compreensão do comportamento humano e para a liberdade individual.[18] Como veremos, o pessimismo é uma das marcas da reflexão internacional de Rousseau e, neste diapasão, se compreende o tom crítico com que lê as reflexões de Saint-Pierre, mais próximas do racionalismo iluminista e, portanto, modeladas por uma concepção de progresso e possibilidade de harmonia para a vida em sociedade.

---

17 Kissinger cita Vattel, em texto de 1758: "As contínuas negociações, que se realizam, fazem da Europa moderna uma espécie de república, cujos membros – cada um independente, mas todos ligados por um interesse comum – se unem para a manutenção da ordem e a preservação da liberdade. Isto é o que deu origem ao conhecido princípio da balança de poder, com o que se entende um arranjo no qual nenhum estado estará em posição de poder absoluto e de dominar os demais". Kissinger, op. cit., p. 68.

18 Para uma análise das aproximações e diferenças do pensamento de Rousseau do iluminismo, ver Hampson, *The Enlightenment*. Nova York: Penguin Books, 1968, especialmente o capítulo 7.

3. Textos sobre relações internacionais[19]

A. Discours sur l'Economie Politique (1755)

Este é o primeiro texto em que aparecem algumas idéias centrais do pensamento político de Rousseau, como a de *vontade geral*. Olhando com a perspectiva de hoje, o texto é uma combinação de teoria política e de propostas sobre o bom governo. O tema internacional aparece, não é dominante, embora os argumentos antecipem algumas noções que serão reelaboradas em outras obras.

O texto começa com uma longa introdução em que Rousseau distingue a "economia geral ou pública" da "particular ou doméstica", com o objetivo de mostrar a diferença entre a origem do poder paternal e do poder civil.[20] Mostra que a economia política, voltada a executar as leis, é um poder subordinado à soberania, responsável pela elaboração das leis. Como nota Derathé, o que Rousseau não diz ainda, reservando-se para suas obras maiores, é que a soberania "pertence" ao povo e somente ao povo.[21] Em seguida, Rousseau trata de três temas, a administração das leis, a preservação das liberdades civis e, finalmente, a provisão das necessidades do Estado.

Vale elaborar brevemente sobre o "lugar" da soberania, o "corpo político". Apesar de negar a aproximação poder paternal-poder político, Rousseau parte de uma imagem antropomórfica para descrever a relação entre o Estado e seus cidadãos. O poder soberano representa a cabeça; as leis e os costumes são o cérebro, onde se situa a vontade; o comércio, a indústria e a agricultura são a boca e o estômago, que preparam a subsistência comum; as finanças públicas são o sangue, que distribuem por todo o corpo o alimento; os cidadãos são o corpo e os membros que fazem viver e trabalhar a máquina, e "que não se sinta ferido em nenhum lugar, que tão logo

---

19 A seqüência de textos segue a antologia organizada por Hoffmann e Fidler, *Rousseau on International Relations*, op. cit.

20 O objetivo é criticar os "conservadores" como Filmer e Bossuet que, a partir da extrapolação do poder do pai na família, justificam o absolutismo. Ver Derathé, *Oeuvres Complètes*, v. III, p. LXXVII.

21 Derathé, op. cit., LLXXVIII.

chegue ao cérebro a impressão dolorosa, se o animal tem saúde [...]. A vida desses dois corpos é o eu comum ao conjunto, a sensibilidade recíproca e a correspondência interna de todas as partes [...]. Que acontece se cessa essa comunicação, se a unidade formal desaparece, se as partes contíguas só têm em comum a vizinhança física? O homem está morto, o estado se dissolve".

Dessa visão do "corpo político" há que ressaltar, em primeiro lugar, a ausência da função de defesa, de como lidar com os outros "corpos", e, em seguida, a necessidade de profunda coerência interna que deve existir para que o Estado continue como tal. A combinação dos dois elementos leva a que o problema internacional se subordine à preocupação central de Rousseau, seja qual for a garantia de serem trilhados os caminhos para a coerência do Estado. A análise parte sempre de dentro (nacional) para fora (internacional) e é, no primeiro lado da equação, que está a solução dos problemas da liberdade. Ou, formulado de outra maneira, o internacional só interessa na medida em que criar problemas para a realização da "vontade geral", que Rousseau define como a expressão do ser moral do "corpo político", voltada à preservação do bem-estar do todo e de cada parte, a fonte das leis e o fundamento da regra do justo e do injusto para todos os membros do corpo.

Nessa perspectiva, uma conseqüência explícita é a dualidade de critérios para a lei (e a ética), o que vale para dentro não necessariamente vale para fora:

> É importante observar, contudo, que essa regra de justiça, certa com respeito a todos os cidadãos, pode falhar com respeito aos estrangeiros, por uma razão evidente... embora seja geral e obrigatória com relação aos seus membros, a vontade do Estado não tem caráter obrigatório com respeito aos outros Estados e seus cidadãos, sendo para eles uma vontade privada e individual que tem sua regra de justiça na lei da natureza, circunstância que se ajusta igualmente aos princípios que estabelecemos [...].[22]

Existe, portanto, uma lei geral que regula o que é certo e errado nas várias expressões individuais (nacionais) da vontade geral, mas não existe uma lei geral que regule como o conjunto das vontades individuais deva se organizar para realizar os ideais que, no plano dos Estados, é alcançável.

---

22 *Oeuvres*, op. cit., p. 245.

A dialética vontade geral-vontade particular existe também no plano nacional. É possível que as vontades particulares, de grupos ou indivíduos, contrariem a vontade geral. Assim, alguém pode ser fiel à sua comunidade (ser um pastor devoto ou um médico zeloso) e, ao mesmo tempo, um mau cidadão. No plano nacional, é possível evitar os maus decretos e induzir a "boa conduta" - e, em boa parte, o texto de Rousseau é um compêndio de conselhos sobre como fazê-lo. Porém, no plano internacional, a situação se altera radicalmente. *Uma república bem governada pode fazer uma guerra injusta.* Se o trabalho de construir a vontade geral no plano dos Estados é difícil, no plano internacional, é impossível. Daí, a origem do pessimismo internacional do filósofo, cujas razões aparecem claramente nas obras analisadas a seguir. Mas, antes de chegar a elas, vale continuar com a *Economia Política*.

Como vimos, o tema central é o da boa administração, talvez hoje, se falasse em governabilidade, que diz respeito à própria natureza da pólis que, para se constituir, depende de cidadãos livres. Assegurar liberdade e autoridade é o problema central, um dos mais intrincados — e irresolvidos — na obra de Rousseau. As perguntas que o filósofo formula: "Por que artifício inconcebível encontrou-se um meio de tornar os homens livres sujeitando-os? [...] Como é possível que todos obedeçam embora ninguém assuma a posição de ordenar? Que todos sirvam, sem que haja senhores, e sendo mais livres ainda quando, em aparente sujeição, cada um só perde da sua liberdade a parte que pode ser prejudicial a outrem?". A resposta de Rousseau é simples: esses prodígios são obra da lei. "Só à lei os homens devem a justiça e a liberdade."[23] Daí, estabelecida a lei, a segunda regra essencial da economia política é fazer com que as vontades particulares se conformem à vontade geral, ou seja, "façam com que reine a virtude".[24]

Estabelecem-se, então, algumas condições para o bom exercício do governo. As virtudes pessoais dos líderes são importantes. O cumprimento estrito das leis é essencial (o pior dos vícios é obedecer as leis apenas aparentemente). É preciso evitar as disputas entre ministros. Há outros "conselhos". Mas o que nos interessa aqui é o fato de que o "amor da pátria" é um dos caminhos para o aprendizado dos cidadãos no exercício da von-

---

23 *Oeuvres*, op. cit., p. 248.

24 *Oeuvres*, op. cit. p. 252.

tade geral. Esta não se manifesta espontaneamente. É preciso um exercício ambíguo de uma "conformação livre" a seus ditames e, aí, o patriotismo é funcional. O patriotismo de Rousseau não é agressivo. É mais um virtude moral, que nasce do interesse comum dos cidadãos e é algo que se "sente": "[...] o amor da pátria, cem vezes mais intenso e mais delicioso do que o de uma amante, só pode ser concebido por quem o experimenta [...]".[25] Neste contexto é que Rousseau introduz uma oposição célebre entre Sócrates e Catão, preferindo o segundo ao primeiro, o cidadão ao filósofo.[26] Entre as vantagens de Catão está o fato de que tinha uma pátria no "fundo do coração", enquanto Sócrates tinha o "mundo inteiro como pátria".

Essa atitude leva à noção de que o sentimento de humanidade "se evapora e se enfraquece na medida em que se estende por toda a terra, e que as calamidades na China não nos tocam como as que ocorrem na Europa".[27] A observação é um dos pontos de apoio decisivo à crítica que Rousseau faz do projeto de paz perpétua. Se a vontade geral é o caminho possível para a construção da autoridade e se uma das condições necessárias para que se estabeleça é o patriotismo e o sentido de cidadania que cria, a conclusão necessária é a de que, no sistema internacional, não há autoridade possível. Na lógica de Rousseau, uma "sociedade civil internacional", como se acredita que esteja em formação em nossos dias, seria uma impossibilidade em um mundo de pátrias.

Na última parte do texto, Rousseau trata do "terceiro dever essencial do governo", o de garantir a subsistência do povo e os recursos para a ação pública. Até aqui, tratou-se da administração das pessoas, agora, o tema é a administração dos bens. A regra de ouro da economia tributária de Rousseau é o minimalismo: "[...] trabalhar com muito mais empenho na prevenção das necessidades do que no aumento dos rendimentos [...]".[28] Desejos inúteis, que significam aumento de despesa como pretexto para aumentar as receitas, terminam por fazer com que o governo perca todo o seu vigor.

---

25 *Oeuvres*, op. cit., p. 255.

26 Em *La Profession de Foi du Vicaire Savoyard*, Rousseau compara Jesus a Sócrates. Ver *Oeuvres*, op. cit., p. 1.397.

27 *Oeuvres*, op. cit., p. 254.

28 *Oeuvres*, op. cit., p. 266.

Cria-se uma "falsa riqueza" que é mais onerosa que uma atitude prudente, embora esta signifique pobreza. Rousseau, ao defender o governo mínimo, está muito distante dos teóricos ultraliberais de nossos dias. O que ele quer é garantir condições razoáveis de sobrevivência do povo, e o exemplo de Genebra, que recolhe os grãos nos anos de boa colheita para evitar a fome dos anos maus, mostra que o minimalismo não exclui intervenção e previsão (ou seja, formas de planejamento, dir-se-ia hoje).

É nesse contexto (contenção-expansão) que introduz um outro tema internacional, o da conquista: "O gosto pelas conquistas é uma das causas mais sensíveis e perigosas desse aumento".[29] Ele oferece, então, duas razões para explicar a ambição de conquistar. A primeira liga o interno ao internacional no plano político, já que a conquista é um instrumento para fortalecer a autoridade dos governantes, porque podem justificar o aumento das tropas, que se tornam instrumento de opressão, e, ao mesmo tempo, desviar, com as guerras, a atenção dos cidadãos dos problemas internos. O objetivo de conquista é um artifício dos que mandam para fortalecer e ampliar os mecanismos de dominação no âmbito interno do corpo político. Porém, o instrumento não é infalível (ou, melhor, é necessariamente falível): com a tirania, o cidadão se desinteressa da defesa da pátria e, porque aumentam os impostos, começa a resistência e, em conseqüência, mais tropas são convocadas, mais impostos são cobrados. Rousseau atribui a decadência de Roma a essa dialética da tirania-expansão-perda de lealdade. O ideal da estabilidade social supõe equilíbrio e previsibilidade na carga fiscal, quebrados com as ambições de conquista. Daí, a teoria impositiva que Rousseau desenvolve está voltada para o equilíbrio social e, como ele diz, para garantir a "mediocridade que faz a força verdadeira de um Estado".[30]

A segunda razão liga o interno e o internacional no plano econômico: "[...] quanto maior um Estado, mais pesadas e onerosas proporcionalmente as suas despesas, pois todas as províncias precisam participar dos gastos gerais do governo, e além disso dos custos de sua administração, que é tão grande como se fosse de fato independente. Some-se a isto o fato de que

---

29 *Oeuvres*, op.cit., p. 268.

30 *Oeuvres*, op. cit., p. 277.

as grandes fortunas são sempre adquiridas em um lugar e gastas em outro; portanto, a produção não tarda em deixar de equilibrar o consumo, e todo um país se empobrece simplesmente para enriquecer uma única cidade".[31] Com a invenção da artilharia e da fortificações na Europa moderna, o movimento se acentua. O campo se despovoa e, com a rapidez do movimento, em certa medida necessário, já que, para os soberanos, é preciso *garder les places*, a perspectiva de longo prazo é o "despovoamento da Europa, e cedo ou tarde a ruína dos povos que a habitam".[32]

Nestas observações, há leituras conjunturais, como a condenação das guerras de conquista que é, a rigor, uma crítica a Grotius e aos outros autores que criaram a justificativa doutrinária para a expansão imperial da Europa no século XVII, ou a relação entre guerra e decadência que revela a visão de Rousseau da França de Luís XV. Porém, o mais interessante, para o leitor contemporâneo, são os temas, freqüentemente retomados na literatura, do uso da guerra – ou da invenção do inimigo externo – como instrumento para fortalecer a autoridade do governante e da *overstretch*, da superexpansão dos poderes imperiais, com o seu conseqüente declínio. O "declinismo" do poder americano foi a questão da moda nos anos 80, dos quais um exemplo é o livro de Paul Kennedy.[33] Porém, independentemente do momento e das variantes da teoria do imperialismo, Rousseau oferece um primeiro esboço teórico para a compreensão da relação entre condições econômicas e projeção diplomática, que, até hoje, é das mais difíceis e permanentes questões para a análise da política externa.

B. Du Contrat Social ou Essai sur la forme de la République (première version, 1761)

Na primeira – como na definitiva – versão do *Contrato social*, como se funda a vida política e quais as condições para construir o Estado ideal são os temas centrais. No texto, estão delineadas as questões básicas da teoria

---

31 *Oeuvres*, op.cit., p. 268.

32 *Oeuvres*, op. cit., p. 269.

33 Kennedy. *The Rise and Fall of Great Powers*. Nova York: Random House, 1991.

política de Rousseau,[34] e que talvez pudessem ser resumidas na célebre frase que inicia o capitulo III: "O homem nasce livre, e no entanto em toda parte está preso por grilhões. Aquele que se julga senhor dos outros não deixa de ser mais escravo do que eles".[35] Como e por que isto ocorreu, como mudar e criar instituições políticas sadias são os propósitos do filósofo.

Sem entrar em uma análise detalhada do texto, basta lembrar, para situar os temas internacionais, que, essencialmente, o que permite a passagem de um estado de natureza — caracterizado pela possibilidade de felicidade embora fundada numa autonomia individual primitiva, pré-moral — para as sociedades "escravizantes" é justamente o Estado social. Na medida em que as necessidades aumentam e que não podem ser satisfeitas individualmente, surge a cupidez — uma forma de expansão do indivíduo que se compara ao outro — e, como conseqüência, as mesmas necessidades que antes aproximavam passam agora a engendrar as paixões que dividem. O outro se torna um inimigo com que se convive necessariamente. A noção de "vontade geral" é o caminho para superar a escravidão social e visa a recriar os modos de organização social em outras bases, em que o indivíduo reganhe a liberdade sem perder as vantagens da vida em sociedade. A passagem do estado de natureza ao estado social permite substituir o instinto pelo sentido de justiça, oferecendo às ações humanas a referência moral que falta no primeiro movimento de organização da sociedade, em que falta a vontade geral. Assim, o recurso à vontade geral é o caminho necessário para uma sociedade sadia: "Há mil formas de juntar os homens, mas uma só de uni-los."[36] São conhecidas as dificuldades do conceito — algumas anotadas pelo próprio Rousseau — e o sentido inovador que este revela ao propor que a própria essência da vontade reside no povo.[37]

---

[34] Ver a introdução de Robert Derathé, em *Oeuvres*, p. LXXXII e seguintes, para um estudo das diferenças entre a primeira versão e a definitiva do *Contrato*, especialmente no que tange ao significado das mudanças e supressões que Rousseau faz entre os dois textos.

[35] *Oeuvres*, op. cit., p. 289.

[36] *Oeuvres*, op. cit., p. 297.

[37] Sobre as dificuldades do conceito de vontade geral, um dos problemas é como uma vontade que, na definição de Rousseau, dá um poder absoluto sobre os cidadãos, é o instrumento de garantia da liberdade. Como obrigar os homens a ser livres é o paradoxo que o próprio Rousseau tenta resolver com o recurso ao sistema de leis. Ver *Oeuvres*, op. cit., p. 310.

Ao longo do texto, poucos temas internacionais aparecem. O primeiro é o da conquista, discutido no capítulo sobre os "falsas noções do vínculo social". Depois de mostrar que a autoridade política não se assemelha à autoridade do pai de familia, Rousseau se pergunta como um particular pode tomar conta de um território imenso e privar o gênero humano de terras. Na conquista da América por Balboa para a Coroa de Castela, há uma usurpação tanto da propriedade da terra quanto da liberdade dos habitantes. "Bastará a alguém instalar-se em uma parte da terra pública para que possa declarar-se seu proprietário exclusivo? Quem tem a força necessária para expulsar os habitantes de um lugar terá o direito de impedir o seu retorno? Em que medida o ato de tomar posse estabelece a propriedade?"[38] As condições para uma aquisição legítima de território seriam, em contrapartida, que estivesse despovoado, que fosse tomado somente para servir à subsistência de quem ocupa e, finalmente, que a posse nascesse não de uma "cerimônia vã" mas pelo trabalho e pela cultura, único fundamento para que a propriedade seja respeitada pelo outro.

Rousseau faz também uma breve incursão no campo das leis da guerra. Primeiramente para negar o direito do vencedor de matar ou escravizar os seus prisioneiros e, paralelamente, afirmar o direito dos perdedores de reconquistar a liberdade que perderam. Acrescenta uma observação interessante, que não chega a desenvolver, a de que, enquanto existir a possibilidade de escravizar os perdedores, mesmo que não seja realizada, o que existe é um "estado de guerra modificado" e não um estado civil. Uma segunda noção é a de que a guerra é um conflito entre Estados, portanto sociedades organizadas, e não o que ocorre no estado da natureza, como imaginava Hobbes, entre cidadãos privados. Assim, o estado de guerra continua, mesmo na derrota, porque "um Povo é um Povo, independentemente do seu chefe, e se acontece de o Príncipe perecer, existem ainda entre os súditos laços que os mantêm em um corpo de nação", distinguindo-se das tiranias que se dissolvem com a morte do tirano.[39]

Dois temas adicionais devem ser mencionados. O primeiro é a preferência de Rousseau por Estados pequenos. O modelo é sempre Genebra,

---

38 *Oeuvres*, op. cit., p. 301.

39 *Oeuvres*, op. cit., p. 303.

sua cidade natal, que idealiza como sociedade quase perfeita. Como já vimos, as formas de expansionismo são sistematicamente condenadas. Nada é mais insensato do que as posições das "nações conquistadoras" que imaginam aumentar o seu poder estendendo o seu território. Há um "tamanho ideal" do qual o Estado não deve passar pois, na medida em que se estende, os laços sociais se tornam mais tênues. Daí a conclusão de que, em geral, um Estado pequeno é sempre proporcionalmente mais poderoso do que um grande.[40]

O segundo tema é o da religião civil. Para Rousseau, do momento em que começa a vida em sociedade, a religião é necessária para manter unidos os homens. Distingue, então, três tipos de religião; a do homem, que se exprime no cristianismo ou no deísmo e que leva ao culto espiritual de Deus e serve como base para as regras morais; a do cidadão, a religião pagã dos antigos romanos, e que se caracteriza por ser limitada a um país, estabelecendo, pelas leis, seus deuses tutelares e cultos, além de servir a fortalecer o compromisso com os direitos do homem e os deveres de preservar o Estado; a do sacerdote, identificada com a dos japoneses, dos Lamas, do cristianismo romano, e que oferece aos homens "dois chefes, duas leis, duas pátrias", muitas vezes contraditórias, impedindo o homem de ser "piedoso e cidadão".[41] Rousseau passa, então, a mostrar as vantagens da segunda forma de religião, assinalando que, no paganismo, não existem guerras de religião, já que o deus de um povo não tinha direitos sobre o de outro. As guerras eram, quando ocorriam, civis. Não havia conversão, salvo como resultado da sujeição de um povo. Rousseau reconhece que, apesar da tolerância mútua, o paganismo engendrou tantas crueldades que torna difícil conciliar a idéia de religião nacional com os direitos da humanidade.

As dificuldades que o cristianismo cria para consolidar o Estado são de outra ordem. É uma religião que cria uma atitude servil, propícia à tirania. "Os verdadeiros cristãos são feitos para ser escravos, eles sabem disso e não se revoltam, esta curta vida tem muito pouca importância para eles."[42]

---

40 *Oeuvres*, op. cit., p. 320.

41 *Oeuvres*, op.cit., p. 336.

42 *Oeuvres*, op.cit., p. 339.

De outro lado, o cristão é um mau soldado, já que o grande prêmio é a vida eterna, cuja conquista não está propriamente ligada a feitos civis ou militares.

Diante desses argumentos, Rousseau propõe os fundamentos da religião civil, uma "religião da sociabilidade", que formaria o "bom cidadão". Religião que diviniza o Estado, estabelece, como dogmas positivos, a santidade do contrato social e das leis e, com isso, cria os critérios para banir os que se afastam da "religião" não por ímpios, mas por anti-sociais. É curioso que defenda também a tolerância, que aparentemente cabe mal nesse marco de inclinação autoritária, embora sua projeção fundamental seja sobre a convivência de "religiões do homem". O capítulo termina com uma confusão entre a religião civil e a do homem, quando Rousseau diz que "Com as leis divinas e humanas sempre unidas para o mesmo fim, os teístas mais piedosos serão sempre os cidadãos mais zelosos, e a defesa das leis sagradas representará a glória do Deus da humanidade".[43]

Do ângulo limitado das relações internacionais, os dois temas finais se completam ao revelar a preocupação de Rousseau em criar as condições para que o Estado se defenda. Se for pequeno e fortalecido pelo patriotismo (religião civil), as chances de "sobrevivência" são maiores e, daí, a sua preocupação em afastar o cristianismo, já que, para o inimigo, o confronto com um país de estóicos cristãos seria sempre mais fácil do que o confronto com "esses povos probos e generosos consumidos pelo amor ardente da glória e da pátria".[44] Veremos que esse será uma das bases teóricas para as propostas de política externa que Rousseau faz para a Córsega e para a Polônia. De novo, o tema da coesão interna é pilar da construção teórica deste pensador que olha o mundo quase sempre a partir dos valores a preservar no espaço nacional, idealmente limitado, pequeno. O exterior é sempre ameaçador e, daí, a sua preferência pela defesa a modos de integração. Afinal, a liberdade e a felicidade se conseguem na pátria, com os valores nacionais, não nas formas cosmopolitas (como pensaria Kant). A política interna tem o primado, já que, se for sadia, garante o sucesso da externa.

---

43 *Oeuvres*, op. cit., p. 342.

44 *Oeuvres*, op. cit., p. 339.

C. *Extrait du projet de paix perpetuelle de Monsieur L'abbé de Saint-Pierre (1756)*

Rousseau escreveu dois textos sobre as reflexões do Abade de Saint-Pierre sobre a "paz perpétua". O primeiro é um resumo "pessoal" do que pensava o Abade e o segundo, que veremos em seguida, uma crítica radical ao "utopismo" dos escritos. Rousseau conheceu o Abade, já octogenário em Paris, e tornou-se um admirador da originalidade de suas idéias, de sua audácia intelectual. É por isso que, alguns anos mais tarde, quando se encontra em um período especialmente fértil de sua atividade intelectual, aceita a proposta, feita por uma das regentes de um *salon particulier* em Paris e protetora do Abade, Madame Dupin, de resumir alguns dos trechos da imensa e descosturada obra do Abade. Aceita com a ressalva de que não se eximirá de estudá-la com olhos críticos e, aí, está a origem do segundo escrito, o "juízo" sobre a obra.[45]

O projeto de paz perpétua, que se consubstancia em um proposta de organização federativa para a Europa, se funda em uma visão moral. É assim que Rousseau começa o "extrato": o projeto é "o mais belo e o mais útil que pode ocupar o espírito humano [...] é difícil que não deixe entusiasmado a um homem sensível e virtuoso".[46] Ele está consciente de que o texto propõe um mundo ideal, harmonioso, que vai descrever com "uma emoção deliciosa". Aceito o impulso ético, trata-se, em seguida, de fundamentar racionalmente a necessidade da confederação. O primeiro argumento é naturalmente o fato de que, no processo de "aperfeiçoar as formas de governo", um problema central é o das relações externas, já que a perspectiva de guerra cria dificuldades permanentes para a construção do Estado ideal. De outro lado, se é possível que se atinja a um estado civil entre cidadãos, porque persiste o estado de natureza entre os Estados? A forma de superar essas contradições se dá pelo estabelecimento de "uma forma de governo confederativo que,

---

[45] Sobre as circunstâncias em que os dois textos foram escritos, ver Sven Stelling-Michaud, "Introductions", *Oeuvres*, op. cit., p. CXX e seguintes. Ver também o original do Abade.

[46] *Oeuvres*, op. cit., p. 563.

unindo os Povos pelos vínculos semelhantes aos que unem os indivíduos, submeta igualmente uns e outros à autoridade das Leis".[47]

As confederações podem ser construídas politicamente e, em tese, são abertas. Mas o que as sustenta? Rousseau faz, então, uma interessante digressão sobre as bases sociológicas de um "sistema europeu" que se une pela mesma religião, pelos mesmos costumes, pelo comércio, pelo direitos das gentes e por "um certo equilíbrio" que é a conseqüência necessária da aproximação cultural e que persiste naturalmente, sendo difícil de romper. Insiste em dois fatores de união, derivados da projeção das leis romanas sobre o continente europeu e o cristianismo. "O Sacerdócio e o Império formaram o vínculo social de diversos Povos que, sem ter qualquer comunidade real de interesses, direitos ou dependência, a tinham de princípios e opiniões, cuja influência persistiu quando o princípio foi destruído."[48] Essa unidade é frágil, como revela o contraste claro entre o discurso e a realidade de guerras, entre a humanidade das máximas e a crueldade das ações [...] entre uma "política sábia nos livros e dura na prática, entre Chefes tão benevolentes e povos tão miseráveis, entre governos tão moderados e guerras tão cruéis". E, em forma de crítica ideológica, afirma que "esta pretendida fraternidade dos Povos da Europa não parece senão uma forma de escárnio, para expressar com ironia sua recíproca animosidade".[49]

Uma vez desmontado o mecanismo da ideologia da unidade, o próximo passo é explicar o porquê da persistência do conflito. Na falta de uma autoridade, é natural que, em "união" formada sem objetivos comuns voluntariamente acordados, qualquer movimento tende a degenerar em dissensão. Os interesses dos países europeus se tocam de várias maneiras, há tratados que os regulam, mas as variações de poder entre as Potências levam inevitavelmente a um permanente estado de guerra. Basicamente porque os tratados não têm outros garantes que os que contratantes. A soberania é, no fundo, a fonte da guerra já que, como

---

47 *Oeuvres*, op. cit., p. 564.

48 *Oeuvres*, op. cit., p. 567.

49 *Oeuvres*, op. cit., p. 568.

as pretensões dos Estados não são reguladas por nenhuma autoridade, todas as vezes que circunstâncias novas ofereçam novas forças aos insatisfeitos, a guerra recomeça. A possibilidade de guerra é, então, inerente a um sistema de soberanos. Há, portanto, uma dimensão sistêmica na explicação da origem das guerras.

Mas existe uma segunda "semente da guerra" e diz respeito a processos internos, a mudanças, de forma que não correspondem a mudanças de fundo, gerando tensões que se projetam no processo internacional. Rousseau dá vários exemplos: estados hereditários que são aparentemente eletivos, monarquias que mantêm parlamentos, chefes hereditários em repúblicas, povos submetidos ao mesmo poder mas governados por leis diferentes etc. De que maneira essas mudanças se tornam fontes de guerra não está claro no texto. Mas é fácil supor que, ligando ao elemento anterior, os governos se alteram, se modificam e, assim, modificam as condições de inserção internacional e suas ambições, o que leva necessariamente a mudanças de suas posições de poder no sistema e, conseqüentemente, à hipótese de guerra, como aliás já apontava Tucídides. E isto valerá especialmente para governos "imperfeitos", em que a lei difere das formas de comando, em que a necessidade de afirmação de poder tenderia a buscar a conquista como mecanismo de legitimação.

Como mudar a ordem do mundo é a próxima questão e Rousseau admite de início que um outro estado, de paz, não está na natureza das coisas. O que é "natural" na Europa é a balança de poder, tendo como eixo o império germânico, essencialmente porque é impossível de ser conquistado. Enquanto persistir, o sistema estabelecido pelo Tratado de Westphalia continuará como a base da ordem política na Europa e nenhuma Potência alcançará a "monarquia universal". O sistema não impede a guerra, simplesmente leva a que, havendo conflitos, novos pontos de equilíbrio sejam alcançados: "[…] há uma permanente ação e reação entre as Potências européias que as mantêm sempre agitadas, sem contudo derrubá-las; embora ineficazes, esses choques se renovam perpetuamente, como as ondas que alteram a superfície do mar mas não modificam o seu nível […]"[50]

---

50 *Oeuvres*, op. cit., p. 572. Como exemplo da atitude, Kissinger lembra que "Frederico o Grande tratava os assuntos internacionais como se fossem um jogo de xadrez. Queria a Silésia a fim de expandir o poder da Prússia. O único obstáculo aos seus desejos, que reconhecia, era a

Rousseau introduz, contra o que começa a ser a sabedoria da época, a idéia de que um dos fatores que estimula o conflito é o comércio. As idéias de comércio e de dinheiro criam uma espécie de "fanatismo político" e provocam mudanças nos interesses aparentes dos governantes porque tudo depende dos sistemas econômicos, às vezes bizarros, que são engendrados pelas cabeças dos ministros. A economia "perturba" a possibilidade de ordem pela instabilidade que instila no sistema. Neste sentido, Rousseau é, em muitos aspectos, um revolucionário "conservador" já que, sobretudo em relações internacionais, defende a estabilidade (que se identificaria hoje com estagnação) e não vê possibilidade de que o progresso econômico (em si mesmo, algo a evitar) possa engendrar modalidades de cooperação entre os Estados. Defende também a estabilidade porque impede que as vantagens econômicas dos mais fortes, exatamente porque cambiantes, se transformem em leis impostas ao sistema.[51]

Porém, o sistema de equilíbrio de poder é, ao lado das condições sociológicas, a condição política para que se dê um passo adiante e se reconstitua "racionalmente" a ordem internacional. Neste ponto, Rousseau retoma as regras do equilíbrio: para formar uma confederação sólida e durável, é preciso que todos os membros sejam mutuamente dependentes e que nenhum membro possa, por conta própria, resistir aos demais e que as associações particulares (alianças entre alguns membros), não prejudiquem o equilíbrio geral, por ter condições de poder para impor a sua vontade aos demais. Neste sentido, é preciso que a confederação vá além de um conjunto de alianças tradicionais, mas que tenha meios efetivos de forçar os mais ambiciosos a se manter nos limites do "tratado geral".

Combinando as observações, Rousseau concluirá: i) Reina entre os povos europeus uma "ligação social imperfeita" ainda que mais densa do que a dos liames gerais e frouxos da humanidade como um todo; ii) A imperfeição torna a condição dos povos europeus ainda pior do que a privação de

---

resistência de poderes superiores, e não escrúpulos morais. A sua era uma análise risco/recompensa: se conquistasse a Silésia, os outros Estados retaliariam ou procurariam compensação?". Conferir Kissinger. *Diplomacy*. Nova York: Simon and Schuster, 1994, p. 69.

51 *Oeuvres*, op. cit., p. 573. É curioso comparar o que diz Rousseau com as teorias modernas de "estabilidade hegemônica" que dizem exatamente o contrário: que é a ação do hegemônico que garante que o sistema econômico funcione com um mínimo de harmonia.

uma sociedade entre eles; iii) As primeiras ligações entre os europeus, ao mesmo tempo que são deletérias, tornam possível aperfeiçoá-la e superar o estado de guerra que existe entre eles.[52]

Chegamos, então, ao núcleo de sua proposta, a de transformar, pela razão, o que foi iniciado pela fortuna, criando-se um "corpo político" com as características de uma confederação de Estados. Sem explicar exatamente que forças sociais levariam a que a razão prevaleça (o que determina, como se verá no texto do "Juízo", o ceticismo quanto ao projeto), Rousseau passa a descrever as instituições que comporiam a confederação, que teria leis e regras a obrigar a todos os membros e uma força coercitiva com poder de constranger os membros a seguir as leis e deliberações comuns. A confederação se fundaria, assim, em cinco artigos que estabeleceriam: i) uma aliança perpétua e irrevogável entre os soberanos contratantes – dos quais Rousseau dá uma lista de 19 – que nomeariam plenipotenciários para deliberarem em uma assembléia (dieta ou congresso) permanente em que todas as diferenças seriam resolvidas por arbitragem ou julgamento; ii) o número dos membros, as condições de acesso à assembléia, as regras de rotação da presidência e a distribuição das despesas; iii) a garantia de que os membros manteriam o território que controlassem ao tempo do estabelecimento da federação e a proibição de que recorressem às armas para alterá-lo; iv) os casos em que um soberano pudesse ser banido da convivência européia (recusa a aceitar os ditames da confederação, fizesse preparativos para a guerra, negociasse tratados contrários à confederação, atacasse alguns de seus membros) que corresponderiam à obrigação de ação comum contra os que violassem os artigos da confederação; v) a inviolabilidade desses cinco artigos, o que não impediria que, pelo voto (quorum de três quartos, e cinco anos depois de estabelecida), fossem definidas outras regras.[53]

Os cinco artigos são facilmente traduzidos na terminologia moderna dos organismos multilaterais, a começar pela Liga das Nações e pela ONU. Aí estão as idéias de uma Assembléia Geral em que todos os membros participam com direitos iguais, da rotatividade dos cargos eletivos dos organis-

---

52 *Oeuvres*, op. cit., p. 574.

53 *Oeuvres*, op. cit., p. 576.

mos internacionais, da integridade territorial, da segurança coletiva e dos limites da reforma aos aspectos que não seriam fundamentais – e é curioso que a própria Carta da ONU prevê também que, após um período de dez anos (art. 109, § 3º), seria discutida a sua reforma, o que, aliás, não ocorreu até hoje.

Depois de estabelecer as linhas gerais da confederação, Rousseau reafirma a preferência moral pela paz, dizendo que seria um insulto ao leitor provar que a paz é melhor que a guerra. Em seguida, comenta os artigos da confederação e procura mostrar que é a melhor maneira de instituir na Europa uma paz sólida e perpétua e que os soberanos estariam interessados em fazê-lo. Mostra as vantagens, para garantir o equilíbrio na liga, da participação ampla, de Estados pequenos e grandes; indica os benefícios para a paz que adviriam do fato de que a liga forçaria os soberanos a renunciar a objetivos de conquista e os obrigaria a resolver suas diferenças por mecanismos judiciais obrigatórios. Ao procurar as razões de auto-interesse para sustentar a sua proposta, Rousseau dirá que a verdadeira glória do soberano consiste em buscar o bem-estar de seus súditos, objetivo que deve nortear todas as suas ações. Identifica, então, o prestígio dos soberanos justamente com o compromisso que assumirem com a confederação, conseqüentemente, com a promoção da paz, condição para que alcancem "uma glória imortal".

E, de outro lado, voltando ao tema da balança, reitera que as vantagens da guerra de conquista são passageiras, já que sempre engendrariam reação dos que foram prejudicados, dos que ficaram em condições, reais ou virtuais, de serem ameaçados. Elaborando sobre os custos da guerra (lembramos que, no século XVIII, o objetivo primordial é o aumento territorial), Rousseau argumenta que, freqüentemente, as vantagens de poder estão justamente em concentrar o território: "[…] que entre dois Estados que alimentem o mesmo número de habitantes, o que ocupa menor extensão de terra é na realidade o mais poderoso".[54]

Em seguida, Rousseau faz uma apologia do que hoje se chama *soft power*: "Assim, é com boas Leis, uma disciplina prudente, uma visão ampla

---

54 *Oeuvres*, op. cit., p. 582.

da política econômica que o Soberano inteligente pode com certeza ampliar seu poder sem qualquer risco. Ao realizar obras mais úteis do que as dos seus vizinhos ele está fazendo conquistas – as únicas verdadeiras, e cada novo súdito que nasce, superando a população do vizinho, equivale a mais um inimigo morto".[55] A consciência de que esse é o caminho da melhor glória não é suficiente em si mesma para garantir a paz. A confederação é o passo necessário para que todos possam observar simultaneamente e de forma segura a mesma preferência pela paz.

Outra observação interessante é a de que o Tribunal Judiciário internacional não diminui os direitos soberanos, antes os reafirma, pois cria uma garantia contra as invasões estrangeiras e, ao mesmo tempo, contra a revolta interna dos súditos. Ao renunciar ao direito de conquista, o soberano está garantindo os seus verdadeiros direitos e abandonando os que são fictícios. Ademais, uma coisa é ser dependente de um rival e outra, bem diferente, de um corpo político de que se é membro, com presidência rotativa. Outra vantagem da confederação é a diminuição das despesas militares, indo metade do que se poupa para o povo e metade para os cofres dos reis. Além das motivações pecuniárias para estimular, na direção certa, a vontade dos soberanos, Rousseau acrescenta que será possível concentrar a atenção dos militares nas hipóteses de guerra nas fronteiras. Não se perde, assim, o preparo militar e se combinam as vantagens da paz e as da guerra, já que a ameaça nas fronteiras da Europa obrigará a que se mantenham exércitos em alerta e treinados.

O texto termina com um balanço dos males da situação prevalecente – inexistência de direitos, salvo o do mais forte; o perpétuo movimento de quebra de equilíbrio; a ausência de segurança para as nações; o aumento permanente de gastos militares; fragilidades internas que podem ser exploradas; falta de garantias para o cumprimento de acordos internacionais; a impossibilidade de obter soluções justas; o permanente risco para a vida e o território dos soberanos; a necessidade de entrar em conflitos que afetam os seus vizinhos; as interrupções de comércio; o perigo que encontra o príncipe fraco no vizinho poderoso e o forte nas alianças arma-

---

55 *Oeuvres*, op. cit., p. 582.

das; a inutilidade da prudência quando tudo é entregue ao imprevisível. E, mostra, em contrapartida, os benefícios da paz – certeza de que as disputas serão resolvidas sem guerra; a abolição das disputas; a garantia das regras de sucessão; garantia de execução dos acordos pela confederação; liberdade de comércio; total supressão das despesas militares extraordinárias decorrentes de guerra; aumento da riqueza nacional; portas abertas para que o soberano aumente sua glória e a riqueza dos súditos.

Os objetivos traçados por Saint-Pierre e resumidos por Rousseau continuam vivos. Foi exatamente o fato de que tenham sido retomados por um filósofo tão conhecido que permitiu que as idéias inovadoras e "ousadas" do Abade tivessem a circulação que tiveram, constituindo-se em um dos paradigmas que vai inspirar, anos depois, as tentativas de realizar institucionalmente os objetivos da paz perpétua. Afinal, tanto a Liga quanto a ONU foram criadas, depois de guerras terríveis, para que, com mecanismos e instrumentos sólidos, as soluções pacíficas prevalecessem. Infelizmente, as instituições, ainda que tivessem sucesso relativo, não foram sempre capazes de cumprir seus ideais. Mas deram passos para aperfeiçoar o relacionamento entre os Estados, foram acionadas e inúmeras vezes com sucesso. Porque não prevaleceram sempre, Rousseau nos dá algumas pistas quando critica o projeto, no texto que resumo a seguir.

D. *Jugement sur le projet de paix perpétuelle (1756)*

O "juízo" ou, melhor, a "crítica" sobre o projeto da paz perpétua é um texto curto em que Rousseau se afasta do "utopismo" dos escritos de Saint-Pierre e discute um tema central para todos os que querem transformações sociais profundas: qual é o agente do processo. O projeto é em si mesmo valioso moralmente, St.-Pierre um pregador impecável, que coloca o bem público acima de qualquer interesse pessoal, que não abandona o seu projeto "apesar da impossibilidade de que tenha sucesso".[56] Rousseau acrescenta que, se existisse por um só dia, seria o bastante para que durasse eternamente, já que os soberanos perceberiam as vantagens particulares que au-

---

56 Ver *Oeuvres*, op. cit., p. 591.

feririam com o estabelecimento de regras para o bem comum. Porém, os príncipes que teriam vantagens hipotéticas se opõem fortemente a que se realize, o que tornaria, à primeira vista, o texto de St.-Pierre uma "especulação vã". Não obstante, diz Rousseau, é um livro sólido e é importante que tenha sido escrito.

Rousseau começa, então, um exame de por que os soberanos não adotam o projeto. Ele introduz a distinção — essencial para compreender o aparente paradoxo de defender a realização de algo que é impossível — entre "interesses reais" e "interesses aparentes". A distinção que ocorre tanto no mundo da política quanto da moral leva a que seja possível escolher contra o próprio interesse, ou mais precisamente, contra uma visão menos imediatista do interesse. Rousseau dirá que o interesse real dos soberanos, como demonstra o *Projeto*, é a paz perpétua. A soma de argumentos de St.-Pierre é suficiente para demonstrar, virtualmente, que é melhor o comportamento que ainda não existe. O interesse aparente se encontra no

> [...] estado de independência absoluta que retira os soberanos do império da lei para submetê-los ao da sorte, como um piloto insensato que, para demonstrar um vão saber e para impor-se a seus marujos, preferisse flutuar entre os rochedos durante a tempestade do que firmar seu barco com âncoras.[57]

O que leva à escolha da insensatez? Neste passo, Rousseau estabelece um paralelo entre o comportamento internacional e o nacional, afirmando que os soberanos têm essencialmente dois objetivos "estender o domínio no exterior e torná-lo mais absoluto internamente".[58] Os objetivos do "bem público", da "felicidade dos cidadãos", da "glória da nação", são meros disfarces ideológicos para os objetivos verdadeiros. E, em contrapartida, os objetivos de conquistas externas e do despotismo se "ajudam mutuamente": a guerra justifica maiores tributos e os grandes exércitos intimidam o povo. O príncipe quer se enriquecer para comandar e comandar para enriquecer. Voltam, assim, os temas lançados na *Economia Política*.

É isso que impede o estabelecimento da confederação européia com base simplesmente em uma escolha racional dos soberanos. Numa das pas-

---

[57] Ver *Oeuvres*, op. cit., p. 592.

[58] Idem, ibidem.

sagens mais interessantes do texto, Rousseau mostra como se constroem, na psicologia dos poderosos, as vantagens das soluções unilaterais, que levam a que sejam refratários a qualquer limitação a suas opções. Resolver um conflito pela guerra pode ser melhor do que pela via judicial. A guerra sempre envolve risco, mas controlado pelas opções de quem a empreende. O soberano conta com sua "sabedoria", com as alianças que escolhe e, assim, evita as decisões impessoais com base em critérios de justiça que não controla. Um segundo argumento contra a idéia da federação, e sempre fundado nas vantagens de uma atitude unilateral, é o de que os soberanos querem mais poder e mais riqueza. A guerra pode levar a dificuldades no comércio (e portanto prejudicar eventuais ganhos), porém o soberano sacrificará o que tem para obter o que não tem. Ou seja, pode perder economicamente se o objetivo é ganhar território. Mas é claro que o objetivo é ter os dois, mais território e mais riqueza, "pois é para possuir simultaneamente a ambos que ele pode buscá-los separadamente: porque, para ser o mestre dos homens e das coisas é necessário obter ao mesmo tempo o império e a riqueza".[59]

Em um terceiro argumento, Rousseau indica que, para os soberanos, as vantagens que o comércio traria para a paz não interessam porque, sendo comuns a todos, não servem para aumentar o poder relativo. Assim, ao soberano interessa buscar bens e vantagens que sejam exclusivas. Finalmente, Rousseau atribui a promoção da guerra à dinâmica burocrática, ao interesse dos ministros em criar para os soberanos situações difíceis, que lhes confiram um papel necessário. Esses fatores definem os "interesses aparentes", particularistas, e, afinal, moldam a vontade dos soberanos. Como seria impossível chegar voluntariamente a um acordo de vontade dos soberanos de tal modo que o *Projeto* se realizasse naturalmente, a obtenção da paz perpétua deixa de ser uma questão de persuasão e passa a ser um problema de força: "[...] não se trata mais de persuadir porém de coagir e não é preciso escrever livros, mas reunir tropas".[60] St.-Pierre peca pela ingenuidade ao imaginar que seria suficiente convocar uma assembléia de soberanos, mostrar os artigos e a confederação estaria implantada. Faltou-lhe a identificação dos meios e instrumentos para realizá-la.

---

59 Ver *Oeuvres*, op. cit., p. 594.

60 Ver *Oeuvres*, op. cit., p. 595.

Mas o objetivo não é quimérico; é possível alcançá-lo. O modelo é a aspiração, "Le Grand Dessein", de Henrique IV que, ao longo do século XVII, quis construir, na Europa, uma república cristã, submetendo o Império Habsburgo. Rousseau reconhece a ambigüidade de um projeto que, ao mesmo tempo que, realisticamente, pretende submeter um "inimigo formidável", lança pontes para a realização do bem comum.[61] Essencialmente, o que faz Henrique IV é conquistar aliados na luta comum, ou seja, joga com os interesses particularistas das Potências européias, sem revelar a cada um o plano maior. Todos queriam, por uma razão ou outra – e Rousseau as descreve de forma clara – diminuir o poder da Casa da Áustria. O trunfo de Henrique IV era oferecer, nas alianças, conquistas a todos, sem reservar nada para a França, pois acreditava que a sua melhor vitória não seria territorial, mas garantir a divisão do inimigo mais poderoso, assegurando, assim, a supremacia na Europa. Além disso, preparava-se criteriosamente para a guerra, aumentando o seu poder militar e garantindo a lealdade de seus súditos. O empreendimento não vai adiante e a Europa mergulha na Guerra dos Trinta Anos. Mas, para Rousseau, o importante é mostrar que o caminho possível para a paz perpétua deveria necessariamente levar em conta as relações de poder. O problema, portanto, não é que o sistema de St.-Pierre seja mau. O plano não é adotado não porque não seja bom; ao contrário: "[...] era bom demais para ser adotado".[62]

A possibilidade da paz perpétua é absurda na Europa em que vive. Porém, ainda que voltassem estadistas como Henrique IV e Sully, não se tornaria necessariamente um projeto razoável ou realizável.[63] E a conclusão é paradoxal: como o projeto só pode ser instituído pelos meios que quer des-

---

[61] Lembremos que o projeto é descrito nas memórias de Sully e que tem muitos pontos de contato com as propostas de St.-Pierre. Ver Hinsley. *Power and the Pursuit of Peace*. Cambridge: Cambridge University Press, 1963, p. 24 e seguintes.

[62] Ver *Oeuvres*, op. cit., p. 599.

[63] Como diz Boucher, "Rousseau reconhece que a tentativa fracassada, mas bem planejada de Henrique IV e de Sully de estabelecer uma Comunidade Cristã por meio de conquista, era louvável como intenção. Seria, agora, entretanto, um anacronismo. O acordo de Westfália legitimou o princípio da balança de poder, e qualquer governante que tentasse realizar o projeto de Henrique IV por meio da força seria vencido por uma aliança dos outros estados europeus". Boucher, op. cit., p. 302.

truir (imposição pela força), é o caso de se pensar se a confederação deve ser desejada ou temida, já que pode trazer, de uma vez só, mais mal do que evitaria ao longo dos séculos.

Essas pequenas notas são talvez dos mais interessantes e iluminados textos que Rousseau escreveu sobre o processo internacional. O argumento do interesse de curto prazo volta, praticamente, a cada negociação internacional, especialmente quando envolve países do Norte e do Sul. A idéia de que a melhor concessão é a que garante vantagens a todos a longo prazo é essencial quando pensamos em uma ordem justa num mundo desigual. Quaisquer que sejam as equações de poder, a desigualdade global é "desorganizadora" a longo prazo e, por isso, o argumento de Rousseau permanece atual. A dificuldade será sempre levantar para os poderosos o que significam as suas vantagens "invisíveis" mas reais.

Outro tema a sublinhar é o das observações que Rousseau faz sobre a impossibilidade de impor pela força, num mundo de soberanos, modelos de comportamento, ainda que levem hipoteticamente à paz e à democracia. Hoje, vemos as enormes dificuldades de levar a países frágeis, como o Timor e o Afeganistão, soluções construídas legitimamente por organismos internacionais, mesmo quando desejadas pelas populações daqueles países. Imaginar a imposição global de modelos é, portanto, irrealista e, daí, a solução kantiana, em que o processo de construção da paz seria construído quase de forma "inconsciente", impostas pela força das circunstâncias, menos do que da vontade.

E. Que l'état de guerre nait de l'état social (1758)

Neste texto, a tese de Rousseau está claramente anunciada no título: a guerra nasce quando se forma a sociedade e se constitui o corpo político. O argumento tem várias conseqüências para a compreensão teórica do fenômeno. A primeira, que Rousseau mesmo torna explícita, é a superação da visão hobbesiana de que o homem é naturalmente agressivo e, a rigor, o Estado uma solução circunstancial, jamais definitiva, para a contenção de tendências inatas ao ser humano. Rousseau contesta Hobbes logo no início do texto com um argumento simples: a ambição ilimitada (o instinto agressivo) não produz a guerra de todos contra todos porque o desejo de possuir tudo é incompatível com o de destruir tudo. Quem possuísse tudo não desfrutaria nada, já que a riqueza não vale em si mesma, só quando "vista" pelos outros.

Para Rousseau, a psicologia humana é mais complexa do que em Hobbes. Não é mais mero instinto (natureza), ao qual se sobrepõe uma medida de cálculo (razão que indica o limite da vontade de adquirir). Um dado fundamental para entendê-la é o fato de que é modelada pelo olhar do outro (o reconhecimento). A questão inicial é reformulada: se em vez de destruir, o homem escravizasse os seus semelhantes? Haveria certamente dominação e reconhecimento. Neste primeiro passo do argumento, Rousseau já deixa claro que a dimensão social é parte necessária da reflexão sobre a guerra. Em que medida?

Feita a crítica a Hobbes, Rousseau retoma, em seus termos, a teoria do estado da natureza. Para ele, o homem é pacífico e tímido. Quando em perigo, sua primeira reação é fugir. Daí, não existe guerra do homem contra o homem. Reforçando conceitualmente a sua idéia, dirá que a "lei natural", gravada no coração dos homens leva a que não seja permitido o sacrifício de vidas humanas salvo quando o objetivo é preservar a própria. Admite que, mesmo no estado natural, podem ocorrer conflitos que levariam à morte, mas são episódios esparsos, faltando-lhes, portanto, algo essencial a definir a guerra, "um estado permanente de relações constantes".

A diferença entre o conflito difuso entre indivíduos e o conflito deliberado que se exprime por guerras supõe a capacidade de organização que têm os corpos políticos que, por sua própria natureza, não existem isoladamente, já que, do momento um grupo cria o primeiro, não há alternativas senão a de que se formem outros. Nestes, os homens estão unidos em "harmonia artificial" e o Estado, que nasceu para garantir estabilidade e ordem, torna-se um instrumento de agressão, de tal forma que "os horrores da guerra nasceram dos instrumentos criados para evitá-los". A "natureza desaparece [...] a independência e a liberdade natural cedem lugar às leis e à escravidão; os homens livres não existem mais [...]". Rousseau extrai algumas conseqüências do fim do estado da natureza: a primeira é a de que a independência, perdida pelo indivíduo, se reencarna nas sociedades que, deixadas a seus impulsos, produzem colisões mais e mais terríveis à medida que seu peso ganha precedência sobre o dos indivíduos. Neste primeiro aspecto do argumento, Rousseau não escapa da armadilha da projeção da psicologia individual no social.

É, no segundo argumento que o supera, quando mostra que o homem e a sociedade diferem essencialmente. O primeiro é "naturalmente limitado". Como diz, "o seu estômâgo não cresce com a riqueza [...] seus prazeres são limitados [...]. O Estado, em contrapartida, porque é uma criação artificial, não tem limites fixos. Pode crescer. Sente-se fraco enquanto houver outros que encare como mais fortes. Sua segurança e sua preservação pedem que tenha mais poder do que seus vizinhos. Não pode crescer, ir adiante, ou exercer seu poder, salvo às expensas de seus vizinhos [...] o tamanho do corpo político é puramente relativo, está sempre forçado a se comparar com os vizinhos para se conhecer [...] torna-se grande ou pequeno, fraco ou forte, de acordo com os movimentos de expansão e retração de seus vizinhos. Finalmente, a sua própria consolidação, tornando as suas relações mais constantes, dá mais segurança às suas ações e torna as suas disputas mais perigosas [...]."[64]

Assim se descreve o núcleo filosófico que une as teorias de Rousseau sobre a natureza humana e as relações internacionais. Ao superar o estado da natureza, criando leis que permitem constituir sociedades sob a forma de corpos políticos, o homem avança moralmente, porém paga um preço. O ente articial não se reduz à psicologia dos homens que o formam. Ou melhor, há uma psicologia do homem individual em determinado *setting* (estado da natureza: o isolamento com encontros periódicos), e outra, no estado civil (os homens se encontram como membros de sociedade). O realismo de Rousseau se liberta, assim, de psicologismo e anuncia uma compreensão estrutural do fenômeno da guerra: os Estados entram em conflito não porque sejam compostos de homens naturalmente agressivos, mas porque, ao serem formados, tornam-se agressivos para se preservar como Estados.

Rousseau considera, em seguida, de que forma o Estado se enfraquece e se torna vulnerável. Menciona várias causas, algumas mais abrangentes, como a noção de que quanto maior o Estado, mais difícil preservar a lealdade dos súditos, até outras, mais conjunturais, como ignorar direitos, rejeitar

---

64 *Oeuvres*, op. cit., p. 605.

reivindicações, impedir o comércio, sempre formas de abalar a lealdade dos cidadãos.

Aponta, de novo, as vantagens defensivas da pequena dimensão territorial, tema que voltará em outros escritos.

Com esse pano de fundo, Rousseau chega finalmente à sua definição de guerra – a guerra entre poderes tem as características de uma disposição, aberta, constante e mútua, de destruição do Estado inimigo, ou, ao menos, enfraquecê-lo por todos os meios possíveis. Uma das características que Rousseau sublinha é o fato de que a guerra deve ser "aberta'", declarada, para que seja legítima, seguindo, aqui, os passos da doutrina agostiniana da guerra justa.[65]

Outra conseqüência é a de que o objetivo da guerra é "atacar a convenção pública e tudo que dela deriva pois, nisto, consiste a essência do Estado". É interessante a observação porque, desta forma, Rousseau percebe que, mais do que ganhos específicos (ainda que sejam buscados e seu argumento sempre tenha uma forte dimensão territorial), o essencial na guerra é alcançar o amâgo da "vontade" do inimigo, aquilo que garante que o Estado se preserve como tal (instituições e capacidade de definir vontade). Comenta que, se fosse possível destruir o Estado com um só golpe, a guerra terminaria sem vítimas (mas, afinal, terra, riqueza e população têm duas dimensões, e a apropriação privada não exclui o fato de que "pertençam" ao Estado).

Depois da análise "fria" do que leva à guerra, Rousseau, na parte final do texto, se torna um moralista. Sempre preocupado com a crítica às idéias prevalecentes, contrasta o mundo pacífico, tal como descrito pelos filósofos e juristas, com a realidade que ele observa quando deixa a "sala de aula", ou seja, a realidade de "nações infelizes gemendo em cadeias de ferro, a raça humana esmagada por um bando de opressores, uma multidão faminta tomada de dor e fome, cujo sangue e lágrimas os ricos bebem em paz, e, por toda a parte os fortes armados contra os fracos com o formidável poder da lei".[66]

---

65 *Oeuvres*, op. cit., p. 607.

66 *Oeuvres*, op. cit., p. 609.

Se é evidente o constraste entre o discurso e a realidade, entre a boa consciência (que deve ser criticada e superada) e a opressão, Rousseau não vai além de desmontar as falsas idéias, sem propor, aqui, como St.-Pierre um caminho para a paz.

Rousseau insiste nas conseqüências "negativas" da civilização como está. Ao viver simultaneamente em dois mundos "ruins", a ordem social (interna) e o estado da natureza (internacional), estamos sujeitos às inconveniências de ambos, sem encontrar segurança em nenhum dos dois. A lei serve ao poderoso e a "justiça" se torna salvaguarda para a violência. A lei internacional é fraca, não contém os poderosos e não tem outra garantia a não ser a utilidade de quem a propõe e só é respeitada na medida em que os interesses sejam compatíveis com as normas. Enfim, vivemos, conclui Rousseau, no pior dos mundos.

A guerra nasce da paz, mais precisamente, das precauções que o homem tomou para garantir uma paz duradoura (no âmbito da sociedade nacional). Volta, então, a crítica a Hobbes. A guerra não é natural ao homem, como queria o autor de *O leviatã*, mas nasce das instituições que o homem criou (o Estado) para superar o estado natural. Rousseau procura mostrar que, se a agressividade fosse natural, apareceria em qualquer circunstância, "e a primeira inclinação de quem visse alguém dormindo seria matá-lo".

Não é o que ocorre e, para concluir o seu argumento, diz que Hobbes confundiu seus contemporâneos (agressivos, sim, mas por conta da sociedade em que vivem) com o homem natural, o que exprimiria os sentimentos e inclinações fundamentais. É, afinal, a abundância, uma marca da civilização, que gera a avareza. Um selvagem pouco se importaria com os bens que encantam os "civilizados" e estes seriam incapazes de entender o comportamento natural. Porque "só conhecem o que vêem e nunca viram a natureza", o que os torna incapaz de compreender a essência do homem.

Esse texto é o mais revelador do pessimismo de Rousseau quanto às possibilidades de paz entre as nações. A guerra é inerente à natureza do Estado e, como já vimos, mesmo o Estado justo não está livre de sentir-se frágil, de ambicionar mais segurança e, portanto, mais poder e, daí, iniciar o ciclo vicioso da guerra. Em sua visão do que é o melhor para a humanidade, Rousseau não consegue superar conceitualmente o Estado. A liberdade pode ser exercida plenamente (em tese) no âmbito da sociedade nacional, onde se manifestaria plenamente a "vontade geral". Assim, sendo o Estado o que é, a guerra nunca seria suplantada, já que não existem valores universais a sustentar uma organização política cosmopolita.

F. *Fragments sur la guerre* (1755-1756)

O tema dos *Fragmentos* é o dos limites dos objetivos e meios da guerra. O pano de fundo é a crítica aos juristas (Grotius, especialmente) que justificavam a escravidão dos prisioneiros de guerra. Sem retomar plenamente o que escreveu no texto anterior, Rousseau parte do argumento de que a guerra é um fenômeno socialmente construído, movido por vontade de riqueza, prestígio ou força, porém o seu desenrolar não afeta diretamente a vida dos cidadãos, de tal forma que, para eles, o resultado, vitória ou derrota, é indiferente: matar o adversário é um meio para vitória, não um fim em si (alguém mata para vencer e não existe homem tão bestial que vença para matar). Daí a necessidade de que a guerra comece por um ato público e legítimo, uma "declaração de guerra", sem o que o ataque contra um Princípe seria privado, merecendo uma punição criminal.

Dessa premissa, Rousseau tira duas conseqüências. Na primeira, lembra que, se a guerra é entre corpos políticos, os cidadãos não devem necessariamente "sofrer" com o seu desenrolar, pelo menos diretamente (lembremos a hipótese da guerra de um só golpe, da guerra sem vitimas). Ora, diante disso, a possibilidade de matar os prisioneiros de guerra ou escravizá-los (como queriam os juristas e, em particular Grotius, na esteira de legitimar o que estava acontecendo nas possessões coloniais) deve ser repudiada. A guerra não é uma "relação entre homens mas entre poderes, na qual os cidadãos privados são inimigos apenas por acidente, menos como cidadãos do que como soldados". Assim, matar inimigos só se justifica enquanto estão em conflito pois, do momento em que baixam as armas, tornam-se novamente cidadãos e devem ser poupados. "A guerra não confere nenhum direito que seja desnecessário ao seu objetivo". Vale apontar, como fazem Hoffmann e Fidler, que, ao distinguir cidadãos e soldados para limitar a guerra, os confunde quando se trata de definir o Estado ideal. Exércitos permanentes, condição para que haja a distinção, são um sinal da senilidade dos governos, pois os soldados (homens com armas) são sempre inimigos de todos os outros. O melhor é o país em que, na guerra, todos sejam soldados e, na paz, não haja soldados.[67]

A segunda conseqüência nasce de que a guerra é resultado de uma escolha livre dos beligerantes e, caso um ataque e o outro não se defenda, o que se tem é uma agressão, mas não um Estado de guerra. Assim, o fim da guerra, se não é determinado pela destruição de um dos adversários, deve ser também resultado de uma escolha livre. A questão é se acordos e promessas feitos em situação de derrota, em que a liberdade é nula, devem prevalecer ou são precários, representam uma promessa condicional, como exprime Rousseau na frase: "Eu me obrigo a obedecer na medida em que o meu contraparte, sendo mais forte, não ameaça a minha vida". Obrigações assim contraídas negam condição essencial à realização da natureza humana, o exercício da liberdade.

G. *Projet de Constitution pour la Corse (1765)*

Considerations sur le gouvernment de Pologne et sur la reformation projettée (1772)

Os dois últimos textos de Rousseau que interessam para compreender sua reflexão sobre as relações internacionais são os projetos que fez para as constituições da Córsega e da Polônia. Correspondem à "aplicação" da teoria à prática, e de que maneira sua visão realista das relações internacionais conformaria as opções externas de duas nações profundamente diferentes, porém próximas por suas fragilidades. A Córsega é uma ilha pobre e que está saindo de um período de guerras internas[68] e a Polônia é um país vul-

---

[67] Ver Hoffmann e Fidler, op. cit., p. XX.

[68] A Córsega foi dominada por Gênova desde a Idade Média e, tendo lutado durante séculos por sua independência, aparecia, aos olhos iluministas, como símbolo da resistência contra a tirania. A ilha passou a ser uma espécie de laboratório para a aplicação de teses políticas e Rousseau foi convidado para escrever a constituição porque, no *Contrato social,* fizera uma referência à Córsega: "Há, ainda, na Europa, um país capaz de legislação, a ilha da Córsega. A coragem e a constância, com as quais este bravo povo soube recuperar e defender sua liberdade, mereceria que alguém aprendesse a conservá-la. Tenho algum pressentimento de que, algum dia, essa ilha

nerável a seus vizinhos, sem condições de resistir às invasões russas. Curiosamente, mas fiel à sua concepção, Rousseau vai dar "conselhos" parecidos, centrados na idéia de que a defesa dos fracos é a combinação de patriotismo com isolamento. O grande "inimigo" é a atitude cosmopolita, a idéia de imitar os costumes e as práticas européias. Veremos como.

Rousseau começa as suas considerações sobre a Córsega com a idéia de que é preciso estabelecer um governo que seja saudável, vigoroso, adaptado à nação. Há obstáculos, que resumo: "Os Corsos ainda não adotaram os vícios de outras nações, mas já assumiram os seus preconceitos; são estes que precisarão ser combatidos e eliminados para que seja possível criar boas instituições".[69] Os preconceitos de que fala correspondem ao cosmopolitismo. Mas, antes de examiná-los, Rousseau afirma que a primeira preocupação é garantir a segurança, já que, sem poder, destruída internamente por anos seguidos de guerra, a ilha é presa fácil da ambição de seus vizinhos. A prosperidade e o enriquecimento não são a solução, já que simplesmente aumentariam a cobiça dos vizinhos.

Daí, há que começar por conquistar toda a "estabilidade de que seja capaz", construída a partir de seus próprios meios e esforços. As melhores lições para construir a liberdade devem buscar internamente, na luta com que enfrentaram o jugo estrangeiro: "Os princípios extraídos da vossa experiência são os melhores com os quais podereis governar-vos".[70] O problema é que se mantenham fiéis ao que são. Para tanto, é preciso evitar a dependência já que alianças e tratados ligam os fracos aos fortes, mas nunca os fortes aos fracos. Diplomacia é para as Potências.

Quais são os passos para conquistar a autonomia que garante a liberdade, valor supremo para a constituição de um bom Estado? Em primeiro lugar, leis que evitem as divisões internas, exploradas até então pelos que queriam manter a ilha dependente. E Rousseau resume os princípios que

---

surpreenderá a Europa" (l.II, ch x). Ver *Oeuvres*, Introductions, p. CXCIX. A Córsega passou ao domínio francês em 1767 e, de fato, surpreendeu a Europa, não pela forma de Governo, mas por um de seus filhos, Napoleão Bonaparte.

69 *Oeuvres*, op. cit., p. 902.

70 *Oeuvres*, op. cit., p. 903.

devem orientar a legislação: "[...] tirar partido do seu povo e do seu país, tanto quanto possível; cultivar e reunir suas próprias forças, apoiando-se só sobre elas, e não pensar mais nas potências estrangeiras, como se não existisse nenhuma."[71]

Já que a ilha é pobre e não poderá multiplicar riquezas, a chave para atingir esses objetivos está em "multiplicar os homens" e, conseqüentemente, os meios de subsistência. A agricultura é, então, eleita como o único caminho para manter a autonomia. O homem no campo terá famílias maiores, estará disperso por todo o país e mais preparado para a vida miliciana (é melhor soldado que o habitante da cidade), facilitando a defesa, além de gerar igualdade e favorecer a democracia.[72] Em suma, a agricultura é a melhor garantia para a independência externa do Estado.[73]

É neste quadro que Rousseau critica as soluções "cosmopolitas". O comércio que liga as nações e cria riqueza é incompatível com a autonomia, fundada na terra, já que gera dependência externa e desigualdade interna. "O comércio produz a riqueza, mas a agricultura garante a liberdade",[74] na medida em que a auto-suficiência na produção de alimentos é que garante "fisicamente" a independência. A outra instituição "moderna" que Rousseau ataca são as cidades, porque concentram riqueza e promovem a indolência. Pior que as cidades são as capitais: "Uma capital é um sorvedouro onde a nação quase toda vai perder seus costumes, suas leis, sua coragem e liber-

---

71 *Oeuvres*, op. cit., p. 904.

72 Rousseau defende a idéia de que a democracia é própria às nações pobres porque é a forma menos onerosa de governo, já que representa um governo mínimo que não precisaria se ocupar de atividades mais complexas, como o comércio, as finanças. Ver op. cit., p. 906. Uma proposta para manter a igualdade no plano da política é dividir a Córsega em 12 cantões de tamanho semelhante e criar um estrutura confederada.

73 Na verdade, a agricultura modela o caráter, cria uma povo melhor: "Em todo país, os habitantes do campo são os que mais o povoam, em comparação àqueles das cidades, seja pela simplicidade da vida rústica, que forma corpos mais bem constituídos, seja pela assiduidade ao trabalho, que evita a desordem e os vícios, pois, em situações semelhantes, as mulheres mais castas, aquelas que são menos agitadas pelo uso dos prazeres, fazem mais filhos do que as outras; e não é menos certo que os homens, enervados pela devassidão fruto de certa desocupação, são menos adequados à geração do que aqueles que o trabalho torna mais comedidos". Op. cit., p. 905.

74 *Oeuvres*, op. cit., p. 905.

dade. Da capital se exala uma peste contínua que mina e destrói a nação".[75] Rousseau constrói, portanto, duas equações que opõem: agricultura-campo-trabalho-igualdade-democracia-patriotismo contra comércio-cidade-indolência-desigualdade-cosmopolitismo. A primeira afirma os valores da nação, o caráter nacional, e, portanto, sobre eles, o bom governo se construiria; a segunda afirma valores internacionais que minariam o esforço de chegar ao bom governo.[76]

Muito contra o espírito de progresso e idéia de que a interdependência gerada pelo "doce comércio" está na base da paz, Rousseau volta atrás e, a rigor, defende que "é melhor produzir menos". E o seu sistema econômico ideal é um sistema de trocas mínimas, num espaço auto-suficiente, porque a moeda também é um fator de corrupção de costumes (desigualdade).[77] O significado da estabilidade econômica é a não-mudança de tal forma que as importações devem ser reduzidas ao estritamente necessário, com base no que se comprou durante o período de guerras.[78] O cuidado em evitar excessos leva a que aconselhe planos para conservação das florestas, evitando que se corte madeira que não se possa repor.[79] A simplicidade dos costumes

---

75 *Oeuvres,* op. cit., p. 911.

76 É ilustrativa a comparação que Rousseau faz entre a Suíça e a Córsega, ambos países pobres e montanhosos. A frugalidade e a disciplina dos suíços, que os corsos agora podem imitar já que ainda conservam muito das virtudes primitivas, se perderam com o abandono da agricultura, êxodo rural, desenvolvimento da indústria e do comércio, gosto pelo luxo, imitação de modos estrangeiros, venalidade. A descrição da "decadência suíça" é a versão histórica da queda do homem na sociedade, que o *Contrato social* analisa em teoria. Evitar a história, manter-se colado às forças naturais, é a receita que Rousseau oferece à Córsega. Op. cit., p. 915.

77 "Tão logo os produtos da terra deixam de ser mercadoria, seu cultivo proverá, pouco a pouco, em cada província e mesmo em cada propriedade, à necessidade geral da província ou à necessidade particular do agricultor. Cada um esforçar-se-á por ter, *in natura*, e por intermédio de seu próprio cultivo, todas as coisas que lhe são necessárias, ao invés de obtê-las pelas trocas, que serão sempre menos certas e menos cômodas, qualquer que seja o ponto a que chegou sua facilitação", op. cit., p. 924.

78 "Um registro exato das mercadorias que entraram na Ilha durante um certo número de anos dará uma medida segura e fiel daquelas indispensáveis porque na situação atual o luxo e supérfluo não devem ter lugar", op. cit., p. 926.

79 "É preciso estabelecer prontamente uma política correta em relação às florestas e regular de tal forma os cortes que a reprodução iguale o consumo. [...] Deve-se explorar e vender os

é outro fator: "Não precisamos de escultores ou de ourives, mas sim de carpinteiros e ferreiros, tecelões, bons trabalhadores em lã e não bordadeiras ou artesãos que trabalhem o ouro".[80]

As finanças públicas se sustentam em um Estado que recolhe suas rendas da propriedade de terras, de impostos mínimos, como dízimos religiosos, e do trabalho obrigatório (Rousseau restabeleceria a *corvée*) e limita a propriedade privada, evitando que riquezas individuais, criadoras da disparidade social, emerjam.[81]

Nos fragmentos que se seguem ao texto principal, em que Rousseau sugere leis que tratam de detalhes curiosos, como a idéia de excluir da cidadania os que não se casaram até os 40 anos, a conclusão sobre o Estado que definiu é clara: "A nação não será absolutamente ilustre, mas será feliz. Não se falará dela; não será muito considerada no exterior; mas no seu seio terá abundância, paz e liberdade".[82]

As observações que Rousseau faz sobre a Polônia vão na mesma linha, patriotismo, auto-suficiência, distância dos engajamentos internacionais e, para a proteção da pátria, milícias de cidadãos. Vale a pena recordar uns poucos elementos do que seria a solução polonesa, afinal, um país vulnerável, tantas vezes invadido, oprimido, anárquico, mas que "mostra ainda todo o fogo da juventude; e ela ousa pedir um governo e leis, como se não fizesse senão nascer".[83] A chave está no "coração": "[...] é criar de tal forma a República no coração dos poloneses que nele subsista, a despeito dos esforços dos opressores. Este é, parece-me, o único refúgio onde a força não pode nem atingi-la nem destruí-la. [...] se conseguirem que um polonês nunca

---

bosques velhos dos quais não se pode tirar proveito e deixar de pé aqueles que estão em plena força. Em seu tempo, eles serão usados." *Oeuvres*, op. cit., p. 927. É a antecipação ambientalista de Rousseau, aliás, mais que natural em que é um defensor das virtudes da reaproximação do homem com a natureza.

80 *Oeuvres*, op. cit., p. 926.

81 "Evitemos aumentar o tesouro pecuniário as expensas do tesouro moral; é este que nos coloca verdadeiramente na posse dos homens e de todo o seu poder, enquanto aquele só serve para que se obtenha a aparência dos serviços mas não compra a vontade", op. cit., p. 933.

82 *Oeuvres*, op. cit., p. 947.

83 *Oeuvres*, op. cit., p. 958.

se transforme em russo, minha resposta é que a Rússia jamais subjugará a Polônia".[84] Rousseau dá vários "conselhos práticos" de como conseguir esse enraizamento do patriotismo, que nasce nos processos educacionais e vai até o cultivo das artes eqüestres, além de vários modos de exercício do governo e de atenuação de desigualdades sociais, e que deve levar, no ponto final, a fazer com que cada cidadão tenha repugnância a se misturar com o estrangeiro. Outro ponto é a austeridade, não buscar o enriquecimento e fixar a economia na agricultura e evitar o uso da moeda para conseguir de alguma maneira a auto-suficiência.

Para evitar a vulnerabilidade, a solução é, primeiramente, abandonar sonhos de conquista e, em seguida, formar milícias de cidadãos. "Por que então não criar na Polônia uma milícia genuína, em vez de tropas regulares, cem vezes mais onerosas, exatamente como na Suíça, onde todos os habitantes são soldados, mas só quando necessário?" E, mais adiante, "portanto, deixem a Polônia com as portas abertas, como Esparta; mas, como os espartanos, construam fortalezas no espírito dos cidadãos [...]".[85]

Finalmente, evitar os tratados de comércio, os embaixadores e ministros em outras cortes, que só servem para trazer despesas, e "não contem com as alianças e os tratados para nada".[86] Não confiem nem nos vizinhos nem nos aliados.

Para qualificar os dois modos de presença internacional, Doyle cunha, para a Córsega, a expressão "a paz por meio do isolacionismo e a autarquia", e, para a Polônia, "paz mediante a defesa que não signifique provocação".[87] O isolamento era a solução natural para uma ilha. O caso polonês é mais complicado e exige a combinação de uma política que mostre aos inimigos que a Polônia não constitui uma ameaça (uma milícia não pode se engajar em conquistas) e que torne o país suficientemente forte para que não seja objeto de invasão (a milícia se tornaria uma força de guerrilha formidável em seu próprio território). Mas, além disso, lembra Doyle, a Polônia, es-

---

[84] *Oeuvres*, op. cit., p. 959.

[85] *Oeuvres*, op. cit., p. 1.015 e 1.018.

[86] *Oeuvres*, op. cit., p. 1.037.

[87] Doyle, op. cit., p. 149.

pecialmente no momento em que começa a empreender as reformas propostas por Rousseau, contaria com o equilíbrio europeu e com o apoio da Turquia, rival da Rússia e, ao sul, da Áustria.

A impossibilidade de resolver conceitualmente e de forma permanente o problema da paz, além naturalmente de sua visão do que deva ser o Estado ideal, é que levam às soluções normativas de "modéstia" nos dois textos "práticos" que Rousseau escreve sobre problemas mais específicos de política externa.

4. Observações finais

1. A história das interpretações

As idéias de St.-Pierre tiveram divulgação universal certamente pelo resumo que delas fez Rousseau e, mais que os outros textos, foram durante algum tempo o ponto de referência para quem escrevia sobre o pensamento internacional desse filósofo. Só mais modernamente é que se amplia o foco da análise. Os textos de Rousseau nascem polêmicos em suas reflexões e o resumo que faz da obra de St.-Pierre não escapam da crítica de seus contemporâneos, a começar por Voltaire e Grimm.[88] Os enciclopedistas também não acolhem a pregação pacifista, já que, ainda que tenham preocupações morais com a guerra, não elaboram soluções institucionais que levem a que os conflitos entre os Estados sejam "regulados". Assim, será um filósofo inglês, Jeremy Bentham e, sobretudo, Kant, que retomam a perspectiva institucionalista que Rousseau apresenta no *Extrait*.

Não é o caso de analisar, em maior profundidade, de que maneira Kant aproveita Rousseau e onde o "corrige". Valeria ressaltar a convergência no sentido de ideal, já que, tanto para um como para outro, a paz perpétua

---

[88] A história das interpretações está bem resumida em Ramel e Joubert. *Rousseau et les Relations Internationales*. Paris: Harmattan, 2000, especialmente no capítulo IV, onde estão mencionadas as reações de Voltaire: "Eis, então, Jean-Jacques político. Veremos se governará a Europa como governou a casa de Madame Volmar. É um louco estranho [...]"; e de Grimm, para quem o projeto da paz perpétua se torna, na versão de Rousseau, "mais absurdo do que na obra de seu autor. Nenhuma visão profunda, nenhuma noção política, nenhuma idéia que possa, ao menos, fazer sonhar sobre a quimera de uma maneira agradável e comovedora [...]" (p. 154).

é uma possibilidade, é um valor a ser perseguido. Rousseau, sobretudo se olharmos para o conjunto de sua obra, será mais cético, ainda que não negue o valor moral positivo do projeto. A diferença fundamental entre os dois estará no caminho a seguir. A rigor, Rousseau aponta o ideal mas desconfia de todos os caminhos para atingi-lo, seja a homogeneidade dos estados justos, seja a federação européia. Kant acredita no progresso histórico e na possibilidade de que, pela própria natureza da sociabilidade humana, o projeto se realizará e duas das forças que levariam à paz – a universalização das repúblicas e o cosmopolitismo – não têm respaldo do pensamento de Rousseau, para quem estados justos podem fazer a guerra e o cosmopolitismo é um defeito que enfraquece o sentido de coesão nacional.

Joubert e Ramel chamam atenção, no século XIX, para a obra de Saint Simon, claramente tributária de St.-Pierre, e com claras ressonâncias de Rousseau, quando, por exemplo, discute a possibilidade de que o projeto de paz seja instaurado pela racionalidade dos governantes.[89] Mas em sua essência, apesar de criticar o feitio quimérico de seu inspirador, a proposta de Saint Simon é, como a de St.-Pierre, a de criar um parlamento europeu que seja capaz de julgar os conflitos entre os Estados. Em anos recentes, é Jurgen Habermas que volta ao tema da paz perpétua.[90]

A força inspiradora das idéias utópicas, afinal, vão servir aos modelos institucionais de solução de conflitos, a partir da conferência da Haia em 1907 até a criação da Liga das Nações e da ONU. E, de uma certa forma, ainda que não tenham sido suficientes para eliminar conflitos, não deixam de "progredir" ao oferecer à comunidade internacional meios mais "eficientes" de julgar Estados, de definir critérios sobre o que significa a quebra da ordem. Neste sentido, a recente criação do Tribunal Penal Internacional é um avanço notável e corresponde justamente à idéia de que é possível uma perspectiva universal do que é justo, além de oferecer os meios de "julgar" os que, no comando de Estados, cometem crimes contra a humanidade.

---

89 Ver Ramel e Joubert, op. cit., p. 160. A obra de Saint Simon a que se referem é *De la réorganisation de la société européenne ou de la nécessité et des moyens de rassembler les peuples de l'Europe en un seul corps politique en conservant chacun son indépendance nationale*, Oeuvres complètes, v. 1, Paris, p. 158.

90 Habermas. *La paix pérpetuelle. Le bicentenaire d'une idée kantienne*. Paris: Cerf, 1996.

Atualmente, volta o interesse acadêmico dos escritos de Rousseau. De fato, a leitura integrada de seus textos revela uma extraordinária capacidade de olhar, para as relações internacionais, e mostrar a sua complexidade essencial. Nos Estados Unidos, um dos que inicia a leitura analítica de Rousseau é Kenneth Waltz, em um livro hoje clássico, *Man, the State and War*.[91] Waltz chama atenção para a originalidade da explicação que Rousseau oferece para o fenômeno da guerra como algo inerente à própria natureza anárquica do sistema internacional e vimos como o efeito-comparação leva aos Estados a uma permanente vigilância (que pode determinar reações militares) sobre o outro.

Outro intérprete importante da obra de Rousseau é Stanley Hoffmann, que usaremos como referência nestas observações finais.

2. A interpretação de Stanley Hoffmann

Para introduzir algumas reflexões conclusivas acerca do pensamento de Rousseau sobre relações internacionais, que o seu melhor crítico moderno qualifica de *profound and disturbing*,[92] valeria retomar o fio sugerido por Stanley Hoffmann e David Fidler. Vamos ter em mente que uma das primeiras preocupações ao se retomar um clássico é saber até que ponto é até hoje considerado um modelo, como o hobbesiano ou o grotiano.

Assim, é importante começar pela comparação entre Hobbes e Rousseau quando falam do estado da natureza e da sociedade civil. O ponto de partida de ambos é a natureza humana que, para Hobbes, é agressiva e, em última instância, a causa das guerras. A organização social, o Leviatã que se identifica com o Estado, interrompe o conflito interno ao impor restrições à liberdade, oferece como valor supremo a segurança aos cidadãos mas não resolve o problema da guerra. Não existe transformação da psicologia humana quando se organiza a "guerra de todos contra todos" que prevalece no Estado de natureza e a mesma psicologia modela o comportamento dos Estados no plano internacional. A sociedade civil não muda a natureza hu-

---

91 Waltz. *Man, the State and War*. Nova York: Columbia University Press, 2001 (1. ed.: 1954).

92 Hoffman e Fidler, op. cit., p. XXXVIII.

mana, mas transforma as suas possibilidades de ação. Haverá restrições que derivam exclusivamente do jogo de poder. Exatamente porque o Leviatã dá alguma segurança ao cidadão, o estado de guerra é tolerável ("[...] na competição internacional, o próprio Estado serve como amortecedor [...]").[93] Neste sentido, Hobbes se torna, ao mesmo tempo, um modelo para o que Waltz chamou a "primeira imagem" das explicações das causas da guerra, centradas na natureza humana, e o modelo de um realismo competitivo ou agressivo.

Para Rousseau, o processo de passagem do estado da natureza para o da sociedade civil é mais complexo. Ele tem uma visão otimista do estado da natureza, em que todos vivem bem, já que a natureza é suficientemente generosa para prover a cada um o que é necessário. Se há conflito, o resultado mais provável é que os adversários evitem-no e não lutem. Há um segundo momento, um estado social de fato, que corresponde à falência do estado da natureza que nasce por efeitos quase acidentais e necessidades físicas. Diferentemente de Montesquieu ou mesmo de Grotius, não existe uma sociabilidade inerente ao ser humano que leve à construção de modos de organização social. É neste estado que aparecem as causas de disputa, já que a propriedade se instala e a desigualdade surge como conseqüência. Neste estágio, onde a competição, o medo, a vontade de glória movem as sociedades, abre-se a possibilidade do mundo hobbesiano no universo de Rousseau. Hoffmann e Fidler explicam com clareza o processo: "O ingresso na sociedade transforma o homem de Rousseau. De um lado, por meio de contatos com os outros seres humanos, ele ganha um sentido moral e se torna vagamente capaz de conceber o ideal da força a serviço da lei, que seria o seu próprio: a idéia de uma liberdade definida positivamente, consistindo apenas na inexistência de obstáculos à ação (como em Hobbes e também no 'estado da natureza' de Rousseau) mas na capacidade de ser seu próprio senhor. De outro lado, o homem perdeu sua independência e inocência originais; sua condição é a pior de todos os mundos possíveis, porque não tem nem a antiga liberdade negativa, perdida para a sempre, nem a nova liberdade positiva, à qual pode aspirar. É capaz da compreensão

---

[93] Hoffmann e Fidler, op. cit., p. XLIII.

moral, mas não da realização moral".[94] Assim, é preciso ir adiante. Uma sociedade que se baseia simplesmente em autopreservação, como a hobbesiana, leva aos mesmos vícios da "sociedade civil decaída" e, mesmo que garanta a segurança dos cidadãos, impede que se realize o valor maior, o da liberdade e da autonomia. Ainda seguindo os nossos autores, a supressão da violência não é o bem supremo, já que a violência é um sintoma de uma modalidade de organização social. Aqui, chegamos ao terceiro estágio da construção de Rousseau, que está proposta no *Contrato social*, que dá a fórmula para que as propensões conflitivas sejam evitadas e as paixões sejam conduzidas, pela vontade geral, ao bem comum.

Para Rousseau, portanto, as causas da guerra não estão na natureza humana, mas em necessidades que nascem da própria forma pela qual o Estado se organiza (a vontade dos tiranos em justificar a dominação, a competição pela segurança que nasce da relatividade das posições de poder, por exemplo). A dinâmica da política internacional é, afinal, a causa da guerra, o que leva Waltz a distinguir Rousseau como um dos modelos para a "terceira imagem que faz nascer a guerra da natureza do sistema internacional.[95] Isto leva, segundo Hoffmann e Fidler, a outras diferenças entre Hobbes e Rousseau: a) os Estados amplificam a violência ao invés de contê-la e a guerra, forma mais destruidora da violência, é monopólio dos Estados; b) a intensidade da guerra faz com que tenha impacto sobre os cidadãos, diferentemente do que supunha Hobbes; nos conflitos entre

---

94 Hoffmann e Fidler, op. cit., p. XL, acrescentam: "[...] cada Estado tem interesse interno em autocontrole, porque envolver a população em guerras totais de exterminação mina o sentimento de obediência ao Leviatã, que tem o súdito" (p. XLIV).

95 Doyle chama atenção para a fábula que Rousseau cria para mostrar que a cooperação entre Estados é sempre incerta: "São necessários cinco caçadores para caçar um veado e um, para caçar uma lebre, mas uma quinta parte do veado tem mais valor do que uma lebre inteira. Caçadores racionais formam grupos de cinco para cooperar, mas o que acontece quando surge uma lebre? Os grupos mantêm-se agrupados ou dispersam-se, quando cada caçador corre atrás da lebre – antes que seus companheiros o façam – e alcançam a caça menos atrativa, que é, entretanto, a mais certa? Motivados por interesse pessoal e racional, mas destituídos de impulso e levados pelo orgulho, os caçadores abandonam a presa comum pelo alvo individual representado pela lebre". Doyle, op. cit, p. 142. O texto original está em Rousseau. "Discours sur L'Inegalité". *Oeuvres*, p. 166.

homens, a compaixão ainda pode funcionar como um mecanismo de restrição; as paixões que os estados mobilizam ignoram qualquer restrição; c) para Hobbes, nas relações internacionais o tema ético é secundário mas, para Rousseau, o fato de que, até mesmo o cidadão de um Estado justo, não possa projetar sua consciência moral além dos limites de seu Estado gera um problema moral que deixa insatisfeita a consciência humana; d) Hobbes admite que as razões de Estado possam convergir em alguns pontos de interesse comum, o que é impossível para Rousseau já que a balança de poder, ainda que bloqueie conquistas maiores, perpetua a instabilidade e preserva a insatisfação dos atores; a lei internacional é frágil e pode servir para que a desigualdade se mantenha; a interdependência induzida pelo comércio não atenua a competição, mas exarceba as ambições e a competição.

Hoffmann e Fidler chamam ainda atenção para dois outros pontos que marcam o pessimismo de Rousseau: as restrições que adviriam de uma política racional não existem no processo internacional, já que o que está em jogo (território, prestígio, segurança, poder, vantagens materiais) não se presta a cálculos; a possibilidade de organizações internacionais, caso os Estados continuem a se conduzir da forma usual, serem inúteis para conseguir a paz e, se suas regras fossem impostas pela força, o dano ao sistema internacional seria ainda maior. A conclusão é sombria: "[...] no mundo como ele existe, um tal Estado universal é impossível; em um mundo composto de Estados ideais, ele não seria nem necessário nem desejável".[96] A criação do Estado gera a ordem interna, ao abolir a violência doméstica, mas não impede que as disputas e conflitos entre Estados continuem. É impossível imaginar que as condições que permitem a criação do Estado ideal se reproduzam no plano internacional, justamente porque estão baseadas numa atitude "anticosmopolita" (lembremos que o cimento social é dado por uma religião cívica e nacional). A receita do contrato social só vale em territórios pequenos, supõe um patriotismo que é incompatível com as necessidades de um Estado universal.

Outro ponto sublinhado pelos nossos autores é de que, como a guerra, levada a cabo por Estados "artificiais", cuja expansão não tem limites, é ainda mais devastadora do que a violência interna, a possibilidade de um "in-

---

[96] Hoffmann e Fidler, p. LVII.

teresse comum" da humanidade se enfraquece ainda mais. "Estamos assim diante de estados cujo *amour propre* (e portanto insegurança) é muito mais inflado do que o do homem finito poderia jamais ter, e cuja compaixão é praticamente zero [...] não podemos esquecer a crença de Rousseau em que o conflito internacional é uma salvaguarda para os tiranos: a insegurança do mundo garante a segurança interna; para os tiranos, a paz mundial não traria insegurança interna?"[97]

As conclusões de Rousseau, resumidas por Hoffmann e Fidler, são pessimistas: i) as "combinações" de Estados que possam surgir tendem a ser competitivas; ii) a possibilidade de uma "sociedade geral da humanidade" é improvável; iii) a paz pela dominação imperial seria sempre precária. Neste sentido, um "contrato social universal" seria inconcebível, até porque a reunião do legislativo de todos os povos não teria condições de se realizar. Se não existem soluções globais para a paz e, ao mesmo tempo, a paz é um ideal a ser buscado, a alternativa a considerar seria a justaposição de Estados justos, modelados pelo contrato social. Ou seja: "Criem-se Estados ideais em todo o mundo, e a paz se seguiria – sem a necessidade de uma liga mundial".[98]

Vimos também que a possibilidade da universalização dos "Estados justos" é sempre limitada, o que leva a que Rousseau, quando lida com problemas da realidade, nos conselhos aos poloneses e aos corsos, proponha formas de dissuasão que levariam, em última instância, à auto-suficiência e ao isolamento, combinados com a idéia de uma milícia cidadã. A hipótese de que as leis da guerra mitiguem a violência da guerra é claramente criticada por Rousseau, que nos diz que "as nações obedecem as normas legais enquanto acreditam que é do seu interesse obedecê-las. As confederações não extinguem o estado de guerra: elas simplesmente proporcionam aos pequenos Estados um meio de serem sábios entre todos; os pequenos Estados só podem ser um porco espinho no meio da insegurança".[99]

---

[97] Op. cit., p. LVIII.

[98] Op. cit., p. LXIII. O tema da solução republicana para o problema da paz está no centro do pensamento de Kant.

[99] Hoffmann e Fidler, op. cit., p. LXIV.

Em suma, o legado de Rousseau é cético quanto à possibilidade de paz. Nada garante que, transposto para a realidade, mesmo os Estados justos consigam atingir a auto-suficiência e a modéstia de objetivos que seriam a garantia indireta da paz perpétua. Porém, os fundamentos de uma utopia estão lançados, em diapasão diferente do que propôs originalmente St.-Pierre. Assim, olhando o problema do ângulo metodológico, Rousseau inova quando mostra que, para estabilidade do sistema, é necessário que, além do equilíbrio de poder, haja, idealmente, alguma forma de homogeneidade entre os Estados. A tese será central no pensamento de Kant e está na origem do que Doyle chama o "realismo constitucionalista", que assume o estado de guerra e, portanto, considera os efeitos dos modelos de distribuição de poder sobre a estabilidade do sistema, ao mesmo tempo que admite, como fator decisivo, o impacto das formas pelas quais se organizam as sociedades nacionais (graus de homogeneidade, força ou fraqueza institucional, tolerância a outras fontes de legitimidade diferentes do Estado etc.).[100]

3. Perpectivas críticas e o que torna clássica a obra de Rousseau

Poucos leitores de Rousseau negam o pessimismo que nasce do realismo dos textos sobre relações internacionais. É uma utopia interrompida pelo seu próprio inventor. Mas seria interessante chamar a atenção para um outro aspecto adicional da obra.

Uma leitura interessante é a que faz F. H. Hinsley no clássico *Power and the Pursuit of Peace*.[101] Hinsley aponta para o que considera uma inconsistência fundamental no pensamento de Rousseau, derivada essencialmente do moralista que quer o Estado justo e a paz perpétua (que vimos, é antes de mais nada um objetivo eticamente necessário) e o realista que tem a consciência de que são situações inatingíveis: "[...] ele reconheceu que o sistema

---

100 Ver Doyle. *Ways of War and Peace*. Nova York: Norton, 1997, p. 151. Doyle assinala que os "Constitucionalistas Modernos, tais como Raymond Aron, Henry Kissinger, Stanley Hoffmann, Robert Gilpin, Stephen Krasner, Peter Katzenstein e outros 'estatistas' desenvolvem modelos sociológicos que se constroem indiretamente sobre Rousseau".

101 Hinsley. *Power and the Pursuit of Peace* (cap. 3). Cambridge: Cambridge University Press.

internacional era o produto da história e de circunstâncias provavelmente não alteráveis por meios artificiais".[102] Hinsley mostra que, na origem da inconsistência, está o conflito entre o moralismo e a visão de história, que fazem com que Rousseau feche os olhos para todas as idéias de progresso. Será Kant, como mostra o mesmo Hinsley, que encontrará a chave da conciliação entre a ética e a história, ao admitir que a história tem um sentido que se impõe aos homens, mesmo contra a sua vontade. A paz perpétua será derivada de um conjunto de fatores, pois o caminho não é linear, envolve a universalização das repúblicas, a difusão de ideais cosmopolitas e o próprio progresso dos meios de violência que levariam a humanidade a controlá-los.

A história das relações internacionais terá sido uma constante negação do que Rousseau projetava? Os Estados se alargaram, os contatos entre as sociedades se intensificaram, modelos de cooperação internacional, próximos aos ideais de St.-Pierre, como a Liga das Nações, a ONU e a União Européia, foram construídos e, de alguma maneira, é plausível a hipótese de que sem esses movimentos, as guerras ainda seriam mais violentas. O que redime Rousseau de transformar-se em escritor anacrônico é o fato de que todos os movimentos kantianos não dissolvem, de vez e para sempre, o conteúdo conflitivo do processo internacional. Voltaremos a esse ponto.

Antes, mencionemos um outro intérprete, David Boucher, um dos poucos que nega o realismo de Rousseau com um argumento interessante. Diz que Rousseau absorve do realismo hobbesiano somente a idéia do estado de guerra, mas não as suas conseqüências, como a da razão de Estado. Diz Boucher que, para Rousseau, os Estados não são motivados por interesses, o que tornaria as suas ações mais fáceis de prever: "Em vez disso são os caprichos, interesses momentâneos e 'impulsos casuais' de ministros ou suas amantes que determinam a política. Não pode haver certeza ou garantia na interpretação da conduta dos Estados, porque eles agem sem um sistema fixo de princípios".[103] Ou, como vimos, os Estados são movidos ofensivamente pelas ambições do tirano e defensivamente pela necessidade

---

102 Hinsley, op. cit., p. 60.

103 Boucher. *Poltical Theories of International Relations*. Oxford: Oxford University Press, 1997, p. 295.

de preservar autonomia e valores nacionais. O "outro" é sempre objeto de alguma forma de ameaça, necessária mas imprevisível. Neste sentido, Rousseau não é um "analista" do comportamento de Estados e os conselhos "práticos" que oferece à Córsega e à Polonia representariam, a rigor, a negação do exercício da diplomacia. Ou melhor, a diplomacia é o caminho para o isolamento, não para a cooperação.

Ora, em que sentido Rousseau é um clássico, já que, afinal, oferece uma utopia, mas diferentemente de Kant, descarta a possibilidade de progresso e analisa a ação externa como se a negasse? Que clássico é este que desqualifica, no internacional, a própria possibilidade da diplomacia?

Penso que há dois conjuntos de razões, que se ligam, para explicar o sentido clássico de Rousseau. Inicialmente, é a abrangência e a atualidade de algumas de suas observações. Apontamos alguns temas: a necessidade de coesão interna como base para uma política externa sólida, importante sobretudo para os países que não têm poder; o problema do *soft power*, do exemplo como instrumento de projeção internacional; o uso – e abuso – do inimigo externo para assegurar vantagens internas; a complexidade das relações entre o mundo externo e o internacional e a dificuldade de alcançar a medida ideal de integração em processos que atualmente são cada vez mais cosmpolitas e determinar paralelamente o sentido de nacionalismo no marco das pressões da globalização; o problema da ordem interna (o Estado justo) e das necessidades que podem levá-lo a uma atitude belicista; o valor das instituições internacionais como garantia para a paz e a solução de conflitos entre Estados; a influência dos líderes na formulação da política externa; os efeitos do comércio sobre a realidade política internacional; as vantagens da dissuasão e da autocontenção nos processos de projeção internacional etc. Cada um desses temas compõe o mosaico de uma explicação profunda de porque, em certos momentos, a razão se dissolve e os Estados entram em guerra. Assim, o valor de Rousseau está menos em ter "resumido" a utopia de St.-Pierre do que em mostrar a complexidade dos caminhos reais para "aprimorar" a ordem internacional.

Faltaria, porém, a Rousseau a nitidez dos criadores de modelos, dos que oferecem, como Hobbes ou mesmo Grotius ou Kant, um argumento claro, unívoco que gerasse um padrão de referência, ainda que a realidade agregasse qualificações e nuances. Mas exatamente na falta da simplificações estaria o valor de Rousseau, já que é a complexidade de sua análise, o lidar com contraditórios, que lhe dá grandeza e posição única entre os fundadores modernos do pensamento sobre relações internacionais.[104] É exatamente o movimento contraditório, a vontade de mudar e o reconhecimento dos obstáculos, na falta de uma solução evidente para o movimento, que está o cerne do processo internacional até hoje. Se Hinsley tem razão ao afirmar que faltam as pistas sobre como operaria a mudança e se constatamos que houve transformações, a recorrência do conflito e o limite das realizações utópicas, seja a Liga, seja a ONU, mostra a pertinência única de quem pensou as contradições, as dificuldades, sempre recorrentes. Há avanços, é verdade, e simultaneamente, a negação do avanço. É uma espécie de dialética interrompida, cujos ganhos ocorrem em soluções institucionais para garantir a solução de conflitos, mas que também retrocede diante das necessidades de poder. Ao desenhar a utopia, Rousseau reconhece as necessidades de transformação e que não podem ser balisadas por um realismo que frustre o progresso. Porém, ao reconhecer as dificuldades, se existe inconsistência, existe também a noção de que a paz perpétua será sempre um valor incompleto. Rousseau é o clássico que mostra que, para o mundo dos homens, não há soluções óbvias.

---

104 Boucher mostra que os que criticam Rousseau ao anotarem o quanto é irrealista o seu projeto não percebem a "ironia" de sua reflexão: "O progresso nas artes e ciências, incluindo comércio generalizado e interdependência, baseados que são sobre interesses particulares e egoístas, é a causa do problema. Quaisquer propostas que se apresentem para reformar o sistema moderno de Estados, quaisquer deles que dependessem da cooperação das instituições vigentes, somente perpetuariam a ilusão tratada por St.-Pierre. Tais críticos, na visão de Rousseau, seriam exemplo da racionalidade corrupta do homem moderno e de sua inabilidade de reconhecer seu interesse real e verdadeiro". Boucher, op. cit., p. 306.

Referências Bibliográficas

Abbott, Kenneth; Snidal, Duncan. "Why States Act through Formal International Organizations". *Journal of Conflict Resolution*, v. 42, n. 1, p. 3-32, fev. 1998.

Aguirre, Mariano. *África: el debate sobre la crisis del Estado.* Madri: Dride, 2006.

Alvarez, José. "Legal perspectives". In: Weiss, Thomas; Daws, Sam. *The Oxford Handbook on the United Nations.* Oxford: Oxford University Press, 2007, p. 57-81.

Alves, José Augusto Lindgren. *Relações internacionais de temas sociais: a década das conferências.* Brasília: IBRI, 2001.

Amado, Rodrigo (ed.) *Araujo Castro.* Brasília: UnB, 1992.

Amorim, Celso. "Multilateralismo acessório". *Política Externa*, v. 11, n. 3, p. 55-61, dez. 2002/jan.-fev.2003.

Armstrong, David; Farrell, Theo; Lambert, Hélèle. *Internacional Law and International Relations.* Cambridge: Cambridge University Press, 2007.

Aron, Raymond. *Peace and War.* Nova York: Anchor Books, 1973 (1. ed.: 1972).

Baena Soares, J. C. *O Conselho de Segurança da ONU.* Brasília: FUNAG, 2005.

Bauman, Zygmunt. *Globalización: las consecuencias humanas.* Buenos Aires: Fondo de Cultura Económica, 1999.

_____. "Social Uses of Law and Order." In: Garland, David; Sparks, Richard (eds.) *Criminology and Social Theory.* Nova York: Oxford University Press, 2000, p. 23-45.

Berlin, Isaiah. *Freedom and its Betrayal.* Princeton: Princeton University Press, 2003.

Bhagwati, J. *In Defense of Globalization.* Oxford: Oxford University Press, 2004.

Bolton, John. *Surrender is not an Opinion.* Nova York: Treshold Editions, 2007.

Boucher, David. *Political Theories of International Relations.* Oxford: Oxford University Press, 1998.

Boulden, Jane; Weiss, Thomas (eds.) *Terrorism and the UN, before and after September 11.* Bloomington: Indiana University Press, 2004.

Boutros-Ghali, Boutros. *An Agenda for Peace (Nova York, UN, 1992). Unvanquished.* Nova York: Random House, 1999.

Brezenziski, Zbigniew. *El gran tablero: la supremacia estadonidense y sus imperativos.* Barcelona: Paidós, 1998.

Brito, Alexandra Barahona de. *Portugal-Brazil, from caravelas to telenovelas.* No prelo.

Buchanan, Allen; Keohane, Robert. "The legitimacy of Global Governance Institutions", *Ethics & International Affairs*, v. 20, n. 4, p. 405-437, dez. 2006.

Buhler, Pierre. "Intervention militaire et sources de legitimité". In: Andréani, Gilles; Hassener, Pierre (eds.) *Justifier la Guerre?* Paris: Presses de la Fondation Nationale de Science Politique, 2005, p. 249-264.

Bull, Hedley. *Anarchy Society.* Londres: Macmillan, 1977.

_____. "Anarchy and Society." In: Butterfield, Herbert; Wight, Martin. *Diplomatic Investigations.* Londres: Allen&Unwin, 1966, p. 35-51.

Burgerman, Susan. *Moral Victories: How Activists Provoke Multilateral Action.* Ithaca: Cornell University Press, 2001.

Caporaso, James. "International Relations Theory and Multilateralism: The Search for Foundations." In: Ruggie, John (ed.) *Multilateralism Matters*. Nova York: Columbia University Press, 1993, p. 51-90.

Cardim, Carlos H. *A raiz das coisas: Ruy Barbosa, o Brasil e o mundo*. Rio de Janeiro: Civilização Brasileira, 2007.

Cardoso, Fernando Henrique. "Caminhos novos? Reflexão sobre os desafios da globalização". *Política Externa*, v. 16, n. 2, p. 9-24, set.-out.-nov. 2007.

Cassirer, Ernst. *Rousseau, Kant and Goethe*. Nova York: Harper Torchbooks, 1963.

Chesterman, Simon. *Secretary or General*. Cambridge: Cambridge University Press, 2007.

Clark, Ian. *Legitimacy and International Society*. Oxford: Oxford University Press, 2005.

_____. *Legitimacy and World Society*. Oxford: Oxford University Press, 2007.

Claude, Inis L. *Swords into Plowshares*. 4. ed. Nova York: Random House, 1971.

_____. "Collective Legitimization as a Political Function of the United Nations", International Organization, 20:3, p. 367-379, verão de 1966. In: Kratochwil, F.; Mansfield, E. D. (eds.) *International Organization and Global Governance*. 2. ed. Nova York: Pearson-Longman, 2006.

Codding Jr., George. "The International Telecommunication Union." In: Taylor, Paul; Groom, A. J. (eds.) *International Institutions at Work*. Nova York: St. Martin's Press, 1988.

Coicaud, M.; Heiskanen, Veijo (eds.) *The Legitimacy of International Organizations*. Tóquio: United Nations University Press, 2002.

Costa, Fernando Seixas da. *A Europa nas Nações Unidas*. Brasília, 2005. Mímeo.

Crisp, Jeff. "Humanitarian Action and Coordination." In: Weiss, T.; Daws, S. (eds.) *The Oxford Handbook on the United Nations*. Oxford: Oxford University Press, p. 479-495.

Crucé, Emeric. *Le Nouveau Cynée, ou discours d'État représentant les occasions et moyens d'établir une paix générale et liberté de commerce par tout le monde*. Rennes: Presses Universitaires de Rennes, 2004 (1.ed.: 1624).

Davis, Harold; Finan, John; Peck, Taylor. *Latin American Diplomatic History*. Baton Rouge: Louisiana State University Press, 1977.

De Botton, Alain. "What Camila Owes to Rousseau", *New Statesman*, v. 127,.18 de julho de 1998.

Derathé, Robert. "Introductions", *Jean-Jacques Rousseau, Oeuvres Complètes*. Paris: Gallimard, 1964, v. III, p. XCII-CLVIII.

_____. *Disarmament Forum*, Udinir, n. 2, Genebra, 2007.

Dorn, Walter. "Canadian Peacekeeping: Proud Tradition, Strong Future?", *Canadian Foreign Policy*, v. 12, n. 2, outono de 2005.

Doyle, Michael. "Kant, Liberal Legacies and Foreign Affairs", *Philosophy and Public Affairs*, 1, 2, 3 e 4, p. 205-235, 323-353, verão e outono de 1983.

Dubabin, John. "The League of Nations Place in the International System", *History*, 78/254, out. 1993.

Easley, Eric S. *The Great War over Perpetual Place*. Nova York: Palgrave Macmillan, 2004.

Fagot Aviel, Joann. "NGOs and International Affairs." In: Muldoon, James; Fagot, Joann; Reitano, Richard; Sulivan, Earl. *Multilateral Diplomacy and the United Nations Today*. Cambridge: Westivew Press, 2005.

Farer, Tom J. "Humanitarian Intervention before and after 9/11". In: Holgrefe, J. L.; Keohane, Robert. *Humanitarian Intervention*. Cambridge: Cambridge University Press, 2003, p. 53-90.

Finnemore, Martha. *The Purpose of Intervention, Changing Beliefs in the use of Force*. Ithaca: Cornell University Press, 2003.

Finnemore, Martha; Barnett, Michael. *Rules for the World*. Ithaca: Cornell University Press, 2004.

_____. "Political Approaches." In: Weiss, T.; Daws, S. *The Oxford Handbook on the United Nations*. Oxford: Oxford University Press, 2007, p. 41-57.

FLACSO. *Amenazas a la Gobernabilidad en América Latina*. Informe preparado para o Foro de la Sociedad Civil, 43ª Asamblea General de la OEA, Santiago, 2003.

Fonseca, Gelson. *A legitimidade e outras questões internacionais*. São Paulo: Paz e Terra, 1999.

_____. "Relendo um conceito de Jaguaribe: a permissibilidade no sistema internacional." In: Venâncio Filho, Alberto; Klabin, Israel; Barreto, Vicente (orgs.) *Estudos em homenagem a Hélio Jaguaribe*. São Paulo: Paz e Terra, 2000.

_____. "O Barão de Rio Branco e o Panamericanismo." In: Cardim, C. H.; Almino, João. *Rio Branco, a América do Sul e a Modernização do Brasil*. Brasília: FUNAG, 2002, p. 393-405.

_____. *Rousseau e as relações internacionais*. Brasília: FUNAG, 2005.

_____. "Pensando o futuro." *Revista da USP*, n. 74, jun.-jul.-ago. 2007.

_____. "O argumento diplomático de Santiago Dantas", *Cadernos do CHDD*, ano 6, 2º semestre 2007.

Fonseca, Gelson; Belli, Benoni. "Gobernabilidad internacional: apuntes para un análisis sobre el (des)orden contemporáneo", *Relaciones Internacionales*, n. 145, p. 5-24, abr.-jun. 2004.

Foot, Rosemary; Hurrel, Andrew; Gaddis, Lewis. *Order and Justice International Relations*. Oxford: Oxford University Press, 2003.

Frank, Thomas. *The Power of Legitimacy among Nations*. Oxford: Oxford University Press, 1990.

Frederking, Brian. *The United States and the Security Council: Collective Security since the ColdWar*. Londres: Routledge, 2007.

Fukuyama, Francis. *America en la encrucijada: democracia, poder y herencia neoconservadora*. Barcelona: Ediciones B, 2007 (1. ed. americana: 2006).

Furet, François; Ozouf, Mona. "Rousseau", *Dictionaire critique de la Révolution Française*. Paris: Flammarion, 1992.

Giacomelli, Alex. "A Conferência Internacional sobre Financiamento para o Desenvolvimento: Consensos e Dissensos de Monterrey e sua importância para o Brasil", Brasília, 2007. Mímeo.

Giddens, Anthony. *Mundo em descontrole: o que a globalização está fazendo de nós*. Rio de Janeiro: Record, 2000.

_____. "El nuevo Gaddafi", *El País*, 25 mar. 2007.

Girardet, Raoul. *Mitos y mitologías políticas*. Buenos Aires: Nueva Visión, 1999.

Gilpin, Robert. *War and Change in World Politics*. Nova York: Cambridge University Press, 1981.

Glennon, Michael. "Why the Security Council Failed", *Foreign Affairs*, 82 (3), p. 16-35, maio-jun. 2003.

_____. "Droit, légitimité et intervention militaire". In: Andréani, Gilles; Hassner, Pierre (eds.) *Justifier la guerre*. Paris: Presses de la Fondation de Sciences Politiques, 2005.

Goldstein, Judith; Kahler, Miles; Keohane, Robert; Slaughter, Anne-Marie. "Legalization and World Politics", *International Organization*, v. 54, n. 53, p. 385-394, verão de 2001.

Gosovic, B.; Ruggie, John. "On the Creation of a New International Economic Order: issue linkage and the Seventh Special Session of the UN General Assembly", *International Organization*, v. 30, n. 2, p. 309-345, primavera de 1976.

Goulding, Marrack. *Peacemonger*. Londres: John Murray, 2002.

Gowan, Peter. "A Calculus of Power", *New Left Review*, 16, p. 47-67, jul.-ago. 2002.

Groom, A. J. "The Question of Peace and Security." In: Taylor, Paul; Groom, A. J. *International Institutions at Work*. Nova York: St. Martin's Press, 1988.

Guzzini, Stefano. *Realism in International Relations and International Political Economy: The Continuing Story of a Death Faretold*. Londres: Routledge, 1998.

Habermas, Jurgen. *La paix pérpetuelle. Le bicentenaire d'une idée kantienne*. Paris: Cerf, 1996.

Hansenclever, Andreas; Mayer, Peter; Rittberger, Volker. *Theories of International Regimes*. Cambridge: Cambridge University Press, 1996.

Henrikson, Alan K. "The Growth of Regional Organizations and the Role of the United Nations." In: Fawcett, Louise; Hurrell, Andrew (eds.) *Regionalism in World Politics*. Oxford: Oxford University Press, 1995, p. 122-168.

Herz, Mônica; Hoffmann, André. *Organizações internacionais*. Rio de Janeiro: Elsevier, 2004.

Hinsley, F. H. *Power and the Pursuit of Peace*. Cambridge: Cambridge University Press, 1963.

Hirschman, Albert. *Saída, voz e lealdade*. São Paulo: Perspectiva, 1973 (1. ed. em inglês: 1970).

Hoffmann, Stanley. "L'ordre international." In: Grawits, Madeleine; Leca, Jean. *Traité de science politique*. v. 1. Paris: Presses Universitaires de France, 1985, p. 665-698.

Holsti, Kalevi J. *Peace and War: Armed Conflicts and International Order, 1648-1989*. Cambridge: Cambridge University Press, 1991.

Howard, Michael. "The Historical Development of UN's Role in International Security." In: Roberts, Adam; Kingsbury, Benedict (eds.) *United Nations, Divided World*. 2. ed. Oxford: Clarendon Press, 1993, p. 60-79.

Hurd, Ian. *After Anarchy, Legitimacy and Power in the United Nations Security Council*. Princeton: Princeton University Press, 2007.

Hurrel, Andrew. "Globalization and Inequality", *Millenium*, v. 24, n. 3, p. 447-470, 1995.

_____. "Legitimacy and the Use of Force: Can the Circle Be Squared", *Review of International Society*, n. 31, p. 15-32, 2005.

_____. *On Global Order, Power, Values and the Constitution of International Society*. Oxford: Oxford University Press, 2007.

Ikenberry, G. J. "Multilateralism and US Grand Strategy." In: Patrick, S.; Forman, S. *Multilateralism and US Foreign Policy*. Boulder: Lynne Rienner, 2002, p. 121-140.

International Crisis Group. *The Responsibility to Protect, Research, Bibliography, Background*. Ottawa: International Development Research Centre, 2001.

Jacobson, Harold K. "The United Nations and Colonialism: A Tentative Appraisal", *International Organization*, v. 16, n. 1, 1962.

_____. *Networks of Interdependence: International Organizations and the Global Political System*. Nova York: Knopf, 1979.

Jolly, Richard; Emmerij, Louis; Ghai, D.; Lapeyre, F. *UN Contributions to Development Thinking and Practice*. Bloomington: Indiana University Press, 2004.

Judt, Tony. "A Europa não deve perseguir os modelos da Índia e da China", *Folha de S.Paulo*, 25 mar. 2007.

Kaplan, Morton. "Variants of Six Models of the International System." In: Rosenau, James (ed.) *International Politics and Foreign Policy*. Nova York: Free Press, 1969, p. 291-303.

Karns, Margaret; Mingst, Karen. *International Organizations: The Politics and Processes of Global Governance*. Boulder: Lynne Rienner, 2004.

Kay, David. "The Politics of Descolonization: The New Nations and he United Nations Political Process", *International Organization*, v. 21, n. 4, p. 786-811, outono de 1967.

Keck, Margaret; Sikkink, Kathryn. *Activits beyond Borders*. Ithaca: Cornell University Press, 1998.

Kennedy, Paul. *The Rise and Fall of Great Powers*. Nova York: Random House, 1991.

_____. *The Parliament of Men*. Londres: Allen Lane, 2006.

Keohane, Robert. "Recriprocity in International Relations", *International Organization*, v. 40, n. 1, p. 1-27, inverno de 1986.

_____. "International Institutions: Two Approaches." In: Kratochwil, Friedrich; Mansfield, Edward D. (eds.) *International Organization and Global Governance, a Reader*. 2. ed. Nova York: Pearson Longman, 2004.

Kissinger, Henry. *Diplomacy*. Nova York: Simon & Schuster, 1994.

Krasner, Stephen. *Structural Conflict, the Third World Against Liberalism*. Ithaca: Cornell University Press, 1983.

_____. "Rethinking the Sovereign State Model", *Review of International Studies*, v. 27, p. 27-42, 2001.

Kratochwil, Friedrich V. *Rules, Norms and Decisions: on the Conditions of Practical and Legal Reasoning on International Relations and Domestics Affairs*. Cambridge: Cambridge University Press, 1991.

Lafer, Celso. *O Convênio do Café de 1976*. São Paulo: Perspectiva, 1979.

Laity, Paul. *The British Peace Movement 1870-1914*. Oxford: Clarendon Press, 2001.

LeBor, Adam. *Complicity with Evill: the UN in the Age of Modern Genocide*. New Haven: Yale University Press, 2007.

Lecercle, J. Louis. *Jean-Jacques Rousseau: Modernité d'un Classique*. Paris: Larousse, 1973.

Lima, Maria Regina Soares de. *The Political Economy of Brazilian Foreign Policy*. Tese de doutorado. Vanderbilt University, 1986. Mímeo.

_____. *Os direitos humanos na pós-modernidade*. São Paulo: Perspectiva, 2005.

Lipschutz, Ronnie D. "On the Transformational Potential of Global Civil Society." In: Berenkoetter, Felix; Williams, M. J. *Power in World Politics*. Londres: Routledge, 2007, p. 51-90.

Luard, Evan. *A History of the United Nations, v. 2, The Age of Decolonization, 1955-1965*. Londres: Palgrave, 1989.

_____. *Basic Texts in International Relations*. Londres: Macmillan, 1992.

Luck, Edward. *Mixed Messages, American Politics and International Organization, 1919-1999*. Washington D.C.: Brookings (A Century Foundation Book), 1999.

_____. *Multilateralism and US Foreign Policy: Ambivalent Engagement*. Boulder: Lynne Rienner, 2002.

MacFarlane, S. N.; Khong, F. Y. *Human Security and the UN: a Critical History*. Bloomington: Indiana, 2006.

Malone, David. *Decision-Making in the Security Council, the Case of Haiti*. Oxford: Clarendon Press, 1998.

_____. *The UN Security Council*. Boulder: Lynne Rienner, 2004.

_____. *The International Struggle over Iraq: Politics in the UN Security Council, 1980-2005*. Oxford: Oxford University Press, 2006.

Mandrou, Robert. *L'Europe Absolutiste*. Paris: Fayard, 1977.

Mani, Roma. "The Peaceful Settlement of Disputes and Conflict Prevention". In: *The Oxford Handbook on the United Nations*. Oxford: Oxford University Press, 2007, p. 300-321.

Mattern, Janice Bially "Why 'soft power' isn't so soft: Representational Force and Attraction in World Politics." In: Berenskoetter, Felix; Williams, M. (eds.) *Power in world Politics*. Londres: Routledge, 2007, p. 98-120.

Meinecke, F. *Machiavellism, the Doctrine of the Raison d'Etat and its Place in Modern History*. Boulder: Westview Encore Reprint, 1984 (1. ed. alemã: 1924).

Meredith, Martin. *The State of Africa: A History of Fifty Years of Independence*. Londres: Free Press, 2005.

Mearsheimer, John. "Back to the Future", *International Security*, v. 15, n. 1, p. 5-56, 1990.

Monten, Jonathan. "Primacy or Grand Strategy", *Global Governance*, v. 13, n. 1, p. 119-138, jan.-mar. 2007.

Moynhian, Daniel P. *A Dangerous Place*. Nova York: Little Brown, 1978.

Northedge, F. S. *The League of Nations, its Life and Times, 1920-1946*. Leicester: Leicester University Press, 1988.

Nye, Joseph. "La política exterior de EEUU después de Irak", *El País*, 21 mar. 2007.

Ortega, Andrés. "Los retos de Europa en 2057", *El País*, 24 mar. 2007.

Paris, R. *At War's End: Building Peace after Civil Conflict*. Cambridge: Cambridge University Press, 2004.

Patrick, Stewart. "Multilateralism and its Discontents: the Causes and Consequences of US Ambivalence." In: Patrick, Stewart; Forman, Shepard (eds.) *Multilateralism & US Foreign Policy*. Boulder: Lynne Rienner, 2004, p. 1-47.

Patriota, Antonio. *O Conselho de Segurança após a Guerra do Golfo: a articulação de um novo paradigma de segurança coletiva*. Brasília: FUNAG, 1998.

Pérez de Cuéllar, Javier. *A Pilgrimage for Peace*. Nova York: Macmillan, 1998.

Petersen, M. J. "Using the General Assembly." In: Boulder, J.; Weiss, T. (eds.) *Terrorism and the UN: before and after September 11*. Bloomington: Indiana University Press, 2004, p. 172-197.

_____. *The UN General Assembly*. Londres: Routledge, 2006.

Power, Samantha. "A Problem from Hell", *America in the Age of Genocide*. Londres: Harper Perennial, 2007 (1. ed.: 2003).

_____. *Chasing the Flame, Sergio Vieira de Mello and the Fight to Save the World*. Nova York: Allen Lane, 2007, p. 234.

_____. "The Envoy", *New Yorker*, 7 jan. 2008.

Raja, Mohan C. "Peacefully Rising to Great Power Status", *Foreign Affairs*, v. 84, n. 5, set.-out. 2005.

_____. "India's Global Strategy", *Foreign Affairs*, v. 85, n. 4, jul.-ago. 2006.

Ramel, Frédéric; Joubert, Jean-Paul. *Rousseau et les Relations Internationales*. Paris: Harmattan, 2000.

Righter, Rosemary. *Utopia Lost: the United Nations and the World Order*. Nova York: Twentieth Century, 2005.

Roberts, Adam; Kinsbury, Robert. *United Nations, Divided World*. Oxford: Oxford University Press, 1993.

Rosecrance, Richard. "Bipolarity, Multipolarity and the Future." In: Rosenau, J. *International Politics and Foreign Policy*. Nova York: Free Press, 1969, p. 325-335.

Roth, Brad. *Governmental Illegitimacy in International Law*. Oxford: Oxford University Press, 2000.

Rousseau, J.-J. "Du contract social." In: _____. *Oeuvres complètes*. v. III. Paris: Gallimard, 1964.

Ruggie, John G. "Multilateralism: The Anatomy of an Institution." In: _____. (ed.) *Multilateralism Matters*. Nova York: Columbia University Press, 1993.

Ryan, Stephen. *The United Nations and International Politics*. Nova York: St. Martin's Press, 2000.

Saint-Pierre, Abbé de. *Projeto para tornar perpétua a paz na Europa*. Brasília: UnB-IPRI-Imprensa Oficial do Estado de São Paulo, 2003.

Santos, Vitor Marques dos. "Portugal, a CPLP e a lusofonia. Reflexões sobre a dimensão cultural da política externa", *Negócios Estrangeiros*, n. 8, jul. 2005.

Sarooshi, Danesh. *The United Nations and the Development of International Security: the Delegation by the UM Security Council of its Chapter VII Powers*. Oxford: Oxford University Press, 1999.

Sauerbronn, Cristiane. "A responsabilidade de proteger." In: Brigagão, Clóvis; Mello, Valerie C. (orgs.) *A diplomacia cidadã*. Rio de Janeiro: Gramma, 2006.

Sheehan, Michael. *The Balance of Power*. Nova York: Routledge, 1996.

Schlesinger, S. *Act of Creation: The Founding of the United Nations.* Boulder: Westview, 2003.

Starobinski, Jean. *Jean Jacques Rousseau.* Paris: Gallimard, 1971.

Stelling-Michaud, Sven. "Introductions." Rousseau, J.-J. *Oeuvres complètes.* v. III. Paris: Gallimard, 1964, p. CXX-CLVIII.

Stiglitz, J. *El malestar en la globalización.* Buenos Aires: Tauros, 2002.

Stromseth, Jane. "Rethinking Humanitarian Intervention: the Case for Incremental Change." In: Holzgrefe, J. L.; Keohane, R. *Humanitarian Intervention.* Cambridge: Cambridge University Press, 2003, p. 232-272.

Tarisse da Fontoura, Paulo R. C. *O Brasil e as Operações de Paz das Nações Unidas.* Brasília: FUNAG, 1999.

Toye, John; Toye, Richard. *The UN and Global Political Economy.* Bloomington: Indiana University Press, 2004.

Tucker, Robert; Hendrickson, David. "The sources of American Legitimacy", *Foreign Affairs*, v. 83, n. 6, p. 18-32, nov.-dez. 2004.

Urqhart, Brian. *Ralph Bunche, na American Odyssey.* Nova York: Norton, 1993.

Vasconcellos, Álvaro. "Una Europa Mundo", *El País*, 25 mar. 2007.

Wagner, Wolfang. "The Democratic Legitimacy of the European Security and Defense Policy", *EU-ISS, Occasional Paper*, 57, abr. 2005.

Wallensteen, Peter; Johanson, Patrick. "Security Council Decisions in Perspective." In: Malone, David. *The UN Security Council. From the Cold War to the 21st Century.* Boulder: Lynne Rienner, 2004.

Wallerstein, Immanuel. *Geopolítica y geocultura.* Barcelona: Kairós, 2007, p. 175-189.

Waltz, Kenneth. *Man, the State and War.* Nova York: Columbia University Press, 2001 (1. ed.: 1954).

Weiss, Thomas; Forsythe, David; Coate, Roger; Kate-Pease, Kelly. *The United Nations and Changing World Politics.* 5. ed. Boulder: Westview, 2007.

Wendt, Alexander. *Social Theory of International Politics*. Cambridge: Cambridge University Press, 1999.

_____. "Anarchy is What States Make of it." In: Kratochwil, Friedrich; Mansfield, Edwards (eds.) *International Organization and Global Governance*. 2. ed. Nova York: Pearson Longman, 2006, p. 20-35.

Wheeler, Nicholas. *Saving Stranges, Humanitarian Intervention in International Society*. Oxford: Oxford University Press, 2000.

Wight, Martin. "Why there is no International Theory." In: Butterfield, H.; Wight, H. (eds.) *Diplomatic Investigations*. Londres: George Allen & Unwin, 1966, p. 17-34.

Whitefield, Teresa. "Groups of Friends." In: Malone, David (ed.) *The UN Security Council, from the Cold War to the 21st Century*. Boulder: Lynne Rienner, 2004.

Young, Oran. "The Effectiveness of International Institutions: Hard Cases and Critical Variables." In: Rosenau, J.; Czempiel, E. O. *Governance without Government: Order and Change in World Politics*. Nova York: Cambridge University Press, 1992, p. 160-194.

Zacher, Marc W. "Multilateral Organizations and the Institution of Multilateralism: the Development of Regimes of Nonterrestrial Spaces." In: Ruggie, J. *Multilateralism Matters*. Nova York: Columbia University Press, 1993, p. 341-399.

Zakaria, Fareed. *The Post-American World*. Nova York: W. W. Norton, 2008, p. 247.

Zamoyski, Adam. *Rites of Peace, the Fall of Napoleon and the Congress of Vienna*. Londres: Harper Press, 2007.

Referências Eletrônicas

Os textos de resoluções do Conselho de Segurança e da Assembléia Geral, assim como os documentos citados, como a *Agenda for Peace*, *In Larger Freedom*, elaborados pelos Secretários Gerais, e o relatório de "pessoas eminentes" sobre a sociedade civil (*We, the Peoples, Civil Society, the United Nations and Global Governance*) estão disponíveis na página das Nações Unidas: <www.un.org>.

Outros *sites* consultados:

Sobre o conceito de segurança humana:

<www.humansecurityreport.info/HSR2005>.

Sobre gastos militares:

<www.sipriyearbook2006.sipri.org>.

Impressão e Acabamento